PENAS ALTERNATIVAS

JAMIL CHAIM ALVES
Doutor e Mestre em Direito Penal pela PUC-SP
Coordenador do Departamento Estadual de Execuções Criminais da 7ª Região Administrativa Judiciária (Santos-SP)
Coordenador de Cursos de Extensão em Direito Penal e Processual Penal da Escola Paulista da Magistratura
Juiz de Direito em São Paulo

PENAS ALTERNATIVAS

TEORIA E PRÁTICA

PREFÁCIO DE GUILHERME DE SOUZA NUCCI

CONTÉM

- Estudo integrado com a Lei de Execução Penal
- Comentários à legislação especial
  - Consumidor
  - Drogas
  - Juizados Especiais Criminais
  - Meio Ambiente
  - Torcedor
  - Trânsito
  - Violência Doméstica
- Pesquisa de campo realizada no Departamento de Execução Criminal
- Aspectos críticos
- Jurisprudência selecionada

DelRey
EDITORA

Belo Horizonte
2016

Impresso no Brasil | Printed in Brazil

EDITORA DEL REY LTDA.
www.livrariadelrey.com.br

Editor: Arnaldo Oliveira

Editor Adjunto: Ricardo A. Malheiros Fiuza

Editora Assistente: Waneska Diniz

Coordenação Editorial: Wendell Campos Borges

Diagramação: Lucila Pangracio Azevedo

Revisão: RESPONSABILIDADE DO AUTOR

Capa: CYB Comunicação

Editora / MG
Rua dos Goitacazes, 71 – Sala 709-C – Centro
Belo Horizonte – MG – CEP 30190-050
Tel: (31) 3284-5845
editora@delreyonline.com.br

A474p Alves, Jamil Chaim
Penas alternativas: teoria e prática. / Jamil Chaim Alves. Belo Horizonte: Del Rey, 2016.
xiv + 336 p.
ISBN: 978-85-384-0441-5
1. Pena alternativa. I. Título.
CDU: 343.287

Aos meus pais, MARIA APARECIDA e JAYME,
exemplos de vida, pelo amor e apoio incondicionais.

À THAIANA, eterna fonte de inspiração,
cuja alegria é minha maior recompensa.

Ao mestre GUILHERME NUCCI,
que me honrou ao participar desta obra.

Gostaria de agradecer aos meus pais, Maria Aparecida e Jayme, por tornarem tudo possível.

Agradeço à minha companheira Thaiana, por estar sempre ao meu lado e me incentivar.

Ao professor Guilherme de Souza Nucci, não somente pela paciência e pelos inestimáveis ensinamentos, mas também por ser um modelo desde os meus primeiros passos como estudante de pós-graduação.

Aos professores Antonio Carlos da Ponte, Eloisa de Sousa Arruda, Pedro Henrique Demercian e Paulo Amador Tomáz Alves da Cunha Bueno, pelo incentivo e pela contribuição no desenvolvimento deste trabalho.

Aos ilustres Alberto Silva Franco, Dirceu de Mello, Ives Gandra da Silva Martins e Luis Flavio Gomes, pelo apoio e pela confiança.

Ao juiz Paulo Eduardo de Almeida Sorci e aos funcionários do Departamento de Execução Criminal da Capital de São Paulo, pela ajuda na realização na pesquisa de campo e pela forma cordial com que me receberam.

Aos magistrados Helen Cristina de Melo Alexandre e Paulo Alexandre Rodrigues Coutinho, e também aos promotores de justiça Guilherme Silveira Portella, Luciana Marques Figueira Portella, Marianna Moura Gonçalves e Romildo da Rocha Sousa, pelo apoio e pela inestimável convivência.

Aos funcionários da biblioteca do Instituto Brasileiro de Ciências Criminais, pela presteza e boa vontade inesgotáveis que tornaram este trabalho possível.

Aos estimados Carlos Eduardo Giannini, José Carlos Custódio, Marilene de Jesus Carvalho e Zeni Monteiro de Souza, e aos valorosos funcionários do 2º Ofício da Comarca de Itanhaém, por toda a ajuda nos últimos anos.

Aos queridos alunos da Escola Paulista de Direito, pela possibilidade de ensinar e de aprender.

Por fim, aos amigos Alexei Hermann de Carvalho Kirchhoff, Allan Couto Gonçalves, Ana Paula Tierno, André Norberto Carbone de Carvalho, André Ribeiro de Mendonça Quaresma, Anna de Moraes Sales Beraldo, Daniel Marques Gandini, Fabrício Nogueira e Silva, Fernanda Schreiner, Grasielle Borges Vieira de Carvalho, Gisele Maria Rampazzo, Gizele Denise Nisi, João Francisco Raposo Soares, Juliana Burri, Lucas Vinícius Salomé, Luis Augusto Azevedo de Almeida Hoffmann, Marcos Paulo Lima de Farias, Mauro Pillegi, Paula Gouvea Xavier, Paulo Henrique Chequer de Azevedo Canto, Rafael Barone Zimmaro, Rafael Cavalcante Correia, Roberta de Moraes Prado, Rodrigo Prates do Nascimento, Tatiane Marçola, Thaís Felix, Thiago Augusto de Azevedo e Victor Gustavo Lourenzon. Sem eles, teria sido impossível. Com eles me custou muito mais tempo.

SUMÁRIO

PREFÁCIO

Prefaciar a presente obra, *Penas alternativas* – Teoria e prática, de autoria de Jamil Chaim Alves é um trabalho que se empreende com satisfação. Em primeiro lugar, porque este livro é o resultado da sua dissertação de Mestrado, aprovada com nota dez, pela Pontifícia Universidade Católica de São Paulo, onde ministro aulas de graduação e pós-graduação. Tive a honra de ter o autor sob minha orientação, tanto no mestrado quando no doutorado.

Em segundo lugar, porque se trata de um texto de qualidade ímpar, abordando todos os aspectos das penas alternativas do Código Penal, além de ingressar em legislação especial.

Em terceiro, porque se cuida de um autor já consagrado pelo êxito no doutorado, cuja tese também foi aprovada com a nota máxima.

Somente tais credenciais já seriam suficientes para apresentar esta obra.

No entanto, ela vale por si mesma, examinando as penas restritivas de direitos – denominadas penas alternativas – com o amplo espectro merecido.

Na realidade, desde que as penas alternativas foram idealizadas e ingressaram no Código Penal, para, depois, compor os textos normativos das Leis Penais Especiais, tem-se verificado certa objeção dos julgadores em aplicá-las, substituindo a pena privativa de liberdade.

Em um primeiro momento, a tendência é argumentar que a *responsabilidade* pela omissão nessa utilização é dos juízes. Até certo ponto, cuida-se de realidade. Porém, em um segundo instante, há de levar os olhos ao trato efetivo conferido pelo Poder Executivo à execução das penas em geral, que é uma lástima. Não cabe ao Judiciário, nem mesmo possuidor de verba orçamentária para tanto, nutrir e gerir presídios e todo o restante das penas aplicadas. Diante disso, onde estão os fundos e lugares necessários para que a pena de limitação de fim de semana, por exemplo, seja cumprida com efetividade? Aliás, se não existem Casas do Albergado nem mesmo para o cumprimento da pena privativa de liberdade, no regime aberto, certamente não há para a limitação referida. Logo, os juízes, conhecedores desta situação, não aplicam tal pena alternativa, pois sinônimo nítido de impunidade.

Quando, no início do século XXI, o Executivo se comprometeu a, pelo menos, proporcionar a efetividade da pena de prestação de serviços à comunidade, ofertando postos no seio da Administração, os magistrados passaram a aplicar tal pena, pois acreditaram na sua eficiência.

Por outro lado, é preciso destacar que, por vezes, o Judiciário, sem a direta responsabilidade do Executivo, mas com o beneplácito do Legislativo, age com rigor excessivo. É o caso da viabilidade de aplicação do redutor, previsto no art. 33, § 4º, da Lei de Drogas, possibilitando que a pena do traficante *de primeira viagem* se situe em patamar inferior a quatro anos; logo, passível de substituição por pena alternativa, algo já referendado, com clareza, pelo STF. Entretanto, vê-se, na prática, em vários tribunais, a simples negativa de aplicação das penas alternativas no cenário do tráfico de drogas. Há de dividir, para ser justo, entre o traficante primário, sem antecedentes, sem ligações com associação criminosa e o traficante reincidente, com antecedentes e ligado à criminalidade organizada. Este último, por certo, não merece pena alternativa. Mas aquele tem direito subjetivo a ela.

Enfim, cuidar do tema intitulado *pena alternativa* já é, por si só, um desafio. Auguramos para esta obra o seu destacado lugar nas bibliotecas do nosso País, para que o leitor saboreie a *teoria* – do estudioso Jamil Chaim Alves – e a *prática* – do Juiz Jamil Chaim Alves.

Felicidade nossa prefaciar o trabalho.

São Paulo, abril de 2015.

Guilherme de Souza Nucci

Livre-docente em Direito Penal pela PUC-SP.

Doutor e Mestre em Processo Penal pela PUC-SP.

Professor dos cursos de graduação e pós-graduação na PUC-SP.

Desembargador na Seção Criminal do Tribunal de Justiça de São Paulo.

INTRODUÇÃO

As discussões sobre os malefícios do encarceramento, que inicialmente diziam respeito somente às penas de curta duração, passaram a abranger todas as hipóteses de prisão, e ganharam força à medida que aumentou a preocupação com o respeito à dignidade da pessoa humana.

Com isso, iniciou-se a busca por modernos substitutivos penais ao cárcere, surgindo institutos como o livramento condicional, a suspensão condicional da pena, a multa, a transação penal e os trabalhos comunitários. Dessa forma, é possível afirmar que as penas alternativas são uma tendência do direito penal recente, com o escopo de evitar os inúmeros males da prisão.

No Brasil, os problemas envolvendo o encarceramento são especialmente graves, pois a superlotação dos presídios, aliada à ineficiência do Estado para fiscalizar as atividades dos detentos, transformaram os estabelecimentos prisionais em celeiros da criminalidade. Não só deixaram de ser novidade, como se tornaram corriqueiras notícias dando conta de que condenados determinam e coordenam a prática de delitos fora do cárcere.

As penas alternativas foram introduzidas no direito pátrio na reforma da parte geral do Código Penal, em 1984. Buscou-se restringir a aplicação da pena privativa de liberdade às situações de reconhecida necessidade. Com essa reforma, passaram a existir quatro penas alternativas no Código Penal: multa, prestação de serviços à comunidade, limitação de fim de semana e interdições temporárias de direitos – que se dividiam em proibição do exercício de cargo, função ou atividade pública, bem como de mandato eletivo; proibição do exercício de profissão, atividade ou ofício que dependam de habilitação especial, de licença ou autorização do Poder Público; e suspensão de autorização para dirigir veículo. Sua aplicação era limitada a condenações não superiores a um ano.

Foi então sancionada a Lei 9.714/1998, que criou quatro novas modalidades de penas restritivas de direitos (prestação pecuniária, perda de bens e valores, proibição de frequentar determinados lugares e prestação pecuniária inominada) e ampliou seu âmbito de incidência, passando a ser aplicáveis para condenações até quatro anos. Posteriormente, a Lei 12.550/2011 incluiu no Código Penal, entre as interdições de direitos, a proibição de inscrição em concurso (art. 47, V).

Também foram introduzidas disposições específicas sobre penas alternativas em diversas leis especiais, podendo-se destacar o Código de Defesa do Consumidor (Lei 8.078/1990), a Lei dos Juizados Especiais Criminais (Lei 9.099/1995), o Código de Trânsito Brasileiro (Lei 9.503/1997), a Lei dos Crimes Ambientais (Lei 9.605/1998), o Estatuto do Torcedor (Lei 10.671/2003), a Lei de Violência Doméstica (Lei 11.340/2003) e a Lei de Drogas (Lei 11.343/2006).

Todavia, muitas dessas leis são desprovidas de cientificidade, gerando questionamentos e situações de conflito, além de causar forte abalo na coerência do sistema punitivo brasileiro. Existem, ainda, vários dispositivos sem qualquer repercussão prática, permanecendo como letra morta na legislação.

Pairam controvérsias, ainda, em relação à pena de multa. Com o advento da Lei 9.268/1996, esta sanção passou por profundas alterações, surgindo dúvidas quanto à sua natureza jurídica e à forma de execução. Discute-se, entre outros pontos, se a multa continua a ser uma pena, e, como tal, executada na Vara de Execuções Criminais, ou se se transformou em dívida de valor, executada na Vara da Fazenda Pública.

Aliás, a execução, não somente da multa, mas das penas alternativas em geral, tem se revelado um ponto notadamente espinhoso. Isso porque a Lei de Execução Penal (Lei 7.210/1984), desde a sua edição, permaneceu praticamente inalterada no tocante às penas restritivas de direitos, não obstante tenham sido várias as sanções criadas nas últimas décadas. A omissão legislativa, somada a problemas já existentes na Lei de Execução, abriu margem a discussões e incertezas.

Passadas três décadas da adoção das penas alternativas no direito penal brasileiro, muitas questões permanecem em aberto, além de terem surgido inúmeros problemas novos, em razão da legislação editada posteriormente. Dada a importância do tema, que extrapola o ambiente estritamente acadêmico e se insere no cotidiano dos operadores do Direito, revela-se imprescindível uma análise aprofundada desses aspectos.

Propomo-nos, na presente obra, a abordar todas essas questões.

Inicialmente, trataremos dos aspectos constitucionais atinentes às penas alternativas, bem como dos princípios que fornecem substrato à sua existência e aplicação. A seguir, exporemos os motivos que levaram à decadência da pena de prisão e à busca por substitutivos ao cárcere. Apresentaremos ainda um panorama histórico das penas alternativas, destacando seu tratamento no direito pátrio desde as Ordenações Filipinas até os dias atuais.

Faremos detida análise das regras gerais de aplicação das penas alternativas previstas no Código Penal, examinando em seguida – sempre de modo integrado com a Lei de Execução Penal –, cada uma delas individualmente. Trataremos, ainda, das peculiaridades existentes na legislação especial. No exame dos pontos controvertidos, colacionaremos a mais recente doutrina e jurisprudência, acompanhadas de nosso ponto de vista.

Também buscaremos identificar em que medida as diversas penas alternativas têm sido efetivamente aplicadas e executadas, estabelecendo um paralelo crítico entre o âmbito legislativo abstrato e o da aplicação concreta. Para isso, realizamos pesquisa de campo no Departamento de Execução Criminal da Capital do Estado de São Paulo, que permitiu traçar um panorama contemporâneo dessas sanções, fornecendo embasamento empírico para as propostas de aprimoramento do sistema penal.

Por fim, apresentaremos nossas conclusões sobre a situação atual das penas alternativas no país e sobre os motivos que levaram à crise que se instaurou em relação a tais sanções.

As discussões envolvendo as penas alternativas ganharam destaque nas últimas décadas, ante a busca por um direito penal humanitário e utilitário, que respeita a dignidade da pessoa humana e busca a ressocialização do condenado, sem perder de vista a proteção de toda a sociedade. Nesse contexto, faz-se necessário um estudo amplo e atualizado sobre o tema, voltado tanto à solução das questões pendentes na legislação em vigor, quanto à reestruturação do sistema de penas alternativas.

1

ASPECTOS CONSTITUCIONAIS

1.1 PREVISÃO CONSTITUCIONAL

Pena, conforme definição de René Ariel Dotti, "é a sanção imposta pelo Estado através de previsão legal específica e consistente na perda ou restrição de bens jurídicos do responsável pela infração, em retribuição à sua conduta e para prevenir novos ilícitos"[1].

Em uma perspectiva histórica, verifica-se que todas as Constituições brasileiras possuíram disposições sobre o tema. A Constituição de 1824 proibia o açoite, a tortura, a marca de ferro quente e todas as demais penas cruéis (art. 179, X). A Constituição de 1891, por sua vez, abolia a pena de galés, o banimento judicial e a pena capital, em regra (art. 72, § 2º). A Constituição de 1934 vedava a pena perpétua, de banimento e de confisco, além de restringir a aplicação da pena de morte (art. 133, 29). A Carta de 1937 vedava as penas corpóreas perpétuas e limitava a pena capital (art. 122, 13). A Constituição de 1946, bem como a de 1967 (alterada pela Emenda n. 1, de 1969), proibiam a pena de banimento, de confisco, de caráter perpétuo e, em regra, a pena de morte (art. 141, § 31, da Constituição de 1946, e art. 150, § 11, da Constituição de 1967).

Todavia, a Constituição Federal de 1988 foi a primeira a trazer um rol de penas permitidas no ordenamento, já que as anteriores elencavam sanções criminais somente para proibir sua existência. Assim estabelece o art. 5º, XLVI: "a lei regulará a individualização da pena

---

[1] *Curso de direito penal: parte geral*. p. 517.

e adotará, entre outras, as seguintes: *a)* privação ou restrição da liberdade; *b)* perda de bens; *c)* multa; *d)* prestação social alternativa; *e)* suspensão ou interdição de direitos"[2].

Referida enumeração é meramente exemplificativa, sendo possível a criação de outras modalidades pelo legislador infraconstitucional. É certo, contudo, que as hipóteses contempladas na Constituição trazem um comando imperativo no sentido de sua efetiva criação.

1.1.1 Privação ou restrição da liberdade

A primeira modalidade de sanção mencionada na Constituição Federal é a "privação ou restrição de liberdade", que diz respeito, na verdade, às penas privativas de liberdade – seu nome técnico. Há, assim, uma "discrepância de nomenclatura", nos dizeres de Valdir Sznick[3].

Nos últimos séculos, a pena privativa de liberdade tem representado a forma de punição por excelência. Contudo, essa modalidade de sanção tem recebido severas críticas, fundadas na ideia de que ela não é apta a promover a ressocialização do condenado, além de caracterizar grave violação ao princípio da dignidade da pessoa humana.

A consequência natural da crise da pena de prisão é o entendimento de que deve ela ser usada o menos possível, somente em se tratando de delinquentes perigosos, como último recurso.[4] Para os demais casos, tem sido crescente a busca por formas alternativas de cumprimento de pena, que permitam a punição e a ressocialização do infrator, sem os males do encarceramento.

---

2 Conforme lição de Celso Ribeiro Bastos e Ives Gandra Martins, a expressão "adotar pena" não está em consonância com a terminologia do direito constitucional-penal e a precisão de linguagem. Para os autores, deveria ter sido utilizada, por exemplo, a expressão "cominará pena", "estabelecerá pena" ou "capitulará pena". Isso porque o legislador, sim, pode adotar determinada orientação, mas não faz sentido dizer que "a lei adota pena", uma vez que o termo "adotar" sempre pressupõe sujeito ativo e este é o titulado a regulamentar a regra do dispositivo constitucional. *Comentários à Constituição do Brasil: promulgada em 5 de outubro de 1988*. v. 2. p. 254.

3 *Direito penal na nova Constituição: terrorismo, pena de morte, tortura-racismo, confisco-banimento*. p. 185.

4 Fragoso, Heleno Cláudio. *Lições de direito penal:* parte geral. p. 380.

1.1.2 Perda de bens

Estabelece a Constituição que "nenhuma pena passará da pessoa do condenado, podendo a obrigação de reparar o dano e a decretação do perdimento de bens ser, nos termos da lei, estendidas aos sucessores e contra eles executadas, até o limite do valor do patrimônio transferido" (art. 5º, XLV). Em seguida, determina que a lei adotará a pena de "perda de bens" (art. 5º, XLVI, *b*).

A redação vaga desses dispositivos dá margem a vários tipos de interpretação, surgindo grande controvérsia doutrinária. A polêmica reside, em essência, na identificação do que venha a ser "perdimento de bens" e "perda de bens".

Uma primeira corrente entende que há perfeita coincidência entre *perdimento de bens* (inc. XLV) e *perda de bens* (inc. XLVI, *b*), referindo-se, ambos os dispositivos, ao efeito da condenação consistente na perda, em favor da União, dos instrumentos do crime, bem como de qualquer bem ou valor que constitua proveito auferido pelo agente com a prática do fato criminoso (art. 91, II, do Código Penal).[5] Sendo efeito da condenação, e não pena, e atingindo o patrimônio ilícito, não constitui ofensa ao princípio da responsabilidade pessoal a possibilidade de ser estendido aos sucessores do agente e contra eles executado, até o limite do valor do patrimônio transferido.

Em sentido diverso, há quem sustente que, embora coincidentes os dispositivos, referem-se não aos instrumentos do crime ou bens que constituam proveito obtido com a prática do fato criminoso, mas àqueles bens adquiridos em função de danos causados ao erário ou em decorrência de enriquecimento ilícito, gerado pelo exercício de cargo, função ou emprego, na Administração direta ou indireta. Guardariam correspondência, assim, com a Lei 8.429, de 2 de junho de 1992, que dispõe sobre as sanções aplicáveis aos agentes públicos nos casos de enriquecimento ilícito no exercício de mandato, cargo, emprego ou função na Administração Pública direta, indireta ou fundacional[6].

---

5 É a posição sustentada por: Sznick, Valdir. *Direito penal na nova Constituição: terrorismo, pena de morte, tortura-racismo, confisco-banimento*. p. 187.

6 Cretella Júnior, José. *Comentários à Constituição Brasileira de 1988*. v.1. p. 507-508.

Existe, ainda, o entendimento de que o *perdimento de bens* se refere ao efeito extrapenal genérico da condenação – como preceitua a primeira corrente –, mas a *perda de bens* diz respeito à sanção instituída pelos arts. 43, II e 45, § 3º, do Código Penal[7].

Para outra corrente, *perda de bens* é uma denominação genérica e abrange toda e qualquer transferência de bens particulares para o Estado, seja em decorrência de ato ilícito, seja em consequência do confisco (art. 91 do Código Penal), seja como pena restritiva de direitos na modalidade perda de bens (arts. 43, II, e 45, § 3º)[8].

Há, por fim, um quinto raciocínio possível – e que nos parece mais acertado –, no sentido de que o *perdimento de bens* e a *perda de bens* são figuras distintas. Fazendo-se uma interpretação histórica, é possível afirmar que o *perdimento de bens* refere-se àqueles bens adquiridos em função de danos causados ao erário ou em decorrência de enriquecimento ilícito, gerado pelo exercício de cargo, função ou emprego, na Administração direta ou indireta. Aliás, o instituto sempre teve este significado: a Constituição de 1946 previa que a lei "disporá sobre o sequestro e o perdimento de bens, no caso de enriquecimento ilícito, por influência ou com abuso de cargo ou função pública, ou de emprego em entidade autárquica" (art. 141, § 31); nos mesmos moldes, dispunha a redação originária da Carta de 1967 que "a lei disporá sobre o perdimento de bens por danos causados ao erário ou no caso de enriquecimento ilícito no exercício de função pública" (redação primitiva do art. 150, § 11); por fim, a Emenda n. 1 de 1969 alterou a redação do dispositivo, passando a dizer que "a lei disporá sobre o perdimento de bens por danos causados ao Erário, ou no caso de enriquecimento ilícito no exercício de cargo, função ou emprego na Administração Pública, direta ou indireta" (art. 150, § 11).

Quanto à *perda de bens* (inc. XLVI, *b*), não vemos razão plausível para concluir que se trata do mesmo instituto que o *perdimento de bens* (inc. XLV). O inc. XLVI trata e enumera espécies de pena. Logo, não faz sentido presumir, como querem os partidários da primeira corrente, que o dispositivo esteja se referindo ao art. 91, II,

---

7 Delmanto, Roberto; Delmanto Júnior, Roberto; Delmanto, Fábio Machado de Almeida. Perda de bens e multa substitutiva. *Boletim IBCCRIM*. v. 7, n. 85, p. 10.

8 Gomes, Luiz Flávio. *Direito penal: parte geral*. v. 2. p. 804-805.

do Código Penal, cuja natureza é diversa, qual seja, a de efeito da condenação. Também as sanções por improbidade administrativa não têm caráter predominantemente penal, mas civil[9]. Isso se pode depreender da própria redação do art. 37, § 4º, da Constituição Federal[10]. Por fim, a terceira corrente, em nossa visão, não merece guarida, pois, se o *perdimento de bens* – que pode ser estendido aos sucessores – abrange a pena de *perda de bens* (arts. 43, II e 45, § 3º, do Código Penal), tem-se de chegar à desarrazoada conclusão de que houve violação intencional, por parte da Constituição, ao secular princípio da personalidade da pena, segundo o qual a pena não pode passar da pessoa do condenado – postulado este que, vale consignar, foi consagrado em todas as Constituições brasileiras, desde a Constituição de 1891 até a atual.

Outro argumento, trazido por Alceu Corrêa Junior e Sérgio Salomão Shecaira, é o de que seria desnecessário o legislador constituinte ter tratado da sanção no inc. XLVI, caso fosse a mesma do inc. XLV, a menos que se admita "que houve um grande equívoco na redação do texto, não sendo utilizados os mecanismos corretos da técnica jurídica indispensáveis a um texto legal, máxime em se tratando da lei maior de um país". Os dois conceitos, afirmam, não se complementam e possuem natureza jurídica completamente diversa, implicando consequências diferentes no mundo jurídico-social. O *perdimento de bens* visa à devolução aos cofres públicos de quantias subtraídas ao erário, ou em decorrência de enriquecimento ilícito resultante de cargo, função ou emprego na Administração Pública direta ou indireta[11]. Já a *perda de bens* diz respeito ao confisco do patrimônio lícito do condenado e

---

9 STJ. AgRg no REsp 1376247/AP. Rel. Min. Og Fernandes. 2ª T. j. 26.08.2014. v.u.

10 "Art. 37. (...) § 4º Os atos de improbidade administrativa importarão a suspensão dos direitos políticos, a perda da função pública, a indisponibilidade dos bens e o ressarcimento ao erário, na forma e gradação previstas em lei, sem prejuízo da ação penal cabível."

11 Nessa esteira, vale consignar a lição de Bastos e Martins: "(...) não se faz referência a que os danos tenham sido causados ao erário público. Isso entretanto quer-nos parecer que está ínsito na própria natureza do instituto, cuja tradição está toda ela vinculada à proteção do erário público. É certo que as pessoas jurídicas protegidas por esse instituto devem ser as mais abrangentes admitidas em nosso sistema constitucional" (*Comentários à Constituição do Brasil:* promulgada em 5 de outubro de 1988. v. 2. p. 254).

identifica-se com a pena restritiva de direitos estabelecida nos arts. 43, II e 45, § 3º, do Código Penal. Tanto isso é verdade, segundo eles, que a Constituição cidadã, ao contrário das anteriores, não fez menção expressa à vedação ao confisco[12].

Além disso, a própria Exposição de Motivos da Lei 9.714/1998 informa que a perda de bens e valores dá consequência ao disposto no art. 5º, XVLI, *b*, da Constituição Federal, e que esta pena não se confunde com as modalidades já inscritas no art. 91 do Código Penal.

1.1.3 Multa

É possível apontar, desde a antiguidade mais remota, ampla aplicação de penas pecuniárias. Entretanto, como aponta Hans-Heinrich Jescheck, seu triunfo ocorreu a partir do final do século XIX, como consequência da luta contra as penas privativas de liberdade de curta duração[13].

Leciona Eugenio Cuello Calón que a multa tem a cada dia maior número de partidários, sendo espécie de sanção que apresenta diversas vantagens: é aflitiva; adapta-se como nenhuma outra sanção à situação econômica do condenado; não degrada nem desonra a sua família; não é um obstáculo à sua reabilitação social; o condenado não se afasta de seus entes, nem perde seu emprego ou clientela; é também recomendável do ponto de vista econômico, pois constitui fonte de receita para o Estado e não lhe acarreta despesas, como ocorre com a pena de prisão. Segundo o autor, a única objeção que se pode apresentar em relação a multa é a aparente desigualdade que gera, pois a multa irrisória para o rico pode arruinar a vida do pobre. Contudo, afirma, certa desigualdade há em todas as penas, podendo ser evitada, em grande parte, impondo-se a multa em proporção à situação econômica do condenado[14].

A pena de multa não se confunde com a perda de bens, havendo critérios diferentes de mensuração e aplicação. Tais aspectos serão estudados em tópicos destacados.

---

[12] *Pena e Constituição: aspectos relevantes para sua aplicação e execução*. p. 67-77.

[13] *Tratado de derecho penal: parte general*. p. 704.

[14] *Derecho penal*. t. 1. p. 805.

1.1.4 Prestação social alternativa

A Constituição Federal de 1988 determina que seja criada a *prestação social alternativa*. Este dispositivo também gera controvérsia doutrinária.

Uma corrente de entendimento afirma que a *prestação social alternativa* não se refere à pena restritiva de direitos de prestação de serviços à comunidade, mas sim à hipótese de escusa de consciência, prevista na Lei Magna nos seguintes termos: "Art. 5º (...) VIII – ninguém será privado de direitos por motivo de crença religiosa ou de convicção filosófica ou política, salvo se as invocar para eximir-se de obrigação legal a todos imposta e recusar-se a cumprir prestação alternativa, fixada em lei".

Nesta esteira de entendimento é a lição de José Antonio Paganella Boschi: "É, no rol do inciso XLVI do art. 5º. da CF, a prestação social alternativa gênero de pena ainda não cominada em qualquer lei infraconstitucional"[15].

Parece-nos mais correta, contudo, conclusão diversa, no sentido de que o instituto previsto na Constituição é a prestação de serviços à comunidade (art. 43, I, do CP). Conforme magistério de Shecaira, "a 'prestação social alternativa', em essência, corresponde à pena de prestação de serviços à comunidade (espécie de restrição de direitos), prevista no Código Penal. A grande vantagem de sua enunciação constitucional – com a proibição dos trabalhos forçados no inciso subsequente – foi a de ter eliminado qualquer dúvida sobre a constitucionalidade do trabalho à comunidade. Dada sua gratuidade, que é parte de sua substância, poder-se-ia afirmar ser ele um 'trabalho forçado'. No entanto, este é vedado, enquanto o trabalho comunitário é consagrado"[16].

É também o entendimento da doutrina majoritária[17], havendo, inclusive, decisão do Supremo Tribunal Federal neste sentido:

---

15 *Das penas e seus critérios de aplicação*. p. 141. Também neste sentido: Cretella Júnior. *Comentários à Constituição Brasileira de 1988*. v. 1. p. 509.

16 *Prestação de serviços à comunidade: alternativa à pena privativa de liberdade*. p. 45.

17 Adotam esta posição, entre outros: Sznick. *Direito Penal na Nova Constituição: terrorismo, pena de morte, tortura-racismo, confisco-banimento*. p. 187; Barroso,

"A Constituição Federal preconiza que a lei regulará a individualização da pena e adotará, entre outras, a prestação social alternativa (art. 5º, XLVI, *d*). Seu conceito e condições estão definidos no art. 46 e seu § único, do Código Penal"[18].

Chega-se a esta conclusão partindo-se da premissa de que a alínea, logicamente, deve guardar correlação com o inciso, sendo evidente que o inciso em questão versa sobre pena. Ora, se a Constituição diz que a lei individualizará a pena e adotará, entre outras, a prestação social alternativa, é forçoso concluir que a prestação em questão é uma espécie de pena. E, se a prestação de serviços à comunidade indubitavelmente possui natureza de pena, o mesmo não se pode afirmar da prestação social alternativa do art. 5º, VIII, opção concedida aos indivíduos que, por motivos religiosos, filosóficos ou políticos, não quiserem cumprir determinada obrigação legal a todos imposta. Isso ocorre, por exemplo, no caso do serviço militar obrigatório (art. 143 da Constituição Federal) e do serviço do júri (art. 438 do Código de Processo Penal).

1.1.5 Suspensão ou interdição de direitos

Menos controvérsia paira sobre a alínea *e* do inc. XLVI do art. 5º da CF, que trata da *suspensão ou interdição de direitos*. Refere-se o dispositivo ao art. 47 do Código Penal. As antigas penas acessórias, previstas na redação original do Código Penal, foram extintas com a reforma da sua parte geral, em 1984. Algumas delas foram guindadas à condição de sanções autônomas, tornando-se modalidades de interdição de direitos.

São cinco as modalidades de interdição temporária de direitos previstas no Código Penal: a) proibição do exercício de cargo, função ou atividade pública, bem como de mandato eletivo (art. 47, I); b) proibição do exercício de profissão, atividade ou ofício que dependam de habilitação especial, de licença ou autorização do Poder Público (art. 47, II); c) suspensão de autorização ou de habilitação para dirigir veículo (art. 47, III) – derrogada pela Lei 9.503/1997; d) proibição de

---

Luis Roberto. *Constituição da República Federativa do Brasil anotada*. p. 129; Bulos, Uadi Lamêgo. *Constituição Federal anotada*. p. 264.

18 STF. HC 72233/SP. Rel. Maurício Corrêa. 2ª T. j. 11.04.1995. v.u.

frequentar determinados lugares (art. 47, IV); e) proibição de inscrever-se em concurso, avaliação ou exame públicos (art. 47, V).

Além dessas modalidades de interdição de direitos, há outras em leis especiais. Pode-se citar, por exemplo, a medida de comparecimento a programa ou curso educativo, aplicável para condutas envolvendo uso de drogas ilícitas (art. 28 da Lei 11.343/2006); e a proibição de o condenado contratar com o Poder Público, de receber incentivos fiscais ou quaisquer outros benefícios, bem como de participar de licitações, aplicável para condutas lesivas ao meio ambiente (arts. 10 e 22 da Lei 9.605/1998).

1.2 PRINCÍPIOS CONSTITUCIONAIS CORRELATOS

1.2.1 Considerações iniciais

Em geral, todos os princípios de direito penal incidem sobre as penas restritivas de direitos. Não se pode olvidar, por exemplo, que se aplicam o princípio da culpabilidade, segundo o qual ninguém pode ser punido se não tiver agido com dolo ou culpa; ou da isonomia, o qual estabelece que todos são iguais perante a lei, não se admitindo distinções arbitrárias.

No presente estudo, todavia, serão abordados apenas os princípios que guardam especial relação com as penas restritivas de direitos.

1.2.2 Princípio da dignidade da pessoa humana

A Constituição Federal de 1988 estabelece que a dignidade da pessoa humana é um dos fundamentos da República Federativa do Brasil (art. 1º).

Consagrado por diversos documentos internacionais, como a Declaração Universal dos Direitos Humanos, o Pacto Internacional sobre Direitos Civis e Políticos e a Declaração Americana dos Direitos e Deveres do Homem, o princípio da dignidade da pessoa humana ganhou força nos últimos anos, passando a ser considerado, com o advento do pós-positivismo, o "princípio dos princípios", constituindo o cerne axiológico da Constituição[19].

---

[19] Pós-positivismo, conforme magistério de Luis Roberto Barroso, é o nome provisório e genérico dado a um ideário difuso, "no qual se incluem a definição

Nesta concepção, os direitos fundamentais gravitam em torno da dignidade da pessoa humana, que expressa, segundo Luis Roberto Barroso, "um conjunto de valores civilizatórios incorporados ao patrimônio da humanidade. O conteúdo jurídico do princípio vem associado aos direitos fundamentais, envolvendo aspectos dos direitos individuais, políticos e sociais. Seu núcleo material elementar é composto do mínimo existencial, locução que identifica o conjunto de bens e utilidades básicas para a subsistência física e indispensável ao desfrute da própria liberdade"[20].

A dignidade da pessoa humana é inerente às pessoas e concede unidade aos direitos e garantias fundamentais. É um valor espiritual e moral, que se manifesta singularmente na autodeterminação consciente e responsável da própria vida e traz consigo a pretensão ao respeito por parte dos demais indivíduos, constituindo-se um mínimo invulnerável a ser assegurado por todo estatuto jurídico. Somente em caráter excepcional podem haver limitações ao exercício dos direitos fundamentais, e, mesmo assim, sem menosprezar a necessária estima que merecem todas as pessoas como seres humanos[21].

Com a elevação da dignidade da pessoa humana ao patamar de núcleo de todos os direitos fundamentais, ganha especial importância a discussão envolvendo a crise da pena de prisão e a busca por formas alternativas de punição. Como leciona Shecaira, sem o respeito incondicional pela dignidade da pessoa humana não se pode falar em Estado Democrático de Direito, nem em direito penal afinado com os valores inerentes a esse Estado. No âmbito penal, afirma o autor, a principal tarefa dentro do Estado Democrático de Direito é a constante revisão da função punitiva, consoante a observância de critérios restritivos da necessidade ou não de punir. Para que o sistema penal não sofra distorções arbitrárias, que possam vulnerar a dignidade da

---

das relações entre valores, princípios e regras, aspectos da chamada nova hermenêutica constitucional, e a teoria dos direitos fundamentais, edificada sobre o fundamento da dignidade da pessoa humana". *Interpretação e aplicação da Constituição: fundamentos de uma dogmática constitucional transformadora*. p. 349-350.

20 *Interpretação e aplicação da Constituição: fundamentos de uma dogmática constitucional transformadora*. p. 335.

21 Moraes, Alexandre de. *Direito constitucional*. p. 52.

pessoa humana, deve-se ter em conta o movimento de descriminalização, de reconhecimento dos princípios da adequação social e da insignificância, bem como da procura por medidas alternativas à prisão[22].

1.2.3 Princípio da legalidade

É um princípio constitucional expresso, segundo o qual "não há crime sem lei anterior que o defina, nem pena sem prévia cominação legal" (art. 5º, XXXIX). Nos mesmos moldes, prevê o Código Penal que "não há crime sem lei anterior que o defina. Não há pena sem prévia cominação legal" (art. 1º).

O princípio da legalidade, frequentemente enunciado por meio da expressão latina "*nullum crimen, nulla poena sine lege*" – concebida por Feuerbach, no início do século XIX –, representa uma real limitação ao poder estatal de interferir na esfera das liberdades individuais[23].

O conceito de legalidade possui três acepções[24]: a) política: refere-se à garantia constitucional dos direitos fundamentais do homem. Sua raiz história encontra-se na Magna Carta de 1215, tendo por finalidade evitar que alguém fosse preso ou privado de seus bens pelo vontade exclusiva do soberano, obrigando os juízes a aplicarem as normas consuetudinárias da época; b) jurídica (em sentido amplo): significa que ninguém será obrigado a fazer ou deixar de fazer alguma coisa senão em virtude de lei (art. 5º, II, da CF); jurídica (em sentido estrito ou penal): trata-se do princípio da reserva legal, segundo o qual tipos incriminadores somente podem ser criados por lei em sentido estrito emanada do Congresso Nacional.

Do princípio da legalidade decorrem o princípio da anterioridade da lei penal (*lex praevia*), segundo o qual o tipo e sua respectiva sanção devem estar previstos em lei anteriormente ao fato concreto (não há crime sem lei anterior que o defina, nem pena sem prévia cominação legal) e o princípio da irretroatividade da lei penal, também chamado

---

22 *Prestação de serviços à comunidade: alternativa à pena privativa de liberdade*. p. 9-10/19-20.

23 Toledo, Francisco de Assis. *Princípios básicos de direito penal*. p. 21.

24 Nucci, Guilherme de Souza. *Código penal comentado*. p. 57.

princípio da retroatividade da lei penal benéfica, estabelecendo que a lei penal não pode retroagir para alcançar fatos anteriores à sua vigência, salvo quando benéfica ao réu.

Outra decorrência do princípio da legalidade é a taxatividade (*lex certa*), pelo qual a abrangência do tipo penal deve ser rigorosamente delineada pelo legislador. A taxatividade será examinada conjuntamente com a *prestação inominada*, prevista no art. 45, § 2º, do Código Penal.

1.2.4 Princípio da humanidade

Consagrado por Cesare Bonesana, o Marquês de Beccaria, na obra *Dos Delitos e das Penas*, o princípio da humanidade é uma decorrência do princípio da dignidade da pessoa humana. Está consagrado na Constituição Federal, que veda a existência de pena de morte, de caráter perpétuo, de trabalhos forçados e de banimento, bem como as penas cruéis (art. 5º, LVII), além de assegurar aos presos o respeito à integridade física e moral (XLIX), e estabelecer o cumprimento da pena em estabelecimentos distintos, de acordo com a natureza do delito, a idade e o sexo do apenado (XLVIII)[25].

Conforme assevera Jescheck, este princípio deve servir de fundamento da política criminal, de modo a todas as relações humanas

---

[25] Também a Lei de Execuções Penais (Lei 7.210/1984) agasalha o princípio, conforme se pode inferir do seguinte dispositivo: "Art. 41 – Constituem direitos do preso: I – alimentação suficiente e vestuário; II – atribuição de trabalho e sua remuneração; III – Previdência Social; IV – constituição de pecúlio; V – proporcionalidade na distribuição do tempo para o trabalho, o descanso e a recreação; VI – exercício das atividades profissionais, intelectuais, artísticas e desportivas anteriores, desde que compatíveis com a execução da pena; VII – assistência material, à saúde, jurídica, educacional, social e religiosa; VIII – proteção contra qualquer forma de sensacionalismo; IX – entrevista pessoal e reservada com o advogado; X – visita do cônjuge, da companheira, de parentes e amigos em dias determinados; XI – chamamento nominal; XII – igualdade de tratamento salvo quanto às exigências da individualização da pena; XIII – audiência especial com o diretor do estabelecimento; XIV – representação e petição a qualquer autoridade, em defesa de direito; XV – contato com o mundo exterior por meio de correspondência escrita, da leitura e de outros meios de informação que não comprometam a moral e os bons costumes. XVI – atestado de pena a cumprir, emitido anualmente, sob pena da responsabilidade da autoridade judiciária competente".

oriundas do direito penal, em seu mais amplo sentido, ordenarem-se sobre a base da solidariedade recíproca, da responsabilidade social para com os reincidentes, da livre disposição, ajuda e assistência social, bem como da vontade de recuperar os condenados[26].

Os princípios da dignidade da pessoa humana e da humanidade têm impulsionado a busca por penas alternativas à prisão. Nesse sentido, ensina Luiz Regis Prado: "a ideia de humanização das penas criminais tem sido uma reivindicação constante no perpassar evolutivo do Direito Penal. Das penas de morte e corporais, passa-se, de modo progressivo, às penas privativas de liberdade e destas às penas alternativas (ex.: multa, prestação de serviços à comunidade, interdição temporária de direitos, limitação de fim de semana)"[27].

Como leciona Luiz Flávio Gomes, a descrença na ressocialização do delinquente, juntamente com o princípio da humanidade, constituem, possivelmente, a característica mais importante da política criminal dos últimos anos, destacando-se: o desaparecimento da pena capital ou sua limitação, em praticamente todos os países civilizados; a tendência de aplicação de sistemas de tratamento, em detrimento da pena privativa de liberdade; e a substituição da pena privativa de liberdade por outras medidas alternativas[28].

1.2.5 Princípio da individualização da pena

A individualização da pena é um princípio constitucional expresso (art. 5º, XLVI), significando que a punição do agente deve se dar na exata medida do crime praticado, de forma justa, evitando-se padronizações. Conforme magistério de Guilherme de Souza Nucci, "a individualização da pena tem o significado de eleger a justa e adequada sanção penal, quanto ao montante, ao perfil e aos efeitos pendentes sobre o sentenciado, tornando-o único e distinto dos demais infratores, ainda que coautores ou mesmo corréus. Sua finalidade é a fuga da padronização da pena, da 'mecanizada' ou 'computadorizada' aplicação da sanção penal, que prescinda da figura do juiz, como ser pensante,

---

[26] *Tratado de derecho penal: parte general*. p. 23.

[27] *Curso de direito penal brasileiro, volume 1: parte geral, arts. 1º a 120*. p. 142.

[28] *Direito penal, volume 1: introdução e princípios fundamentais*. p. 551.

adotando-se em seu lugar qualquer programa ou método que leve à pena pré-estabelecida, segundo um modelo unificado, empobrecido e, sem dúvida, injusto"[29].

É feita em três etapas distintas. Primeiramente, deve o legislador cominar a sanção, em abstrato, prevendo a modalidade de sanção – reclusão, detenção, multa etc. –, bem como seus balizamentos mínimo e máximo. Em seguida, compete ao juiz da condenação, diante do caso concreto, atento às suas peculiaridades, aplicar a sanção devida. Por fim, o magistrado da execução promoverá as devidas adaptações durante a execução da pena.

A individualização da pena aparece no art. 59 do Código Penal, que trata expressamente da possibilidade de substituição da pena de prisão: "Art. 59. O juiz, atendendo à culpabilidade, aos antecedentes, à conduta social, à personalidade do agente, aos motivos, às circunstâncias e consequências do crime, bem como ao comportamento da vítima, estabelecerá, conforme seja necessário e suficiente para reprovação e prevenção do crime: (...) IV – a substituição da pena privativa da liberdade aplicada, por outra espécie de pena, se cabível".

Ainda no tocante às penas restritivas de direitos, dispõe o art. 148 da Lei de Execuções Penais (Lei 7.210/1984) que poderá o juiz, em qualquer fase da execução, justificadamente, alterar a forma de cumprimento das penas de prestação de serviços à comunidade e de limitação de fim de semana, adaptando-as às condições pessoais do condenado e às características do estabelecimento, da entidade ou do programa comunitário ou estatal.

1.2.6 Princípio da proporcionalidade

É um princípio constitucional implícito, significando que a pena deve ser aplicada de forma compatível com a gravidade do delito praticado. Deve, assim, haver harmonia entre a punição e a intensidade ou magnitude da lesão ao bem jurídico representada pelo delito[30].

Beccaria, na obra *Dos Delitos e das Penas*, já dizia que "entre as penalidades e no modo de aplicá-las proporcionalmente aos delitos,

---

29 *Individualização da pena*. p. 34.

30 Prado. *Curso de direito penal brasileiro: parte geral*. p. 141.

é necessário, portanto, escolher os meios que devem provocar no espírito público a impressão mais eficaz e mais durável e, igualmente, menos cruel no corpo do culpado"[31].

Como apontam Ulfrid Neumann e Antonio Martins, trata-se primariamente de um princípio protetor da liberdade, representando a "proibição do excesso" da intervenção estatal sobre o cidadão. Sob o prisma do direito penal material, ele é especialmente relevante nas questões de "se" e de "como" criminalizar. O "se" diz respeito à indagação acerca de se determinado comportamento molesta a ordem social em tal intensidade que se justifica proibi-lo sob ameaça de pena. Se esta pergunta for respondida afirmativamente, o princípio da proporcionalidade levanta outra barreira ao legislador no balizamento das margens penais, que devem corresponder ao peso da transgressão. Por fim, a proporcionalidade também se manifesta sobre a intensidade da sanção penal concretizada, ou seja, na aplicação da pena pelo juiz[32].

Segundo Luigi Ferrajoli, no âmbito do Direito Penal a proporcionalidade pode ser examinada sob os seguintes aspectos: (a) primeiramente, como pré-determinação, sendo dirigida ao legislador no momento da criação do tipo penal e da cominação abstrata das penas mínimas e máximas; (b) após, como determinação, sendo dirigida ao magistrado na fixação da pena em concreto; (c) por fim, como pós-determinação, devendo ser aferida na fase de execução da pena[33].

O princípio produz grande influência no tocante às penas restritivas de direitos, determinando que, sendo suficiente a sanção alternativa, não deve ser imposta a prisão. Ou seja, havendo alguma medida menos gravosa ao réu, deve esta ter a preferência do juiz, se suficiente para reprovação e prevenção do delito[34].

Ainda quanto às penas restritivas, verifica-se nas Regras Mínimas das Nações Unidas sobre as Medidas Não Privativas de Liberdade – conhecidas como Regras de Tóquio –, reflexo do princípio da

---

[31] *Dos delitos e das penas*. p. 49.

[32] O princípio da proporcionalidade como princípio limitador da pena. *Revista Brasileira de Ciências Criminais*, v. 71, p. 205.

[33] *Direito e razão: teoria do garantismo penal*. p. 366-377.

[34] Gomes, Luiz Flávio. *Direito penal, volume 1: introdução e princípios fundamentais*. p. 560.

proporcionalidade, estabelecendo a regra 1.4 que "os Estados-membros devem envidar esforços para atingir equilíbrio adequado entre os direitos dos delinquentes, os direitos das vítimas e o interesse da sociedade na segurança pública e na prevenção do delito".

1.2.7 Princípio da personalidade ou da responsabilidade pessoal

O princípio da responsabilidade pessoal, também conhecido como princípio da personalidade da pena ou da pessoalidade, significa que a pena não pode passar da pessoa do delinquente. Está previsto expressamente na Constituição Federal de 1988, que, no art. 5º, XLV, dispõe que "nenhuma pena passará da pessoa do condenado". O Código Penal de 1940 consagrou o princípio, prevendo que "o resultado, de que depende a existência do crime, somente é imputável a quem lhe deu causa" (art. 13), e "quem, de qualquer modo, concorre para o crime incide nas penas a este cominadas, na medida de sua culpabilidade".

Conforme magistério de José Antonio Paganella Boschi, este princípio é expressão da lenta evolução dos povos. Constou da Declaração dos Direitos do Homem, de 1789, foi reeditado na Declaração dos Direitos Humanos, de 1948, e, em nosso meio, tem base constitucional[35].

É comum, entretanto, que a aplicação da sanção criminal venha a atingir, reflexamente, terceiras pessoas (ao se condenar um indivíduo à prisão, por exemplo, pode-se estar prejudicando sua família, pois perderá a renda por ele auferida quando em liberdade). O que o princípio da personalidade proíbe, na verdade, é que a pena, *de maneira direta*, passe da pessoa do condenado.

De qualquer forma, as penas alternativas, em regra, propiciam especial respeito a este princípio. Por não privarem o sentenciado do convívio familiar e por não impedirem, na grande maioria dos casos, que ele continue a exercer atividade laborativa, mesmo os efeitos indiretos da condenação são mitigados. A exceção fica por conta das interdições de direitos previstas no art. 47, I e II, do CP, que podem atingir duramente os dependentes do condenado, sendo, portanto, de duvidosa constitucionalidade[36].

---

[35] *Das penas e seus critérios de aplicação*. p. 49.

[36] O tema será estudado oportunamente (vide item 5.4.9).

Por fim, após estabelecer que nenhuma pena passará da pessoa do condenado, a Constituição prevê que a obrigação de reparar o dano e a decretação do perdimento de bens podem ser, nos termos da lei, estendidas aos sucessores e contra eles executadas, até o limite do valor do patrimônio transferido (art. 5º, XLV). A despeito da controvérsia doutrinária exposta anteriormente, tais hipóteses não configuram exceção ao princípio ora em exame, pelo simples fato de terem seu alcance circunscrito ao limite do valor do patrimônio transferido.

2

A DECADÊNCIA DA PENA DE PRISÃO

Desde o século XIX, a privação de liberdade se transformou na principal modalidade punitiva. Contudo, se no início daquele século ainda se discutia a melhor forma de aplicar a privação de liberdade, pouco tempo depois se buscavam substitutivos ao cárcere[1].

As primeiras manifestações contrárias ao encarceramento ocorreram em 1882, com o *Programa de Marburgo*, de Franz Von Liszt. Já afirmava o autor que as penas curtas de privação de liberdade não corrigem, não intimidam e não inocuizam; mas, no lugar disso, colocam frequentemente o delinquente primário no caminho definitivo do crime. Daí resulta a exigência peremptória de substituir, na medida do possível, as penas curtas de privação de liberdade por outras medidas, como o trabalho forçado sem reclusão e a prisão domiciliar[2].

O movimento contra as penas curtas de prisão se acentuou drasticamente nos anos que antecederam a Segunda Guerra Mundial[3], ante a constatação de que o encarceramento era pouco eficaz para promover a ressocialização do delinquente, podendo, ao revés, aumentar a reincidência. As críticas, inicialmente limitadas às penas de curta duração, voltaram-se ao encarceramento em geral, observando-se o crescente descontentamento com o cárcere nos anos seguintes.

Michel Foucault relata as principais críticas feitas à pena privativa de liberdade, observando que são, em essência, as mesmas feitas

---

1 Shecaira. *Prestação de serviços à comunidade: alternativa à pena privativa de liberdade*. p. 30.

2 *Tratado de derecho penal*. t. 2. p. 20.

3 Cuello Calón. *Derecho penal*. t. 1. p. 788.

desde quando se iniciou a crítica da prisão, nos anos de 1820-1845. O autor aponta o fato de que a prisão não diminui a taxa de criminalidade, podendo até mesmo aumentá-la; provoca a reincidência e, por conseguinte, em vez de devolver à sociedade indivíduos corrigidos, colocam-se nela delinquentes perigosos; favorece a organização dos criminosos, que, hierarquizados, coordenam cumplicidades futuras, além de promover a "educação" do pequeno infrator, que está em sua primeira condenação; fabrica diretamente novos delinquentes, ao fazer com que recaia a miséria sobre a família do condenado[4].

Nesse sentido, Heleno Cláudio Fragoso assevera que "a prisão constitui realidade violenta, expressão de um sistema de justiça desigual e opressivo, de que funciona como realimentador. Serve apenas para reforçar valores negativos, proporcionando proteção ilusória. Quanto mais graves são as penas e as medidas impostas aos delinquentes, maior é a probabilidade de reincidência. O sistema será, portanto, mais eficiente, se evitar, tanto quanto possível, mandar as pessoas para a prisão, nos crimes pouco graves e se, nos crimes graves, evitar o encarceramento demasiadamente longo"[5].

Erving Goffman examina os efeitos psicológicos que as instituições totais, como presídios e manicômios, podem produzir nos internos. Segundo ele, toda instituição conquista parte do tempo e do interesse de seus participantes e lhe dá algo de um mundo, sendo que todas têm tendências de "fechamento". As instituições totais, como é o caso das prisões e dos manicômios, são aquelas cujo "fechamento" ou caráter total é simbolizado pela barreira à relação social com o mundo exterior, bem como por proibições à saída. As três esferas da vida do indivíduo – dormir, trabalhar e se divertir – que normalmente ocorrem em lugares diferentes, com coparticipantes diferentes, sob diferentes autoridades e sem um plano racional geral, em uma instituição total, são realizadas em único local e sob única autoridade. Cada atividade diária é desenvolvida na companhia de um grupo relativamente grande de outras pessoas, todas tratadas da mesma forma e obrigadas a

---

4 *Vigiar e punir: nascimento da prisão*. p. 221-223.

5 Alternativas da pena privativa de liberdade. *Revista de Direito Penal*, n. 29, p. 5-17.

fazer as mesmas coisas, sendo rigorosamente estabelecidas em horários e reunidas em plano racional único. Com isso, verifica-se uma ruptura dessas três esferas da vida[6].

A edificação carcerária, ao fortalecer as barreiras externas, que separam o interno da sociedade, provoca também a demolição das barreiras e dos limites que separam o interno, como indivíduo, dos demais, uma vez que ela está comprometida primeiramente com o sistema de segurança e vigilância. Os lugares e ambientes são todos comuns, sendo que as próprias celas, frequentemente, são coletivas e o sanitário fica exposto. Mesmo quando em cela individual, o preso permanece continuamente exposto ao olhar do vigilante. Ao efetuar tal ataque à privacidade, promove-se no sentenciado uma adaptação à instituição, por meio de desenvolvimento de uma identidade "intramuros", que não é fator de bom prognóstico para a adaptação futura à sociedade "extramuros"[7].

Outro ponto destacado por Goffman é que nas instituições totais se estabelece uma nítida divisão entre o grupo de supervisão e o dos internados, cada qual visualizando o outro de forma estereotipada e hostil. Por um lado, os dirigentes tendem a se sentir corretos e superiores, concebendo os internados como reservados, amargos e não merecedores de confiança. Estes, por seu turno, sentem-se inferiores, fracos, censuráveis e culpados, e veem os dirigentes como condescendentes, arbitrários e mesquinhos. E acrescenta: "o novato chega ao estabelecimento com uma concepção de si mesmo que se tornou possível por algumas disposições sociais estáveis no seu mundo doméstico. Ao entrar, é imediatamente despido do apoio dado por tais disposições. [...] Começa uma série de rebaixamentos, degradações, humilhações e profanações do eu. O seu eu é sistematicamente, embora muitas vezes não intencionalmente, mortificado"[8].

A divisão e as características do grupo dos supervisores e dos internados, mencionada por Goffman, foram objeto de comprovação empírica no experimento de aprisionamento conduzido por Philip Zimbardo, na Universidade de Stanford, em 1971.

---

6 *Manicômios, prisões e conventos*. p. 16-18.

7 Sá, Alvino Augusto de. *Criminologia clínica e psicologia criminal*. p. 130-131.

8 *Manicômios, prisões e conventos*. p. 19.

Com o fim de examinar as reações psicológicas humanas ao cativeiro, os pesquisadores recrutaram voluntários e os dividiram em dois grupos, o dos "guardas" e o dos "prisioneiros", simulando as condições básicas de um presídio no subsolo do Departamento de Psicologia de Stanford. Todavia, logo nos primeiros dias a experiência saiu do controle e teve de ser interrompida prematuramente. Os "guardas" passaram a humilhar e tratar com sadismo os "prisioneiros", havendo relatos até mesmo de abusos sexuais; já os "prisioneiros" também começaram a se comportar de forma patológica, aceitando passivamente tais tratamentos. Chama atenção o fato de que tais comportamentos advieram de voluntários em uma mera simulação, restando demonstrada a existência de problemas intrínsecos aos presídios[9].

Tudo isso, nas palavras de Maria Thereza Rocha de Assis Moura, está a demonstrar que "o fracasso das chamadas 'ideologias re' (reeducação, ressocialização, readaptação, recuperação e reinserção) mostra-se no desumano sistema carcerário: prisões superlotadas, sem lugar para todos; muitos dormem no chão de cimento, em colchões de espuma imundos, ou sobre cobertor. Onde o espaço no chão não é suficiente para permitir que todos se deitem, os presos se revezam; o meio ambiente é insalubre; os doentes são, muitas vezes, misturados com os sadios; há ratos e baratas; os programas educativos, recreativos e profissionalizantes quase inexistem e a falta de consideração pela dignidade dos presos é notória. Por vezes, o dinheiro significa a possibilidade de regalias no interior das prisões"[10].

No Brasil, a situação é ainda pior. A superlotação dos presídios, aliada à carência crônica de recursos materiais, má gestão da coisa pública, falta de interesse político e inabilidade administrativa e técnicas agravam as condições de vida nessas instituições, dificultando a ressocialização dos reclusos[11].

Segundo dados do Departamento Penitenciário Nacional (Depen), em junho de 2014, havia 579.423 indivíduos no sistema penitenciário brasileiro, existindo déficit de 231.062 vagas. A comparação com

---

9 *Site* da Experiência de Stanford. Disponível em: <http://www.prisonexp.org>.

10 Execução penal e falência do sistema carcerário. *Revista dos Tribunais*. v. 29, p. 351.

11 Sá, Alvino Augusto de. *Criminologia clínica e psicologia criminal*. p. 110.

os anos anteriores revela um distanciamento cada vez maior entre o número de vagas e a população prisional. Em dezembro de 2010, havia 445.705 indivíduos no sistema penitenciário brasileiro, existindo déficit de 164.624 vagas. Em dezembro de 2009, o total populacional era de 417.112 indivíduos, existindo déficit de 139.266 vagas. Em dezembro de 2008, o total populacional no sistema peninteciário era de 393.488, existindo um déficit de 126.982 vagas[12].

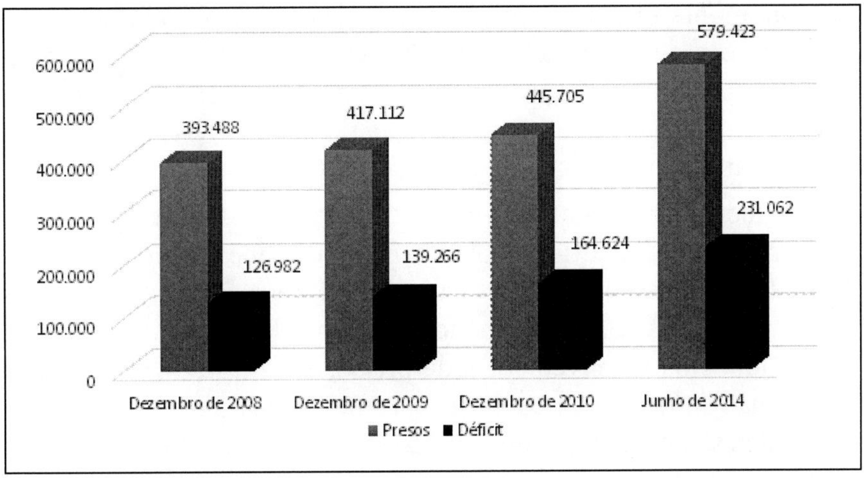

Figura 2.1 Relação entre presos e déficit de vagas no sistema penitenciário entre dezembro de 2008 a junho de 2014

A situação dos presídios brasileiros tem chamado atenção inclusive em âmbito internacional.

Em novembro de 2005, a Corte Interamericana de Direitos Humanos foi acionada devido a graves problemas na Fundação Casa do Tatuapé (SP), ocorrendo o arquivamento do feito em 25 de novembro de 2008, após a desativação da unidade. Entre julho de 2006 e novembro de 2011, o presídio de Araraquara (SP) foi monitorado devido às sucessivas rebeliões e às terríveis condições desta instituição. Em 25 de novembro de 2009, a Corte editou resolução reiterando que o país continue adotando medidas para garantir a vida e a integridade dos reclusos em Urso Branco (RO), medidas estas que vêm sendo requisitadas

[12] *Site* do Ministério da Justiça. Disponível em <http://www.portal.mj.gov.br>.

desde junho de 2002. Em 25 de fevereiro de 2011, o Brasil passou a responder por problemas na Unidade de Internação Socioeducativa de Cariacica (ES). Em 14 de novembro de 2014, a Corte requereu que o país adote ações imediatas para preservar e vida e a integridade física dos reclusos no Complexo Penitenciário de Pedrinhas, no Maranhão, bem como de seus parentes, dos funcionários do estabelecimento e dos visitantes[13].

O relatório mundial de 2015 da organização *Human Rights Watch* também aponta que as condições desumanas, a violência, a prática de tortura e a superlotação verificadas nas prisões brasileiras permanecem entre as mais graves ofensas a direitos humanos do Brasil. O relatório destaca ainda a grande quantidade de presos provisórios no país, causada pela morosidade da Justiça[14].

Em que pesem todos os problemas apresentados, a pena privativa de liberdade é um mal necessário, em vista da inexistência de outro meio idôneo que possibilite a punição e segregação dos criminosos mais graves. Nesse sentido, pondera Michel Foucault que "conhecem-se todos os inconvenientes da prisão, e sabe-se que é perigosa quando não inútil. E entretanto não vemos o que pôr em seu lugar. Ela é a detestável solução, de que não se pode abrir mão"[15].

Por outro lado, os graves problemas atrelados ao encarceramento servem para demonstrar a necessidade de evitar a utilização desmedida do Direito Penal – o qual deve ser empregado apenas em casos de extrema necessidade, como último recurso – e também da pena privada de liberdade, que deve ser preterida em favor de substitutivos penais sempre que possível.

---

[13] *Site* da Corte Interamericana de Direito Humanos. Disponível em <http://www.corteidh.or.cr>.

[14] *Site* da *Human Rights Watch*. Disponível em: <http://hrw.org>.

[15] *Vigiar e punir: nascimento da prisão*. p. 196.

3

HISTÓRICO DAS PENAS ALTERNATIVAS

3.1 ORIGEM

As penas alternativas ganharam destaque nas últimas décadas, diante da constatação dos problemas da prisão. São consideradas sanções modernas, que se entrelaçam com uma nova postura penal[1].

De fato, a pena alternativa consistente em prestação de serviços à comunidade, nos contornos que possui hoje, apresenta sua origem somente no início do século XX, no Código Penal soviético. Contudo, é possível vislumbrar seu parentesco remoto nos trabalhos forçados da Antiguidade, embora haja entre os dois importantes diferenças: os trabalhos forçados caracterizavam privação de liberdade, enquanto os serviços comunitários representam somente sua restrição; os trabalhos forçados eram, normalmente, perpétuos e exercidos em serviços extremamente penosos, enquanto a prestação de serviços à comunidade é limitada no tempo, atende ao princípio da proporcionalidade e deve considerar a aptidão do condenado, de tal modo que não se afaste muito de seu trabalho habitual[2].

O Egito foi um dos primeiros países a aplicar o trabalho forçado, que era realizado nas minas[3]. Todavia, vem de Roma as notícias mais precisas de sua aplicação. Em 23 d.C., foram introduzidos por Tibério

---

1 Dotti. *Bases alternativas para o sistema de penas*. p. 370.

2 Shecaira. *Prestação de serviços à comunidade: alternativa à pena privativa de liberdade*. p. 27.

3 Zaffaroni. *Tratado de derecho penal – parte general*. p. 324.

os trabalhos forçados, sendo que durante sua execução o condenado passava a ser propriedade do Estado. Havia três espécies dessa penalidade: trabalho nas minas – considerada a mais grave delas –, trabalhos forçados perpétuos e trabalhos forçados por tempo determinado, consideradas variações mais brandas. Existia, ainda, uma modalidade de trabalhos públicos, normalmente confiada aos servos, que envolvia pavimentação de ruas públicas, limpeza de cloacas, trabalhos em valetas para escoamento de água etc.[4].

No livro V das Ordenações Filipinas, aplicada no Brasil por mais de dois séculos, era prevista a aplicação das penas de galés, que constituem espécie de trabalhos forçados.

Somente no final do século XIX a prestação de serviços à comunidade aparece como alternativa à prisão. Emilio Dolcini e Carlo Enrico Paliero, citados por Shecaira, apontam que na Suíça, no Cantão de Vaud, na legislação penal de 1875 e em alguns Estados alemães (Saxônia, Prússia e Baden) havia um trabalho de utilidade pública como substituto da pena detentiva, aplicado na forma de conversão[5].

No início do século XX, o Egito, por meio de Lei de 12 de junho de 1912, introduz o trabalho penal como sucedâneo das penas de curta duração, inferiores a três meses de prisão, como medida subsidiária em caso de não pagamento de multa[6].

Merece destaque o Código Penal italiano de 1889, que vigorou até 1930. Referido diploma previa trabalhos comunitários, cumpridos em serviços públicos e em instituições urbanas e rurais, sendo tal sanção aplicada de duas formas: em lugar da pena de prisão, em caso de insolvência do condenado, ou como sanção isolada àqueles que cometessem delitos mais leves, tais como mendicância ou embriaguez grave[7].

---

4 Shecaira. *Prestação de serviços à comunidade: alternativa à pena privativa de liberdade.* p. 28.

5 *Prestação de serviços à comunidade: alternativa à pena privativa de liberdade.* p. 29.

6 Shecaira. *Prestação de serviços à comunidade: alternativa à pena privativa de liberdade.* p. 28.

7 Shecaira. *Prestação de serviços à comunidade: alternativa à pena privativa de liberdade.* p. 30.

No entanto, a forma moderna de prestação de serviços à comunidade difere das supramencionadas porque, atualmente, o trabalho não é forçado, mas sim realizado voluntariamente pelo infrator.

Dessa forma, verifica-se o surgimento de uma das primeiras penas alternativas na Rússia, em 1926, por meio dos arts. 20, letra *d*, e 30, do Código Penal soviético, que previam a "prestação de serviços à comunidade". Posteriormente, em 1960, o diploma penal russo criou a pena de trabalhos correcionais, cumprida sem privação de liberdade no distrito do domicílio do condenado, sob a vigilância do órgão encarregado da execução da pena, sendo que o tempo correspondente não poderia ser computado para promoções ou férias[8].

Em 1948, a Inglaterra introduziu a prisão de fim de semana; em 1953, a Alemanha adotou esta mesma sanção para infratores menores; o Código Penal polonês, de 1969, estabeleceu a pena de limitação da liberdade; em 1963, a Bélgica passou a prever o arresto de fim de semana, para penas detentivas inferiores a um mês; em 1967, o Principado de Mônaco adotou uma "forma fracionada" da pena privativa de liberdade; por fim, em 1972, a Inglaterra instituiu a pena de "prestação de serviços comunitários"[9].

No II Congresso Internacional de Direito Comparado, realizado em 1937, em Haia, já se discutia a substituição da prisão por outras medidas.

Em 10 de dezembro de 1948, a Assembleia Geral das Nações Unidas proclamou a Declaração Universal dos Direitos Humanos, prevendo, no art. V, que "ninguém será submetido à tortura, nem a tratamentos ou punições cruéis, desumanos ou degradantes"; texto semelhante aparece em praticamente todos os documentos internacionais de grande alcance posteriores a ela[10].

O Congresso das Nações Unidas, que teve lugar em Genebra, em 1953, aprovou várias medidas em matéria de regime prisional aberto, visando propiciar a reinserção do condenado ao convívio social.

---

8 Bitencourt. *Penas alternativas: análise político-criminal das alterações da Lei n. 9.714/98*. p. 95.

9 Bitencourt. *Penas alternativas: análise político-criminal das alterações da Lei n. 9.714/98*. p. 95; Dotti. *Bases alternativas para o sistema de penas*. p. 370.

10 Gomes. *Penas e medidas alternativas à prisão*. p. 20.

Os sucessivos congressos internacionais apontavam, de forma inequívoca, a necessidade de alternativas à privação da liberdade[11].

O Pacto Internacional de Direitos Civis e Políticos de 1966 estabelece que “toda pessoa privada da sua liberdade deverá ser tratada com humanidade e com respeito à dignidade inerente à pessoa humana”.

Em 9 de março de 1976, o comitê de Ministros do Conselho de Europa aprova a Resolução n. 76, que assim diz: “O Comitê de Ministros, considerando o interesse dos Estados-membros do Conselho da Europa em estabelecer princípios comuns de político criminal; considerando a tendência constatada em todos os Estados-membros no sentido de evitar, dentro da medida do possível, a aplicação das medidas privativas de liberdade, em razão de seus múltiplos inconvenientes e por respeito às liberdades individuais, e convencidos de que esta política poderá ser perseguida, sem colocar em perigo a segurança pública; considerando, desde já, que é necessário não somente desenvolver-se as medidas de substituição existentes há mais tempo (tais como *sursis* e *probation*), mas também de promover novas medidas, a fim de permitir aos Tribunais a escolha dentre as diversas formas de sanções aquela que convém ao caso em particular; considerando que as medidas de substituição às penas privativas de liberdade podem servir ao propósito de readaptação de delinquentes, ao mesmo tempo sendo menos onerosas que o encarceramento; Recomenda aos governos dos Estados-membros: 3.c.) examinar as vantagens do trabalho em benefício da comunidade, reconhecidas como verdadeiramente proporcionando: – ao delinquente a oportunidade de purgar sua sanção prestando serviço à comunidade; – à comunidade a oportunidade de contribuir ativamente à recuperação social do delinquente, através da aceitação de sua participação em trabalho beneficente”.

Como observa Sérgio Salomão Shecaira, nessa ocasião já era possível avaliar as experiências inicias da prestação de serviços à comunidade, prevista no Código Penal alemão (1926). Além disso, já se contemplava o êxito da experiência inglesa, que, desde 1972, por meio do *Criminal Justice Act*, introduziu a *Community Service Order*

---

[11] Shecaira. *Prestação de serviços à comunidade: alternativa à pena privativa de liberdade.* p. 31.

na Inglaterra e País de Gales[12]. Conforme ensina Dotti, "tal sanção consiste na obrigação de, durante os períodos de descanso, dedicar algumas horas a um trabalho não remunerado, em favor de uma causa de interesse comum"[13].

O êxito do *Community Service Order*, apontado como o mais bem sucedido exemplo de trabalho comunitário, influenciou inúmeros países, que passaram a adotar o instituto, como por exemplo, Austrália (1972), Luxemburgo (1976), Canadá (1977) e, posteriormente, Dinamarca e Portugal (1982), França (1983) e Brasil (1984)[14].

O VI Congresso da Organização das Nações Unidas, realizado de 25 de agosto a 5 de setembro de 1980, reconhece que "a prestação de trabalho em favor da comunidade caracteriza uma alternativa construtiva e econômica à pena de prisão e constitui um novo meio de se colocar o delinquente em contato mais próximo aos cidadãos que precisam de ajuda e apoio". O VII Congresso, por sua vez, também ressaltou a necessidade de soluções alternativas à prisão, bem como de buscar a reinserção do condenado.

3.1.1 Regras de Tóquio

3.1.1.1 Panorama histórico

As Regras Mínimas das Nações Unidas sobre as Medidas Não Privativas de Liberdade foram resultado do debate e intercâmbio de experiências internacionais, iniciados em Tóquio, de acordo com a Seção XI da Resolução 1986/10 do Conselho Econômico e Social, de 21 de maio de 1986. Nesta Resolução, o Conselho solicitou ao Secretário Geral que examinasse a questão das penas alternativas à privação da liberdade. O Instituto da Ásia e do Extremo Oriente para a Prevenção do Delito e o Tratamento do Delinquente, com a ajuda de especialistas do mundo inteiro, além de organizações intergovernamentais e não governamentais,

---

12 *Prestação de serviços à comunidade: alternativa à pena privativa de liberdade.* p. 32.

13 *Bases alternativas para o sistema de penas.* p. 372.

14 *Penas alternativas: análise político-criminal das alterações da Lei n. 9.714/98.* p. 96.

como a Fundação Internacional Penal e Penitenciária, redigiu o Projeto das Regras Mínimas das Nações Unidas sobre as Medidas Não Privativas de Liberdade, consistentes em métodos e medidas visando a máxima eficiência na prevenção dos delitos aliada à melhoria da forma de tratamento dos delinquentes[15].

Após serem redigidas, as Regras Mínimas foram apresentadas ao 8º Congresso da Organização das Nações Unidas sobre Prevenção do Delito e Tratamento do Delinquente, ocorrido em Havana, de 27 de agosto a 7 de setembro de 1990, e, por recomendação do Congresso, aprovadas pela Assembleia Geral, em 14 de dezembro de 1990, por meio da Resolução 45/110. Ademais, aprovou-se a recomendação de que as Regras deveriam ficar conhecidas como Regras de Tóquio[16].

3.1.1.2 Conteúdo

Conforme leciona Luiz Flávio Gomes, as Regras de Tóquio representam o mais importante Documento Internacional em relação às penas e medidas alternativas, podendo-se afirmar, devido ao conteúdo sólido e concentrado, tratar-se de uma verdadeira Constituição sobre o tema[17]. Os principais objetivos e diretrizes deste diploma estão previstos nos itens 1.1 a 1.5.

As Regras expressam um conjunto de princípios básicos voltados à fomentar o emprego de medidas não privativas de liberdade, além de garantias mínimas para os indivíduos submetidos a substitutivos penais (regra 1.1). Têm por objetivo ampliar a participação da sociedade na administração da Justiça Penal e no tratamento do delinquente, além de estimular o senso de responsabilidade dos infratores (regra 1.2).

O emprego das regras deve levar em consideração as condições políticas, econômicas, sociais e culturais de cada país, além dos propósitos e objetivos de seu sistema de Justiça Penal (regra 1.3).

---

[15] Jesus, Damásio Evangelista de. *Regras de Tóquio – Comentários às Regras Mínimas das Nações Unidas sobre as Medidas Não-Privativas de Liberdade*. p. 24-25.

[16] Jesus, Damásio Evangelista de. *Regras de Tóquio – Comentários às Regras Mínimas das Nações Unidas sobre as Medidas Não-Privativas de Liberdade*. p. 24-25.

[17] *Direito penal: parte geral*. v. 2. p. 827.

Ao aplicá-las, devem os Estados-membros empregar esforços no sentido de atingir o adequado equilíbrio entre os direitos dos delinquentes, os direitos das vítimas e o interesse da sociedade na segurança pública e na prevenção do crime (regra 1.4). Devem, também, introduzir medidas não privativas de liberdade em seus sistemas jurídicos, de modo a reduzir a aplicação das penas de prisão e racionalizar as políticas de Justiça Penal, levando em consideração o respeito aos direitos humanos, as exigências da justiça social e as necessidades de reabilitação do infrator (regra 1.5).

As Regras de Tóquio, consoante a lição de Damásio de Jesus, foram formuladas para que possam ser utilizadas em uma larga gama de sistemas jurídicos, visando promover a justa e equitativa utilização de sanções e medidas a serem cumpridas na normalidade. Nos dizeres do autor, "representam as normas mínimas que devem prevalecer na aplicação de medidas não-privativas de liberdade [e] constituem um guia completo sobre a operação das medidas não-privativas de liberdade em todas as fases do processo da Justiça Penal"[18].

3.2 PENAS ALTERNATIVAS NO BRASIL

3.2.1 *Ordenações Filipinas*

As Ordenações Filipinas vigoraram no Brasil por mais de dois séculos. Não eram conhecidos, à época, os princípios de direitos penal, tais como legalidade, proporcionalidade e dignidade da pessoa humana.

Era um ordenamento excessivamente rigoroso, cominando para a maior parte dos delitos a pena de morte, inclusive mediante tortura.

Além da pena capital, previa o Livro V das Ordenações do Reino outras sanções graves, denominadas penas vis, entre as quais podem-se destacar os açoites, o corte de membro, o baraço e o pregão. Havia previsão do confisco de bens, que, todavia, era aplicado de forma acessória à pena de morte.

---

[18] *Regras de Tóquio – Comentários às Regras Mínimas das Nações Unidas sobre as Medidas Não-Privativas de Liberdade.* p. 28-29.

Segundo Heleno Cláudio Fragoso, "a legislação penal do Livro V era realmente terrível, o que não constitui privilégio seu, pois era assim toda a legislação penal de sua época. A morte era a pena comum e se aplicava a grande número de delitos, sendo executada muitas vezes com requintes de crueldade. (...) Havia ainda penas infamantes, mutilações, confisco de bens e degredo. As penas dependiam da condição dos réus e empregava-se amplamente a tortura, (...) sem haver proporção entre as penas e os delitos"[19].

Era também prevista a aplicação das penas de galés, que constituem modalidade de trabalhos forçados. Tal sanção poderia ser aplicada, por exemplo, em casos de blasfêmia ou descrença do nome de Deus (título II), de vadiagem (título LXVIII), bem como aos ciganos, armênios, árabes e persas que estivessem em território português sem autorização (título LXIX).

Todavia, tanto os trabalhos forçados como as penas de galés, embora guardem parentesco com a moderna prestação de serviços à comunidade, desta muito se diferenciam em diversos aspectos: não eram aplicadas em substituição a outras penas, sendo previstas autonomamente; eram impostas ao condenado, e não aderidas voluntariamente; no caso das galés, com relação ao seu alcance no tempo, poderiam ser aplicadas perpetuamente. Além disso, tais sanções não tinham por objetivo preservar a dignidade dos condenados nem almejavam sua ressocialização. Não buscavam evitar a pena privativa de liberdade, espécie de sanção que não era contemplada nas Ordenações.

3.2.2 Código Criminal de 1830

Proclamada a Independência do Brasil, o imperador D. Pedro I incumbiu os penalistas Bernardo Pereira de Vasconcelos e José Clemente Pereira, então deputados, da elaboração de um projeto de Código Penal.

Tanto o projeto apresentado por Vasconcelos quanto o apresentado por Pereira foram amplamente elogiados, tendo sido designada pela Câmara dos Deputados uma Comissão para examiná-los. Tal Comissão limitou-se apenas a recomendar a impressão de ambos em

---

19 *Lições de direito penal: parte geral* p. 70-71.

14 de agosto de 1827, conquanto tenha recomendado que, quando dos debates, se tomasse em consideração o trabalho de Vasconcelos. Em junho de 1828, foi criada Comissão bicameral para examinar os projetos, a qual, em 31 de agosto de 1829, assinalou que havia seguido a sugestão da Comissão anterior, no sentido de adotar como base o projeto de Vasconcelos, mas sem deixar de levar em consideração o projeto de Clemente Pereira[20].

Com exceção da pena de morte, tema que se achava, também naquela época, em evidência, houve pouca discussão envolvendo o projeto elaborado por essa Comissão. Organizou-se então outra Comissão na Câmara dos Deputados, com a finalidade de dar redação definitiva ao projeto, a qual manteve a pena capital e a pena de galés para os crimes comuns[21].

Em 19 de outubro de 1830, foi dada redação definitiva ao projeto. Após aprovação pela Câmara e pelo Senado, foi o Código promulgado em 16 de dezembro de 1830, sob a égide da Constituição de 1824, que, por sua vez, foi influenciada pela Revolução Francesa.

O Código Imperial foi um diploma bastante aplaudido. Adotou os postulados da escola clássica e contemplou diversos princípios de direito penal, tais como a legalidade, a irretroatividade da lei penal e a insignificância.

A pena de prisão, que não era prevista nas Ordenações Filipinas, foi cominada para quase todos os crimes, havendo duas espécies: a prisão simples, na qual os réus deveriam permanecer reclusos nos presídios (art. 47); e também a pena de prisão com trabalho, na qual os condenados deveriam diariamente realizar trabalhos dentro do recinto das prisões (art. 46).

A crítica que se faz a este diploma diz respeito à manutenção da pena de morte (art. 38), dos açoites (art. 60) e da pena de galés (art. 44), sendo os condenados a esta obrigados a andar com calceta no pé e corrente de ferro, bem como a realizar trabalhos públicos.

Entre as várias inovações trazidas pelo Código de 1830, merece destaque a criação do dia-multa rendimento. É neste diploma que

---

20 Pierangeli. *Códigos penais do Brasil: evolução histórica*. p. 66-67.

21 Pierangeli. *Códigos penais do Brasil: evolução histórica*. p. 67.

a multa aparece sob a forma de dias-multa, em razão da busca por uma sanção que se adequasse à capacidade econômica do condenado. Dessarte, assim prevê o art. 55: "a pena de multa obrigará os réos ao pagamento de uma quantia pecuniária, que será sempre regulada pelo que os condemnados puderem haver em cada um dia pelos seus bens, empregos ou industria, quando a lei especificadamente a não designar de outro modo".

Além da pena pecuniária, o Código Criminal de 1830 previa a pena de suspensão do emprego, que guarda semelhança com a atual pena de interdição temporária de direitos consistente na proibição do exercício de cargo, função ou atividade pública e de mandato eletivo. Rezava o art. 52 do Código Imperial que "a pena de suspensão do emprego privará os réos do exercício dos seus empregos durante o tempo da suspensão, no qual não poderão ser empregados em outros, salvo sendo de eleição popular". A suspensão do emprego era cominada para alguns dos crimes contra a Administração Pública, como prevaricação (art. 129), peita (art. 130 e seguintes), corrupção (arts. 133 e 134), concussão (arts. 135 e 136), peculato (art. 170 e seguintes) etc.

Contudo, há de reconhecer importantes distinções entre a pena com trabalho, a pena pecuniária e a suspensão do emprego, previstas nesse diploma, e as atuais penas restritivas de direitos, pois estas são substitutivas, enquanto aquelas eram cominadas diretamente.

O Código Criminal de 1830 previa as seguintes sanções: morte (arts. 38 a 43), galés (arts. 44 e 45), prisão com trabalho (art. 46), prisão simples (art. 47), banimento (art. 50), degredo (art. 51), desterro (art. 52), multa (art. 55), suspensão do emprego (art. 58), perda do emprego (art. 59) e, por fim, açoites (art. 60).

3.2.3 Código Penal de 1890

A abolição da escravidão, em 13 de maio de 1888, acarretou várias alterações no Código Criminal de 1830, e, com o escopo de adaptar este diploma à nova realidade social, o deputado João Vieira de Araújo apresentou ao Ministro da Justiça um "anteprojeto de nova edição do Código Criminal". Para analisá-lo, foi indicada uma Comissão formada por Visconde de Assis Martins, José Rodrigues Tôrres Neto e

João Batista Pereira, este nomeado relator. Esta Comissão, em 10 de outubro de 1889, recomendou a completa reforma da legislação penal, em vez de uma simples revisão e, diante disso, o Ministro dos Negócios e da Justiça Cândido de Oliveira incumbiu João Batista Pereira da realização do projeto reformista. Mas, com a Proclamação da República, em 15 de novembro de 1889, seu trabalho foi interrompido[22].

O Ministro da Justiça do Governo Provisório, Campos Salles, novamente solicitou a elaboração do projeto a Pereira, que, em pouco mais de três meses terminou seu trabalho. O projeto foi então submetido a exame de uma Comissão integrada por José Júlio de Albuquerque Barros, Francisco de Paula Belfort Duarte e Luís Antonio dos Santos Werneck. Esta Comissão adotou o projeto quase na íntegra, sendo que em 11 de outubro de 1890, o Decreto 847 mandou executar o novo Código[23].

O diploma foi alvo de severas críticas. Conforme magistério de Heleno Cláudio Fragoso, "o Código Penal de 1890 apresentava graves defeitos de técnica, aparecendo atrasado em relação à ciência de seu tempo. Foi, por isso mesmo, objeto de críticas demolidoras, que muito contribuíram para abalar o seu prestígio e dificultar sua aplicação"[24].

O Código republicano manteve a prisão como pena por excelência, mas limitada a 30 anos, por força do Decreto 774, de 20.09.1890[25], cuja publicação se deu em 11.10.1890, ou seja, anteriormente ao próprio Código.

Este diploma também não contemplou penas alternativas à privação de liberdade, mas apresentou avanços, podendo-se destacar a consagração do princípio da dignidade humana (art. 44) e a abolição da pena de morte. Foi mantido o sistema do dia-multa rendimento, inaugurado no Código anterior. Ademais, agasalhou o instituto do livramento condicional e fez referência a penitenciárias agrícolas (art. 48). Todavia, conforme aponta Irene Batista Muakad, não foram

---

22 Pierangeli. Códigos penais do Brasil: evolução histórica. p. 74.

23 Pierangeli. Códigos penais do Brasil: evolução histórica. p. 74.

24 *Lições de direito penal: parte geral.* p . 74.

25 Tal Decreto também aboliu a pena de galés, determinou o cômputo da prisão preventiva na execução das penas e estabeleceu a prescrição.

criados os estabelecimentos industriais e as colônias agrícolas, estágio para a obtenção do livramento condicional[26].

Em 1865 (ou, para alguns, 1866), Nabuco de Araujo sugeriu a criação de uma prisão semiaberta, a ser realizada na forma de colônia agrícola, tendo em vista proporcionar aos condenados melhores condições de trabalho e recuperação[27].

As penas contempladas neste diploma foram: prisão celular (art. 43, *a*, e art. 45), reclusão (art. 43, *c*, e art. 47), prisão com trabalho obrigatório (art. 43, *d*, e art. 48), prisão disciplinar (art. 43, *e*, e art. 49), banimento (art. 43, *b*, e art. 46), interdição (art. 43, *f*), suspensão de emprego público e perda de emprego público, com ou sem inabilitação para o exercício de outro (art. 43, *g*, e art. 57) e multa (art. 43, *h*, e art. 58).

3.2.4 Consolidação das Leis Penais de 1932

Com o passar do tempo, numerosas leis foram editadas com o fim de corrigir as falhas do Código de 1890, tornando extremamente difícil sua consulta. Vicente Piragibe, em primoroso estudo, reuniu tais disposições, resultando deste trabalho a Consolidação das Leis Penais, adotada pelo Governo republicano por meio do Decreto 22.213, de 14 de dezembro de 1932. A Consolidação não foi propriamente um Código novo, mas sim uma coletânea da legislação vigente à época.

Nesta legislação não se encontra, mais uma vez, previsão de penas alternativas, embora tenham sido contemplados alguns substitutivos penais, tais como a suspensão condicional da pena e o livramento condicional.

As sanções, previstas no art. 43 deste diploma, são: a) prisão celular – cumprida em estabelecimento especial com isolamento celular e trabalho obrigatório; b) prisão correcional – cumprida em colônias federais ou estaduais, visando a reabilitação, pelo trabalho e instrução, de mendigos, vadios e desordeiros (arts. 399 a 403); c) reclusão – cumprida em fortalezas, praças de guerra ou estabelecimentos militares; d) prisão com trabalho obrigatório – cumprida em penitenciárias

---

[26] *Pena privativa de liberdade.* p. 18

[27] Muakad. *Pena privativa de liberdade.* p. 18-19.

agrícolas ou presídios militares; e) prisão disciplinar – cumprida nos institutos disciplinares criados pelo Código de Menores e destinados aos menores de 14 a 18 anos; f) interdição – efeito da condenação à pena de prisão celular superior a seis anos, consistia na suspensão dos direitos políticos, perda de ofício eletivo e emprego público, perda de todas as dignidades, condecorações e distinções honoríficas e perda de todos os múnus públicos; g) suspensão e perda do emprego público, com ou sem inabilitação para exercer outro; h) multa – calculada conforme o critério do dia-multa rendimento.

3.2.5 Código Penal de 1940

Com a instalação do regime ditatorial, em 10 de novembro de 1937, o Ministro da Justiça Francisco Campos incumbiu Alcântara Machado da redação de um anteprojeto de Código Penal.

Em maio de 1938, Alcântara Machado entregou ao governo um anteprojeto da Parte Geral do Código Penal e, em abril de 1940, o projeto definitivo.

O trabalho foi submetido a uma comissão revisora formada por Nelson Hungria, Roberto Lyra, Vieira Braga e Narcélio de Queiroz, com a participação de Antonio José da Costa e Silva e sob a presidência do Ministro Francisco Campos. Em 7 de dezembro de 1940, o Código foi baixado com o Decreto-lei 2.848, entrando em vigor em 1º de janeiro de 1942[28].

Mais uma vez, manteve-se a pena privativa de liberdade como forma de punição por excelência. O Código de 1940, embora tenha previsto algumas formas de evitar a pena privativa de liberdade, mediante a suspensão condicional da pena e a liberdade condicional, não contemplou penas alternativas. Ademais, foi o único Código brasileiro a não adotar o sistema do dia-multa.

É que o Anteprojeto seguiu o Código Penal Rocco de 1930, da Itália, de caráter fascista[29]. Assim, como assevera René Ariel Dotti, "a importante matéria referente ao cumprimento das penas de

---

28 Pierangeli. *Códigos penais do Brasil: evolução histórica*. p. 80.

29 O Código Rocco é assim denominado em homenagem ao Ministro Alfredo Rocco, professor de direito comercial, e não a seu irmão, Arturo Rocco, professor de

prisão, especialmente quanto à legalidade, humanidade, personalidade e outros princípios relevantes, foi descurada pelo legislador de 1940, com sacrifício da perspectiva de ressocialização do delinquente e do processo de integração que ele deve manter com a sociedade"[30].

Previa o Código de 1940, na sua redação original, duas espécies de penas: principais (art. 28) – reclusão, detenção e multa – e acessórias (art. 67) – perda da função pública, eletiva ou de nomeação, interdições de direitos e publicação da sentença.

3.2.6 Código Penal de 1969

Com a entrada em vigor do Código Penal de 1940, surgiram as primeiras críticas, ao que sobrevieram leis retificadoras e complementares[31]. Atendendo ao clamor revisionista e considerando as profundas modificações pelas quais passava a sociedade brasileira, resolveu o Governo Jânio Quadros elaborar um novo diploma penal.

Nelson Hungria, que foi incumbido de redigir o texto básico, apresentou seu anteprojeto em 1963.

Em 1964, o Ministro da Justiça, Milton Campos, designou uma comissão revisora, da qual fizeram parte, além de Nelson Hungria – próprio autor do anteprojeto –, Roberto Lyra e Hélio Tornaghi. Conforme acentua Pierangeli, "esta comissão deveria revisar também os anteprojetos de Código de Processo Penal e de Execuções Penais. Pretendia-se, pois, numa única oportunidade, encaminhar ao Congresso os três projetos"[32].

Após a Revolução de 31 de março de 1964, a revisão se atrasou, até que em 9 de fevereiro de 1965, o próprio Ministro Milton Campos dissolveu esta comissão e formou outra, composta por Nelson Hungria, Hélio Tornaghi e Heleno Cláudio Fragoso, entregando a Aníbal Bruno a presidência.

---

direito penal, que foi, entretanto, um dos principais autores do projeto preliminar. Cf. Vassali, Giuliano. O Código Rocco. *Revista de Direito Penal*, n. *27*, p.54-63.

30 *Curso de direito penal: parte geral*. p. 201-202.

31 Bruno. *Direito penal, parte geral, tomo I: introdução, norma penal, fato punível*. p. 107.

32 *Códigos penais do Brasil: evolução histórica*. p.82.

O anteprojeto foi submetido a uma nova revisão, agora constituída por Heleno Cláudio Fragoso, Benjamin de Moraes Filho e Ivo D'Aquino, e promulgado pelo Dec. 1.004, de 21 de outubro de 1969, baixado pela Junta Militar, no exercício da Presidência da República[33].

Estabelecia o novo diploma uma *vacatio* de poucos meses, prazo que foi sucessivamente prorrogado. Nesse período, o novo Código sofreu profundas alterações determinadas pela Lei 6.016/1973, até que o governo Geisel decidiu revogá-lo definitivamente em 1978, pela Lei 6.578, sem vigorar um dia sequer.

Continuou vigorando o Código de 1940, cuja parte geral seria alterada pela Lei 7.209, de 11 de julho de 1984. É de ressaltar que as modificações trazidas nesta reforma foram notoriamente inspiradas no Código Penal de 1969, ou seja, no projeto de Nelson Hungria.

Observa Pierangeli que o Anteprojeto Nelson Hungria apresentava, basicamente, a mesma estrutura do Código de 1940, visando apenas corrigir seus principais defeitos[34]. Este diploma permitia a conversão da pena de reclusão não superior a dois anos pela de detenção, desde que o réu fosse primário, de pouca ou nenhuma periculosidade e tivesse reparado o dano antes da sentença, salvo impossibilidade econômica (art. 37, 3º). Também havia previsão de substituição da pena de detenção não superior a seis meses por multa, desde que o condenado fosse primário, de pouca ou nenhuma periculosidade e tivesse realizado a reparação do dano antes da sentença, salvo impossibilidade econômica (art. 46).

3.2.7 *Reformas posteriores*

No Brasil, a busca por alternativas à pena de prisão surge em 1966, data em que a prisão albergue foi instituída pelo Provimento n. XXV, de 1966, do Conselho Superior da Magistratura de São Paulo, posteriormente derrogado pelos Provimentos ns. LVII e LVIII de 1970. Como observa René Ariel Dotti, fazendo uso de interpretação analógica, entendeu o Tribunal de Justiça, com base em estudos de Alípio Silveira, que a prisão-albergue seria um estabelecimento similar à colônia penal,

[33] Pierangeli. *Códigos penais do Brasil: evolução histórica*. p. 82.

[34] *Códigos penais do Brasil: evolução histórica*. p. 82.

enquadrando-se, portanto, na hipótese marcada no Código Penal de 1940 (art. 30, § 2º). Dessa forma, foi criado, em caráter experimental, o sistema de prisão-albergue[35].

Em 1971, teve lugar o I Encontro Nacional de Secretários de Justiça e Presidentes de Conselhos Penitenciários, originando a Moção de Friburgo, na qual se advertia que não se deveria ficar adstrito, como no Código Penal de 1940 e no de 1969, às penas privativas de liberdade[36].

Em maio de 1972, Antonio Carlos Penteado de Moraes, Francisco Papaterra Limongi, José Luís de Azevedo Franceschini, José Rubens Prestes Barra e Manuel Pedro Pimentel apresentaram ao Ministério da Justiça um anteprojeto de lei modificativo do Código Penal de 1969, o qual propunha a elevação da interdição de direitos à pena principal, acolhendo assim ideia anterior de Guilherme Percival de Oliveira. A interdição de direito consistiria em: limitação do exercício da função pública, do pátrio poder, da tutela ou curatela; inabilitação para investidura em função pública, tutela, curatela, para o exercício de cargo de direção em empresa ou sociedade em que o Estado tivesse interesse direto ou indireto; suspensão da atividade ou profissão cujo exercício dependesse de habilitação especial e suspensão de atividade industrial ou comercial[37].

Em setembro de 1973, foi lançada a Moção de Goiânia I, assinada por grande número de penalistas, preconizando "a introdução de medidas humanísticas conducentes à reintegração social do condenado, como: ampliação do perdão judicial, do *sursis* e do livramento condicional, além de outras medidas substitutivas da pena de prisão".

A Lei 6.016, de 31 de dezembro de 1973, modificativa do Código Penal de 1969, contemplou a prisão-albergue, permitindo que o condenado primário exercesse atividade profissional fora do estabelecimento prisional e frequentasse instituição de ensino, respeitados os requisitos legais (art. 40 do CP/1969).

---

[35] *Bases alternativas para o sistema de penas*. p. 375.

[36] Shecaira. *Prestação de serviços à comunidade: alternativa à pena privativa de liberdade*. p.32. Dotti, *Bases alternativas para o sistema de penas*. p. 375.

[37] Dotti. *Bases alternativas para o sistema de penas*. p. 375.

Na Moção de Goiânia II, realizada em 1981, reconheceu-se que o anteprojeto de lei modificativa da Parte Geral do Código Penal, de 1981, agasalhou os princípios proclamados na Moção anterior, e que deveriam orientar a elaboração de toda a reforma do sistema criminal brasileiro[38].

Na década de 1980, no governo do presidente João Figueiredo, o Ministro da Justiça Ibrahim Abi-Ackel constituiu Comissão para apresentar modificações à Parte Geral do Código Penal, presidida por Francisco de Assis Toledo e integrada por Francisco Serrano Neves, Hélio Fonseca, Miguel Reale Júnior, René Ariel Dotti, Ricardo Antunes Andreucci e Rogério Lauria Tucci. O resultado foi a alteração da Parte Geral do Código Penal, por meio da Lei 7.209, de 11 de julho de 1984[39].

Aponta Cezar Roberto Bitencourt que as alternativas à pena privativa de liberdade só surgiram efetivamente com a Reforma Penal de 1984, que, atendendo aos anseios da penologia e da política criminal vigente, apresentou avanços na busca da desprisionalização consciente e cautelosa, instituindo as chamadas penas restritivas de direitos e revitalizando a pena de multa, restabelecendo o sistema de dias-multa[40].

Ao tratar do tema, dispõe a Exposição de Motivos da Lei: "Uma política criminal orientada no sentido de proteger a sociedade terá de restringir a pena privativa de liberdade aos casos de reconhecida necessidade, como meio eficaz de impedir a ação criminógena cada vez maior do cárcere. Esta filosofia importa obviamente na busca de sanções outras para delinquentes sem periculosidade ou crimes menos graves. Não se trata de combater ou condenar a pena privativa de liberdade como resposta penal básica do delito. Tal como no Brasil, a pena de prisão se encontra no âmago dos sistemas penais de todo o mundo. O que por ora se discute é a sua limitação aos casos de reconhecida necessidade. As críticas que em todos os países se têm feito à pena privativa de liberdade fundamentam-se em fatos de crescente importância social, tais como o tipo de tratamento penal frequentemente inadequado e quase sempre pernicioso, a inutilidade dos

---

38 Dotti. *Bases alternativas para o sistema de penas*. p. 376.

39 Shecaira. *Prestação de serviços à comunidade: alternativa à pena privativa de liberdade*. p. 32.

40 *Manual de direito penal: parte geral*. p. 74.

métodos até agora empregados no tratamento de delinquentes habituais e multirreincidentes, os elevados custos da construção e manutenção dos estabelecimentos penais, as consequências maléficas para os infratores primários, ocasionais ou responsáveis por delitos de pequena significação, sujeitos, na intimidade do cárcere, a sevícias, corrupção e perda paulatina da aptidão para o trabalho. Esse questionamento da privação da liberdade tem levado penalistas de numerosos países e a própria Organização das Nações Unidas a uma 'procura mundial' de soluções alternativas para os infratores que não ponham em risco a paz e a segurança da sociedade. Com o ambivalente propósito de aperfeiçoar a pena de prisão, quando necessária, e de substituí-la, quando aconselhável, por formas diversas de sanção criminal, dotadas de eficiente poder corretivo, adotou o Projeto novo elenco de penas. Fê-lo, contudo, de maneira cautelosa, como convém a toda experiência pioneira nesta área. Por essa razão, o Projeto situa as novas penas na faixa ora reservada ao instituto da suspensão condicional da pena, com significativa ampliação para os crimes culposos. Aprovada a experiência, fácil será, no futuro, estendê-la a novas hipóteses, por via de pequenas modificações no texto. Nenhum prejuízo, porém, advirá da inovação introduzida, já que o instituto da suspensão condicional da pena, tal como vem sendo aplicado com base no Código de 1940, é um quase nada jurídico".

Com essa reforma, passaram a existir quatro penas alternativas no Código Penal: multa (art. 49 e seguintes) – tendo-se voltado a adotar o sistema do dia-multa –, prestação de serviços à comunidade (primitivos arts. 43, I e 46), limitação de fim de semana (primitivos arts. 43, III e 48) e interdições temporárias de direitos (primitivos arts. 43, II e 47), a qual se dividia em proibição do exercício de cargo, função, profissão etc. e suspensão de autorização para dirigir veículo (art. 47, I a III), estas três denominadas restritivas de direitos (art. 43).

Um marco na história brasileira da prestação de serviços comunitários ocorreu em 1987, em Porto Alegre. Naquele ano, através de um projeto pioneiro, Vera Regina Muller firmou um convênio com o Ministério da Justiça, com a Secretaria da Justiça e com a "AJURIS", para implantação de um plano piloto de prestação de serviços à comunidade. Foram celebrados convênios com instituições filantrópicas, demonstrando a receptividade quanto à aplicação dessa pena. O projeto deu ótimos resultados, provando os benefícios de uma sanção que, nos dizeres de Vera Regina Muller, "ressocializa, reeduca, ao mesmo tempo em que oferece uma retribuição punitiva à conduta delituosa do réu"[41].

O 9º Congresso da Organização das Nações Unidas, que teve lugar em Viena, em abril e maio de 1995, contou com importante participação do Brasil, cuja delegação se comprometeu, oficialmente, a estudar a viabilidade de ampliar em nosso ordenamento jurídico as possibilidades alternativas à prisão[42].

Em consonância com tal manifestação, no mesmo ano foi aprovada a Lei 9.099/1995, inaugurando em nosso sistema os institutos da composição civil (art. 74), transação penal (art. 76) e suspensão condicional do processo (art. 89), além de estabelecer a necessidade de representação nos delitos de lesões corporais culposas e dolosas leves (art. 88)[43].

Em 24 de dezembro de 1996, o Presidente da República, por meio da Mensagem 1.445, encaminhou à Câmara dos Deputados projeto de lei alterando o art. 43 e seguintes do Código Penal, visando ampliar as penas alternativas. Sua exposição de motivos dizia: "A prisão não vem cumprindo o principal objetivo da pena, que é reintegrar o condenado ao convívio social, de modo que não volte a delinqüir. Para os crimes de menor gravidade, a melhor solução consiste em impor restrições aos direitos do condenado, mas sem retirá-lo do convívio social. Sua conduta criminosa não ficará impune, cumprindo, assim, os desígnios da prevenção especial e da prevenção geral. Mas a execução da pena não o estigmatizará de forma tão brutal como a prisão. Nessa linha de pensamento é que se propõe, no projeto, a ampliação das alternativas à pena de prisão".

Lembra Damásio de Jesus que o Projeto de Lei 2.684/1996, elaborado e aprovado pelo Conselho Nacional de Política Criminal e Penitenciária na sessão plenária de 29 de outubro de 1996, realizada

---

41 Prestação de serviços à comunidade – Uma alternativa viável às penas de encarceramento de curta duração – Resultados. *Boletim IBCCRIM*. São Paulo, n.50, p. 10, jan. 1997.

42 Gomes. *Penas e medidas alternativas à prisão*. p. 91.

43 Gomes. *Penas e medidas alternativas à prisão*. p. 91.

em Curitiba, aumentava para 14 o número de penas alternativas previstas em nossa legislação[44].

O projeto, que teve como relator Ibrahim Abi-Ackel, foi definitivamente aprovado em 27 de outubro de 1998, e sancionado em 25 de novembro de 1998.

Discorrendo sobre os objetivos desta lei, assevera Luiz Flávio Gomes que "os inequívocos propósitos da Lei 9.714/1998, que guardam perfeita consonância com a Declaração Universal dos Direitos Humanos e tantos outros Textos Internacionais, assim como com a Constituição brasileira, que no seu art. 5º, inc. XLVI, prevê a pena de 'prestação social alternativa', dentre outros, eram: diminuir a superlotação dos presídios, mas sem perder de vista a eficácia preventiva geral e especial da pena, reduzir os custos do sistema penitenciário, favorecer a ressocialização do autor do fato pelas vias alternativas, evitando-se o pernicioso contato carcerário, bem como a decorrente estigmatização, reduzir a reincidência e, sempre que possível, preservando os interesses da vítima"[45].

Já havia no Código Penal seis penas alternativas: prestação de serviços à comunidade; proibição do exercício de cargo, função ou atividade pública, bem como de mandato eletivo; proibição do exercício de profissão, atividade ou ofício que dependam de habilitação especial, de licença ou autorização do Poder Público; suspensão de autorização ou de habilitação para dirigir veículo; limitação de fim de semana; e multa.

Na Lei 9.714, de 25 de novembro de 1998, foram vetadas quatro penas alternativas previstas no projeto de lei: recolhimento domiciliar, advertência, submissão a tratamento e frequência a curso. A pena de recolhimento domiciliar (art. 43, III, do Projeto de Lei 2.684/1996) foi vetada pelo Presidente da República sob o argumento de que "a figura [...] não contém, na essência, o mínimo necessário de força punitiva, afigurando-se totalmente desprovida da capacidade de prevenir nova prática delituosa". As outras três sanções eram previstas no § 1º do art. 44 do referido Projeto. A razão do veto é que a pena de

---

44 *Código penal anotado*. p. 174-175.

45 *Direito penal: parte geral*. v. 2. p. 779.

advertência carecia do indispensável substrato coercitivo e, portanto, insuficiente para evitar nova prática delituosa. Não podendo rejeitar somente parte do dispositivo, o Presidente o vetou integralmente.

Assim, surgiram quatro novas penas alternativas no ordenamento pátrio: prestação pecuniária, perda de bens e valores, proibição de frequentar determinados lugares e prestação pecuniária inominada.

Na exposição de motivos ao projeto de lei, Nelson Jobim assim se manifestou: "Se infelizmente não temos, ainda, condições de suprimir por inteiro a pena privativa de liberdade, caminhamos passos cada vez mais largos para o entendimento de que a prisão deve ser reservada para os agentes de crimes mais graves e cuja periculosidade recomende seu isolamento do meio social. Para os crimes de menor gravidade, a melhor solução consiste em impor restrições aos direitos do condenado, mas sem retirá-lo do convívio social. Sua conduta criminosa não ficará impune, cumprindo, assim, os desígnios de prevenção social especial e de prevenção geral".

Posteriormente, a Lei 12.550, de 15 de dezembro de 2011, introduziu no Código Penal nova espécie de interdição temporária de direitos: a proibição de inscrever-se em concurso, avaliação ou exame públicos.

As penas alternativas previstas atualmente no Código Penal são: a) prestação pecuniária (art. 43, I); b) perda de bens e valores (art. 43, II); c) prestação de serviço à comunidade ou a entidades públicas (art. 43, IV e 46); d) interdição temporária de direitos, subdividida em d.1) proibição do exercício de cargo, função ou atividade pública, bem como de mandato eletivo (art. 47, I); d.2) proibição do exercício de profissão, atividade ou ofício que dependam de habilitação especial, de licença ou autorização do Poder Público (art. 47, II); d.3) suspensão de autorização ou de habilitação para dirigir veículo (art. 47, III); d.4) proibição de frequentar determinados lugares (art. 47, IV); d.5) proibição de inscrever-se em concurso, avaliação ou exame públicos (art. 47, V); e) limitação de fim de semana (art. 48); f) multa (art. 44, § 2º); g) prestação pecuniária inominada (art. 45, § 2º).

Com o passar dos anos, foram introduzidas disposições específicas sobre penas alternativas em diversas leis especiais, destacando-se o

Código de Defesa do Consumidor (Lei 8.078/1990), a Lei dos Juizados Especiais Criminais (Lei 9.099/1995), o Código de Trânsito Brasileiro (Lei 9.503/1997), a Lei dos Crimes Ambientais (Lei 9.605/1998), o Estatuto do Torcedor (Lei 10.671/2003) e a Lei de Drogas (Lei 11.343/2006).

4

PENAS RESTRITIVAS DE DIREITOS

4.1 CONCEITO E NATUREZA JURÍDICA

As penas restritivas de direitos podem ser definidas como sanções, devidamente previstas em lei, impostas pelo Estado ao autor de infração penal, consistentes na limitação ao exercício de determinados direitos e geralmente aplicadas em substituição às penas privativas de liberdade, possibilitando a ressocialização do condenado.

Uma das grandes vantagens das penas restritivas de direitos é a possibilidade de o condenado permanecer na comunidade, realizando suas atividades laborativas regulares[1]. Segundo Alberto Silva Franco e Rui Stoco, "o que se visa atingir é a posição que o agente desfruta na comunidade, não a constrição, direta e imediata, de sua liberdade de ir e vir"[2]. Nesse sentido, aduz Sérgio Salomão Shecaira que "as penas restritivas de direitos molestam o exercício do direito de liberdade, sem, contudo, retirar o homem do convívio social. Eis aí a diferença da pena prisional"[3].

Além desses benefícios, pode-se apontar também que, com a aplicação mais efetiva da restrição de direitos, o Estado não tem de suportar o elevado custo da criação e manutenção de presídios, bem como da permanência dos condenados no sistema carcerário. Ademais,

1 Fragoso. Alternativas da pena privativa de liberdade. *Revista de direito penal*, n. 29, p. 5-17.

2 *Código penal e sua interpretação: doutrina e jurisprudência*. p. 285.

3 *Prestação de serviços à comunidade: alternativa à pena privativa de liberdade*. p. 45.

a diminuição do número de detentos por cela, tornando as prisões menos superlotadas, é benéfica também para os reclusos, caracterizando um importante passo para sua ressocialização. Afirma José Antonio Paganella Boschi que as penas restritivas de direitos, assim, podem ser uma saída ao agonizante e caótico sistema penitenciário de todo o mundo, embora se saiba que elas isoladamente não asseguram a solução de todos os problemas[4].

As penas restritivas de direitos são tratadas na Seção II do Título V da Parte Geral do Código Penal, havendo também regras específicas na legislação especial.

No Código Penal, sob a rubrica "penas restritivas de direitos", são previstas, no art. 43, cinco modalidades: prestação pecuniária, perda de bens e valores, prestação de serviços à comunidade ou a entidades públicas, interdição temporária de direitos e limitação de fim de semana.

Vários autores criticam esta nomenclatura, entendendo que nem todas essas espécies constituem verdadeiras restrições a direitos. Somente a interdição temporária de direitos (arts. 43, V e 47, do Código Penal) se enquadraria, de fato, nessa categoria. O mesmo não se poderia dizer da prestação de serviços à comunidade e da limitação de fim de semana, que atingem o *status libertatis* do condenado, cerceando, ainda por período parcial, seu direito de ir e vir. Também não envolveriam restrição de direitos a prestação pecuniária e a perda de bens e valores, sanções de natureza pecuniária que implicam *perda* de um direito. Assim, na opinião de Damásio de Jesus, melhor seria que se tivesse atribuído a essas sanções o *nomen iuris* "penas alternativas"[5]. Conforme Boschi, se já era possível, em 1984, contundente crítica ao legislador por ter alinhado à pena de interdição de direitos (que é uma pena restritiva de direitos por excelência) duas outras espécies (a prestação de serviços à comunidade e a de limitação de fim de semana) que, rigorosamente, de penas restritivas de direitos não se tratam, porque atingem, embora com menor intensidade que as penas privativas, o *status libertatis* do condenado, essa crítica pode e deve ser renovada e ampliada em face da inclusão, pela Lei 9.714/1998, de

4 *Das penas e seus critérios de aplicação*. p. 309.

5 *Código penal anotado*. p. 174.

duas outras penas (prestação pecuniária e perda de bens e valores – incs. I e II do art. 43) que também não restringem direitos, pois o que fazem é provocar a perda deles. E pontua: "Não fosse a declaração da lei de que a prestação pecuniária e a perda de bens e valores constituem modalidades de penas restritivas de direito ninguém, por certo, daria ouvidos a quem fizesse afirmação nesse sentido!"[6].

Diante disso, pondera Bitencourt, teria sido mais feliz a classificação geral das penas em privativas de liberdade (reclusão e detenção), restritivas de liberdade (prisão domiciliar, limitação de fim de semana e prestação de serviços à comunidade), restritivas de direitos (compreendendo somente as efetivas interdições ou proibições) e pecuniárias (multa, prestações pecuniárias e perda de bens e valores)[7].

Quanto à natureza jurídica, as penas restritivas de direitos são *substitutivas* e *autônomas* (art. 44 do Código Penal). Tais conceitos podem, em princípio, parecer contraditórios. Como apontam Franco e Stoco, "a ideia de autonomia, de independência, não parece acomodar-se à de substituição, que faz pressupor a existência de uma pena que é posta, em lugar de outra anteriormente existente, e, portanto, põe em destaque uma relação de dependência entre essas penas"[8]. Contudo, as expressões são perfeitamente conciliáveis.

São *substitutivas* porque, como o nome já diz, substituem a pena privativa de liberdade. O juiz, na sentença condenatória, fixa a pena de prisão e, presentes os requisitos legais, procede à sua permuta pela restritiva de direitos.

Atualmente, todavia, a ideia de que as penas restritivas de direitos são substitutivas não é absoluta, havendo na legislação brasileira – cada vez com mais frequência – hipóteses em que tais penas são cominadas diretamente.

Exceção à substitutividade pode ser encontrada no Código de Defesa do Consumidor, que prevê a possibilidade de cumulação de pena restritiva de direitos e privativa de liberdade (art. 78).

---

6 *Das penas e seus critérios de aplicação*. p. 309.

7 *Penas alternativas: análise político-criminal das alterações da Lei n. 9714/98*. p. 94.

8 *Código penal e sua interpretação: doutrina e jurisprudência*. p. 287.

Isso ocorre também na transação penal (art. 46 da Lei 9.099/1995), em que o cumprimento de pena restritiva de direitos decorre diretamente do acordo firmado entre o suposto autor do fato e o Ministério Público, homologado pelo juiz. Não há falar em substitutividade, pois não existe, por exemplo, uma sentença condenatória na qual o magistrado tenha fixado determinada pena de prisão e a convertido em restritiva de direitos.

Outro exemplo é o Código de Trânsito Brasileiro (Lei 9.503/1997), que prevê modalidade de restrição de direito consistente na suspensão ou proibição de obter a permissão ou habilitação para dirigir veículo automotor, que pode ser imposta como penalidade principal, isolada ou cumulativamente com outras penalidades (art. 292).

O Estatuto de Defesa do Torcedor (Lei 10.671/2003) trouxe nova exceção ao caráter substitutivo das penas restritivas de direitos, ao estabelecer como sanção principal, no art. 39, a proibição de que o torcedor compareça a locais onde sejam realizados eventos esportivos.

A Lei de Drogas (Lei 11.343/2006) estabelece, para condutas envolvendo consumo pessoal de drogas, as penas de advertência, prestação de serviços à comunidade e medida educativa de comparecimento a programa ou curso educativo (art. 28).

Já a *autonomia* significa que, uma vez operada a permuta, as penas restritivas de direitos ganham existência *de per si*. Não são acessórias à pena de prisão, sendo tratadas na Vara de Execuções Criminais como restritivas de direitos, e não como privativas de liberdade.

4.2 CLASSIFICAÇÃO

Utilizando-se como critério a possibilidade de aplicação, as penas restritivas de direitos podem ser classificadas em genéricas e específicas.

O primeiro grupo é composto das penas restritivas que podem ser aplicadas genericamente, isto é, para qualquer delito, não se exigindo nenhum requisito especial. Nesta categoria se enquadram a prestação pecuniária (art. 43, I), a perda de bens e valores (art. 43, II), a prestação de serviços à comunidade (art. 43, IV), a limitação de fim de semana (art. 43, VI), a proibição de frequentar determinados lugares (art. 47, IV) e a proibição de inscrever-se em concurso, avaliação ou exame público (art. 47, V) – sendo as duas últimas espécies de interdição temporária de direitos.

As penas restritivas de direitos específicas, por seu turno, são aquelas cuja aplicação pressupõe a existência de um requisito especial, sendo aplicáveis somente em determinadas situações. É o caso de três espécies de interdição temporária de direitos previstas no Código Penal. A proibição do exercício de cargo, função ou atividade pública, bem como de mandato eletivo (art. 47, I), e a proibição do exercício de profissão, atividade ou ofício que dependam de habilitação especial, de licença ou autorização do Poder Público (art. 47, II), só são aplicáveis em se tratando de crimes cometidos no exercício de profissão, atividade, ofício, cargo ou função, quando houver violação dos deveres que lhes são inerentes (art. 56). E a pena de suspensão de autorização ou de habilitação para dirigir veículo só se aplica aos crimes culposos de trânsito (art. 57).

Seguindo esse critério, também poderíamos classificar como específicas algumas das sanções restritivas de direitos previstas na legislação extravagante, como a pena de publicação de notícia sobre os fatos e da condenação em órgãos de comunicação de grande circulação ou audiência, aplicável somente aos crimes contra o consumidor previstos no CDC (art. 78, II, da Lei 8.078/1990); a suspensão ou a proibição de obter a permissão ou a habilitação para dirigir veículo, que somente pode ser aplicada aos delitos de trânsito (art. 292 e seguintes da Lei 9.503/1997); a suspensão parcial ou total de atividades e a interdição temporária de estabelecimento, obra ou atividade, que somente têm lugar nos delitos ambientais (art. 8º, II e III, da Lei 9.605/1998); a proibição de comparecimento às proximidades do estádio, bem como a qualquer local em que se realize evento esportivo, incidente apenas quanto se tratar de crimes elencados no Estatuto do Torcedor (Lei 10.671/2003); e a medida educativa de comparecimento a programa ou curso educativo, aplicável somente ao crime previsto no art. 28 da Lei 11.343/2006.

4.3 REQUISITOS PARA SUBSTITUIÇÃO

Para que a pena privativa de liberdade possa ser substituída pela restritiva de direitos, é necessário que estejam presentes determinados requisitos, examinados a seguir.

4.3.1 Requisitos objetivos

4.3.1.1 Quantidade e espécie de pena

O primeiro requisito objetivo diz respeito à natureza da pena, que deve ser privativa de liberdade (art. 44, *caput*).

Outra exigência legal, relativa exclusivamente aos delitos dolosos, refere-se à quantidade da pena, que não pode ser superior a quatro anos (art. 44, I)[9].

Este montante foi consideravelmente elevado pela Lei 9.714/1998, pois anteriormente a substituição era restrita a sanções não superiores a um ano. Observe-se que, embora esta Lei tenha elevado o teto da substituição para quatro anos, silenciou quanto ao art. 54 do Código Penal, segundo o qual "as penas restritivas de direitos são aplicáveis, independentemente de cominação na parte especial, em substituição à pena privativa de liberdade, *fixada em quantidade inferior a um ano*, ou nos crimes culposos" (grifos nossos). Interpretação sistemática leva à conclusão de que houve revogação tácita desse artigo, embora devesse o legislador tê-lo feito expressamente.

Tal montante diz respeito à pena efetivamente aplicada, e não abstratamente prevista. Os crimes culposos admitem a substituição independentemente da quantidade de pena aplicada, dada a menor reprovabilidade da conduta.

---

[9] Há regras específicas na legislação especial, examinadas no capítulo 6. Além dos casos ali tratados mais detidamente, vale acrescentar: a Lei 12.850/2013 (dispõe sobre mecanismos de investigação e punição às organizações criminosas) prevê a possibilidade de substituição da pena privativa de liberdade por restritiva de direito quando houver colaboração premiada, independente do montante da pena (art. 4º); a Lei 9.613/1998 (trata dos crimes de lavagem de capitais) também estabelece a possibilidade de penas alternativas quando houver colaboração premiada, sem a limitação atinente à duração da pena aplicada (art. 1º, § 5º); a Lei 11.101/2005 (regula a recuperação judicial, a extrajudicial e a falência do empresário e da sociedade empresária), no crime de fraude contra credores (art. 168), admite a substituição da pena quando se tratar de falência de microempresa ou de empresa de pequeno porte, e não se constatar prática habitual de condutas fraudulentas por parte do falido (§ 4º).

Havendo concurso de crimes, deve-se levar em conta o total da pena, que não pode ultrapassar quatro anos, salvo em caso de crime culposo. Nesta hipótese, parece-nos possível a substituição em relação a um dos crimes e não em relação a outro. Conforme Luiz Flávio Gomes, "se a superveniência da prisão não é causa obrigatória e automática de revogação da restritiva anterior, do mesmo modo, não pode a prisão para um dos crimes ser causa obrigatória e automática do impedimento da substituição dos demais. Tudo depende de cada caso concreto"[10].

Ainda quanto ao concurso de crimes, quando forem aplicadas penas restritivas de direitos, o condenado cumprirá simultaneamente as que forem compatíveis entre si e sucessivamente as demais (art. 69, § 2º). Poderá cumprir simultaneamente, por exemplo, a pena de prestação pecuniária e limitação de fim de semana.

Jurisprudência

Inadmissibilidade de substituição de pena superior a 4 anos – A pena do paciente foi fixada em 4 anos e 2 meses de reclusão, ultrapassando, portanto o limite legal para a substituição da pena privativa de liberdade por restritivas de direitos nos crimes dolosos, razão pela qual tem-se como inviável a benesse. Reconsiderado o *decisum*, no ponto. (STJ. AgRg no HC 290963 MG 2014/0062590-1. Rel. Min. Maria Thereza de Assis Moura. 6ª T. j. 23.10.2014. *DJe* 10.11.2014. v.u.)

Cabimento da substituição nos crimes culposos, qualquer que seja o montante da pena – SUBSTITUIÇÃO DA PENA PRIVATIVA DE LIBERDADE POR RESTRITIVA DE DIREITOS. PÓSSIBILIDADE. *In casu*, encontram-se preenchidos os requisitos do art. 44 do Código Penal, sendo cabível a substituição da pena privativa de liberdade por restritivas de direitos, uma vez que (...) o crime culposo, mesmo quando cometido com emprego de violência, como é o caso do homicídio culposo e das lesões corporais culposas, admite a substituição por pena restritiva. A lei, portanto, se refere apenas à violência dolosa. Logo, resta substituída a pena privativa de liberdade por duas restritivas de direitos, consistente em prestação de serviços à comunidade e prestação pecuniária.

---

[10] *Direito penal: parte geral*. vol. 2. p. 816.

(TJRS. Apelação Crime 70046777264. Rel. Marco Antônio Ribeiro de Oliveira. 1ª Câmara Criminal. j. 11.07.2012)

Inadmissibilidade da substituição em crime culposo quando réu reincidente em crime doloso – DIREITO PENAL – HOMICÍDIO CULPOSO – DISPARO ACIDENTAL DE ARMA DE FOGO – RÉU REINCIDENTE – SUBSTITUIÇÃO DE PENA – DESCABIMENTO. Nos crimes culposos, descabe a substituição de pena corporal pela restritiva de direitos, diante da reincidência do agente em crimes dolosos e pela sua culpabilidade. (TJSP. APL 993070558733. Rel. Willian Campos. 4ª Câmara de Direito Criminal. j. 17.08.2010. v.u.)

Concurso de crimes. Soma das penas deve ser considerada para aferir a possibilidade de substituição – SUBSTITUIÇÃO DA PENA PRIVATIVA DE LIBERDADE POR RESTRITIVAS DE DIREITO – SOMATÓRIO DAS PENAS. 1. Havendo concurso de crimes, a substituição da pena privativa de liberdade por restritiva de direitos deve ser operada após o somatório das penas. 2. Verificando-se que as penas privativas de liberdade aplicadas ao réu foram substituídas separadamente, deve ser reformada a sentença para que seja procedida uma única substituição. (TJMG. APR 10024096288808001. Rel. Jaubert Carneiro Jaques. 6ª Câmara Criminal. j. 16.05.2014. v.u.)

Penas de espécies diversas (reclusão e detenção) consideradas individualmente na substituição – Penas de espécies diversas que, mesmo diante do concurso formal imperfeito, não permitem a soma (detenção e reclusão). Penas consideradas individualmente para fins de substituição por restritiva de direitos. (TJPR. Apelação Crime 1.199.301-8. Rel. Marcel Guimarães Rotoli de Macedo. 5ª Câmara Criminal. j. 25.09.2014. v.u.)

Penas de espécies diversas (reclusão e detenção) consideradas conjuntamente na substituição – (...) A regra prevista no art. 69 do Código Penal, que prevê, em caso de concurso material, a execução da pena de reclusão antes da pena de detenção, tem aplicabilidade quando há efetiva execução das penas privativas de liberdade. Se as penas privativas de liberdade foram substituídas por restritivas de direitos, a aplicação das penas substitutivas deve ser feita considerando o somatório das penas substituídas, após a incidência do concurso material, independentemente de se tratar de penas de reclusão e detenção. (TRF4. ACR 5000958-38.2013.404.7002 PR. Rel. Altair Antonio Gregório 7ª T. j. 07.10.2014)

Cabimento da substituição em crime preterdoloso – Código Penal. Art. 129, § 1º, inc. I. Lesão corporal seguida de morte – (...) Tratando-se de crime preterdoloso, sendo o resultado morte decorrente de culpa, viável a substituição – Inteligência do art. 44, inc. I, do CP. Recurso defensivo provido, em parte. (TJRS. Apelação Crime 70006685960. Rel. Ivan Leomar Bruxel. Câmara Especial Criminal. j. 25.11.2003)

Inadmissibilidade de substituição em crime preterdoloso – Apelação crime – Homicídio simples – Tribunal do Júri – Desclassificação pelos jurados para lesão corporal seguida de morte – Diminuição da pena pelo juiz singular diante do privilégio contido no § 4º, do art. 129, CP, com substituição da pena privativa de liberdade em restritiva de direitos – Inconformismo ministerial – (...) Não aceitação da referida substituição – Impossibilidade pelo juízo *a quo* – Óbice constante no art. 44, I, CP, diante da existência de violência à pessoa, pouco importando que o crime seja preterdoloso, eis que houve dolo no momento antecedente – Revogação desta parte para que o condenado cumpra a pena em regime aberto mediante as condições legais – Recurso parcialmente provido. (TJPR. Apelação Crime 5483852. Rel. Luiz Osorio Moraes Panza. 1ª Câmara Criminal. j. 10.09.2009)

Embargos infringentes. Lesão corporal seguida de morte. Crime preterdoloso. Impossibilidade de substituição da pena privativa de liberdade por restritiva de direitos. Vedação expressa prevista no artigo 44, I do Código Penal. Crimes praticados com violência ou grave ameaça à pessoa. Desacolheram os embargos infringentes. (TJRS. Embargos Infringentes 70021946678. Rel. Marcel Esquivel Hoppe. 1º Grupo de Câmaras Criminais. j. 07.12.2007)

4.3.1.1.1 Suspensão condicional da pena e aumento do âmbito de incidência das penas restritivas de direitos

Conforme visto, a constatação de que a pena de prisão apresenta graves problemas levou à busca de meios alternativos de punição. Entre os vários substitutivos penais surgidos ao longo do tempo, merece destaque o denominado *sursis*, também conhecido como suspensão condicional da pena.

No Brasil, o instituto surgiu por força do Decreto 16.588, de 6 de setembro de 1924, com o nome "condenação condicional". Posteriormente, o Código de Processo do Distrito Federal (Decreto 16.751, de

31 de dezembro de 1924) alterou seu nome para suspensão condicional da pena.

O Código Penal de 1940, em sua redação primitiva, somente permitia a concessão de *sursis* aos condenados à pena de detenção, admitindo-o excepcionalmente em caso de reclusão para condenados com menos de 21 anos de idade ou mais de 70. Tal limitação foi suprimida pela Lei 6.416/1977.

Com o advento da Lei 7.209/1984, que reformou a parte geral do Código Penal, a suspensão condicional da pena passou a ser admitida para condenações não superiores a dois anos (art. 77, *caput,* do Código Penal), ou não superiores a quatro anos em se tratando de condenado maior de 70 anos de idade ou quando razões de saúde justificarem a suspensão (art. 77, § 2º, do Código Penal).

Nesta época, vale lembrar, a substituição da pena privativa de liberdade por restritiva de direitos somente era permitida para condenações inferiores a um ano. Havia, assim, um sistema punitivo coerente, no qual a severidade das punições era proporcional à gravidade dos delitos: tratando-se de infrações mais leves, cuja pena privativa de liberdade não fosse superior a seis meses, admitia-se a substituição pela pena de multa. Para delitos um pouco mais graves, cuja pena fosse inferior a um ano, podia o magistrado substituir a pena privativa de liberdade pela restritiva de direitos. Diante de crimes cuja pena não fosse superior a dois anos, cabível a suspensão condicional da pena. Infrações cujo montante da pena fosse superior a dois anos e inferior a quatro deveriam ser cumpridas em regime aberto. Penas superiores a quatro anos e inferiores a oito em regime semiaberto. Condenação superiores a oito anos em regime fechado.

Entretanto, com o advento da Lei 9.714 de 1998, ampliou-se o âmbito de incidência das penas restritivas de direitos, passando a ser aplicáveis até mesmo para infrações mais graves, cuja condenação não seja superior a quatro anos. Essa modificação gerou uma situação paradoxal no sistema: o *sursis*, majoritariamente considerado mais gravoso ao condenado que a pena restritiva de direitos, deve ser preterido em favor desta sempre que possível. E, como é aplicável somente nas hipóteses de penas não superiores a dois anos – ou quatro, no caso do *sursis* especial – chega-se à conclusão de que tal instituto perdeu força no ordenamento, sendo utilizado apenas nas circunstâncias em que há violência ou grave ameaça contra a pessoa.

Nesse sentido é a lição de David Teixeira de Azevedo: "Foi quebrada a harmonia sistemática da legislação anterior, qual seja o da proporcionalidade da resposta jurídica. O princípio da proporcionalidade, que releva desde o nível legislativo e alcança o âmbito da execução da pena, passando por sua aplicação, reflete-se tanto no campo da culpabilidade quanto na seara do bem jurídico. A sanção tanto atenderá a culpa individual, simetricamente medida na reprovabilidade do agente em face de seu contexto existencial ao tempo do crime, quanto estará vinculada ao bem jurídico, atendendo o que seja necessário e suficiente para a prevenção do crime. O critério preventivo aqui olha precisa e pontualmente a prevenção especial e a prevenção geral, ambas convergentes na infusão de respeito, na consciência do agente e dos membros da comunhão social, dos valores consagrados no ordenamento e os bens jurídicos que os materializam. Nessa ordem de pensamentos, a diferente carga punitiva tem como referência a diferenciada relevância do bem posto sob proteção e sua especial luminosidade axiológica no universo de valores imperantes no meio social. E essa distinta carga valorativa do bem, refletida na pena, alcança o modo como a reprimenda é sentida pelo agente e vista pelos membros da comunhão social. Por isso, penas mais graves devem ser cumpridas de maneira mais rigorosa, enquanto sanções menos graves permitem mais tênue satisfação. Essa escala penológica estava presente e bem medida na legislação anterior. (...) Pela lei modificativa da Parte geral, o condenado a penas de quatro anos de reclusão, portanto reprimenda de alta expressão, poderá receber uma simples pena de prestação pecuniária, cujo valor máximo chegará a 360 salários mínimos, valor máximo 15 vezes menor que a pena de multa prevista para infrações minúsculas. Ou seja, para uma reprimenda privativa de liberdade altíssima (quatro anos) a resposta jurídica poderá ser infinitamente irrisória, em descompasso com um direito penal voltado à tutela de bens jurídicos e que cumpre finalidades preventivas, que olha o agente e que mira a positividade do ordenamento perante as consciências individuais. Feriu-se a proporcionalidade punitiva no aspecto preciso de tutela de bens relevantes ao convívio social e da prevenção. Inconsistência lógica e valorativa acabou por destruir o instituto da suspensão condicional da pena dentro da (i)lógica do novo sistema. A suspensão condicional da pena, que constitui resposta jurídica mais intensa e gravosa para o acusado, ficou reservada aos delitos de menor gravidade [...], enquanto a sanção que compõe um dos momentos da suspensão condicional, portanto de menor entidade e expressão, ficou reservada para delitos mais graves"[11].

Por outro lado, as penas restritivas de direitos apresentaram notável ascensão nos últimos anos, e têm se mostrado de grande valia para evitar o encarceramento. Outrossim, apresentam menor severidade que o *sursis*, porque, operando-se sua reconversão em prisão, o tempo já cumprido é descontado da pena restante.

Neste panorama, revendo posicionamento anterior, entendemos que a redução do âmbito das penas restritivas, de modo a serem aplicáveis somente para condenações não superiores a um ano, no moldes existentes antes da Lei 9.714/1998, seria um retrocesso.

Por conseguinte, a melhor forma de corrigir a distorção existente no sistema é a eliminação do *sursis*, admitindo-se a substituição das penas de prisão por restritivas de direitos mesmo para crimes praticados mediante violência ou grave ameaça, cuja pena não exceda dois anos. Assim, a aplicação de penas restritivas passaria a ser admitida para quaisquer crimes dolosos – inclusive aqueles praticados mediante violência ou grave ameaça – cuja pena não fosse superior a dois anos, e para os crimes dolosos sem violência ou grave ameaça em relação aos quais a pena não extrapolasse quatro anos.

Nesse sentido o magistério de René Ariel Dotti que, ao defender a necessidade de um abrangente movimento de descriminalização e despenalização no sistema penal, propugna, entre outras medidas, "a eliminação do instituto da suspensão condicional da pena, que já cumpriu a sua missão histórica e perdeu substância com a introdução das penas restritivas de direitos"[12].

Não se pode olvidar que a suspensão condicional da pena, hodiernamente, desempenha papel pouco expressivo no sistema penal pátrio, tendo sido quase totalmente absorvida por outros institutos

---

[11] *Atualidades no direito e processo penal*. p. 172-173.

[12] *Curso de direito penal: parte geral*. p. 107.

(penas restritivas de direitos, transação penal e suspensão condicional do processo). Temos defendido um amplo processo de racionalização e simplificação do sistema, eliminando-se institutos que comprometem a sua coerência e/ou beiram a inutilidade, apresentando caráter meramente figurativo. Nessa ótica, o melhor caminho parece ser a eliminação do *sursis*, deixando o pequeno campo de atuação que ainda lhe é reservado a cargo das penas restritivas de direitos.

Jurisprudência

Substituição é mais benéfica que *sursis* – REPRIMENDA PRIVATIVA DE LIBERDADE SUBSTITUÍDA POR RESTRITIVA DE DIREITOS. IMPOSSIBILIDADE DE APLICAÇÃO DA SUSPENSÃO CONDICIONAL DA PENA. INTELIGÊNCIA DO ART. 77, INCISO III, DO CÓDIGO PENAL. DENEGAÇÃO DA ORDEM. 1. Inviável a suspensão condicional da pena imposta ao paciente, uma vez que a sua reprimenda privativa de liberdade foi substituída por restritiva de direitos, o que impede a incidência da benesse em questão, nos termos do art. 77, inciso III, do Código Penal. Precedentes. 2. Ordem denegada. (STJ. HC 305112 RS 2014/0244980-6. Rel. Min. Jorge Mussi. 5ª T. j. 25.11.2014. *DJe* 03.12.2014. v.u.)

APELAÇÃO. RECEPTAÇÃO. AFASTAMENTO DO *SURSIS* E SUBSTITUIÇÃO DA PENA PRIVATIVA DE LIBERDADE POR RESTRITIVA DE DIREITOS. Cabimento: Tratando-se de instituto mais benéfico ao réu, cabível a concessão da substituição pleiteada, afastando se a suspensão condicional da pena, cujas condições fixadas são mais gravosas. Recurso provido. (TJSP. APL 00430735720118260577. Rel. J. Martins. 15ª Câmara Criminal. j. 20.02.2014. *DJe* 28.03.2014. v.u.)

APELAÇÃO CRIMINAL – USO DE DOCUMENTO FALSO – CARTEIRA NACIONAL DE HABILITAÇÃO – SUSPENSÃO CONDICIONAL DO PROCESSO – SUBSTITUIÇÃO DA PENA PRIVATIVA DE LIBERDADE POR RESTRITIVA DE DIREITOS. A suspensão condicional da pena somente será aplicável nos casos em que não couber a substituição da sanção, tratando-se, assim, de preceito subsidiário à aplicação das penas alternativas, além de ser um direito do réu por ser mais benéfico. (...) (TJMG. APR 10177110001852001. Rel. Silas Vieira. 1ª Câmara Criminal. j. 16.07.2013. *DJe* 26.07.2013. v.u.)

Concessão do *sursis*. Impossibilidade. Substituição da pena privativa de liberdade por duas penas restritivas de direito. Instituto mais benéfico ao condenado do que a concessão da suspensão condicional da pena. Negaram provimento ao apelo defensivo. (TJRS. Apelação Crime 70051333664. Rel. Marcel Esquivel Hoppe. 4ª Câmara Criminal. j. 06.02.2013. v.u.)

***Sursis* é mais benéfico que substituição** – FURTO QUALIFICADO PELO ABUSO DE CONFIANÇA. Recurso a buscar exclusivamente que se reconheça a não consumação do delito. Apelante empregado de uma loja de peças automotivas surpreendido pelo patrão ocultando em sua mala de viagem diversos produtos lá comercializados. Subtração impedida pela descoberta, circunstância alheia à vontade do agente. Redução da pena pelo art. 14, II, CP na fração mínima. *Iter criminis* percorrido até muito próximo da consumação. Apelo provido em parte, com redução da reprimenda a 1 ano e 4 meses de reclusão, em regime inicial aberto, mais 6 dias-multa, mantida a suspensão condicional da pena, concedida na sentença, pois mais benéfica ao condenado que a substituição por restritivas de direitos. (TJSP. APL 00316431620068260050. Rel. Otávio de Almeida Toledo. 16ª Câmara de Direito Criminal. j. 30.04.2013. *DJe* 30.04.2013. v.u.)

***Sursis* pode ser mais benéfico que substituição, a depender do caso concreto** – *HABEAS CORPUS*. PENAL E PROCESSUAL PENAL. PORTE ILEGAL DE ARMA DE FOGO COM NUMERAÇÃO ADULTERADA. CONDENAÇÃO. SUSPENSÃO CONDICIONAL DA PENA CONCEDIDA EM PRIMEIRA INSTÂNCIA. RECURSO EXCLUSIVO DA DEFESA. SUBSTITUIÇÃO, *EX OFFICIO*, PELO TRIBUNAL DE ORIGEM, DO *SURSIS* POR DUAS PENAS RESTRITIVAS DE DIREITOS. PENA SUBSTITUÍDA QUE, NA HIPÓTESE, MOSTRA-SE MENOS BENÉFICA. *REFORMATIO IN PEJUS*. OCORRÊNCIA. ORDEM CONCEDIDA. 1. Embora o Juízo sentenciante tenha se equivocado ao conceder o benefício da suspensão condicional da pena ao acusado, em desacordo com o disposto no art. 77, inciso III, do Código Penal – já que a aplicação dessa medida é subsidiária em relação à substituição da pena privativa de liberdade por restritiva de direitos –, não poderia a Corte de origem, de ofício, nos autos de recurso interposto exclusivamente pela Defesa, substituir o sursis concedido pelo Juízo de primeiro grau por duas sanções restritivas de direitos. 2. Conquanto a pena restritiva de direitos seja considerada, em regra, mais favorável ao sentenciado, essa conclusão não é absoluta, de modo a permitir ao Tribunal de origem que realizasse a troca do sursis pela pena substitutiva à prisão, sem provocação das partes, tendo em vista que, em determinadas hipóteses, aquele instituto pode se mostrar mais benéfico, como verificado, por exemplo, no caso dos autos. 3. Ordem concedida para, reformando o acórdão impugnado, dele decotar a parte concernente à atuação *ex officio* do Tribunal de origem, mantendo-se, por conseguinte, o sursis imposto na sentença condenatória. (STJ. HC 181270 MG 2010. Rel. Min. Laurita Vaz. 5ª T. j. 13.03.2012. *DJe* 23.03.2012. v.u.)

APELAÇÃO CRIMINAL MINISTERIAL – PORTE ILEGAL DE ARMA DE FOGO – CONCESSÃO DE SURSIS PENAL – PRETENSÃO DE APLICAÇÃO DE PENAS RESTRITIVAS DE DIREITOS – PRESUNÇÃO RELATIVA DE MAIOR BENEFÍCIO AO RÉU DESCONSTITUÍDA NO CASO CONCRETO – DESPROVIDO. Sabidamente, a doutrina e jurisprudência considera que a substituição da pena privativa de liberdade por restritivas de direitos é mais benéfica ao réu do que a suspensão condicional da pena. Embora a insurgência Ministerial encontre amparo na disposição do inciso III, do art. 77 do Código Penal, a sentença condenatória aplicou ao condenado o sursis especial e pelo prazo de dois anos, logo, mais benéfico ao réu. Em que pese tratar-se de recurso interposto somente pela acusação e com amparo legal expresso no art. 77, III, do CP, as razões do apelo são no sentido de que as penas restritivas de direitos seriam mais benéficas ao sentenciado, o que, como já dito, no caso específico não ocorre. Tanto é assim, que a defesa nas contrarrazões pede a manutenção do benefício do sursis. Desta feita, deve ser mantida a suspensão condicional da pena, tal como aplicada pelo julgador monocrático. (TJMS. APL 00020968420108120015. Rel. Dorival Moreira dos Santos. 1ª Câmara Criminal. j. 07.07.2014. *DJe* 10.07.2014. v.u.)

4.3.1.2 Inexistência de violência ou grave ameaça à pessoa

O último requisito objetivo é de ordem negativa, exigindo a lei que o delito não tenha sido praticado mediante violência ou grave ameaça à pessoa. Este ponto enseja algumas questões controvertidas.

4.3.1.2.1 Violência imprópria ou presumida

Existem dois entendimentos quanto à possibilidade de substituição para delitos praticados mediante violência imprópria ou presumida.

Para alguns, ambas são modalidades de violência e, assim, impedem a substituição. Conforme magistério de Guilherme de Souza Nucci, "a violência presumida é forma de violência física, pois resulta da incapacidade de resistência da pessoa ofendida. Quem não consegue resistir, porque o agente se valeu de mecanismos indiretos para dobrar seu esforço (drogando a vítima, por exemplo) está fisicamente retirando o que lhe pertence. Por isso, o que se denomina de violência imprópria não passa de violência presumida, que é, no caso do art. 44, igualmente impeditiva da concessão de penas alternativas"[13].

Sustenta-se, em sentido contrário, que a violência imprópria ou presumida admite a substituição. Afinal, quando a lei diz "violência", está se referindo apenas à real. Quando quer se referir à violência presumida, a lei o faz expressamente. É a posição adotada por Julio Fabbrini Mirabete[14], Luiz Flávio Gomes[15], entre outros.

Filiamo-nos à primeira posição. O dispositivo proíbe a substituição em todas as hipóteses em que existe violência, de modo genérico, sem qualquer ressalva à violência presumida. Ademais, a intenção do legislador foi impedir a substituição naqueles casos em que é maior a reprovabilidade da conduta e periculosidade do agente. E o desvalor da conduta daquele que se vale de meios indiretos para subjugar a vítima – dopando-a, por exemplo – é semelhante, quando não maior, ao daquele que se vale de violência física direta.

Jurisprudência

Violência presumida não admite substituição – *Habeas Corpus*. 2. Substituição da pena privativa de liberdade por restritiva de direitos. Impossibilidade. Violência presumida. Art. 44, I, CP. 3. Constrangimento ilegal não caracterizado. 4. Ordem denegada. (...) a vedação à substituição da pena privativa de liberdade por restritiva de direitos não alcança somente a violência física – e real –, mas também a violência presumida.

---

[13] *Código Penal comentado*. p. 392-393. Também nesse sentido: Queiroz, Paulo. *Curso de direito penal: parte geral*. p. 507.

[14] *Manual de direito penal*. p. 278.

[15] *Direito penal: parte geral*. v. 2. p. 784.

(STF. HC 99828 SP. Rel. Min. Gilmar Mendes. 2ª T. j. 17.05.2011. *DJe* 31.05.2011. v.u.)

(...) 1. Impossível a substituição da pena privativa de liberdade por restritiva de direitos quando o crime foi praticado mediante grave ameaça ou violência. 2. A condenação por crime praticado com violência presumida não pode ter pena substituída por restritiva de direitos, em virtude da vedação legal do artigo 44, I, do Código Penal. 3. Negado provimento ao agravo regimental para manter a decisão que denegou o *habeas corpus*. (STJ. AgRg no HC 95128 SP 2007/0277565-0. Rel. Min. Jane Silva. 6ª T. j. 29.04.2008. v.u.)

Crime de atentado violento ao pudor na forma do art. 224-A, do Código Penal, na forma tentada – Condenação do agente criminoso à pena de dois anos de reclusão, a ser cumprida em regime fechado, substituída a pena reclusiva por duas restritivas de direitos – Recurso ministerial visando a cassação da substituição da pena privativa de liberdade por restritivas de direitos – Delito praticado contra criança de nove anos de idade – Configuração da violência presumida – O art. 44 do Código Penal inadmite a substituição da pena privativa de liberdade por restritivas de direitos, nos crimes praticados com violência ou grave ameaça – Distinção entre violência real e a violência presumida que não foi feita pelo legislador – *Mens legis* no sentido da não concessão do benefício qualquer que seja o tipo de violência aplicada – Acolhimento das razões do *Parquet* – Provimento do recurso para cassar a substituição da pena privativa de liberdade por restritivas de direitos concedida na sentença (...). (TJRJ. APL 00344156520098190203. Rel. Antonio Jose Ferreira Carvalho. 2ª Câmara Criminal. j. 01.04.2014. DJ 07.04.2014. v.u.)

Violência presumida admite substituição – *HABEAS CORPUS*. ATENTADO VIOLENTO AO PUDOR. CONDENAÇÃO INFERIOR A 4 ANOS. REGIME INICIAL FECHADO. APLICAÇÃO RETROATIVA DA LEI 11.464/07. IMPOSSIBILIDADE. SUBSTITUIÇÃO DA PENA. VIOLÊNCIA PRESUMIDA. POSSIBILIDADE. ORDEM CONCEDIDA. (...) A imputação do crime de atentado violento ao pudor decorrente, exclusivamente, da presunção normativa de violência (art. 224 do Código Penal) não obsta, por si só, a substituição da pena privativa de liberdade por restritiva de direitos. 4. Ordem concedida para (a) fixar o regime aberto para o início de cumprimento da reprimenda, (b) determinar a substituição da pena privativa de liberdade por restritiva de direitos, nas condições a serem impostas pelo Juízo da execução e (c) ordenar a expedição de alvará de soltura em favor do paciente, salvo se por outro motivo estiver preso. (STJ. HC 97000 SP 2007/0301186-8. Rel. Min. Arnaldo Esteves Lima. 5ª T. j. 06.05.2008. *DJe* 23.06.2008. v.u.)

1. Violência, no Código Penal, tem sempre o sentido de emprego de força sobre a coisa ou pessoa, estabelecendo a lei penal, expressamente, porque se cuida de *fictio iuris*, os casos em que a presume, o que impede, na espécie, a invocação do brocardo latino *ubi lex non distinguit, nec nos distinguere debemus*. 2. A violência de que trata o inciso I do art. 44 do Código Penal é a real, fazendo-se-lhe estranhas as hipóteses legais de violência presumida. (STJ. RHC 9135 MG 1999/0088319-5. Rel. Min. Hamilton Carvalhido. 6ª T. j. 06.04.2000. v.u.)

Apelação Criminal – Estupro tentado com violência presumida – Vítima alienada mental – Art. 213, *caput*, c/c art. 224, *b*, e art. 14, II, todos do Código Penal – (...) Requisitos do art. 44 do CP preenchidos – Substituição, de ofício, da pena privativa de liberdade por duas restritivas de direitos – Recurso desprovido, com adequação, de ofício, do regime prisional e substituição da pena privativa de liberdade por restritivas de direitos. (TJPR. ACR 7127219 PR 0712721-9. Rel. Eduardo Fagundes. 5ª Câmara Criminal. j. 16.06.2011. v.u.)

4.3.1.2.2 Infrações de menor potencial ofensivo

Parte da doutrina, valendo-se de interpretação literal da lei, sustenta ser incabível a substituição sempre que houver violência ou grave ameaça, ainda que seja a infração de menor potencial ofensivo, como é o caso do crime de lesão corporal dolosa leve (art. 129, *caput*, do CP) e de ameaça (art. 147 do CP)[16].

Em contrapartida, há quem afirme cabível a substituição quando a violência e a grave ameaça forem inerentes à própria constituição da infração. É a opinião de Julio Fabbrini Mirabete, que, tecendo comentários ao inc. I do art. 44 do CP, sustenta: "(...) é de se considerar que a expressão crime que não for *cometido com violência ou grave ameaça à pessoa* não exclui os delitos em que estas modalidades são,

---

[16] Nucci. *Código Penal comentado*. p. 392.

não meios, mas constitutivas do próprio ilícito, como os de lesão corporal (art. 129) e ameaça (art. 147), para os quais deve ser permitida a substituição, como já ocorria no dispositivo substituído pela Lei 9.714/98"[17].

Sobre o tema, comungamos com Damásio de Jesus e Luiz Flávio Gomes, para quem é possível a substituição, mesmo havendo violência ou grave ameaça à pessoa, quando se tratar de infrações de menor potencial ofensivo, que admitem respostas penais mais brandas que a restrição de direitos. Esta solução, apontam, resguarda o princípio da proporcionalidade: "O critério adotado pelo legislador, excluindo os crimes violentos contra a pessoa, é, em princípio, muito válido, porque privilegia a vida, a integridade física e psicológica e tantos outros bens jurídicos de fundamental relevância para o ser humano. (...) A rigidez desse critério legislativo, porém, pode dar ensejo a injustiças e assimetrias. Crimes como o constrangimento ilegal e a ameaça, v.g., que, pela pena cominada, admitem as soluções consensuais da Lei dos Juizados Especiais Criminais, não entrariam no âmbito de incidência das penas substitutivas. (...) A contradição só pode ser desfeita com uma interpretação contextualizada de todo ordenamento jurídico, que concluiria: de fato, crimes cometidos com violência ou grave ameaça não autorizam a substituição, exceto quando já admitem a aplicação de outras formas alternativas de sanção, porque nesse caso o legislador já fez alhures uma valoração menos severa da mesma infração. A interpretação literal do texto novo também levaria a excluir a lesão corporal dolosa, ainda que simples. Ocorre que se trata de delito que exige representação (Lei dos Juizados, art. 88), admite composição civil (art. 74), transação penal (art. 76) e suspensão do processo (art. 89). É dizer: cuida-se de infração considerada de menor potencial ofensivo por uma lei e insuscetível de admitir o princípio das penas substitutivas, por outra". E concluem: "A solução que acreditamos correta está em proibir a substituição da pena detentiva por alternativa nos crimes cometidos com violência física, "salvo se considerados de menor potencial ofensivo", resguardando o princípio constitucional da proporcionalidade. Caso contrário, o furto apenado

---

17 *Manual de direito penal*. p. 278.

em grau máximo (quatro anos de reclusão) admitiria pena alternativa, e a lesão corporal dolosa simples, não"[18].

Jurisprudência

Infração de menor potencial ofensivo admite substituição, ainda que haja violência ou grave ameaça – PENAL. PENA RESTRITIVA DE DIREITOS. ART. 44 DO CP. POSSIBILIDADE DE SUBSTITUIÇÃO. VIOLÊNCIA. 1. A violência de menor potencial ofensivo não impede a substituição da pena privativa de liberdade pela pena restritiva de direitos. 2. Ordem concedida" (STJ. HC 209154/MS. Rel. Min. Sebastião Reis Júnior . 6ª T. j. 28.05.2012)

Lesão corporal leve (art. 129) e ameaça (art. 147) admitem substituição – Art. 44 do Cód. Penal (aplicação). Pena de prisão (limitação aos casos de reconhecida necessidade). Lesão corporal leve e ameaça (caso). Substituição da pena (possibilidade). 1. Tratando-se, como se trata, de lesão leve e de simples ameaça, a ofensa resultante daquela e a decorrente desta não dizem respeito à violência e à grave ameaça a que se refere o inciso I do art. 44 do Cód. Penal. 2. Violência e grave ameaça são resultantes de atos mais graves do que os decorrentes dos tipos legais dos arts. 129 e 147. Na lesão leve (ou simples), até poderá haver alguma violência, mas não a violência impeditiva da substituição de uma pena por outra; do mesmo modo, relativamente à ameaça, até porque, sem ameaça, nem sequer existiria o tipo legal. Assim, lesão corporal leve (ou simples) e ameaça admitem, sempre e sempre, sejam substituídas as penas. 3. A melhor das políticas recomenda, quanto aos crimes da espécie aqui noticiada, que se lhes dê tratamento por penas diferentes – substituição das privativas de liberdade por restritivas de direitos. 4. A norma penal prevê a possibilidade de se aplicarem sanções outras que não a pena privativa de liberdade para crimes de pequena e média gravidade, como meio eficaz de combater a crescente ação criminógena do cárcere. 5. Assim, mais vale o Direito Penal preventivo que o Direito Penal repressivo. Por sinal, o agravamento das penas, por si só, não constitui fator de inibição

[18] Lesão corporal dolosa simples e penas alternativas. *Boletim IBCCRIM*. n. 75, p. 1. Também neste sentido: Bitencourt. *Tratado de direito penal: parte geral*. p. 559-560. Sznick. *Penas alternativas: perda de bens, prestação de serviços, fim de semana, interdição de direitos*. p. 109-110.

da criminalidade. 6. *Habeas corpus* deferido em parte, para se substituir a pena privativa de liberdade por prestação de serviços à comunidade. (STJ. HC 87644/RS. Rel. Min. Nilson Naves. 6a. T. j. 04.12.2007. *DJe* 30.06.2008. v.u.)

Apelação Criminal – Art. 129, § 9º e art. 147, c.c. o art. 69, todos do Código Penal – Lesão corporal leve e ameaça – Absolvição Inadmissibilidade – Materialidade e autoria demonstradas – Conjunto probatório suficiente à condenação – Regime aberto – Mantido Aplicação do *sursis* Afastamento – Possibilidade de substituição da pena privativa de liberdade por restritiva de direitos, consistente em limitação de final de semana – Apelo parcialmente provido. (...) a disposição contida no art. 4, I, do Código Penal, que se mostra de incidência complementar, cuida da violência e grave ameaça resultante de crime grave, que traga efetivo perigo à vida da vítima. (TJSP. Apelação 035365-86.2012.8.26.005. Rel. Borges Pereira. 16ª Câmara de Direito Criminal. j. 09.12.2014. v.u.)

Lesão corporal leve (art. 129) não admite substituição – *Habeas corpus*. 2. Lesão corporal leve praticada no âmbito doméstico ou familiar. Lei 11.340/2006. Condenação. Detenção. Pena inferior a 4 anos. Crime cometido com violência à pessoa. 3. Substituição da pena privativa de liberdade por restritivas de direitos. Impossibilidade. Art. 44, I, do CP. 4. Constrangimento ilegal não caracterizado. 5. Ordem denegada. (...) embora a pena privativa de liberdade aplicada seja inferior a 4 (quatro) anos, o crime foi cometido com violência à pessoa, motivo suficiente para obstaculizar o benefício da substituição da pena. (STF. HC 114.703/MS. Rel. Min. Gilmar Mendes. 2ª T. j. 16.04.2013. v.u.)

SUBSTITUIÇÃO DA PENA PRIVATIVA DE LIBERDADE POR RESTRITIVAS DE DIREITOS. NÃO PREENCHIMENTO DOS REQUISITOS LEGAIS. CRIME PRATICADO COM VIOLÊNCIA CONTRA A PESSOA. ART. 44,I, DO CÓDIGO PENAL. PRECEDENTES DO STJ. (...) Tendo o paciente sido condenado pelo crime do art. 129, § 9º, do Código Penal, à pena de 3 (três) meses de detenção, em regime inicial aberto, por ter causado à ex-companheira diversas lesões corporais, não faz jus à suspensão condicional do processo, porque inaplicável o art. 89 da Lei 9.099/95, diante da vedação imposta pelo art. 41 da Lei 11.340/2006, tampouco à substituição da pena privativa de liberdade por restritiva de direitos, já que não preenchidos os requisitos legais (art. 44, I, do Código Penal) (...) a violência praticada em maior ou menor grau de intensidade caracteriza-se pelo simples fato de o agente se utilizar da força, de forma agressiva, para submeter a vítima. Logo, fazendo uma releitura do termo violência contido no art. 44, inciso I, do Código Penal, que impossibilita a substituição da pena privativa de liberdade por restritiva de direitos, entendo que não há como quantificá-la ou qualificá-la. (STJ. HC 201529 – MS. Rel. Min. Assusete Magalhães. 6ª T. j. 28.05.2013)

Ameaça (art. 147 do CP) admite substituição – "AMEAÇA. ARTIGO 147 DO CÓDIGO PENAL. SENTENÇA CONDENATÓRIA. INCONFORMIDADE DEFENSIVA. Afastada a preliminar de nulidade por cerceamento da defesa. Autoria comprovada. O depoimento coerente da vítima, corroborado pela prova testemunhal, nesse tipo de crime, possui especial valor, ensejando a manutenção da sentença condenatória. SUBSTITUIÇÃO DA PENA. Cabível a substituição da pena privativa de liberdade por pecuniária ou por restritiva de direitos, no delito do artigo 147, do Código Penal, pois a violência contra a pessoa é inerente ao delito, não sendo empecilho quando essencial à configuração do mesmo e não foge à proporção do fato. APELAÇÃO PARCIALMENTE PROVIDA. (TJRS. Recurso Crime N. 71002144905, Turma Recursal Criminal, Turmas Recursais, Relator: Laís Ethel Corrêa Pias. j. 06.07.2009).

Ameaça (art. 147 do CP) não admite substituição – PENAL E PROCESSUAL PENAL. *HABEAS CORPUS* SUBSTITUTIVO DE RECURSO PRÓPRIO. INADEQUAÇÃO DA VIA ELEITA. CRIME DE AMEAÇA. VIOLÊNCIA DOMÉSTICA. SUBSTITUIÇÃO DA PENA POR RESTRITIVAS DE DIREITOS. VEDAÇÃO LEGAL. ART. 44, I, CÓDIGO PENAL. (...) 2. Mostra-se incabível a substituição da pena privativa de liberdade por restritiva de direitos nos casos de crime cometido mediante violência ou grave ameaça à pessoa, a teor do disposto no art. 44, I, do Código Penal. 3. No caso, o paciente ameaçou de morte a sua esposa, porque não concordava com a separação, circunstância que impede a substituição da pena privativa de liberdade, em razão das agressões morais e psíquicas sofridas pela vítima. 4. *Habeas corpus* não conhecido. (STJ. HC 294998 MS. Rel. Min. Gurgel de Faria. 5ª T. j. 20.11.2014. *DJe* 03.12.2014. v.u.)

AGRAVO REGIMENTAL. RECURSO ESPECIAL. DIREITO PENAL. ART. 147 DO CP. CRIME DE AMEAÇA. VIOLAÇÃO DO ART. 44, I, DO CP. OCORRÊNCIA. SUBSTITUIÇÃO DA PENA. IMPOSSIBILIDADE. CRIME COMETIDO COM GRAVE AMEAÇA À PESSOA. 1. O inciso I do art. 44 do Código Penal é claro ao proibir a substituição da pena privativa de liberdade por restritiva de direitos quando o crime for cometido com violência ou grave ameaça à pessoa. 2. Na espécie, diante do crime praticado pelo réu (ameaçou de morte sua companheira – art. 147 do CP), não está preenchida a hipótese do inciso I do art. 44 do Código Penal. 3. O agravo regimental não merece prosperar, porquanto as razões reunidas na insurgência são incapazes de infirmar o entendimento assentado na decisão agravada. 4. Agravo regimental improvido. (STJ. AgRg no REsp 1460949/MS. Rel. Min. Sebastião Reis Júnior. 6ª T. j. 14.10.2014. *DJe* 31.10.2014. v.u.)

Constrangimento ilegal (art. 146) admite substituição – RECURSO CRIME. CONSTRANGIMENTO ILEGAL. ARTIGO 146 DO CP. TIPICIDADE DA CONDUTA. SUFICIÊNCIA PROBATÓRIA. CONDENAÇÃO MANTIDA. PENA REFORMADA. 1. Réu que tenta constranger a vítima, mediante ameaça, a fazer o que a lei não manda, comete o delito previsto no artigo 146 do CP, merecendo a reprimenda penal. 2. Suficiência da palavra da vítima para ensejar a condenação porque corroborada circunstancialmente pelos depoimentos das testemunhas. 3. Prejudicado o recurso do corréu que teve extinta a sua punibilidade pela prescrição. 4. Aplicada, de ofício, a causa de diminuição da pena prevista no art. 14, II do CP, tendo em vista tratar-se de crime tentado. 5. Possível a substituição da pena carcerária por restritiva de direitos por não ser o réu reincidente específico e porque socialmente recomendável a medida. RECURSO IMPROVIDO. PENA CORPORAL REDUZIDA E SUBSTITUÍDA DE OFÍCIO. (TJRS. Recurso Crime N. 71004346144. Rel. Cristina Pereira Gonzales. Turma Recursal Criminal. j. 08.07.2013)

Constrangimento ilegal (art. 146) não admite substituição – 01. Não há falar-se em desclassificação da conduta para o delito de ameaça, se o acusado constrangeu a vítima a praticar conduta proibida, amoldando-se, assim, ao tipo penal do delito de constrangimento ilegal. 02. Consumado o delito de constrangimento ilegal no momento em que o agente consegue intimidar a vítima, lesionando assim o bem jurídico tutelado pela norma, qual seja, a liberdade pessoal do ofendido. (...) Incabível a substituição da pena privativa de liberdade por restritiva de direitos se o delito foi cometido com grave ameaça à pessoa. (TJMG. APR 10461090633433001. Rel. Rubens Gabriel Soares. 6ª Câmara Criminal. j. 05.02.2013. v.u.)

Resistência (art. 329) admite substituição – O crime de resistência simples constitui delito de menor potencial ofensivo, cuja pena máxima não ultrapassa 02 (dois) anos. Nesse contexto, apesar de o art. 44, I, do Código Penal exigir, além do *quantum* de pena – não superior a

4 (quatro) anos, que o delito não seja cometido com violência ou grave ameaça à pessoa, entendo possível a substituição em nome do princípio da proporcionalidade. (TJRS. ACR 70054419049. Rel. Francesco Conti. 5ª Câmara Criminal. j. 24.07.2013. v.u.)

Resistência (art. 329) não admite substituição – CRIME DE RESISTÊNCIA E DESACATO. IRRELEVÂNCIA DA OCORRÊNCIA DE EMBRIAGUEZ VOLUNTÁRIA. OCORRÊNCIA DE DOLO ESPECÍFICO. CONDENAÇÕES MANTIDAS. IMPOSSIBILIDADE DE APLICAÇÃO DO PRINCÍPIO DA CONSUNÇÃO. NÃO CABIMENTO DA SUBSTITUIÇÃO DA PENA PRIVATIVA DE LIBERDADE POR RESTRITIVAS DE DIREITO. CONCESSÃO DO SURSIS. (...) Ausentes os requisitos previstos no art. 44 do Código Penal, incabível a substituição da pena privativa de liberdade por restritivas de direitos. (...) Impossível é a substituição da pena privativa de liberdade por restritivas de direito, uma vez que um dos crimes foi cometido com violência à pessoa. (TJMG. APR 10024100276807001. Rel. Catta Preta. 2ª Câmara Criminal. j. 27.02.2014. v.u.)

4.3.2 Requisitos subjetivos

Anteriormente à Lei 9.714/1998, não se admitia a permuta da pena de prisão por restritiva de direitos em caso de reincidência. Com o advento desta Lei, tal restrição foi mitigada, sendo possível a substituição desde que o réu não seja reincidente específico em crime doloso e a medida seja socialmente recomendável (art. 44, II e § 3º)[19].

Em suma, no tocante à reincidência existem duas hipóteses: a) reincidente específico em crime doloso – não é possível a substituição; b) reincidente não específico em crime doloso – possível a substituição, desde que esta se mostre socialmente recomendável.

---

[19] Vale lembrar que é aplicável o disposto no art. 64, I, segundo o qual "não prevalece a condenação anterior, se entre a data do cumprimento ou extinção da pena e a infração posterior tiver decorrido período de tempo superior a cinco anos, computado o período de prova da suspensão ou do livramento condicional, se não ocorrer revogação".

A distinção merece crítica. Ao proibir a substituição da pena de prisão por restritiva de direitos nos casos de reincidência específica, presume a lei, de forma absoluta, que em tais hipóteses o agente apresenta maior grau de periculosidade ou que sua conduta é mais reprovável. Todavia, como observa Alice Bianchini, "a reincidência específica não significa, necessariamente, que ao agente seja possível imputar uma maior reprovação. Portanto, haverá casos em que a proibição peremptória não trará nenhuma vantagem para a sociedade, sendo que, repete-se, estar-se-á onerando, injustificadamente, aquele considerado, pela lei, reincidente específico. Somente a análise concreta do caso, levando em consideração as circunstâncias previstas no art. 59 do Código Penal, é que permitirá, tal qual ocorre em relação à reincidência genérica, uma conclusão, num ou outro sentido. Insustentável é a presunção de que a medida necessariamente é benéfica à sociedade pelo tão simples fato de o agente ter incidido no cometimento do mesmo crime"[20].

Exige a lei, por fim, que as circunstâncias judiciais permitam a substituição, ou seja, a culpabilidade, os antecedentes, a conduta social e a personalidade do agente, assim como os motivos e as circunstâncias do delito, devem indicar a suficiência da pena restritiva de direitos (art. 44, III). Esses elementos formam um amplo repertório de que dispõe o magistrado para individualizar a pena, permitindo-se distinguir, por exemplo, o pequeno e o grande criminoso.

Chama a atenção o fato de que o inc. III do art. 44, embora tenha reproduzido a redação do art. 59, não mencionou como circunstâncias judiciais as *consequências do crime* e o *comportamento da vítima*. Difícil imaginar alguma razão aceitável que tenha levado o legislador a excluir estes dois elementos. Apesar da omissão, não deve o juiz deixar de levá-los em consideração, valendo-se do art. 59, *caput* e IV, que trata da fixação da pena. Este dispositivo prevê claramente que o juiz, na substituição da pena privativa de liberdade por outra espécie de pena, valer-se-á da culpabilidade, dos antecedentes, da conduta social, da personalidade do agente, dos motivos, circunstâncias e

---

20 A reincidência específica na Lei n. 9.714/98 e os princípios da igualdade e da proporcionalidade. *Boletim IBCCRIM*. v.7, n.80, p. 7-9.

consequências do crime, bem como do *comportamento da vítima*, conforme seja necessário e suficiente para reprovação e prevenção do delito.

Jurisprudência

Favoráveis as circunstâncias judiciais, a substituição deve ser concedida – As penas restritivas de direito têm assento constitucional (inciso XLVI do art. 5º da Constituição Federal) e são timbradas pela contraposição aos efeitos certamente traumáticos e estigmatizantes do cárcere. O exame dos requisitos necessários à substituição integra o já tradicional "sistema trifásico" de aplicação de pena. Donde o magistrado não poder silenciar sobre o art. 44 do Código Penal (art. 59 do Código Penal) Para atender à teleologia da norma, o juiz precisa adentrar no exame das circunstâncias do caso concreto para nelas encontrar os fundamentos da negativa ou da concessão das penas restritivas de direito. No caso, a menção ao art. 44 do Código Penal não atende às garantias da individualização da pena e da fundamentação das decisões judiciais. Ordem concedida para cassar a pena imposta ao paciente e determinar ao Juízo de primeiro grau que proceda, com base na análise das circunstâncias do caso concreto, o exame de que trata o art. 44 do Código Penal" (STF – HC 90991/RS – 1ª T. – rel. Carlos Britto – j. 21.06.2007 – DJ 19.12.2007 – p. 54)

RECURSO ESPECIAL. HOMICÍDIO CULPOSO NA DIREÇÃO DE VEÍCULO AUTOMOTOR. DIREITO PENAL. PENA-BASE. AUSÊNCIA DE FUNDAMENTAÇÃO. CIRCUNSTÂNCIAS ATENUANTES E SUBSTITUIÇÃO DE PENA. CABIMENTO. RECURSO PROVIDO. 1. Deixando o acórdão de trazer, quando da individualização da pena, qualquer consideração à exasperação da pena-base, olvidando-se, ainda, de considerar as circunstâncias atenuantes da menoridade e da confissão, é de rigor a redução da reprimenda ao mínimo legal. 2. Em se tratando de delito praticado sem violência ou grave ameaça à pessoa e sendo as circunstâncias pessoais favoráveis ao agente a indicarem a suficiência da medida, impõe-se a substituição da pena privativa de liberdade não superior a 4 anos por duas restritivas de direitos (artigo 44 do Código Penal). (STJ. REsp 735554 RJ. Rel. Min. Hamilton Carvalhido. 6ª T. j. 24.05.2007. v.u.)

APELAÇÃO CRIMINAL – RECURSO DO MINISTÉRIO PÚBLICO – AFASTAMENTO DA SUBSTITUIÇÃO DA PENA PRIVATIVA DE

LIBERDADE POR RESTRITIVA DE DIREITOS – APELO NÃO PROVIDO. – Não restando desfavoráveis as circunstâncias judiciais assim alegadas pelo *Parquet*, conclui-se fazer jus o sentenciado à substituição da pena corporal. – Recurso não provido. (TJMG. APR 10362110029166001 MG. Rel. Corrêa Camargo. 4ª Câmara Criminal. j. 16.10.2013. v.u.)

Desfavoráveis as circunstâncias judiciais, incabível a substituição – RECURSO ORDINÁRIO EM *HABEAS CORPUS*. CIRCUNSTÂNCIAS JUDICIAIS DESFAVORÁVEIS. NÃO SUBSTITUIÇÃO DA PENA PRIVATIVA DE LIBERDADE. POSSIBILIDADE. RECURSO NÃO PROVIDO. Havendo circunstâncias judiciais desfavoráveis, justifica-se a não substituição da pena privativa de liberdade por restritivas de direitos, conforme estabelece o inciso III do art. 44 do Código Penal. Recurso ordinário não provido. (STF. RHC 95779 RJ. Rel. Min. Joaquim Barbosa. 2ª T. j. 03.03.2009. v.u.)

AGRAVO REGIMENTAL EM RECURSO ESPECIAL. DOSIMETRIA. *BIS IN IDEM*. INEXISTÊNCIA. CIRCUNSTÂNCIAS JUDICIAIS DESFAVORÁVEIS. PENA-BASE ACIMA DO MÍNIMO LEGAL. REGIME ABERTO E SUBSTITUIÇÃO DE PENA. DESCABIMENTO. (...) Presentes circunstâncias judiciais negativas, não há eiva na vedação da substituição da pena privativa de liberdade por restritiva de direitos, conforme estatui o art. 44, III, do Código Penal . 4. Agravo regimental improvido, com efeito declaratório quanto ao valor da pena multa. (STJ. AgRg no REsp 1200020 DF. Rel. Min. Maria Thereza de Assis Moura. 6ª T. j. 27.08.2013. v.u.)

AGRAVO REGIMENTAL NO AGRAVO DE INSTRUMENTO. PENAL. ART. 171, § 3º, DO CÓDIGO PENAL. DOSIMETRIA. PENA -BASE FIXADA ACIMA DO MÍNIMO LEGAL. EXASPERAÇÃO CONCRETAMENTE FUNDAMENTADA. CIRCUNSTÂNCIAS JUDICIAIS DESFAVORÁVEIS. SUBSTITUIÇÃO DA PENA PRIVATIVA DE LIBERDADE POR RESTRITIVAS DE DIREITOS. INVIABILIDADE. 1. A audácia do agente, a premeditação do delito e a arquitetura de todo o *iter criminis*, bem como o elevado prejuízo à vítima, não constituem características do próprio tipo penal, justificando a elevação da pena-base acima do mínimo legal. 2. A existência de circunstâncias judiciais desfavoráveis permite que as instâncias ordinárias indefiram a substituição da pena privativa de liberdade por restritivas de direitos, por considerarem não ser a medida socialmente recomendável. 3. Agravo regimental a que se nega provimento. (STJ. AgRg no Ag 1408061 RN. Rel. Min. Marco Aurélio Belizze. 5ª T. j. 25.06.2013. v.u.)

Circunstância judicial desfavorável não impede a substituição – *HABEAS CORPUS*. FURTO QUALIFICADO. PENA-BASE FIXADA ACIMA DO PATAMAR MÍNIMO. AÇÕES PENAIS EM CURSO. UTILIZAÇÃO PARA EXASPERAR A REPRIMENDA A TÍTULO DE MAUS ANTECEDENTES E CONDUTA SOCIAL. IMPOSSIBILIDADE. SANÇÃO REDUZIDA AO PISO LEGAL. EXISTÊNCIA DE ATENUANTE (CONFISSÃO ESPONTÂNEA). SUBSTITUIÇÃO DA PRIVATIVA DE LIBERDADE POR RESTRITIVAS DE DIREITOS. (...) Em que pese a valoração negativa de uma circunstância judicial (culpabilidade), mostra-se possível a substituição da privativa de liberdade por restritivas de direitos, principalmente em razão da pequena quantidade de pena aplicada e pela presença da atenuante da confissão. 4. Ordem concedida para, de um lado, afastando da condenação as circunstâncias judiciais indevidamente valoradas, reduzir a pena recaída sobre o paciente, de 3 (três) anos de reclusão, e 10 (dez) dias-multa para 2 (dois) anos de reclusão, a ser cumprida em regime aberto, mais pagamento de 10 (dez) dias-multa; de outro lado, substituir a privativa de liberdade por prestação de serviços à comunidade e limitação de fim de semana. A implementação das restritivas de direitos fica a cargo do Juiz das execuções. (STJ. HC 45111 DF. Rel. Min. Og Fernandes. 6ª T. j. 03.12.2009. v.u.)

Maus antecedentes impedem substituição – À luz do artigo 64, inciso I, do Código Penal, ultrapassado o lapso temporal superior a cinco anos entre a data do cumprimento ou extinção da pena e a infração posterior, as condenações penais anteriores não prevalecem para fins de reincidência. Podem, contudo, ser consideradas como maus antecedentes, nos termos do art. 59 do Código Penal. 3. Presente circunstância judicial desfavorável (antecedentes), não há eiva na vedação da substituição da pena privativa de liberdade por restritiva de direitos, conforme estatui o art. 44, III, do Código Penal. 4. *Habeas corpus* não conhecido. (STJ. HC 292474 RS 2014/0082970-5. Rel. Min. Maria Thereza de Assis Moura. 6ª T. j. 18.11.2014. v.u.)

PENAL. PROCESSUAL PENAL. AGRAVO REGIMENTAL EM AGRAVO EM RECURSO ESPECIAL. (...) FURTO QUALIFICADO. PENA-BASE. CIRCUNSTÂNCIAS JUDICIAIS DESFAVORÁVEIS. VERIFICAÇÃO. IMPOSSIBILIDADE. SÚMULA 7 DO STJ. SUBSTITUIÇÃO DA PENA CORPORAL. PENA-BASE ACIMA DO MÍNIMO LEGAL. PRESENÇA DE CIRCUNSTÂNCIAS JUDICIAIS DESFAVORÁVEIS. MAUS ANTECEDENTES. IMPOSSIBILIDADE. PRECEDENTES. (...) A jurisprudência desta Corte admite que o reconhecimento de circunstâncias judiciais negativas justifica o indeferimento da substituição da pena corporal, nos termos do art. 44, inciso III, do Código Penal. Precedentes. 4. Agravo regimental não provido. (STJ. AgRg no AREsp 483632 PI 2014/0048561-1. Rel. Min. Rogerio Schietti Cruz. 6ª T. j. 08.05.2014. v.u.)

APELAÇÃO – FURTO – ABSOLVIÇÃO – PRINCÍPIO DA INSIGNIFICÂNCIA – NÃO APLICAÇÃO – SUBSTITUIÇÃO DA PENA PRIVATIVA DE LIBERDADE POR RESTRITIVA DE DIREITOS – SUBSTITUIÇÃO POR PENA RESTRITIVA DE DIREITOS – RÉU PORTADOR DE MAUS ANTECEDENTES – IMPOSSIBILIDADE. Mesmo quando a pena privativa de liberdade for inferior a quatro anos, se o condenado ostenta maus antecedentes e as circunstâncias judiciais lhe são desfavoráveis, não há possibilidade da substituição por pena alternativa. (TJSP. APL 3487520048260481 SP. Rel. Willian Campos. 4ª Câmara de Direito Criminal. j. 25.09.2012. v.u.)

Maus antecedentes não impedem substituição – APELAÇÃO CRIMINAL. VIOLAÇÃO DE DIREITO AUTORAL. MATERIALIDADE E AUTORIA DEMONSTRADAS. POSSIBILIDADE DE MAJORAÇÃO DA PENA-BASE. RÉ PORTADORA DE MAUS ANTECEDENTES CRIMINAIS. SUBSTITUIÇÃO DA PENA PRIVATIVA DE LIBERDADE POR RESTRITIVAS DE DIREITO CABÍVEL. AFASTAMENTO DO SURSIS. ISENÇÃO DAS CUSTAS. DEFENSORIA PÚBLICA. – Comprovadas a materialidade e autorias delitivas, a manutenção da condenação é medida que se impõe. – Tratando-se de ré portadora de maus antecedentes criminais, a pena-base deve ser fixada acima do mínimo legal. – Presente os requisitos previstos no art. 44 do Código Penal, é cabível a substituição da pena privativa de liberdade por restritivas de direito. – Uma vez aplicadas, à acusada, penas restritivas, afasta-se os pleitos atinentes ao sursis. – Cabe isentar do pagamento das custas processuais a ré assistida pela Defensoria Pública, com base no art. 10 da Lei 14.939/2003. (TJMG. APR 10183061182667001 MG. Rel. Catta Preta. 2ª Câmara Criminal. j. 19.09.2013. v.u.)

Os maus antecedentes estarão configurados quando o réu registrar condenação por crime anterior, sendo necessário o trânsito em julgado da decisão, excluindo os casos de reincidência. IV – Preenchidos os requisitos do art. 44 do CP, é possível substituir a pena privativa de liberdade por restritivas de direitos. (TJMG. APR 10024069296572001 MG. Rel. Alberto Deodato Neto. 1ª Câmara Criminal. j. 05.05.2014. v.u.).

Registros criminais impedem substituição – APELAÇÃO CRIMINAL – CRIME CONTRA O PATRIMÔNIO E PORTE ILEGAL DE ARMA

– FURTO QUALIFICADO PELO ARROMBAMENTO – PRISÃO DO AGENTE E APREENSÃO DOS OBJETOS DO FURTO LOGO APÓS O FATO – PRETENDIDA DESCLASSIFICAÇÃO PARA TENTATIVA DE FURTO – INVIABILIDADE – SUBSTITUIÇÃO POR PENA RESTRITIVA DE DIREITO – IMPOSSIBILIDADE – ANTECEDENTES CRIMINAIS E CONDUTA SOCIAL DESFAVORÁVEL – RECURSO DESPROVIDO. É consumado e não apenas tentado o furto, inobstante a prisão do agente e a apreensão dos objetos logo após o ocorrido, no momento em que os bens furtados eram escondidos, já que eles saíram da esfera de disponibilidade, vigilância e guarda da vítima, ainda que por pequeno lapso de tempo. O agente que, embora tecnicamente primário, possui conduta social reprovável e responde a outros processos por crimes contra o patrimônio, não faz jus ao benefício da substituição da pena corporal por restritivas de direito. (TJSC. APR 158670 SC 2002.015867-0. Rel. Jaime Ramos. 1ª Câmara Criminal. j. 10.09.2002. v.u.)

Registros criminais não impedem substituição – *HABEAS CORPUS*. FURTO. CONDENAÇÃO. PENA INFERIOR A UM ANO. REGIME SEMIABERTO. SUBSTITUIÇÃO DA PENA NEGADA. MAUS ANTECEDENTES. CONDENAÇÃO SEM TRÂNSITO EM JULGADO. CONSTRANGIMENTO ILEGAL. SÚMULA N. 444/STJ. (...) Nos termos da jurisprudência pacífica deste Superior Tribunal de Justiça, é vedada a utilização de inquéritos e processos em curso como maus antecedentes, exigindo-se, para tal fim, que haja sentença condenatória transitada em julgado, sob pena de violação do princípio da não culpabilidade. Súmula n. 444/STJ. 3. Ordem concedida para fixar o regime aberto para o desconto da sanção, bem como para substituir a pena corporal por prestação de serviços à comunidade, a ser detalhada pelo Juiz da execução, mantidos os demais termos da sentença e do acórdão. (STJ. HC 164883 SP. Rel. Ministra Maria Thereza de Assis Moura. 6ª T. j. 18.08.2010. v.u.)

Consequências do crime não impedem substituição – MAIORIA DAS CIRCUNSTÂNCIAS JUDICIAIS FAVORÁVEIS – RÉU PRIMÁRIO, DE BONS ANTECEDENTES E BOA CONDUTA SOCIAL – PERSONALIDADE – MOTIVAÇÃO INIDÔNEA CONSEQUÊNCIAS NÃO INFLUENCIAM NA SUBSTITUIÇÃO DA PENA PRIVATIVA DE LIBERDADE POSSIBILIDADE SUBSTITUTIVA – ORDEM PARCIALMENTE CONCEDIDA. (...) As consequências do crime não podem ser obstativas da substituição da pena privativa de liberdade pela restritiva de direitos, porquanto não a contemplou o legislador com tal finalidade (art. 44, III, do CP). 4- Se a maioria das circunstâncias judiciais milita em favor de réu não-reincidente, a substituição é um seu direito público subjetivo. 5- Ordem parcialmente concedida para determinar refazimento da pena, no que se refere à personalidade do paciente e efetuar a sua substituição. (STJ. HC 91176 RJ. Rel. Min. Jane Silva. 5ª T. j. 11.12.2007. v.u.)

Reincidência genérica impede substituição – APELAÇÃO. PORTE DE ARMA DE FOGO DE USO PERMITIDO. ACUSADO REINCIDENTE. SUBSTITUIÇÃO DA PENA. IMPOSSIBILIDADE. REGIME PRISIONAL. ALTERADO. Em sendo o réu reincidente, é inviável a substituição da pena privativa de liberdade por penas restritivas de direitos, impondo-se o agravamento do regime prisional inicial que deverá ser o semiaberto. APELO PROVIDO. (TJRS. Apelação Crime N. 70059837047. Rel. Rogerio Gesta Leal. 4ª Câmara Criminal. j. 10.07.2014. v.u.)

APELAÇÃO CRIMINAL – RECEPTAÇÃO CULPOSA – ELEMENTOS INDICATIVOS DA FALTA DE CUIDADO OBJETIVO – CIRCUNSTÂNCIAS QUE INDICAM A CULPA DO RÉU – CONDENAÇÃO MANTIDA – SUBSTITUIÇÃO – REINCIDENTE – BENEFÍCIO NÃO RECOMENDADO NO CASO – (...) Não se concede a substituição da pena privativa por sanções alternativas se a medida não é socialmente indicada ao caso, pela reiteração criminosa daquele que faz da ilicitude seu meio de vida. (TJMG. Apelação criminal 10407060126668001 1. Rel. Ediwal José de Morais. 4ª Câmara Criminal. j. 25.03.2009)

Reincidência genérica não impede substituição – *HABEAS CORPUS*. CONDENAÇÃO POR APROPRIAÇÃO INDÉBITA. PEDIDO DE CONVERSÃO DA PENA CORPORAL EM RESTRITIVAS DE DIREITO. POSSIBILIDADE. REINCIDÊNCIA GENÉRICA. SUBSTITUIÇÃO SOCIALMENTE RECOMENDÁVEL. 1. Cuidando-se de infração cometida sem violência ou grave ameaça à pessoa (apropriação indébita), sendo favoráveis todas as circunstâncias judiciais, e não ultrapassando a pena o patamar de 4 (quatro) anos, tem-se por recomendável a substituição da sanção corporal por medidas restritivas de direito. 2. A reincidência apontada na sentença diz respeito a uma ação penal em que o paciente fora condenado por estelionato, infração esta que, conquanto também tenha se voltado contra o patrimônio, é diversa, não havendo se falar em reincidência específica, nos moldes do contido no § 3º do art. 44 do Código Penal . 3. Afigura-se viável a concessão do benefício da substituição de pena, levando-se em conta que, afora a reincidência em crime patrimonial – repise-se, de natureza diversa (estelionato) –, praticado sem violência ou ameaça à pessoa, nenhuma outra circunstância, conforme se vê da sentença, milita em desfavor do paciente (...). (STJ. HC 158842 SP. Rel. Min. Og Fernandes. 6ª T. j. 17.06.2010. v.u.)

HABEAS CORPUS. PENAL. RECEPTAÇÃO. REINCIDÊNCIA GENÉRICA. REGIME INICIAL MAIS GRAVOSO. FUNDAMENTAÇÃO IDÔNEA. SÚMULA N. 269 DO SUPERIOR TRIBUNAL DE JUSTIÇA. SUBSTITUIÇÃO DA PENA PRIVATIVA DE LIBERDADE POR RESTRITIVA DE DIREITOS. POSSIBILIDADE. CIRCUNSTÂNCIAS JUDICIAIS FAVORÁVEIS. ORDEM CONCEDIDA. 1. O condenado reincidente que teve consideradas favoráveis as circunstâncias judiciais previstas no artigo 59 do Código Penal, e cuja pena imposta for inferior a quatro anos de reclusão, faz jus ao regime prisional semiaberto. Incidência da Súmula n. 269, desta Corte. 2. A reincidência genérica não impede, por si só, a substituição da pena privativa de liberdade por restritiva de direitos. 3. Em se tratando de condenação inferior a quatro anos, tendo o delito sido cometido sem violência ou grave ameaça à pessoa, reconhecidas as circunstâncias judiciais favoráveis, não se vislumbram motivos suficientes para impedir a conversão da pena privativa de liberdade imposta ao Paciente em restritiva de direitos. 4. Ordem concedida para fixar o regime semiaberto de cumprimento de pena e determinar a remessa dos autos ao Juízo das Execuções Criminais, a fim de que se proceda à conversão da pena privativa de liberdade em restritiva de direitos, nos termos do art. 44 do Código de Processo Penal. (STJ. HC 165815 SP. Rel. Min. Laurita Vaz. 5ª T. j. 27.05.2010. v.u.)

APELAÇÃO CRIMINAL – FURTO TENTADO – ABSOLVIÇÃO – PRINCÍPIO DA INSIGNIFICÂNCIA – IMPOSSIBILIDADE – SUBSTITUIÇÃO DA PENA – RÉU REINCIDENTE – CRIME DIVERSO – POSSIBILIDADE. (...) Se a reincidência do réu não é pela prática do mesmo delito e sendo socialmente recomendável a medida, possível se torna a substituição da pena reclusiva por restritiva de direitos. (TJMG. APR 10079120710003001. Rel. Denise Pinho da Costa Val. 6ª Câmara Criminal. j. 01.10.2013. v.u.)

Reincidência específica impede substituição – Não faz jus à substituição da pena privativa de liberdade por restritiva de direitos o paciente, que é reincidente específico, de modo que o benefício fica obstado devido à disposição expressa do art. 44, § 3º, do Código Penal. Agravo regimental desprovido. (STJ. AgRg no HC 267200 SP 2013/0088623-1. Rel. Min. Ministra Marilza Maynard. 5ª T. j. 11.06.2013. v.u.)

Reincidência específica não impede substituição – PENAL. PROCESSO PENAL. CONTRABANDO. CIGARROS. ARTIGO 334, § 1º, B DO CÓDIGO PENAL. INSIGNIFICÂNCIA. INAPLICABILIDADE. REINCIDÊNCIA. CONFISSÃO. SUBSTITUIÇÃO. (...) Embora seja o réu reincidente específico, é possível a substituição da pena privativa de liberdade por restritivas de direitos, quando as circunstâncias do caso concreto evidenciam o cabimento e a suficiência da substituição. (TRF4. ACR 50037193420124047016 PR. Rel. Márcio Antônio Rocha. 7ª T. j. 02.12.2014. v.u.)

Incabível a substituição quando acusado já foi beneficiado com substituição anterior – *HABEAS CORPUS*. PACIENTE CONDENADA PELO CRIME DE TRÁFICO DE DROGAS. SUBSTITUIÇÃO DA PENA PRIVATIVA DE LIBERDADE POR SANÇÃO RESTRITIVA DE DIREITOS. IMPOSSIBILIDADE NO CASO CONCRETO. RÉ REINCIDENTE. BENEFÍCIO QUE SERIA CONCEDIDO PELA SEGUNDA VEZ. ORDEM DENEGADA. I – O juiz sentenciante não substituiu a pena privativa de liberdade por sanção restritiva de direitos, sob o fundamento de que a paciente "é reincidente e esta seria, se concedida, a segunda substituição procedida, o que demonstra não ter a ré merecimento para o benefício". II – Essa circunstância impede a substituição da reprimenda corporal por sanção restritiva de direitos, uma vez que, nos termos do art. 44, II, do Código Penal, as penas restritivas de direitos são autônomas e substituem as privativas de liberdade quando o réu não for reincidente em crime doloso. III – Ordem denegada. (STF. HC 114047 RS. Rel. Min. Ricardo Lewandowski. 2ª T. j. 16.11.2012. v.u.)

Incabível a substituição quando acusado reincidente em crime patrimonial – *HABEAS CORPUS*. PENAL. FURTO TENTADO. FIXAÇÃO DA PENA-BASE NO MÍNIMOLEGAL. RÉU REINCIDENTE. REGIME INICIAL SEMIABERTO. OBRIGATORIEDADE.SUBSTITUIÇÃO DA PENA. DESCABIMENTO. *HABEAS CORPUS* DENEGADO. 1. Ao condenado reincidente que teve consideradas favoráveis as circunstâncias judiciais previstas no art. 59 do Código Penal, e cuja pena imposta foi inferior a quatro anos de reclusão, como na espécie, aplica-se o regime prisional semiaberto, dada a interpretação conjunta dos arts. 59 e 33, §§ 2º e 3º, do Código Penal. 2. A reincidência em crime contra o patrimônio (art. 157, caput, do Código Penal), impede a concessão do benefício da substituição da pena privativa de liberdade por penas restritivas de direitos, nos termos do art. 44, inciso II, do Código Penal . 3. Ordem de *habeas corpus* denegada. (STJ. HC 246124 SP. Rel. Min. Laurita Vaz. 5ª T. j. 02.10.2012. v.u.)

Incabível a substituição quando o acusado pratica novo crime durante cumprimento de pena anterior – A substituição da pena privativa de liberdade por restritivas de direitos não se mostra socialmente recomendável quando o réu, reincidente, comete o delito em pleno cumprimento de pena por crime anterior. (TJMG. APR 10144110020779001 MG. Rel. Alberto Deodato Neto. 1ª Câmara Criminal. j. 19.08.2014. v.u.)

Revelia não impede a substituição – APELAÇÃO CRIMINAL. CONDENAÇÃO POR CORRUPÇÃO ATIVA. RECURSO DEFENSIVO. PEDIDO DE ABSOLVIÇÃO POR FRAGILIDADE PROBATÓRIA. DESCABIMENTO. DOSIMETRIA. REVISÃO DE OFÍCIO. (...) A revelia não impede a substituição da pena. Precedentes jurisprudenciais. Recurso parcialmente provido. (TJRJ. APL 00084018220098190061. Rel. Suimei Meira Cavalieri. 3ª Câmara Criminal. j. 10.12.2013. v.u.)

Incabível substituição para acusado foragido – PENA. REGIME INICIAL DE CUMPRIMENTO. MODIFICAÇÃO PARA O FECHADO PORFORÇA DE RECURSO DO MINISTÉRIO PÚBLICO. PACIENTE FORAGIDO DO SISTEMA PRISIONAL. MODO MAIS GRAVOSO JUSTIFICADO. ILEGALIDADE NÃO CONFIGURADA. 1. O fato de o paciente, já condenado pelo delito de roubo qualificado, ter cometido o crime ora em exame após ser agraciado com o benefício do regime semiaberto e não mais ter retornado ao sistema prisional, são fatores que demonstram que a forma mais gravosa para o início da sanção privativa de liberdade mostra-se justificada e é a mais adequada para a prevenção e repressão do delito denunciado.2. Ordem denegada. (STJ. HC 163682 SP. Rel. Min. Jorge Mussi. 5ª T. j. 02.08.2012. v.u.)

APELAÇÃO USO DE DOCUMENTO PÚBLICO FALSO RÉU REINCIDENTE REGIME FECHADO E AFASTAMENTO DA SUBSTITUIÇÃO DA PENA CORPORAL CONCEDIDOS Necessidade: Além de se tratar de indivíduo reincidente, o fato de ter praticado novo crime depois de foragido do sistema prisional, após saída temporária, deixa clara a insuficiência dos benefícios concedidos. Recurso Ministerial provido. (TJSP. APL 00243813920118260050. Rel. J. Martins. 15ª Câmara de Direito Criminal j. 10.04.2014. v.u.)

PENAL E PROCESSUAL PENAL. EMBARGOS INFRINGENTES. CRIME AMBIENTAL. COMÉRCIO DE PÁSSAROS SILVESTRES. DOLO INEQUÍVOCO. RÉU FORAGIDO. SUBSTITUIÇÃO DA PENA. INADEQUAÇÃO. – (...) Não se mostra adequada a substituição da pena privativa de liberdade por restritiva de direitos para o réu que não compareceu a qualquer ato do processo (...) e que ainda se encontra em local incerto e não sabido. – Recurso conhecido e não provido. Condenação mantida. (TRF2. EIACR 1530 RJ 97.02.25361-6. Rel. SERGIO FELTRIN CORREA. 1ª SEÇÃO ESPECIALIZADA. j. 26.10.2006. v.u.)

Cabível substituição para acusado foragido – LEI 10826/03. PORTE DE ARMA – NUMERAÇÃO RASPADA – ATIPICIDADE – TESE NÃO ACOLHIDA – PENA CONFISSÃO – SÚMULA 231 DO STJ – SUBSTITUIÇÃO ACUSADA FORAGIDA – PRISÃO – DESNECESSIDADE. (...) tendo respondido a acusada em liberdade ao processo, o fato dela não mais ter sido localizada, por si só, até em razão do tempo decorrido, não impede a substituição da pena, ainda que ela esteja foragida, não podendo ser esquecido do efeito criminógeno do cárcere, devendo o encarceramento ser deixado para os casos especiais. No caso concreto, aliás, a pena não se afastou do mínimo legal e foi aplicado o regime aberto, tudo a indicar que as circunstâncias do artigo 59 do Código Penal são inteiramente favoráveis ao agente, que também devem ser consideradas na escolha da qualidade da pena. (TJRJ. APL 00012304620048190030. Rel. Marcus Henrique Pinto Basilio. 1ª Câmara Criminal. j. 10.07.2012. v.u.)

Incabível a substituição quando delito praticado por agente em gozo de liberdade provisória – DIREITO PENAL. TENTATIVA DE FURTO QUALIFICADO PELO ROMPIMENTO DE OBSTÁCULO. COMPROVAÇÃO. CONJUNTO PROBATÓRIO SATISFATÓRIO. EXCLUSÃO DA QUALIFICADORA. INVIABILIDADE. LAUDO PERICIAL NÃO CONCLUSIVO. SUPRIMENTO POR PROVA TESTEMUNHAL. CIRCUNSTÂNCIAS JUDICIAIS. VALORAÇÃO NEGATIVA. AÇÕES PENAIS PENDENTES DE JULGAMENTO DEFINITIVO. FUNDAMENTO INIDÔNEO. SÚMULA 444/STJ. CONDUTA SOCIAL DESFAVORÁVEL. CRIME COMETIDO NO CURSO DE LIBERDADE PROVISÓRIA. REGIME SEMIABERTO. SUBSTITUIÇÃO POR PENA RESTRITIVA DE DIREITOS INVIABILIZADA. PARCIAL REFORMA DA SENTENÇA. (...) 4. Justificada a conduta social merecedora de maior reprimenda, pois cometido o delito quando o agente encontrava-se no gozo de benefício de liberdade provisória concedido em outro processo. Precedente do colendo STJ. 5. Face à conduta social desfavorável, a fixação da pena inferior a 4 (quatro) anos de reclusão amolda-se ao regime inicial semiaberto (art. 33, § 2º, alínea 'c', e § 3º, do Código Penal), não se mostrando recomendável a substituição da pena privativa de liberdade por restritivas de direitos (art. 44, III, do Código Penal). 6. Parcial provimento do recurso. (TJDF. APR 20130210051989. Rel. Humberto Adjuto Ulhôa. 3ª Turma Criminal. j. 16.10.2014. v.u.)

4.3.3 Hipóteses específicas de não cabimento

Uma especial hipótese de não cabimento de pena substitutiva está na Lei 11.340/2006 (conhecida como Lei Maria da Penha), estabelecendo no art. 17 ser "vedada a aplicação, nos casos de violência doméstica e familiar contra a mulher, de penas de cesta básica ou outras de prestação pecuniária, bem como a substituição de pena que implique o pagamento isolado de multa".

A Lei de Drogas (Lei 11.343/2006), originariamente, também proibia a aplicação de penas restritivas de direitos para os crimes do art. 33, *caput* e § 1º, e 34 a 37 da Lei. No entanto, o Supremo Tribunal Federal reconheceu a inconstitucionalidade dessa vedação, a qual foi posteriormente retirada do texto legal pelo Senado Federal[21].

Por fim, também não cabe substituição da pena privativa de liberdade por restritiva de direitos em se tratando de crimes militares. Isso porque o direito castrense é ramo especial, que possui princípios e regras próprias, e o Código Penal Militar não contempla sanções substitutivas à pena privativa de liberdade. Neste diapasão, leciona Nilton João de Macedo Machado: "a Lei 9.714/98 que alterou dispositivos do Código Penal, e trata da substituição das penas privativas de liberdade por restritivas de direitos, não pode ser aplicada aos crimes militares (sejam próprios ou impróprios) porque incompatível com a sua índole, mas também porque o Código Penal Militar, como lei penal especial, regula a matéria de modo diverso em face de sua especialidade, na qual não se encontra previsão legal de pena substitutiva (salvo acessórias), prevalecendo como legislação penal especial sobre as regras de Direito Penal comum"[22].

---

[21] Referidas leis serão melhor examinadas em ponto destacado (vide tópicos 6.6 e 6.7).

[22] Lei 9.714/1998 – inaplicabilidade aos crimes militares. *Boletim IBCCRIM*. v. 8, n.92, p. 7-8.

Há precedente do STF nesse sentido, porém admitindo a substituição em sede de execução penal, nos termos dos arts. 180 e seguintes da LEP, quando a pena for cumprida em estabelecimento comum e não militar (vide a seguir).

Jurisprudência

Inaplicável a substituição do art. 44 do CP aos crimes militares – AGRAVO REGIMENTAL NO RECURSO EXTRAORDINÁRIO COM AGRAVO. PENAL MILITAR. CRIMES DE PECULATO E FAVORECIMENTO REAL. SUBSTITUIÇÃO DE PENA PRIVATIVA DE LIBERDADE POR RESTRITIVA DE DIREITO. ARTIGO 44 DO CP. INAPLICABILIDADE AOS CRIMES MILITARES. PRECEDENTES. 1. A substituição da pena privativa de liberdade prevista no artigo 44 do Código Penal não é aplicável aos crimes militares. Precedentes: ARE 700.012 ED, Rel. Min. Cármen Lúcia, Segunda Turma, *DJe* 10.10.2012, HC 94.083/DF, Rel. Min. Joaquim Barbosa, Segunda Turma, *DJe* 12/3/2010, e HC 91.709, Rel. Min. Cármen Lúcia, Primeira Turma, *DJe* 13/3/2009. 2. *In casu* o acórdão extraordinariamente recorrido assentou: "EMBARGOS INFRIGENTES – CRIME MILITAR – SUBSTITUIÇÃO DE PENA PRIVATIVA DE LIBERDADE POR RESTRITIVA DE DIREITO. ARTIGO 44 DO CP – IMPOSSIBILIDADE NA ESPÉCIE – NÃO PROVIMENTO DO RECURSO." 3. Agravo regimental DESPROVIDO. (STF. ARE 779938 MG. Rel. Min. Luiz Fux. 1ª T. j. 05.08.2014. v.u.)

HABEAS CORPUS. RECURSO EXTRAORDINÁRIO. EFEITO SUSPENSIVO. DESCABIMENTO. IRREGULARIDADE NO INQUÉRITO. INSTAURAÇÃO DA AÇÃO PENAL. PRECLUSÃO. CRIME MILITAR. PENA ALTERNATIVA. APLICAÇÃO DO ART. 44 DO CÓDIGO PENAL COMUM. IMPOSSIBILIDADE. DISCIPLINA DIVERSA DO CÓDIGO PENAL MILITAR.ORDEM DENEGADA. 1. O Supremo Tribunal Federal não tem competência para conferir efeito suspensivo ao recurso extraordinário pendente de análise de admissibilidade na Corte de origem, especialmente quando foi concedido ao paciente o direito de recorrer em liberdade. 2. A ausência de advogado no curso da investigação administrativa não contamina a ação penal posteriormente instaurada, em que a ampla defesa foi garantida ao acusado. 3. Não se aplica aos crimes militares a substituição da pena privativa de liberdade por restritiva de direitos, prevista no art. 44 do Código Penal, pois o art. 59 do Código Penal Militar disciplinou de modo diverso as hipóteses de substituição cabíveis sob sua égide. Precedentes. 4. Ordem denegada. (STF. HC 94083/DF. Rel. Min. Joaquim Barbosa. 2ª T. j. 09.02.2010. v.u.)

PENAL MILITAR. *HABEAS CORPUS* SUBSTITUTIVO DE RECURSO ESPECIAL. NÃO CABIMENTO. CONCUSSÃO PRATICADA EM SERVIÇO. BIS IN IDEM. NÃO OCORRÊNCIA. AGRAVANTE QUE NÃO SE INSERE NO TIPO. SUBSTITUIÇÃO DA PENA PRIVATIVA DE LIBERDADE POR RESTRITIVA DE DIREITOS. IMPOSSIBILIDADE EM CRIMES MILITARES. *HABEAS CORPUS* NÃO CONHECIDO. (...) «Não se aplica aos crimes militares a substituição da pena privativa de liberdade por restritiva de direitos, prevista no art. 44 do Código Penal, pois o art. 59 do Código Penal Militar disciplinou de modo diverso as hipóteses de substituição cabíveis sob sua égide." (HC n. 94.083/DF, Segunda Turma, Rel. Min. Joaquim Barbosa, *DJe* de 12.03.2010). *Habeas corpus* não conhecido. (STJ. HC 286802/RJ. Rel. Min. Felix Fischer. 5ª T. j. 23.10.2014. v.u.)

Crime militar. Possibilidade de substituição em sede de execução penal, nos termos dos arts. 180 e seguintes da LEP, quando pena cumprida em estabelecimento comum – "*HABEAS CORPUS*. CRIME MILITAR. SUBSTITUIÇÃO DE PENA PRIVATIVA DE LIBERDADE POR RESTRITIVA DE DIREITO. IMPOSSIBILIDADE NA ESPÉCIE. *HABEAS CORPUS* DENEGADO. 1. É firme a jurisprudência deste Supremo Tribunal Federal no sentido de não se admitir a aplicação da Lei 9.714/1998 para as condenações por crimes militares, sendo esta de aplicação exclusiva ao Direito Penal Comum. Precedentes. 2. A conversão da pena privativa de liberdade aplicada pela Justiça Militar por duas restritivas de direito poderá ocorrer, pelo menos em tese, desde que o Paciente tenha de cumprir pena em estabelecimento prisional comum e a pena imposta não seja superior a dois anos, nos termos previstos no art. 180 da Lei de Execução Penal, por força do que dispõe o art. 2º, parágrafo único, daquele mesmo diploma legal. 3. Na espécie, contudo, a pena fixada ao Paciente foi de dois anos, nove meses e dezoito dias de reclusão. Não há, portanto, como ser reconhecido a ele o direito de substituição da pena privativa de liberdade por restritiva de direito. 4. *Habeas corpus* denegado" (STF. HC 91709/CE. Rel. Min. Cármen Lúcia. 1ª T. j. 16.12.2008. v.u.).

4.4 CONVERSÃO

Na conversão da pena privativa de liberdade em restritiva de direitos e/ou multa, podem ocorrer duas situações: a) se a condenação for igual ou inferior a um ano, a substituição pode ser feita por multa ou por uma restritiva de direitos (art. 44, § 2º, 1ª parte); b) se a condenação for superior a um ano, poderá ser feita por uma pena restritiva de direitos e multa ou por duas restritivas de direitos (art. 44, § 2º, parte final).

A conversão pode ser realizada no juízo de 1º grau (isto é, no juízo da condenação), no tribunal (em sede de recurso) ou no juízo das execuções, como um incidente. Neste último caso, estabelece o art. 180 da Lei de Execução Penal (Lei 7.210/1984) que a pena privativa de liberdade não superior a dois anos pode ser convertida em restritiva de direitos, desde que: a) esteja sendo cumprida em regime aberto; c) tenha sido cumprido pelo menos um quarto da pena; d) os antecedentes e a personalidade do condenado indiquem que a conversão é recomendável.

Regra idêntica se aplica caso sobrevenha lei nova mais benéfica ao réu, que torne possível a substituição: deverá aplicá-la o juízo de 1º grau (da condenação) quando da sentença; o tribunal, em sede de recurso; ou o juízo das execuções, como um incidente, após o trânsito em julgado da condenação (art. 66, I, da LEP[23] e Súmula 611 do STF[24]).

Presentes os requisitos legais, a conversão é um direito público subjetivo do réu. E daí decorre uma importante consequência: sempre que o juiz aplicar pena privativa de liberdade não superior a quatro anos para crimes dolosos, e em todos os culposos, deverá se manifestar sobre a substituição, justificando sua decisão. Nem poderia ser diferente, diante do princípio da persuasão racional, que determina a motivação das decisões judiciais, e do princípio da individualização da pena, preconizando a escolha da pena justa e adequada conforme as particularidades do caso concreto.

A substituição pode deixar de ser realizada a pedido do réu. Afinal, se a aplicação da pena alternativa é um benefício ao acusado, cabe a ele

---

23 Art. 66, I, da LEP: "Compete ao Juiz da execução: I – aplicar aos casos julgados lei posterior que de qualquer modo favorecer o condenado".

24 Súmula 611 do STF – "Transitada em julgado a sentença condenatória, compete ao juízo das execuções a aplicação de lei mais benigna".

próprio decidir se a conversão lhe é ou não conveniente. Vale lembrar que o acusado, de todo modo, dispõe da faculdade de não cumprir a pena alternativa. Portanto, a reconversão ocorrerá inevitavelmente, a depender de sua vontade, de modo que, por economia processual, é mais vantajoso lhe conceder desde logo tal opção. Em sentido contrário, entende Nucci que a substituição é obrigatória quando presentes os requisitos legais, não podendo deixar de ser feita por mera intenção do acusado[25].

Jurisprudência

Substituição é direito público subjetivo do réu e deve ser concedida se presentes os requisitos legais – "Preenchidos os requisitos do art. 44 do Código Penal, a pena privativa de liberdade deve ser substituída por restritiva de direitos, pois tal constitui-se em direito subjetivo do paciente. A fixação da pena restritiva de direitos passa pela análise dos elementos objetivos e subjetivos. Se o julgador simplesmente não se manifesta sobre a possibilidade de substituição, é nulo o *decisum*. Ordem concedida para, mantida a condenação, anular o acórdão e a sentença, devendo o Juiz de primeiro grau apreciar a possibilidade de substituição da pena privativa de liberdade por restritiva de direitos". (STJ – HC 58970/SP – 6ª T. – rel. Maria Thereza de Assis Moura – j. 08.03.2007 – *DJ* 26.03.2007 – p. 289)

Uma vez preenchido os requisitos contidos no art. 44 do Código Penal, a substituição da pena privativa de liberdade é direito público subjetivo assegurado. (TJPR. ACR 5076820 PR 0507682-0. Rel. José Mauricio Pinto de Almeida. 2ª Câmara Criminal. j. 02.07.2009. v.u.)

Nulidade da sentença que não aborda a possibilidade de substituição – PROCESSO PENAL. *HABEAS CORPUS*. SUBSTITUIÇÃO DA PENA. DIREITO SUBJETIVO DO PACIENTE. OBRIGATORIEDADE DE MANIFESTAÇÃO DO JULGADOR. NULIDADE ESPECIFICAMENTE DA DOSIMETRIA. CONDENAÇÃO MANTIDA. 1. Preenchidos os requisitos do art. 44 do Código Penal, a pena privativa de liberdade deve ser substituída por restritiva de direitos, pois tal constitui- se em direito subjetivo do paciente. 2. A fixação da pena restritiva de direitos passa pela análise dos elementos objetivos e subjetivos.

---

[25] *Código Penal comentado*. p. 399-400.

3. Se o julgador simplesmente não se manifesta sobre a possibilidade de substituição, é nulo o *decisum*. 4. Ordem concedida para, mantida a condenação, anular o acórdão e a sentença, devendo o Juiz de primeiro grau apreciar a possibilidade de substituição da pena privativa de liberdade por restritiva de direitos. (STJ. HC 58970/SP. Rel. Min. Maria Thereza de Assis Moura. 6ª T. j. 08.03.2007. v.u.)

Havendo circunstância judicial desfavorável, não há direito público subjetivo à substituição – O acusado não tem direito público subjetivo à substituição da pena privativa de liberdade por restritiva de direitos quando há circunstância judicial desfavorável que indica a insuficiência da aplicação da medida despenalizadora. (TJSC. APR 20120685214. Rel. Carlos Alberto Civinski. 1ª Câmara Criminal. j. 17.03.2014. v.u.)

Substituição deve ser concedida de ofício, se presentes os requisitos legais – APELAÇÃO CRIMINAL. FURTO QUALIFICADO. ART. 155, § 4. º, INCISOS I e IV DO CP. PRETENSÃO ABSOLUTÓRIA POR INSUFICIÊNCIA DE PROVAS. INOCORRÊNCIA. RECONHECIMENTO DA VÍTIMA CORROBORADO POR OUTRAS PROVAS PRODUZIDAS NA INSTRUÇÃO. CONDENAÇÃO MANTIDA. APRECIAÇÃO DE OFÍCIO ACERCA DA SUBSTITUIÇÃO DA PENA E DA SUSPENSÃO CONDICIONAL DA PENA. O reconhecimento pela vítima do autor do furto somado às demais provas testemunhais colhidas nas fases policial e judicial são suficientes para respaldar o édito condenatório. A ausência de manifestação acerca da possibilidade ou não da substituição da pena e da suspensão condicional da pena (CP, arts. 44 e 77), não impede o Juízo ad quem de analisá-la, por se tratar de direito público subjetivo do réu. Recurso improvido. (TJPR. ACR 3293332 PR 0329333-2. Rel. Bonejos Demchuk. 3ª Câmara Criminal. j. 04.05.2006. v.u.)

Estando presentes os requisitos insertos no Código Penal (art. 44, I a III), constitui-se um direito subjetivo do réu a ter a pena privativa de liberdade substituída por restritiva de direitos, ainda que a defesa e o ministério público não tenham formulado pedido nesse sentido. 3.1. A pena estabelecida foi de um ano de detenção a ser cumprida em regime aberto. O art. 44, I, do CP, parte final, estabelece que é possível a substituição da pena privativa de liberdade, qualquer que seja a pena aplicada, se o crime for culposo. 4. Recurso parcialmente provido apenas para substituir, *ex-officio*, a pena privativa de liberdade por outra restritiva de direitos. (TJDF. APR 20120110109819. Rel. Gilberto Pereira de Oliveira. 1ª T. Recursal. j. 13.03.2014. v.u.)

Negativa de substituição exige fundamentação idônea – Tanto a suspensão condicional da pena quanto sua substituição, quando não concedidas a réus que, "prima facie", delas são merecedores, exigem decisão fundamentada do Juiz (art. 93, IX, da CF), porquanto constituem direito público subjetivo do acusado. (TJPR. ACR 1583573 PR. Rel. José Mauricio Pinto de Almeida. 4ª Câmara Criminal. j. 27.09.2001 v.u.)

Pena superior a um ano deve ser substituída por duas restritivas de direitos ou por uma restritiva e multa – APELAÇÃO CRIMINAL – PORTE ILEGAL DE ARMA DE FOGO – SUBSTITUIÇÃO DA PENA PRIVATIVA DE LIBERDADE POR DUAS RESTRITIVAS DE DIREITOS – NECESSIDADE – REPRIMENDA CARCERÁRIA SUPERIOR A UM ANO DE RECLUSÃO – RECURSO NÃO PROVIDO. – Nos termos do art. 44, § 2º, segunda parte, do CP, as penas privativas de liberdade superiores a 1 (um) ano, devem ser substituídas por uma restritiva de direitos e multa; ou duas restritivas de direitos. – Embora a substituição da pena privativa de liberdade seja mais benéfica ao réu, ela não perde o seu caráter sancionatório, devendo ser suficiente para cumprir com as funções retributiva e preventiva da pena, exigindo certo esforço do condenado para seu cumprimento, sob o risco de se tornar inócua a reprimenda e gerar o sentimento de impunidade. (TJMG. APR 10512070462308001. Rel. Alberto Deodato Neto. j. 24.09.2013. v.u.)

Incabível substituição por duas restritivas de direito de mesma natureza – As penas restritivas de direitos são autônomas, não podendo, portanto, serem impostas penas substitutivas da mesma natureza, sob pena de ser aplicada efetivamente apenas uma quando a hipótese determina a aplicação de duas, nos termos do art. 44, § 2º, segunda parte, do Código Penal. (TJMG. APR 10208110005450001. Rel. Rubens Gabriel Soares. 6ª Câmara Criminal. j. 15.07.2014. v.u.)

Possível substituição por duas restritivas de direito idênticas – Não há óbice legal para substituição da sanção corporal por duas restritivas de direito idênticas, eis que a lei determina tão-somente que, em caso de pena privativa de liberdade igual ou inferior a 1 (um) ano, seja aplicada uma restritiva de direitos ou multa, e, no caso de pena superior a 1 (um) ano, sejam aplicadas uma restritiva e multa ou duas restritivas, deixando a cargo do julgador escolher, dentre as penas elencadas pela lei, qual surtirá melhor efeito no caso concreto. (TJPR. ACR 6042200. Rel. José Mauricio Pinto de Almeida. 2ª Câmara Criminal. j. 10.05.2010. v.u.).

Incabível substituição por duas penas de prestação de serviços à comunidade – APELAÇÃO CRIMINAL. ARTIGO 334 DO CÓDIGO PENAL. MATERIALIDADE E AUTORIA DEMONSTRADAS. SUBSTITUIÇÃO DA PENA PRIVATIVA DE LIBERDADE POR DUAS RESTRITIVAS DE DIREITOS DE ESPÉCIES DISTINTAS. (...) Ao possibilitar a substituição da pena privativa de liberdade superior a um ano, por duas penas restritivas de direitos, o § 2º do artigo 44 do Código Penal refere-se à duas espécies diferentes de pena substitutiva, e dessa forma, não se afigura possível a substituição por duas penas restritivas de direito da mesma espécie. 5. Ainda que se entenda possível a substituição da pena privativa de liberdade por duas penas restritivas de direito da mesma espécie, isso não pode ocorrer com relação à pena de prestação de serviços à comunidade ou entidades públicas. 6. Nos termos dos artigos 55 e 46, §§ 3º e 4º do Código Penal, a pena de prestação de serviços à comunidade é cumprida, em regra, no mesmo prazo da pena privativa de liberdade, sendo apenas facultado ao réu cumpri-la em menor prazo, desde que não inferior à metade da pena prisional substituída. Logo, o cumprimento de duas penas de prestação de serviços à comunidade seria de difícil execução e poderia ultrapassar o tempo da pena de reclusão. (TRF3. ACR 1438 SP 2005.61.11.001438-7. Rel. Luiz Stefanini. 1ª T. j. 29.07.2008. v.u.)

Incabível substituição por duas penas pecuniárias – Não se mostra suficiente para reprovação e prevenção do delito a substituição da pena privativa de liberdade por duas restritivas de direitos, consistentes em prestação pecuniária e multa. Modificação da pena alternativa de multa por prestação de serviços è comunidade. Apelo provido. Unânime. (TJRS. Apelação Crime N. 70059976852. Rel. Aristides Pedroso de Albuquerque Neto. 4ª. Câmara Criminal. j. 10.07.2014. v.u,)

Cabível substituição por duas penas de prestação pecuniária – O § 2º do art. 44 do CP, em nenhum momento veda a aplicação de duas penas restritivas de direitos de idêntica espécie, razão pela qual é possível a imposição de duas prestações pecuniárias, desde que adequadas, suficientes e proporcionais aos fins da pena. (TJRS. AGV 70053081220 RS. Rel. Francesco Conti. 5ª Câmara Criminal. j. 27.03.2013. v.u.)

Incabível cumulação de prestação pecuniária e entrega de cesta básica – A entrega de cestas básicas cumulada com a pena pecuniária restaria em aplicação de uma só modalidade de pena, em afronta ao disposto no art. 44, § 2º, do Código Penal que prevê duas modalidades de pena para condenação superior a um ano, como no caso dos autos. (TRF3. AGEXP 6918 SP. Rel. Luiz Stefanini. 1ª T. j. 13.05.2008. v.u.)

Incabível cumulação de prestação de serviços à comunidade e limitação de fim de semana, devendo estar ser substituída por multa – APELAÇÃO CRIMINAL – RESISTÊNCIA – PRESCRIÇÃO – OCORRÊNCIA. FURTO QUALIFICADO – CRIME DEVIDAMENTE CARACTERIZADO – CONDENAÇÃO MANTIDA – PENA RESTRITIVA DE DIREITOS – MODIFICAÇÃO. (...) A pena restritiva de direitos consistente em limitação de final de semana deve ser alterada para prestação pecuniária, por ser incompatível a sua cumulação com a prestação de serviços à comunidade. Prescrição da pretensão punitiva em sua modalidade retroativa que se decreta de ofício, quanto ao crime de resistência. Provimento parcial ao recurso é medida que se impõe. (TJMG. APR 10344090490253001. Rel. Antônio Carlos Cruvinel. 3ª Câmara Criminal. j. 01.10.2013. v.u.)

Escolha da pena cabe ao juiz, sendo incabível alterar prestação de serviços à comunidade por prestação pecuniária – APELAÇÃO CRIMINAL – ESTELIONATO – PRELIMINAR REJEITADA – NULIDADE DA SENTENÇA PELO NÃO OFERECIMENTO DO PEDIDO DE SUSPENSÃO CONDICIONAL DO PROCESSO – IMPOSSIBILIDADE – RÉU BENEFICIADO PELA SUSPENSÃO EM PRAZO INFERIOR A 05 ANOS – MÉRITO – SUBSTITUIÇÃO DA PENA RESTRITIVA DE PRESTAÇÃO DE SERVIÇOS À COMUNIDADE POR PRESTAÇÃO PECUNIÁRIA – NÃO CABIMENTO. (...) Não há se falar em modificação da pena restritiva de prestação de serviços à comunidade por prestação pecuniária, uma vez que a fixação da pena compete ao magistrado, não cabendo ao réu a referida escolha. (TJMG. APR 10390090285268001. Rel. Jaubert Carneiro Jaques. 6ª Câmara Criminal. j. 02.07.2013. v.u.)

Escolha da pena cabe ao juiz, não estando obrigado a aplicar multa – *Habeas Corpus*. 2. Furto qualificado (CP, 155, § 4º, I e IV). Condenação a 1 (um) ano de reclusão. Substituição da pena privativa de liberdade por restritiva de direitos. Decisão devidamente fundamentada. 3. Pedido de substituição por multa. Nas hipóteses a envolver condenação igual ou inferior a 1 (um) ano, a substituição pode ser feita por multa ou por uma pena restritiva de direitos (CP, art. 44, § 2º). O juiz não está obrigado a promover a substituição, necessariamente, por uma pena de multa. 4. Ordem denegada. (STF. HC 98995/RS. Rel. Min. Gilmar Mendes, 2ª T. j. 19.10.2010. v.u.)

Se o apelante restou condenado à pena inferior a 1 (um) ano de reclusão, e estando presentes os demais requisitos previstos no art. 44 do Código Penal para a substituição da pena privativa de liberdade, cabe ao juiz – imbuído em sua discricionariedade e sem necessidade de fundamentação pormenorizada – a escolha da pena substitutiva mais socialmente justa e adequada à espécie, não havendo que se falar em nulidade. (TJDF. APR 20110110676855. Rel. Romão C. Oliveira. 1ª T. Criminal. j. 08.08.2013. v.u.)

A aplicação de pena restritiva em detrimento da multa exige fundamentação pois esta é menos gravosa – Apelação. Artigo 342, § 1º, do CP. Autoria e materialidade bem caracterizadas Pena mínima para a espécie. Regime aberto. Substituição da carcerária por duas restritivas de direitos consistentes em prestação de serviços à comunidade e prestação pecuniária. Ausência de fundamentação. Ofensa ao artigo 93, inciso IX, da CF. Necessária substituição por restritiva de direitos e multa. Réu juridicamente pobre. Isenção do pagamento de custas processuais. Recurso provido em parte. (...)A carcerária foi substituída por duas restritivas de direito, consistentes em prestação de serviços à comunidade e prestação pecuniária. Não houve a necessária fundamentação quanto à substituição desta última em detrimento da multa, porquanto esta se mostra mais benéfica à acusada. Isso viola o artigo 93, inciso IX, da Constituição Federal. (TJSP. APL 00030981620108260366. Rel. Marco Nahum. 1ª Câmara de Direito Criminal. j. 11.03.2013. v.u.)

Circunstâncias judiciais desfavoráveis ensejam substituição por restritiva de direito e não multa – APELAÇÃO CRIMINAL. DIREÇÃO DE VEÍCULO AUTOMOTOR SEM HABILITAÇÃO, GERANDO PERIGO DE DANO. ART. 309, CTB. PENA DE MULTA ALTERNATIVAMENTE PREVISTA NÃO ADEQUADA AO CASO. SUBSTITUIÇÃO DA PENA READEQUADA. As circunstâncias judiciais do art. 59 do Código Penal, parcialmente desfavoráveis ao acusado, indicam que a pena de multa alternativamente prevista é insuficiente para a prevenção e reprovação da prática delitiva. Prestação de serviços à comunidade que, a teor do disposto no art. 46 do Código Penal, somente pode ser aplicada de forma substitutiva nas condenações superiores a seis meses. Pena privativa de liberdade substituída por prestação pecuniária. RECURSO IMPROVIDO. PENA READEQUADA, DE OFÍCIO. (TJRS. Recurso Crime N. 71004422150. Rel. Madgeli Frantz Machado. Turma Recursal Criminal. j. 07.10.2013. v.u.)

Réu tem interesse recursal para pleitear que a pena de prisão não seja substituída – DIREITO PENAL E PROCESSUAL PENAL –

RECURSO POR MEIO DO QUAL PEDE O RÉU A NÃO-SUBSTITUIÇÃO DE SUA PENA DE PRISÃO. INTERESSE E LEGITIMIDADE PARA RECORRER – PROPORCIONALIDADE DA PENA. CONCESSÃO DO SURSIS ESPECIAL – ISENÇÃO DO PAGAMENTO DAS CUSTAS PROCESSUAIS. LEI ESTADUAL 14.939/2003. I – O réu que se diz impossibilitado de cumprir as penas restritivas de direito que lhe foram impostas, em substituição à pena de prisão, tem interesse em recorrer pedindo a manutenção desta última, tendo, também, obviamente, legitimidade para fazê-lo. II – Sendo a pena de prisão desnecessária e a sua substituição inadequada, deve-se conceder ao acusado a suspensão condicional daquela reprimenda (sursis), para que melhor se adéque a sanção penal à proporcionalidade que se lhe impõe observar. (...). (TJMG. Apelação Criminal 1.0453.05.007738-8/001. Rel. Adilson Lamounier. 5ª Câmara Criminal. j. 25.08.2009. v.u.).

Substituição da pena não pode ser concedida em prejuízo ao réu – (...) A substituição da pena privativa de liberdade fixada em regime aberto, sem o estabelecimento de condições especiais, por restritivas de direitos, não pode ser concedida de ofício, porque pode ser inconveniente aos réus. (TJPR. ACR 2857301. Rel. João Kopytowski. 4ª Câmara Criminal. j. 16.09.2005. v.u.)

Inadmissível reconversão da pena alternativa em privativa de liberdade a pedido do réu – Execução penal. Condenação transitada em julgado. Imposição de cumprimento de pena restritiva de direitos. Reconversão da pena consistente em prestação de serviços à comunidade por privativa de liberdade em regime aberto. Inadmissibilidade. Coisa julgada. A fixação de reprimenda, ainda que alternativa, consiste sanção penal, que só será alterada se comprovados motivos justificadores de sua modificação. Inocorrência. Manutenção da pena imposta. Agravo improvido. (TJSP. Agravo de Execução Penal n. 0525101-36.2010.8.26.0000. Rel. Almeida Toledo. 16ª Câmara de Direito Criminal. j. 22.02.2011. v.u.)

Cominadas cumulativamente, em lei especial, penas privativas de liberdade e pecuniária, é proibida a substituição da prisão por multa – PENAL. RECURSO ESPECIAL. ART. 10, CAPUT, DA LEI 9.437/97. SUBSTITUIÇÃO DA PENA PRIVATIVA DE LIBERDADE POR MULTA. CUMULAÇÃO DE PENAS PECUNIÁRIAS. IMPOSSIBILIDADE. SÚMULA N. 171-STJ. Estabelecidas, em lei especial, cumulativamente, penas privativas de liberdade e pecuniárias, vedada é a substituição da primeira pela de multa (Precedentes/Súmula

n. 171-STJ). Recurso especial provido. (STJ. REsp 879289/SP. Rel. Min. Felix Fischer. 5ª T. j. 15.03.2007. v.u.)

Cominadas cumulativamente, em lei especial, penas privativas de liberdade e pecuniária, é proibida a substituição da prisão por prestação pecuniária – Porte ilegal de armas (Lei 9.437/97, art. 10). Cumulação de penas. Substituição da pena privativa de liberdade por prestação pecuniária. Impossibilidade. A cumulação de penas (privativa de liberdade e multa) imposto por lei especial, não permite a substituição da primeira por prestação pecuniária. Incidência da Súmula 171 do Superior Tribunal de Justiça e art. 12 do Código Penal. Precedentes. RHC indeferido. (STF. RHC 84040 SP. Rel. Min. Ellen Gracie. 2ª T. j. 14.04.2004. v.u.)

Cominadas cumulativamente, em lei especial, penas privativas de liberdade e pecuniária, é cabível a substituição da prestação pecuniária – A substituição da pena privativa de liberdade por prestação de serviços à comunidade e prestação pecuniária, quando cominada cumulativamente a pena de multa, em lei especial, não ofende a Súmula 171 do STJ, uma vez que não se confundem, pois possuem natureza jurídica diversa. (TJPR. ACR 4265781 PR 0426578-1. Rel. Noeval de Quadros. 2ª Câmara Criminal. j. 25.09.2008. v.u.)

(...) manutenção da pena de prestação pecuniária de vinte salários-mínimos, tal como estabelecida pelo *decisum*, tendo em vista que o óbice da Súmula n. 171 do egrégio Superior Tribunal de Justiça ("Cominadas cumulativamente, em lei especial, penas privativa de liberdade e pecuniária, é defeso a substituição da prisão por multa") é relativo à própria pena de multa cominada para o crime, e não à pena alternativa de prestação pecuniária (art. 45, § 1º, do Código Penal). (TRF1. ACR 3190 MT 1999.36.00.003190-9. Rel. Assusete Magalhães. 3ª T. j. 20.10.2009. v.u.)

Inadmissível revisão criminal para substituição prevista em lei nova mais benéfica – Revisão criminal – Tráfico de drogas – Regime fechado – Pleito pela alteração do regime de cumprimento de pena para o inicial aberto – Declaração de inconstitucionalidade do § 1º do art. 2º da Lei 8.072/1990, via *incidenter tantum*, pelo STF – Pedido de substituição da reprimenda privativa de liberdade por restritivas de direitos – Impossibilidade de análise através da presente via – Competência do juízo de execução – Súmula 611 do STF – Pleito revisional improcedente. (TJPR. RC 11892421. Rel. Marcus Vinicius de Lacerda Costa. 5ª Câmara Criminal em Composição Integral. j. 05.06.2014. v.u.)

4.5 MULTA SUBSTITUTIVA (ART. 60, § 2°, DO CÓDIGO PENAL)

De acordo com o art. 60, § 2º, "a pena privativa de liberdade aplicada, não superior a seis meses, pode ser substituída pela de multa, observados os critérios dos incisos II e III do art. 44 deste Código". Por seu turno, o art. 44, § 2º, reza que a substituição por multa é possível na condenação igual ou inferior a um ano.

Diante disso, surge a pergunta: teria o art. 44, § 2º, revogado tacitamente o art. 60, § 2º? Existem três posições:

a) O art. 44, § 2º, que é posterior, derrogou o art. 60, § 2º. Ocorreu, portanto, uma ampliação do limite da multa substitutiva, sendo possível, para condenações até um ano, a substituição por multa ou por restritiva de direitos, na forma do art. 44, § 2º. É a posição adotada por Cezar Roberto Bitencourt[26] e Luiz Flavio Gomes[27], entre outros.

b) É possível a composição das duas normas, aplicando-se pena de multa ou restritiva de direitos para condenações não superiores a seis meses, e pena restritiva de direitos para condenações iguais ou superiores a seis meses, mas inferiores a um ano. Nessa linha é o magistério de Nucci: "Deve-se salientar que o art. 60 é especial em relação ao art. 44. Este último cuida da aplicação de penas restritivas de direitos, substancialmente, somente tangenciando a questão relativa à multa. Por outro lado, o art. 60 bem demonstra a sua inserção no capítulo relativo à aplicação da pena: 'critérios especiais da pena de multa'. Ora, se para a fixação da pena pecuniária deve o magistrado levar em consideração *principalmente* a situação econômica do réu e não os demais requisitos comuns às penas privativas de liberdade, é natural supor que o § 2º, tratando da *multa substitutiva*, deva ser considerado, em igualdade de condições, específico para essa possibilidade de substituição. Ademais, seria ilógico conceder, por exemplo, uma pena de multa para um furto simples, cuja pena não ultrapasse um ano, podendo o juiz aplicar, igualmente, apenas uma pena de multa para o furto privilegiado (art. 155, § 2º, CP), quando considerar de pequeno valor a coisa subtraída e primário o autor do crime. Portanto, se a

---

[26] *Penas alternativa: análise político-criminal das alterações da Lei n. 9.714/98*. p. 108.

[27] *Direito penal: parte geral*. v. 2. p. 794.

aplicação exclusiva da pena de multa foi reservada para a melhor das hipóteses de furto privilegiado, tudo leva a crer que a pena pecuniária não é compatível com delitos de sanção superior a seis meses. Parece-nos a melhor exegese a ser extraída do confronto entre os arts. 44, § 2º, e 60, § 2º"[28].

c) É possível a coexistência das duas normas, aplicando-se pena de multa para condenações não superiores a seis meses e pena restritiva de direitos para condenações iguais ou superiores a seis meses, mas inferiores a um ano. Isso porque a substituição prevista no § 2º do art. 60 é mais benéfica do que a substituição estipulada pela primeira parte do atual art. 44, § 2º, pois a pena de multa, ao contrário da restritiva de direitos, não pode ser convertida em pena privativa de liberdade (art. 51 do CP)[29].

Entre os defensores da permanência no ordenamento do art. 60, § 2º, alguns ainda sustentam que, tratando-se de pena não superior a seis meses, é possível a substituição por multa mesmo havendo violência ou grave ameaça, pois o dispositivo faz menção somente aos incisos II e III do art. 44, e não ao inciso I, que trata da violência e grave ameaça. É a posição de Eduardo Roberto Alcântara Del-Campo[30] e Delmanto[31].

Preferimos a primeira posição, segundo a qual o art. 44, § 2º, derrogou o art. 60, § 2º, ampliando o âmbito de incidência da multa substitutiva de seis meses para um ano. Afinal, aquele dispositivo é posterior (*lex posterior derogat priori*) e prevê expressamente que "na condenação igual ou inferior a um ano, a substituição pode ser feita por multa ou por uma pena restritiva de direitos". A redação é bastante clara, não nos parecendo possível interpretá-la restritivamente, nem para excluir a multa substitutiva em condenações superiores a seis meses e inferiores a um ano, nem para excluir as penas restritivas em se tratando de pena inferior a seis meses.

---

28 *Código Penal comentado*. p. 395.

29 Delmanto, Roberto, Delmanto Júnior, Roberto, Delmanto, Fábio Machado de Almeida. Perda de bens e multa substitutiva. *Boletim IBCCRIM*. v. 7, n. 85, p. 10.

30 *Penas Restritivas de Direitos*. p. 11

31 Perda de bens e multa substitutiva. *Boletim IBCCRIM*. v. 7, n. 85, p. 10.

De outra banda, não vemos sentido em possibilitar a multa substitutiva em casos envolvendo violência ou grave ameaça. Primeiramente, vale anotar que os incisos do art. 44, aos quais se referem o art. 60, § 2º, foram alterados pela Lei 9.714/1998. À época, o inciso I, com redação dada pela Lei 7.209/1984, não tratava da vedação da conversão aos casos envolvendo violência ou grave ameaça, mas tão somente estabelecia que a substituição poderia ser levada a efeito quando aplicada pena privativa de liberdade inferior a um ano, ou se o crime fosse culposo. A Lei 9.714/1998 alterou a sistemática das penas substitutivas, ampliando seu âmbito de incidência – de um para quatro anos –, e introduzindo no inciso I a proibição de substituição quando houver violência ou grave ameaça à pessoa. Além disso, não se pode admitir nessas hipóteses a multa substitutiva (mais branda) quando as penas restritivas (mais severas) são vedadas. Numa interpretação sistemática, se não é possível a aplicação de penas restritivas quando houver violência ou grave ameaça, com mais razão não é permitida a substituição por multa.

Jurisprudência

Cabível substituição por multa para condenação até um ano – Apelação. Furto duplamente qualificado. Pedido de absolvição. Impossibilidade. Autoria e materialidade comprovadas. Existência de amplo conjunto probatório, suficiente para sustentar a condenação nos moldes em que proferida. Qualificadora do rompimento de obstáculo bem comprovada. Penas e regime de cumprimento que não comportam alteração. Pena privativa inferior a um ano que importa em substituição por multa ou por uma restritiva de direitos, conforme disposto no art. 44, § 2º do CP, cuja redação atual derrogou em parte o disposto no art. 60, § 2º, que limitava a substituição por multa apenas à pena não superior a seis meses. Recurso defensivo parcialmente provido para substituir por multa a pena privativa de liberdade imposta ao réu. (TJSP. Apelação 0089242-34.2011.8.26.0050. Rel. Sérgio Coelho. 9ª Câmara de Direito Criminal. j. 13.02.2014. v.u.)

Tratando-se de condenação não superior a seis meses, a substituição deve ser por multa – PENAL – FURTO – ABSOLVIÇÃO – IMPOSSIBILIDADE – AUTORIA E MATERIALIDADE COMPROVA-

DAS – CONFISSÃO JUDICIAL – APREENSÃO DA RES FURTIVA EM PODER DO APELANTE – PROVA TESTEMUNHAL – SUBSTITUIÇÃO DA PENA CORPORAL POR PRESTAÇÃO DE SERVIÇOS À COMUNIDADE – IMPOSSIBILIDADE – ALTERAÇÃO PARA PENA DE MULTA – INTELIGÊNCIA DOS ARTS. 44, § 2º, 46 E ART. 60, § 2º, DO CÓDIGO PENAL – RECURSO PARCIALMENTE PROVIDO. – A confissão judicial do apelante, corroborada pela apreensão da *res furtiva* em seu poder e, pela prova testemunhal produzida, são suficientes ao desate condenatório. – Impossível a substituição da pena corporal fixada em quatro meses de detenção por pena de prestação de serviços à comunidade, impondo a alteração da pena de limitação de fim de semana para pena de multa, em conformidade com a regra dos arts. 44, § 2º, art. 46 e art. 60, § 2º, do Código Penal. (...) considerando o *quantum* da reprimenda, forçoso substituí-la por pena de multa, a teor do art. 44, § 2º c/c art. 60, § 2º, do Código Penal. (TJMG. Apelação Criminal 1.0334.06.010416-6/001. Rel. Pedro Vergara. 5ª Câmara Criminal. j. 02.09.2008. v.u.)

Tratando-se de condenação não superior a seis meses, cabível a substituição por multa, ainda que haja violência ou grave ameaça – APLICAÇÃO DA PENA – FUNDAMENTAÇÃO – ANÁLISE SUSCINTA DAS CIRCUNSTÂNCIAS DO ARTIGO 59 DO CP – SUFICIÊNCIA – SUBSTITUIÇÃO DE PENA – CONTRADIÇÃO ENTRE O DISPOSTO NO § 2º DO ART. 60 E DO § 2º DO ART. 44 DO CP – APLICAÇÃO DO § 2º DO ART. 44 DO CP A CRIMES COMETIDOS COM VIOLÊNCIA À PESSOA – IMPOSSIBILIDADE. 1. Não é carente de fundamentação a sentença que analisa sucintamente as circunstâncias do art. 59, ainda mais quando não se vislumbra qualquer excesso na fixação da pena, muito embora seja recomendável o exame atencioso destas, a fim de evitar arguições de ferimento a determinação constitucional de individualização da pena. 2. Há evidente contradição entre as normas dos parágrafos segundo do artigo 60 e do artigo 44, que só podem ser harmonizadas se entendendo que a única aplicação cabível ainda do § 2º do art. 60 do CP é nos casos de crimes cometidos com violência ou grave ameaça à pessoa. Assim, nas penas acima de seis meses, aplicadas a crimes cometidos com violência ou grave ameaça à pessoa não é possível a substituição da pena privativa de liberdade pela pena de multa como também pela restritiva de direitos. (TJPR. Apelação 1425792. Rel. Hirose Zeni. 3ª Câmara Criminal. j. 15.02.2000. v.u.)

4.6 PENAS ALTERNATIVAS A ESTRANGEIROS

Discute-se a possibilidade de aplicação de penas alternativas para estrangeiros. A admissibilidade, em nosso entender, decorre da própria Constituição Federal, bem como de vários tratados internacionais dos quais o Brasil é signatário.

A Constituição Federal, no art. 5º, proclama que "todos são iguais perante a lei, sem distinção de qualquer natureza, garantindo-se aos brasileiros *e aos estrangeiros residentes no País* a inviolabilidade do direito à vida, à liberdade, à igualdade, à segurança e à propriedade" (grifos nossos). Além da Carta Magna, estabelece o Pacto de San José da Costa Rica que os Estados-partes "comprometem-se a respeitar os direitos e liberdades nela reconhecidos e a garantir seu livre e pleno exercício a toda pessoa que esteja sujeita à sua jurisdição, sem discriminação alguma", inclusive quanto à origem nacional (art. 1º, item 1). Também neste sentido, reza o Pacto Internacional sobre Direitos Civis e Políticos de Nova Iorque que é vedada qualquer discriminação quanto à nacionalidade (art. 2º, item 1). As Regras Mínimas das Nações Unidas para a Elaboração de Medidas Não Privativas de Liberdade (Regras de Tóquio) determinam sua aplicação "sem discriminação de raça, cor, sexo, idade, língua, religião, opinião política ou outra, *origem nacional* ou social, fortuna, nascimento ou outra condição" (2.2).

Nesta esteira de entendimento é a lição que Guilherme de Souza Nucci: "é preferível conceder a pena alternativa, quando preenchidos os requisitos do art. 44, ao estrangeiro de passagem pelo país, pois cuida-se de condenação a pena não elevada, por crime menos gravoso, constituindo medida exagerada determinar o seu encarceramento quando, para o brasileiro, em igual situação, seria possível a concessão da pena restritiva de direitos. Se o estrangeiro, beneficiado pela pena alternativa, for expulso ou retirar-se voluntariamente do Brasil, tanto melhor. Trata-se de melhor política criminal permitir que o estrangeiro, autor de crime considerado de menor importância, parta do território nacional do que mantê-lo encarcerado até que cumpra pena de curta duração"[32].

---

32 *Código Penal comentado*. p. 394.

Assevera Luiz Flávio Gomes que não há óbice à concessão de pena substitutiva a estrangeiro, "mas caso haja expulsão depois do fato cometido, deve-se logicamente cumprir a expulsão, não podendo o condenado regressar indevidamente ao Brasil posteriormente"[33].

Jurisprudência

Admissível a substituição da pena para estrangeiro – PENAL E PROCESSO PENAL. *HABEAS CORPUS*. TRÁFICO ILÍCITO DE ENTORPECENTES. LEI 6.368/76, ARTS. 12 E 18, I. SUBSTITUIÇÃO DE PENA PRIVATIVA DE LIBERDADE PORRESTRITIVA DE DIREITOS. REQUISITOS OBJETIVOS E SUBJETIVOS DO ART. 44 DO CÓDIGO PENAL PRESENTES. ESTRANGEIRO. POSSIBILIDADE. ORDEM CONCEDIDA. 1. O Princípio da Isonomia, garantia pétrea constitucional extensível aos estrangeiros, impede que o condenado não nacional pelo crime de tráfico ilícito de entorpecentes seja privado da concessão do benefício da substituição da pena privativa por restritiva de direitos quando atende aos requisitos objetivos e subjetivos do art. 44 do Código Penal (...)". (STF. HC 103311/PR. Rel. Min. Luiz Fux. 1ª T. j. 07.06.2011. v.u.)

Admissível a substituição da pena para estrangeiro em situação irregular no país – CRIMINAL. *HABEAS CORPUS*. TENTATIVA DE FURTO QUALIFICADO. DOSIMETRIA. DECRETO CONDENATÓRIO TRANSITADO EM JULGADO. IMPETRAÇÃO QUE DEVE SER COMPREENDIDA DENTRO DOS LIMITES RECURSAIS. PENA NO MÍNIMO LEGAL. ESTRANGEIRO EM SITUAÇÃO IRREGULAR DO PAÍS. INEXISTÊNCIA DE DECRETO DE EXTRADIÇÃO. REGIME ABERTO. SUBSTITUIÇÃO DA PENA CORPORAL POR RESTRITIVA DE DIREITOS. POSSIBILIDADE. FLAGRANTE ILEGALIDADE EVIDENCIADA. ORDEM CONCEDIDA. (...) V. Estrangeiro contra o qual não há sequer notícia da existência de processo de expulsão, não se vislumbrando qualquer óbice à imposição do regime aberto, assim como à substituição da pena corporal por restritiva de direitos, sendo-lhe imposto 1 ano de reclusão, com pena base fixada no piso legal por terem sido consideras como favoráveis todas as circunstâncias judiciais, em que pese esse permanecer em situação irregular no

[33] *Direito penal: parte geral*. vol. 2. p. 792.

país. VI. Demonstrada a sua aptidão para o exercício de trabalho lícito, através do qual possa garantir a sua subsistência, ainda que na informalidade, o direito ao regime aberto deve ser reconhecido, notadamente por não ser admissível tratamento mais rigoroso a estrangeiro em relação ao dado a nacional, em atendimento ao princípio constitucional da isonomia (Precedentes). VII. Deve ser cassado o acórdão *a quo*, restabelecendo a decisão exarada pelo Juízo de Direito da 8ª Vara Criminal de São Paulo, que estabeleceu o regime aberto para o desconto da pena corporal e a converteu em pena restritiva de direitos. VIII. Ordem concedida, nos termos do voto do Relator. (STJ. HC 222290/SP. Rel. Min. Gilson Dipp. 5ª T. j. 06.03.2012. v.u.)

Incabível a substituição da pena para estrangeiro em situação irregular no país – Política criminal. Pena de prisão (limitação aos casos de reconhecida necessidade). Entorpecente (tráfico internacional). Estrangeiro não-residente no país (caso). Art. 44 do Cód. Penal (não-aplicação). Substituição da pena (impossibilidade). 1. A norma penal prevê a possibilidade de se aplicarem sanções outras que não a pena privativa de liberdade para crimes de pequena e média gravidade, como meio eficaz de combater a crescente ação criminógena do cárcere. 2. A disciplina da Lei 8.072/90 e o disposto no Cód. Penal (art. 44) não são incompatíveis. 3. Tratando-se de condenado de nacionalidade outra, certamente tal não impede a substituição da pena privativa de liberdade por restritiva de direitos, porquanto brasileiros e estrangeiros são iguais perante a lei di-lo a Constituição, pressupondo-se, porém, quanto aos estrangeiros, a regular residência no país. 4. Caso, todavia, a envolver sentenciado que não tem residência no Brasil, não lhe sendo também de todo favoráveis as circunstâncias judiciais, o que impossibilita a substituição da pena privativa de liberdade. 5. Recurso especial ao qual se negou provimento". (STJ. REsp 908384/SP. Rel. Min. Nilson Naves. 6ª T. j. 04.10.2007. v.u.)

Cabível a substituição para estrangeiro sem residência no país – *Habeas corpus*. 2. Tráfico internacional de entorpecentes. Substituição da pena privativa de liberdade por restritiva de direitos e fixação de regime aberto. 3. Estrangeiro não residente no país. Possibilidade. 4. Regime inicial de cumprimento de pena. 5. Prejuízo. 6. Ordem parcialmente conhecida e, nessa parte, deferida para confirmar a liminar anteriormente concedida, considerada a possibilidade de exame da substituição da pena, afastando-se a situação de ser a paciente estrangeira sem residência fixa no Brasil. (...) A condição jurídica de não nacional no Brasil e a circunstância de o réu estrangeiro não possuir domicílio em nosso País não legitimam a adoção, contra tal acusado, de qualquer tratamento arbitrário ou discriminatório. (STF. HC 111051 DF. Rel. Min. Gilmar Mendes. 2ª T. j. 08.05.2012. v.u.)

Incabível a substituição para estrangeiro sem residência no país – Réu estrangeiro sem residência no país (caso). Substituição da pena (impossibilidade). 1. Não se aplica a substituição da pena ao réu estrangeiro que não possui residência no país. No caso, inviável a concessão do benefício, porquanto o paciente reside no Paraguai. 2. Agravo regimental improvido. (STJ. AgRg no HC 78862/PR. Rel. Min. Nilson Naves. 6ª T. j. 29.11.2007. v.u.)

4.7 PRESCRIÇÃO

A prescrição das penas restritivas de direitos segue a regra geral do Código Penal (art. 107 e seguintes). Estabelece o § único do art. 109 que "aplicam-se às penas restritivas de direito os mesmos prazos previstos para as privativas de liberdade".

Assim, a pena restritiva de direitos prescreve no mesmo prazo em que prescreveria a pena privativa de liberdade que ela substituiu. Se o indivíduo, por exemplo, é condenado a dois anos de reclusão, substituída esta por prestação pecuniária, pela pena *in concreto* infere-se o lapso prescricional, que será de quatro anos.

Para corrente minoritária, a prestação pecuniária e a perda de bens e valores têm prazo prescricional de dois anos, aplicando-se analogicamente o art. 114 do CP. Isso porque tais penas teriam caráter mais civil que penal, além de não terem conotação temporal, pois devidas a partir do trânsito em julgado da condenação[34].

Nos termos do art. 117, V, do Código Penal, o curso da prescrição em relação à pretensão executória da pena é interrompido pelo início do cumprimento da pena. Entre as penas substitutivas previstas no Código Penal, isso ocorre da seguinte forma:

[34] Betanho, Luiz Carlos. A prescrição retroativa na pena restritiva de direitos. *Boletim IBCCRIM.* v.12, n.143, p. 6.

a) *prestação de serviços à comunidade e limitação de fim de semana* – têm início, interrompendo-se a prescrição, na data do primeiro comparecimento do condenado ao local designado (art. 149, § 2º e 151, § 1º, da LEP);

b) *interdições de direitos* – a proibição do exercício de cargo, função ou atividade pública, bem como de mandato eletivo, têm início quando a autoridade competente baixa ato para impedir que o condenado continue exercendo a atividade (art. 154, § 1º, da LEP). Já a proibição do exercício de profissão, atividade ou ofício que dependam de habilitação especial, de licença ou autorização do Poder Público, e a suspensão de autorização ou de habilitação para dirigir veículo, iniciam-se com a apreensão dos documentos que autorizam o exercício do direito interditado (art. 154, § 2º, da LEP). A proibição de frequentar lugares e a proibição de inscrever-se em concurso, avaliação ou exames públicos, como pressupõem uma atuação negativa por parte do condenado, ou seja, um não fazer, iniciam-se com a intimação pessoal do condenado para que ele comece a evitar os tais lugares ou deixe de realizar a inscrição, interrompendo-se então o curso da prescrição.

c) *prestação pecuniária e perda de bens e valores* – a interrupção da prescrição verifica-se com o efetivo pagamento ou entrega do bem.

d) *prestação inominada* – coincide com o dia em que o condenado dá início ao cumprimento da obrigação avençada, aplicando-se o art. 154, § 1º, da LEP, por analogia.

Há precedentes no sentido de que o início do cumprimento da pena substitutiva antes do trânsito em julgado da condenação não é causa interruptiva da prescrição (vide jurisprudência infra).

Jurisprudência

Termo inicial da prescrição da prestação de serviços ocorre com o efetivo cumprimento – *HABEAS CORPUS* SUBSTITUTIVO AO RECURSO ESPECIAL. DESCABIMENTO. EXECUÇÃO DA PENA RESTRITIVA DE DIREITOS. PRESCRIÇÃO DA PRETENSÃO EXECUTÓRIA. RETIRADA DE OFÍCIO DE ENCAMINHAMENTO PARA O CUMPRIMENTO DA PENA ALTERNATIVA. INTERRUPÇÃO. INADMISSIBILIDADE. TERMO INICIAL. EFETIVO INÍCIO

DO CUMPRIMENTO DA PENA. TRÂNSITO EM JULGADO PARA A ACUSAÇÃO. OCORRÊNCIA DA PRESCRIÇÃO. CONSTRANGIMENTO ILEGAL CONFIGURADO. EXTINÇÃO DA PUNIBILIDADE. (...) 2. Tem-se como marco interruptivo do lapso prescricional o efetivo início do cumprimento da pena alternativa, malgrado o paciente tenha retirado o ofício de encaminhamento à Central de Penas Alternativas. (...) pacífica é a Jurisprudência desta Corte, no sentido de que o comparecimento do sentenciado para a retirada do ofício de encaminhamento à entidade para prestação de serviços à comunidade ou, como no caso, à Central de Penas Alternativas, não representa um marco interruptivo do lapso prescricional. (STJ. HC 263093 SP . Rel. Min. Moura Ribeiro. 5ª T. j. 17.12.2013. v.u.)

Termo inicial da prescrição da prestação de serviços ocorre com a retirada do ofício para cumprimento – *HABEAS CORPUS*. EXECUÇÃO DA PENA RESTRITIVA DE DIREITOS. PRESCRIÇÃO DA PRETENSÃO EXECUTÓRIA. INTERRUPÇÃO. TERMO INICIAL. RETIRADA DE OFÍCIO DE ENCAMINHAMENTO PARA O CUMPRIMENTO DA PENA ALTERNATIVA. REEDUCANDO QUE SE FURTA À APLICAÇÃO DA LEI PENAL. (...) 2. *Nemo auditur propriam turpitudinem*. Embora a jurisprudência desta Corte seja pacífica na compreensão de que a retirada de ofício de encaminhamento à Central de Penas Alternativas não configure marco interruptivo do prazo prescricional, por se tratar de procedimento meramente administrativo, persistir nesse entendimento acaba por beneficiar o reeducando por sua própria torpeza, favorecendo-o por ter se furtado sistematicamente à aplicação da lei penal, mesmo tendo sido plenamente informado das providências a serem tomadas após a retirada do citado ofício. 3. *Habeas corpus* não conhecido, recomendando-se ao Juízo das Execuções Penais que tome as medidas necessárias para efetivar a condenação, observando-se a regra do art. 44, § 4º, do Código Penal. (STJ. HC 225342 SP. Rel. Min. Moura Ribeiro. 5ª T. j. 25.02.2014. v.u.)

Termo inicial da prestação de serviços à comunidade se dá com o primeiro comparecimento à entidade, ainda que o sentenciado seja dispensado – O simples comparecimento do apenado perante a instituição assistencial designada pelo Juízo da Execução Penal é suficiente para caracterizar o início do cumprimento da pena restritiva de direitos de prestação de serviços à comunidade, ainda que dispensado no mesmo dia, logo após a apresentação, por não se enquadrar ao perfil exigido. Inteligência do art. 149, § 2º da LEP. Não cabe ao intérprete restringir a aplicação de um dispositivo legal se não evidenciado eventual excesso descomedido por parte do legislador, notadamente quando a norma não traz qualquer excepcionalidade. (STJ. HC 108.007/SP. Rel. Min. Jane Silva. 6ª T. j. 25.09.2008. v.u.)

Pedido de parcelamento de prestação pecuniária não configura termo inicial do lapso prescricional – EXECUÇÃO PENAL. *HABEAS CORPUS*. ART. 306 DO CTB. DIRIGIR SOB A INFLUÊNCIA DE ÁLCOOL. CONVERSÃO DA PENA PRIVATIVA DE LIBERDADE EM RESTRITIVA DE DIREITOS. INTERRUPÇÃO DA PRESCRIÇÃO EXECUTÓRIA. EFETIVO PAGAMENTO DA PRESTAÇÃO PECUNIÁRIA. PRECEDENTES DO STJ. ORDEM CONCEDIDA. 1. Substituída a pena carcerária por prestação pecuniária, a mera solicitação do paciente para o parcelamento do valor devido não configura início do cumprimento da pena, não podendo ser considerado março interruptivo do prazo prescricional da pretensão executória. Precedentes do STJ. 2. Ordem concedida para declarar extinta a punibilidade relativa ao delito ao qual o paciente foi condenado no Processo-crime 0354/00, da Primeira Vara Criminal da Comarca de Caieiras/SP, em razão da prescrição da pretensão executória. (...) O Juízo local e o Pretório bandeirante, por outro lado, entendem que houve a interrupção da prescrição, quando o condenado solicitou o parcelamento. (...) Ocorre que tal não se pode concluir como sendo "início do cumprimento da pena", que, por óbvio, só acontece com o efetivo pagamento. Ora, é dever do Estado promover a execução das suas decisões. Se, por diversas vezes, foram frustradas as tentativas de compelir o condenado a cumprir a restritiva de direitos, era o caso de tê-la convertido em privativa de liberdade, consoante determina o art. 44, 4º, do Código Penal, o que, todavia, não foi feito. (STJ. HC 141164 SP. Rel. Min. Arnaldo Esteves Lima. 5ª T. j. 09.02.2010. v.u.)

Habeas Corpus – Execução Penal – Pena Privativa de liberdade substituída por pena restritiva de direitos, consistente em prestação pecuniária – Não cumprimento pela paciente – Conversão da pena restritiva de direitos em privativa de liberdade com a expedição de mandado de prisão – Juízo que considerou interrompido o lapso prescricional da pretensão executória com o simples comparecimento da paciente em Cartório do Juízo, para requerer o parcelamento da prestação pecuniária – Incabimento – O início do cumprimento da pena deve coincidir com o primeiro dia de efetivo pagamento da prestação pecuniária – Aplicação do art. 117, inc. V, do CP – Simples comparecimento em Cartório para requerer parcelamento não tem essa eficácia. *Habeas Corpus* concedido para o fim de cassar a decisão objurgada e reconhecer a prescrição da pretensão executória, declarada extinta a punibilidade a da paciente. (TJSP. HC 10031607201282600000. Rel. Moreira da Silva. 8ª Câmara de Direito Criminal. j. 13.09.2012. v.u.)

Descumprimento da pena alternativa não enseja automaticamente início do lapso prescricional – *AGRAVO EM EXECUÇÃO. PRESCRIÇÃO DA PRETENSÃO EXECUTORIA DO ESTADO. PENAS RESTRITIVAS DE DIREITOS CONVERTIDAS EM PENA PRIVATIVA DE LIBERDADE.* Reconhecido ser indispensável a intimação do acusado para realização da audiência de justificação e sendo necessária a sua localização para tanto, não pode estar correndo o prazo prescricional. Revogada a decisão que decretou extinta a punibilidade do réu pela prescrição. Agravo do Ministério Público provido. (...) Se a pena restritiva de direitos, para que possa ser revogada, depende de uma série de procedimentos, a prescrição não pode ser contada a partir do momento em que a restritiva deixou de ser cumprida, como se fosse uma *fuga*. Afinal, de regra tem sido afirmado que é indispensável encontrar o condenado, intimá-lo para que venha à audiência, oportunizar defesa, realizar a audiência de justificação. E tudo isto pode ser demorado, ainda mais quando é necessário procurá-lo. Se tudo isto é necessário, e considerado indispensável, não pode estar correndo o prazo prescricional. Diferente seria se, pelo simples fato de deixar de ser cumprida a restritiva, fosse permitido, de imediato, operar a conversão. (TJRS. Agravo em Execução. Rel. Ivan Leomar Bruxel. 5ª Câmara Criminal. j. 14.11.2012)

Prestação pecuniária prescreve no mesmo lapso da pena privativa de liberdade – A pena restritiva de direitos é de natureza jurídica distinta da pena de multa. Inaplicabilidade, portanto, do inciso I do art. 114 do CP. Disposição legal que estabelece, de modo particularizado, o prazo prescricional de 2 (dois) anos para a pena de multa, quando essa multa 'for a única cominada ou aplicada'. O que, à evidência, não é o caso dos autos. (STF. HC 92224/SP. Rel. Min. Carlos Britto. 1ª T. j. 20.11.2007. v.u.)

PENAL. *HABEAS CORPUS* SUBSTITUTIVO DE RECURSO ORDINÁRIO. ART. 155, § º, INCISOS III E IV, DO CÓDIGO PENAL. PENA RESTRITIVA DE DIREITO. MULTA. PRESCRIÇÃO DA PRETENSÃO EXECUTÓRIA. I – A pena de multa e prestação pecuniária, modalidade de pena restritiva de direitos, possuem naturezas jurídicas distintas. II – As penas restritivas de direitos prescrevem no mesmo prazo em que prescreveria a pena privativa de liberdade que elas substituíram. III – Nos termos do art. 115 do CP, são reduzidos pela metade os prazos prescricionais quando o réu era, ao tempo do crime, menor de 21 (vinte e um) anos. IV – A r. sentença condenou o ora paciente à pena de 02 (dois) anos de reclusão, afora multa, a qual foi substituída por pena restritiva de direitos, consistente em pagamento de cestas básicas. O último pagamento de cesta básica registrado foi em 28.10.2003. Daí em diante não se registrou outra causa interruptiva da prescrição. Logo, pela pena in concreto, o lapso prescricional é de 04 (quatro) anos, reduzido pela metade em razão da menoridade do paciente ao tempo do crime. Portanto, *in casu*, extinta está a punibilidade pela prescrição da pretensão executória, *ex vi* arts. 107, inciso IV, 109, inciso V, 112, inciso II, e 115, todos do Código Penal. Ordem concedida. (STJ. HC 74872/SP. Rel. Min. Felix Fischer. 5ª T. j. 25.10.2007. v.u.)

Prestação pecuniária prescreve no mesmo prazo da multa, em dois anos – "A pena restritiva de direitos prevista no inciso I do art. 43 do CP [prestação pecuniária] tem caráter pecuniário e, sendo assim, seu prazo prescricional é de 2 (dois) anos, nos termos do art. 114 do CP". (TACRIM/SP – Ap. 1368873-0 – 3ª C. – rel. Carlos Bueno – 04.11.2003 – v.u.)

Início do cumprimento da pena substitutiva antes do trânsito em julgado da condenação não é causa interruptiva da prescrição – EXECUÇÃO PENAL. AGRAVO REGIMENTAL NO RECURSO ESPECIAL. PENAS RESTRITIVAS DE DIREITOS. CUMPRIMENTO ANTES DO TRÂNSITO EM JULGADO DA CONDENAÇÃO. IMPOSSIBILIDADE DE APLICAÇÃO DO ART. 117, V, DO CP. RECONHECIMENTO DA PRESCRIÇÃO DA PRETENSÃO PUNITIVA DO ESTADO PELO DECURSO DO PRAZO. AGRAVO IMPROVIDO. 1. Impossibilidade de aplicação do art. 117, V, do CP quando a execução da pena restritiva de direitos se inicia antes do trânsito em julgado da condenação, em desrespeito ao disposto no art. 147 da LEP, uma vez que tal ato consistiria em segunda violação ao direito posto. 2. Reconhecimento da prescrição da pretensão punitiva, pelo decurso de prazo superior a 4 anos entre a publicação da sentença (4/9/01) e o trânsito em julgado da condenação (24/10/05), nos termos dos arts. 109, V, 110, § 1º, e 117 do CP. 3. Agravo regimental improvido. (STJ. AgRg no REsp 846494 RS 2006/0111374-1. Rel. Min. Arnaldo Esteves Lima. 5ª T. j. 15.05.2010. v.u.)

Abandonado o cumprimento da pena restritiva, deve-se descontar o período cumprido para cálculo do lapso prescricional – *HABEAS CORPUS*. EXECUÇÃO PENAL. PENA PRIVATIVA DE LIBERDADE SUBSTITUÍDA POR MEDIDA RESTRITIVA DE DIREITOS. PRESTAÇÃO DE SERVIÇOS À COMUNIDADE. ABANDONO. RECONHECIMENTO DA PRESCRIÇÃO DA PENA QUE RESTA A SER

CUMPRIDA. ARTIGO 113 DO CÓDIGO PENAL. ANALOGIA. ORDEM CONCEDIDA. 1 – Se o condenado foragido ou que tem o livramento condicional revogado tem direito à contagem do prazo prescricional descontado o período efetivamente cumprido da pena, com muito mais razão aquele que simplesmente abandona o cumprimento da pena restritiva de direitos antes de seu término. 2 – *Habeas corpus* concedido para reconhecer a prescrição da pretensão executória. (STJ. HC 101255 SP 2008/0046734-8. Rel. Min. Haroldo Rodrigues. 6ª T. j. 10.11.2009. v.u.)

Fixadas duas penas alternativas, a interrupção do lapso prescricional em relação a uma se estende à outra – AGRAVO EM EXECUÇÃO. RECURSO MINISTERIAL. PRESCRIÇÃO DA PRETENSÃO EXECUTÓRIA DA PENA DE PRESTAÇÃO PECUNIÁRIA DECLARADA EM PRIMEIRA INSTÂNCIA. INOCORRÊNCIA. PENA PRIVATIVA DE LIBERDADE SUBSTITUÍDA POR DUAS RESTRITIVAS DE DIREITOS. INÍCIO DE CUMPRIMENTO DE UMA DAS PENAS SUBSTITUTIVAS. INTERRUPÇÃO DO PRAZO PRESCRICIONAL PARA AMBAS AS PENAS RESTRITIVAS. LAPSO TEMPORAL DE 02 (DOIS) ANOS NÃO TRANSCORRIDO DESDE A INTERRUPÇÃO DA EXECUÇÃO. RECURSO PROVIDO. – Nos casos em que duas penas restritivas de direitos substituem uma privativa de liberdade, o início de cumprimento de uma das reprimendas substitutivas interrompe a contagem do prazo prescricional para ambas, ainda que não o apenado não tenha adimplido a outra. – Não há que se falar em extinção da punibilidade se não transcorrido o prazo de 02 (dois) anos, aplicável ao caso em questão, desde a última causa interruptiva do curso da prescrição. (TJMG. AGEPN 10024110903531001. Rel. Nelson Missias de Morais. 2ª Câmara Criminal. j. 03.04.2014. v.u.)

Audiência admonitória não interrompe o lapso prescricional de pena restritiva – *HABEAS CORPUS* – PENAL E PROCESSO PENAL – MOEDA FALSA – PENA PRIVATIVA DE LIBERDADE SUBSTITUÍDA POR PENA RESTRITIVA DE DIREITOS – AUDIÊNCIA ADMONITÓRIA – INTERRUPÇÃO DA PRESCRIÇÃO – HIPÓTESE NÃO CONTEMPLADA NA LEI – LEITURA AMPLIATIVA DO art. 117 DO CPB – NORMA EXCEPCIONAL – IMPOSSIBILIDADE – ORDEM CONCEDIDA. (...) Conforme corretamente apontou o representante do "Parquet" nesta Corte: (...) As hipóteses de interrupção da prescrição estão taxativamente previstas nos incisos do art. 117 do CP, onde não se inclui a audiência admonitória. Sendo assim, não se pode atribuir à essa audiência a natureza de causa interruptiva da prescrição por patente violação ao princípio da legalidade. Ademais, o Superior Tribunal de Justiça entende que a audiência admonitória interrompe a prescrição somente quando se refere à concessão do *sursis*, não tendo o mesmo efeito quando realizada para a fixação das regras para o cumprimento das penas restritivas de direitos (...). (TRF3. HC 49838 SP . Rel. Helio Nogueira. 5ª T. j. 16.03.2009. v.u.)

4.8 EXECUÇÃO (REGRAS GERAIS)

4.8.1 Início da execução

Segundo o art. 147 da LEP, "transitada em julgado a sentença que aplicou a pena restritiva de direitos, o Juiz da execução, de ofício ou a requerimento do Ministério Público, promoverá a execução, podendo, para tanto, requisitar, quando necessário, a colaboração de entidades públicas ou solicitá-la a particulares".

Ocorrendo o trânsito em julgado da decisão que impôs a pena restritiva de direitos, deverá ser expedida guia de recolhimento, também denominada carta de guia, a qual será encaminhada ao juízo da execução.

Embora o dispositivo mencione poder o magistrado *requisitar* (exigir legalmente) a colaboração de entidades públicas ou *solicitá-la* (pedir, pleitear) a entidades particulares, tal referência se aplica, essencialmente, à pena de prestação de serviços à comunidade. As demais, em regra, prescindem da participação de entes públicos ou de particulares. Mesmo em relação à prestação de serviços à comunidade, é essencial haver estrutura, organização e *boa vontade*. De nada adianta o juiz da execução penal requisitar auxílio de organismos públicos despreparados ou solicitar a particulares, que possam atuar a contragosto. O engajamento do Estado e da comunidade no cumprimento da pena é fundamental para consagrar a meta de ressocialização do condenado[35].

---

35 Nucci. *Leis penais e processuais penais comentadas*. v.2. p. 332.

É oportuno lembrar que, na execução das penas restritivas de direitos, o poder disciplinar é exercido pela autoridade administrativa a que estiver sujeito o sentenciado (art. 48 da LEP). Algumas penas restritivas de direitos podem ser cumpridas em lugares públicos, administrados ou fiscalizados por agentes do Estado. Assim, esses têm o poder de apurar as faltas e aplicar as sanções, sem prejuízo de outras medidas graves, dependentes da intervenção do juiz, como, por exemplo, a reconversão da pena restritiva de direitos em privativa de liberdade[36].

Voltaremos a tratar do início da execução das penas alternativas ao examinarmos individualmente cada uma das espécies.

Jurisprudência

Guia de recolhimento deve ser expedida somente após o trânsito em julgado – *HABEAS CORPUS* PREVENTIVO. DISPENSA ILEGAL DE LICITAÇÃO (ART.89 DA LEI 8.666/93). PACIENTE QUE RESPONDEU AO PROCESSO EM LIBERDADE. SENTENÇA CONDENATÓRIA CONFIRMADA EM SEGUNDO GRAU. PENA: 3 ANOS E 6 MESES DE DETENÇÃO, SUBSTITUÍDA POR RESTRITIVA DE DIREITO. EXPEDIÇÃO DE GUIA DE RECOLHIMENTO PROVISÓRIO. IMPOSSIBILIDADE. INADMISSIBILIDADE DA EXECUÇÃO DA PENA ANTES DO TRÂNSITO EM JULGADO DA CONDENAÇÃO. ART. 147 DA LEP. PARECER MINISTERIAL PELA DENEGAÇÃO DA ORDEM. ORDEM CONCEDIDA, NO ENTANTO, COM A RESSALVA DO ENTENDIMENTO EM CONTRÁRIO DO RELATOR, PARA DETERMINAR A SUSPENSÃO DE EVENTUAL EXECUÇÃO DA PENA RESTRITIVA DE DIREITOS, ATÉ QUE TRANSITE EM JULGADO A DECISÃO CONDENATÓRIA. (...) 2. Entretanto, este Tribunal e o Pretório Excelso já firmaram o entendimento de ser expressamente vedada a execução provisória de pena restritiva de direitos, o que deve ocorrer apenas após o trânsito em julgado da decisão condenatória, nos termos do art. 147 da Lei 7.210/84 (LEP). (STJ – HC 89.504/SP, Rel. Min. JANE SILVA, *DJU* 18.12.07 e STF – HC 88.413/MG, Rel. Min. CEZAR PELUSO, DJU 23.05.06), orientação a ser seguida com a

[36] *Leis penais e processuais penais comentadas*. v. 2. p. 223.

ressalva do ponto de vista do Relator. 3. Parecer do MPF pela denegação da ordem. 4. Ordem concedida, com a ressalva do entendimento em contrário do Relator, para determinar a suspensão de eventual execução da pena restritiva de direitos imposta ao paciente, até que transite em julgado a decisão condenatória. (STJ. HC 139465 SP 2009/0116728-4. Rel. Min. Napoleão Nunes Maia Filho. 5ª T. j. 05.11.2009. v.u.)

Competência para fiscalização do cumprimento de pena restritiva é do juízo do domicílio do condenado – EXECUÇÃO PENAL. CONFLITO NEGATIVO DE COMPETÊNCIA. JUÍZO FEDERAL (DA CONDENAÇÃO) X JUÍZO ESTADUAL (DOMICÍLIO DO CONDENADO). PENA RESTRITIVA DE DIREITOS. FISCALIZAÇÃO DO CUMPRIMENTO DA PENA: JUÍZO DEPRECADO. 1. Segundo o atual entendimento desta Corte, os propósitos da Lei de Execução Penal são atendidos com a expedição de carta precatória pelo juízo da condenação para o do domicílio do apenado a fim de que nesta última localidade seja empreendida a fiscalização do cumprimento de pena restritiva de direitos. (...). (STJ. CC 115754 SP 2011/0023877-8. Rel. Min. Maria Thereza de Assis Moura. 3ª Seção. j. 14.03.2001. v.u.)

Deprecada a fiscalização do cumprimento de pena restritiva, a competência é da Vara das Execuções Criminais – CONFLITO DE COMPETÊNCIA CRIME – PENA PRIVATIVA DE LIBERDADE SUBSTITUÍDA POR RESTRITIVA DE DIREITOS – REGIME ABERTO – AUDIÊNCIA ADMONITÓRIA E FISCALIZAÇÃO DO CUMPRIMENTO DA PENA DE PRESTAÇÃO DE SERVIÇO A COMUNIDADE – COMPETÊNCIA DA VARA DEEXECUÇÕES PENAIS – VARA ESPECIALIZADA – RECURSO PROCEDENTE. I. "Existindo Juízo especializado na matéria, este possui melhores condições de acompanhar, de maneira hábil, a execução das penas a serem cumpridas em regime aberto, bem como as penas restritivas de direito, visto possuírem quadro funcional experiente além de um melhor sistema de fiscalização". (TJPR. CC 4992943. Rel. Lidio José Rotoli de Macedo. 2ª Câmara Criminal em Composição Integral. j. 04.12.2008. v.u.)

CONFLITO DE COMPETÊNCIA. RÉU CONDENADO A PENA DEFINITIVA DE 03 (TRÊS) ANOS E 06 (SEIS) MESES DE RECLUSÃO. APLICAÇÃO DO SURSIS DA PENA. DESCUMPRIMENTO. REVOGAÇÃO DO BENEFÍCIO. AUDIÊNCIA ADMONITÓRIA E FISCALIZAÇÃO DO CUMPRIMENTO DA PENA EM REGIME ABERTO – COMPETÊNCIA DA VARA DE EXECUÇÕES PENAIS – VARA

ESPECIALIZADA – UNANIMEMENTE DEU-SE PROVIMENTO AO CONFLITO SUSCITADO PARA DECLARAR COMPETENTE O JUÍZO DA 3ª VARA REGIONAL DE EXECUÇÃO PENAL/PE. 1. Existindo Juízo de Direito da Vara de Execuções Penais, este possui melhores condições de acompanhar, de maneira hábil, a execução das penas a serem cumpridas em regime aberto, semiaberto ou fechado, bem como as penas restritivas de direito. Precedentes. (TJPE. CJ 3539197. Rel. Marco Antonio Cabral Maggi. 4ª Câmara Criminal. j. 21.10.2014. v.u.)

É do Juízo Comum, e não do Juizado especial, a competência para execução das penas restritivas de direito – CONFLITO NEGATIVO DE COMPETÊNCIA. PENA RESTRITIVA DE DIREITOS. EXECUÇÃO. COMPETÊNCIA DO JUÍZO DAS EXECUÇÕES. 1. De acordo com o entendimento desta Corte, é do Juízo Comum a competência para a execução das penas restritivas de direito, privativas de liberdade e multa, quando aplicada cumulativamente com aquelas, conforme a exegese do art. 86 da Lei 9.099/95. Reservada a competência do Juizado especial à pena de multa quando aplicada isoladamente. (...) (STJ. CC 97080/MG. Rel. Min. Og Fernandes. 3ª Seção. j. 29.10.2008. v.u.)

É do Juizado Especial a competência para execução dos próprios julgados – Execução de pena restritiva de direitos consistente na prestação de serviços à comunidade, aplicada no âmbito do Juizado Especial Criminal – Remessa dos autos à Vara das Execuções Criminais para execução da pena – Impossibilidade – Inteligência dos artigos 1o e 60 da Lei 9.099/95 e do Provimento n. 806/2003 do E. Conselho Superior da Magistratura – Compete aos Juizados Especiais Criminais a execução de seus próprios julgados – Conflito procedente – Competência do Juízo suscitado. TJSP. CJ 1665710700. Rel. Martins Pinto. Câmara Especial. j. 09.12.2008. v.u.)

Juiz da execução é competente para realização de audiência admonitória – CONFLITO NEGATIVO DE JURISDIÇÃO – PENA PRIVATIVA DE LIBERDADE CONVERTIDA EM RESTRITIVAS DE DIREITO – CONDIÇÕES A SEREM IMPOSTAS – AUDIÊNCIA ADMONITÓRIA – COMPETÊNCIA DO JUÍZO DA EXECUÇÃO. Compete ao juízo da execução designar audiência admonitória para estabelecer as condições do cumprimento das penas restritivas de direito impostas ao sentenciado, conforme preleciona o art. 66, inciso V, alínea a, e art. 147 da Lei de Execução Penal. (TJMG. CJ 10000130564453000. Rel. Amauri Pinto Ferreira. 7ª Câmara Criminal. j. 19.09.2013. v.u.)

Juiz da condenação é competente para realização de audiência admonitória – *Habeas corpus* – Condenação convertida em prestação de serviços à comunidade – Audiência admonitória sem a presença do sentenciado – Reconversão da pena em privação da liberdade em regime aberto – Alegação de incompetência – Inconsistência – Denegação da ordem. (...) o juiz da condenação, no interesse da celeridade da justiça, tem a atribuição de realizar todas as audiências de advertência, implicando sursis, regime aberto e também penas alternativas. A ele confiou-se, igualmente, a intimação inicial para o pagamento da multa. Os juízos de execução penal aguardam tais providências e não recebem o feito antes que tenham sido realizadas. (TJSP. HC 0063263-26.2011.8.26.0000. Rel. Souza Nucci. 16ª Câmara de Direito Privado. j. 09.08.2011. v.u.)

CONFLITO NEGATIVO DE JURISDIÇÃO – COMPETÊNCIA PARA PRESIDIR A REALIZAÇÃO DA AUDIÊNCIA ADMONITÓRIA – COMPETÊNCIA DO JUÍZO SENTENCIANTE. Sendo fixado ao sentenciado, para início de cumprimento da pena corporal, o regime aberto, cabe ao Juiz que proferiu a condenação realizar audiência admonitória. (TJMG. CJ 10000064353790000l. Rel. Pedro Vergara. j. 28.08.2007)

4.8.2 Execução provisória

Execução provisória, em linhas simples, significa o cumprimento da sanção imposta, antes do trânsito em julgado da sentença condenatória.

No tocante às penas restritivas de direitos, entendemos pela inadmissibilidade da execução provisória, diante do inc. LVII do art. 5º da CF, consagrador do princípio da presunção de inocência ("ninguém será considerado culpado até o trânsito em julgado de sentença penal condenatória") e do art. 147 da LEP, que exige o trânsito em julgado da sentença para execução das penas restritivas de direitos. Essa, aliás, é a posição atualmente adotada pelo STF e pelo STJ (conforme jurisprudência abaixo).

Convém apontar a existência de posição diversa, hoje minoritária, sustentando a possibilidade de execução das penas restritivas de direitos antes do trânsito em julgado da sentença condenatória. O argumento normalmente utilizado é o de que o recurso extraordinário e o recurso especial não têm efeito suspensivo, ensejando, assim, a execução provisória da condenação[37].

Jurisprudência

Inadmissível execução provisória de pena alternativa – *HABEAS CORPUS*. CONSTITUCIONAL. PROCESSO PENAL. HOMICÍDIO QUALIFICADO. ALEGAÇÃO DE AUSÊNCIA DE FUNDAMENTAÇÃO IDÔNEA DA DECISÃO QUE DECRETOU A PRISÃO PREVENTIVA. SUPERVENIÊNCIA DE SENTENÇA DE PRONÚNCIA. INEXISTÊNCIA DE PREJUÍZO. SUPERVENIÊNCIA DO JULGAMENTO PELO TRIBUNAL DO JÚRI. MANUTENÇÃO DA PRISÃO COM BASE EM FUNDAMENTOS INIDÔNEOS. (...) 2. É firme a jurisprudência do Supremo Tribunal Federal no sentido da impossibilidade de execução provisória da pena privativa de liberdade ou restritiva de direitos decorrente de sentença penal condenatória, sem novos elementos que pudessem fundamentar a decretação de prisão cautelar nos termos do art. 312 do Código de Processo Penal. 3. Ordem concedida (STF. HC 97394/RN. Rel. Carmen Lúcia. 1ª T. j. 09.02.2010. v.u.)

"*HABEAS CORPUS*" – PENAS RESTRITIVAS DE DIREITOS – IMPOSSIBILIDADE DE SUA EXECUÇÃO DEFINITIVA ANTES DO TRÂNSITO EM JULGADO DA SENTENÇA PENAL CONDENATÓRIA – PEDIDO DEFERIDO. – As penas restritivas de direitos somente podem sofrer execução definitiva, não se legitimando, quanto a elas, a possibilidade de execução provisória, eis que tais sanções penais alternativas dependem, para efeito de sua efetivação, do trânsito em julgado da sentença que as aplicou. Lei de Execução Penal (art. 147). Precedentes. (STF. HC 89435/PR. Rel. Min. Celso de Mello. 2ª. T. j. 20.03.2007. v.u.)

HABEAS CORPUS. DIREITO PENAL. FALSIDADE DE ATESTADO MÉDICO. EXECUÇÃO PROVISÓRIA. PENA RESTRITIVA DE DIREITOS. IMPOSSIBILIDADE. PRECEDENTES. 1. As penas restritivas de direitos, a teor do disposto no art. 147, da Lei de Execução

---

37 Przybyski, Patrícia Ubal. A presunção de inculpabilidade e a execução provisória das penas restritivas de direitos. *Boletim dos Procuradores da República*. v. 5, n. 62, p. 28-31.

Penal, só podem ser executadas após o trânsito em julgado da sentença penal condenatória. Precedentes do Superior Tribunal de Justiça e do Supremo Tribunal Federal. 2. Ordem concedida para sustar a execução das penas restritivas de direitos antes do trânsito em julgado da sentença condenatória. (STJ. HC 197737/SP. Rel. Min. Laurita Vaz. 5ª T. j. 19.05.2011. v.u.)

Admissível execução provisória de pena alternativa – AGRAVO EM EXECUÇÃO – AGRAVO CONTRA DECISÃO QUE INDEFERIU PROSSEGUIMENTO A RECURSO ESPECIAL PENDENTE DE JULGAMENTO – CONFIRMAÇÃO DA DECISÃO CONDENATÓRIA PRIMEVA EM APELAÇÃO CRIMINAL – INEXISTÊNCIA DE RECURSO MINISTERIAL – INADMISSIBILIDADE DE QUALQUER OUTRO RECURSO COM EFEITO SUSPENSIVO – EXECUÇÃO PROVISÓRIA DAS PENAS RESTRITIVAS DE DIREITOS – POSSIBILIDADE – OFENSA AO PRINCÍPIO DA INOCÊNCIA – INEXISTÊNCIA. Sabe-se que os Recursos Especial e Extraordinário não têm efeito suspensivo. Diante disso, já restou consolidado o entendimento jurisprudencial de que transitado em julgado o acórdão que manteve decisão monocrática condenatória, é possível a execução provisória da pena privativa de liberdade, e, por analogia, igualmente da pena restritiva de direitos, mormente porque menos gravosa (TJMG. Agravo em execução 1.0000.07.456122-6/001. Rel. Maria Celeste Porto. 5ª Câmara Criminal. j. 28.08.2007. v.u.)

4.8.3 *Alteração da forma de cumprimento e da espécie de pena alternativa*

Segundo o art. 148 da LEP, "em qualquer fase da execução, poderá o Juiz, motivadamente, alterar, a forma de cumprimento das penas de prestação de serviços à comunidade e de limitação de fim de semana, ajustando-as às condições pessoais do condenado e às características do estabelecimento, da entidade ou do programa comunitário ou estatal".

Embora o artigo somente mencione a prestação de serviços à comunidade e a limitação de fim de semana, é possível sua aplicação às penas alternativas criadas posteriormente.

O dispositivo possibilita que o magistrado altere motivadamente a *forma de cumprimento* das penas de prestação de serviços à comunidade e de limitação de fim de semana. Seria admissível, por exemplo, permitir ao condenado a prestação de serviços à comunidade cumprir as sete horas de trabalho em um único dia, em lugar de permanecer uma hora por dia.

Por outro lado, o artigo não afirma expressamente a possibilidade de o juiz modificar a *espécie* de pena restritiva em sede de execução. Diante disso, alguns defendem a impossibilidade de tal alteração, por ausência de previsão legal e em respeito à coisa julgada. É a posição, entre outros, de Nucci: "Imposta a pena alternativa na sentença condenatória, a alteração mencionada no art. 148 diz respeito à forma de cumprimento, mas não à modificação da pena em si, trocando uma por outra, pois tal medida seria ofensiva à coisa julgada material, sem que haja autorização legal a tanto. Portanto, se o juiz da condenação impôs limitação de fim de semana, não pode o juiz da execução penal alterar a pena, substituindo-a para prestação de serviços à comunidade (ou outra qualquer). O que lhe é dado a fazer é modificar a estrutura do cumprimento da pena. Assim, exemplificando, em lugar de permanecer por cinco horas diárias, aos sábados e domingos, em casa de albergado (art. 48, CP), como determinou o juiz da condenação, na impossibilidade, é possível – embora improvável – que o juiz da execução determine o comparecimento em outro órgão público (ilustrando, a Prefeitura Municipal da Comarca) para que participe de algum curso, nos fins de semana, ocupando-se durante as cinco horas diárias. No caso de pena de prestação de serviços à comunidade, é possível ao juiz da execução alterar a forma da cumprimento, ou seja, em lugar da uma hora-tarefa por dia de condenação, pode determinar que o condenado, respeitado o seu interesse, preste sete horas de serviços, num único dia, em determinada entidade assistencial"[38].

Reputamos admissível a modificação da espécie de pena pelo juiz da execução, em situações excepcionais, nas quais o condenado demonstre a impossibilidade de cumprimento. O § 4º do art. 44 do CP estabelece que a pena restritiva somente pode ser convertida em privativa de liberdade quando ocorrer o descumprimento *injustificado*

---

[38] *Leis Penais e Processuais Penais Comentadas*. v. 2. p. 333. Também nesse sentido: Mirabete, Julio Fabbrini; Fabbrini, Renato N. *Execução penal: comentários à Lei nº 7.210, de 11-7-1984*. p. 697.

da restrição imposta. Logo, havendo justificativa plausível para o descumprimento e tornando-se inviável a manutenção da sanção aplicada, a melhor solução é alterá-la, escolhendo outra espécie de pena alternativa. A título de ilustração, poderíamos imaginar a hipótese de um indivíduo a quem foi impingida prestação de serviços à comunidade, mas, devido à natureza de sua profissão, permanece longos períodos em viagem e sem rotina fixa, de modo que, mesmo alterando-se a forma de cumprimento da pena, restaria comprometido o seu trabalho e, consequentemente, o seu sustento; ou o apenado a prestação de serviços comunitários que, em razão de grave enfermidade, fica impossibilitado de desempenhar qualquer atividade física; ou alguém condenado à prestação pecuniária ou à perda de determinado bem, que demonstre, respectivamente, absoluta impossibilidade financeira de efetuar o pagamento ou perecimento do objeto. Não se trata, por certo, de defender o direito de escolha do sentenciado à qual pena pretende cumprir, mas sim de buscar a adequação da sanção às condições pessoais do réu, com vistas à consecução da meta de ressocialização. A possibilidade excepcional de alteração da espécie de pena restritiva é, sem dúvida, a postura que melhor atende a razoabilidade e a finalidade reeducativa da pena, evitando-se a privação de liberdade desnecessária.

Jurisprudência

Possibilidade de alterar a espécie de pena alternativa em sede de execução – *HABEAS CORPUS* – CRIME CONTRA A ORDEM TRIBUTÁRIA, ECONÔMICA E AS RELAÇÕES DE CONSUMO – PRESCRIÇÃO – INOCORRÊNCIA – PENA PECUNIÁRIA – IMPOSSIBILIDADE DE CUMPRIMENTO – PACIENTE DESEMPREGADO – SUBSTIUIÇÃO DA PENA RESTRITIVA DE DIREITOS – POSSIBILIDADE – ORDEM CONCEDIDA. (...) 2. Comprovada a impossibilidade financeira do paciente, que ensejaria o descumprimento justificado da pena restritiva de direitos, impõe-se a sua alteração, por outra que melhor se ajuste à situação. 3. Concederam a ordem para que seja substituída pena de prestação pecuniária por outra condizente com a condição financeira do réu. (STJ. HC 82.54/RS. Rel. Min. Jane Silva. 5ª T. j. 27.09.2007. v.u.)

Execução penal. Condenação transitada em julgado. Substituição da pena privativa de liberdade por duas restritivas de direito.

Impossibilidade de execução da limitação de fim de semana na Comarca em que reside o sentenciado. Substituição por prestação pecuniária, consistente no valor correspondente a dois salários mínimos. Admissibilidade. Aplicação de disposição constante do art. 148 da LEP. Decisão mantida Agravo não provido. (TJSP. Agravo de Execução Penal n. 0206986-35.2013.8.26.0000. Rel. Otávio de Almeida Toledo. 16ª Câmara de Direito Criminal. j. 11.02.2014. v.u.)

AGRAVO EM EXECUÇÃO. SUBSTITUIÇÃO DA PRESTAÇÃO DE SERVIÇOS À COMUNIDADE POR PRESTAÇÃO PECUNIÁRIA. POSSIBILIDADE. É possível que o Juízo da Execução Criminal, em situações excepcionais, analisando o caso concreto e de forma devidamente fundamentada, substitua a prestação de serviços à comunidade por prestação pecuniária. Caso em que o apenado trabalha e reside na zona rural de Lagoa Vermelha, enfrentando dificuldade de deslocamento para o cumprimento da prestação de serviços à comunidade, situação a autorizar a substituição por prestação pecuniária. AGRAVO IMPROVIDO. (TJRS. Agravo N. 70052334661. Rel. Genacéia da Silva Alberton, 5ª Câmara Criminal. j. 22.05.2013. v.u.)

Agravo em Execução – Conversão da pena restritiva de direitos de prestação de serviços à comunidade em prestação pecuniária – Indeferimento pelo MM. Juiz – Possibilidade – Sentenciado que trabalha como motorista e precisa sustentar a família – Prestação de serviços que influiria na jornada de trabalho, em desrespeito ao art. 46, § 3º, do CP – Substituição necessária à ressocialização – Recurso provido. (TJSP. Agravo de Execução Penal n. 0000995-96.2012.8.26.0000. Rel. Borges Pereira. 16ª Câmara de Direito Criminal. j. 19.06.2012. v.u.)

Impossibilidade de alterar a espécie de pena alternativa em sede de execução – ALTERAÇÃO DA ESPÉCIE DE PENA RESTRITIVA DE DIREITOS PELO JUÍZO DA EXECUÇÃO. IMPOSSIBILIDADE. RECURSO DESPROVIDO. 1. Não cabe ao juízo da execução alterar a espécie da pena restritiva de direitos estabelecida no decreto condenatório. Precedentes do STJ. 2. Recurso especial a que se nega provimento. (STJ. REsp 1134507/PR. Rel. Min. Jorge Mussi. 5ª T. j. 21.09.2010. v.u.)

EXECUÇÃO PENAL. Pleito de substituição da pena de prestação de serviços à comunidade por outra restritiva de direitos, sob a alegação de falta de tempo para o cumprimento da sanção imposta. Impossibilidade. Pretensão carente de justificativa plausível. Modificação reivindicada que, ademais, violaria o instituto da coisa julgada. Possibilidade somente de alteração da forma de cumprimento da pena restritiva de direitos imposta, ajustando-a às condições do condenado (art. 148, LEP). Precedentes do STJ. Decisão mantida. Agravo improvido. (TJSP. Agravo de Execução Penal n. 0002045-89.2014.8.26.0000. Rel. Tristão Ribeiro. 5ª Câmara de Direito Criminal. j. 15.05.2014. v.u.)

AGRAVO EM EXECUÇÃO. PENA RESTRITIVA DE DIREITOS IMPOSTA NA SENTENÇA. PRESTAÇÃO DE SERVIÇOS À COMUNIDADE. SUBSTITUIÇÃO DA MODALIDADE POR PRESTAÇÃO PECUNIÁRIA, EM FASE DE EXECUÇÃO DA PENA. IMPOSSIBILIDADE. Após o trânsito em julgado da sentença condenatória, é vedado ao juízo da execução alterar o *decisum*, salvo nas hipóteses previstas na Lei 7.210/84, sob pena de ofensa à coisa julgada. Operada a substituição, na sentença, da pena privativa de liberdade pela pena restritiva de direitos, na modalidade prestação de serviços à comunidade, cabe ao juiz da execução apenas determinar a forma de cumprimento da pena e fiscalizar sua execução. Inteligência do art. 66, V, a da LEP . A dificuldade de cumprimento da pena aplicada, em face da profissão do apenado, não justifica a substituição da espécie de pena restritiva pelo juízo da execução, sobretudo por inexistir previsão legal para tanto. Em tal caso, possível somente a alteração da forma de cumprimento da pena, a fim de ajustá-la às condições pessoais do condenado, consoante faculta o art. 148 da LEP . (...) Decisão monocrática mantida. AGRAVO EM EXECUÇÃO IMPROVIDO. (TJRS. Agravo N. 70056172687. Rel. Fabianne Breton Baisch. 8ª Câmara Criminal. j. 30.04.2014. v.u.)

Impossibilidade no cumprimento de pena alternativa é matéria a ser discutida no juízo da execução – APELAÇÃO. LEI 9.503/97. CÓDIGO DE TRÂNSITO BRASILEIRO. HOMICÍDIO CULPOSO. PRELIMINAR. PRESCRIÇÃO. INOCORRÊNCIA. (...). PRESTAÇÃO DE SERVIÇOS À COMUNIDADE. PRESTAÇÃO PECUNIÁRIA. REDUÇÃO. IMPOSSIBILIDADE. Na espécie, a pena carcerária foi substituída, em favor do réu, e nos termos do art.. 44, § 2º, do CP, por duas restritivas de direitos, consistentes em prestação de serviços à comunidade e prestação pecuniária. Eventual impossibilidade ou dificuldade no cumprimento dessas penas é matéria a ser discutida no juízo da execução. (...). (Apelação Crime 70035856418, Segunda Câmara Criminal, Tribunal de Justiça do RS, Rel. Lizete Andreis Sebben. j. 13.12.2012)

4.8.4 Reconversão

A substituição da pena privativa de liberdade por restritiva de direito é um benefício concedido ao réu na sentença condenatória. Caso o sentenciado quebre a confiança nele depositada, deixando de cumprir a sanção sem motivo justificável, o caminho é a reconversão da pena privativa de liberdade em restritiva de direito.

De início, vale apontar um lapso do legislador ao tratar do tema: a (re)conversão da pena restritiva de direitos em privativa de liberdade era tratada, antes da Lei 9.714/1998, no art. 45, sob a rubrica "Conversão das penas restritivas de direitos". Com o advento desta lei, a matéria passou a ser regulada nos §§ 4º e 5º do art. 44, mas a rubrica não foi deslocada, estando topograficamente errada[39].

Segundo a lei, ocorrendo o descumprimento injustificado da restrição imposta, a restritiva de direitos será convertida em privativa de liberdade, deduzindo-se desta o tempo cumprido daquela, respeitado o saldo mínimo de trinta dias de detenção ou reclusão (art. 44, § 4º). Houve aqui uma salutar mudança implementada pela Lei 9.714/1998, pois, segundo a redação anterior, quando ocorresse a reconversão da restritiva de direitos em privativa de liberdade, deveria esta ser cumprida pelo prazo integral da pena aplicada (primitivo art. 45).

Em obediência aos princípios do contraditório e da ampla defesa, antes de converter a restritiva de direitos em prisão, faz-se necessária a oitiva do acusado, para justificar o descumprimento. Parece-nos, todavia, que a reconversão prescinde de intimação por edital nas hipóteses em que o réu participa do processo de conhecimento, mas não é encontrado no endereço fornecido nos autos na fase de execução da sentença.

Há peculiaridades em relação a cada pena restritiva, examinadas no capítulo seguinte.

Jurisprudência

Nula a decisão que converte a pena restritiva de direito em privativa de liberdade sem prévia oitiva do réu – *HABEAS CORPUS*

---

[39] Gomes. *Direito penal: parte geral*. v. 2. p. 796.

SUBSTITUTIVO DO RECURSO ORDINÁRIO. DESCABIMENTO. CIÊNCIA DAS CONSEQUÊNCIAS DO NÃO CUMPRIMENTO DA PRESTAÇÃO DE SERVIÇOS À COMUNIDADE. DESCUMPRIMENTO. IMPRESCINDÍVEL PRÉVIA INTIMAÇÃO PARA A CONVERSÃO DA PENA RESTRITIVA EM PRIVATIVA DE LIBERDADE. NULIDADE CARACTERIZADA. CONSTRANGIMENTO ILEGAL EVIDENCIADO. 1. O entendimento desta Corte é firme no sentido de ser imprescindível a intimação do reeducando para esclarecer as razões do descumprimento das medidas restritivas de direito antes da conversão delas em pena privativa de liberdade, em homenagem aos princípios do contraditório e da ampla defesa. 2. É nula a decisão que converte a pena restritiva de direito em privativa de liberdade, sem a prévia intimação do réu. Constrangimento ilegal evidenciado. 3. Ordem concedida, de ofício, para o fim de cassar o acórdão e anular a decisão que converteu a pena restritiva de direito em privativa de liberdade, sem a prévia oitiva do reeducando, determinando a expedição de alvará de soltura, se por outro motivo não estiver preso (STJ. HC 251312 SP 2012/0168770-8. Rel. Min. Moura Ribeiro. 5ª T. j. 18.02.2014. v.u.)

Conversão da pena restritiva de direito em privativa de liberdade dispensa citação editalícia quando réu participou do processo de conhecimento – DIREITO PROCESSUAL PENAL. EXECUÇÃO PENAL. CONVERSÃO DA PENA RESTRITIVA DE DIREITO EM PRIVATIVA DE LIBERDADE. CRITÉRIOS E MÉTODOS DE INTERPRETAÇÃO. DEVIDO PROCESSO LEGAL E AMPLA DEFESA. ART. 181, § 1º, a, LEP. *HABEAS CORPUS*. CONCESSÃO. 1. O art. 181, § 1º, a, da LEP, não exige que haja intimação por edital do condenado que participou de todo o processo, tratando-se de hipótese diversa do réu revel. 2. Há tratamento diferenciado com base em elemento de *discrimen* razoável no que tange às duas hipóteses previstas de conversão da pena restritiva de direito em pena privativa de liberdade. 3. *Habeas corpus* denegado (STF. HC 92012/SP. Rel. Min. Ellen Gracie. 2ª T. j. 10.6.2008. v.u.)

Tendo a ré comparecido ao interrogatório judicial e respondido ao processo solta, sabendo da existência da ação penal em tela, e não tendo sido encontrada no endereço constante dos autos, tendo o Juízo de origem diligenciado no sentido de tentar localizá-la tanto para intimá-la da sentença condenatória quanto para cientificá-la da audiência admonitória, não se pode falar que a conversão das penas restritivas de direitos por privativa de liberdade se deu sem que fossem esgotados os meios disponíveis para descobrir seu paradeiro. 5. A colenda Quinta Turma deste

Sodalício dispensa a prévia intimação por edital, admitindo a conversão das penas restritivas de direitos em privativa de liberdade pelo simples fato de o acusado, citado pessoalmente e intimado de todos os atos do processo, não ser localizado no endereço existente no processo na fase de execução. Precedente. (STJ. RHC 29341/MG. Rel. Min. Jorge Mussi. 5ª T. j. 11.10.2011. v.u.)

Agravo em Execução Penal. Alegação de nulidade da decisão que converteu a pena restritiva de direitos em pena privativa de liberdade, sem prévia oitiva do sentenciado. Inexiste violação à garantia do devido processo legal a conversão da pena restritiva de direitos em pena privativa de liberdade, sem a prévia oitiva do apenado, vez que a ele competia comunicar eventuais mudanças de endereço, a fim de demonstrar ser merecedor da confiança que o Estado nele depositou. Agravo improvido (TJSP. Agravo em Execução 0030040-77.2014.8.26.0000. Rel. Diniz Fernando. 2ª Câmara Criminal. j. 20/10/14. v.u.)

Exigindo a intimação por edital mesmo quando réu participou do processo de conhecimento – AGRAVO EM EXECUÇÃO. CONVERSÃO DAS PENAS RESTRITIVAS DE DIREITOS EM PENA PRIVATIVA DE LIBERDADE. NECESSIDADE DE PRÉVIA AUDIÊNCIA DE JUSTIFICAÇÃO E DE ESGOTAMENTO DOS MEIOS DE LOCALIZAÇÃO DO APENADO. AUSÊNCIA DE INTIMAÇÃO POR EDITAL. IMPOSSIBILIDADE DE CONVERSÃO. A conversão da pena restritiva de direitos em pena privativa de liberdade exige prévia audiência de justificação. (...) A única hipótese em que é cabível a conversão da pena restritiva de direitos em pena privativa de liberdade sem a realização de prévia audiência de justificação é quando o apenado se encontra em local incerto e não sabido, ou desatende à intimação por edital, nos termos do disposto no artigo 181, § 1º, alínea *a*, da Lei de Execuções Penais. Neste sentido, tenho que a conversão das penas restritivas de direitos em pena privativa de liberdade – sem a realização prévia de audiência de justificativa – somente tem cabimento quando esgotados todos os meios de localização do apenado com o fim de intimá-lo para comparecer a esta solenidade. Prevendo a lei a intimação por edital, quando este estiver em local incerto e não sabido, não há como converter a pena restritiva de direitos em pena privativa de liberdade sem esta providência, sob pena de violação aos princípios constitucionais do contraditório, da ampla defesa, e do devido processo legal (TJRS. AGV 70056907181-RS. Rel. Des. Francisco Conti. 5ª Câmara Criminal. j. 06.11.13. v.u.)

Necessidade de diligência para localização do reeducando previamente à intimação por edital e à conversão – AGRAVO. CONVERSÃO DA PENA RESTRITIVA DE DIREITOS EM PRIVATIVA DE LIBERDADE. AUDIÊNCIA ADMONITÓRIA. NÃO ESGOTADOS MEIOS PARA LOCALIZAÇÃO DO RÉU. INTIMAÇÃO POR EDITAL. AMPLA DEFESA. O apenado não foi encontrado no endereço informado nos autos para dar início ao cumprimento das penas restritivas, indo à intimação por edital, permanecendo silente, sobreveio a conversão das penas restritivas de direitos empena privativa de liberdade. Todavia, os meios legais ordinários para sua localização não foram esgotados antes da intimação por edital, afigurando-se prematura a conversão, por violação ao princípio da ampla defesa, já que não teve a chance de justificar a sua conduta. AGRAVO PROVIDO. (TJRS. Agravo N. 70059521252. Rel. Rogerio Gesta Leal. 4ª Câmara Criminal. j. 22.05.2014. v.u.)

Admissível a conversão da pena alternativa em privativa de liberdade antes da oitiva do apenado – "*HABEAS CORPUS*". CONDENADO EM LUGAR INCERTO E NÃO SABIDO. CONVERSÃO CAUTELAR DA PENA RESTRITIVA DE DIREITOS EM PRIVATIVA DE LIBERDADE. DILIGÊNCIAS PARA LOCALIZAÇÃO DO APENADO E INTIMAÇÃO POR EDITAL. DESNECESSIDADE. 1. É dever do condenado manter seu endereço atualizado perante o juízo da execução penal, motivo pelo qual é descabida a realização de diligências a órgãos e concessionárias de serviços públicos para informar o seu paradeiro. 2. Havendo notícias de que o condenado mudou de endereço sem comunicar ao juízo da execução, bem como deixou de cumprir a pena restritiva de direitos imposta, é possível que o juiz converta a pena restritiva de direitos em privativa de liberdade, determinando a expedição de mandado de prisão, sem antes intimá-lo por edital, haja vista que a designação de audiência de justificação ocorrerá apenas posteriormente à prisão, ocasião na qual o apenado poderá exercer plenamente o seu direito de defesa. (TJMG. HC 10000130144959000. Rel. Maria Luíza de Marilac. 3ª Câmara Criminal. j. 16.04.2013. v.u.)

Falta de comunicação de mudança de endereço não é motivo hábil para conversão – PENAL. *HABEAS CORPUS*. SUBSTITUIÇÃO DE PENA PRIVATIVA DE LIBERDADE POR RESTRITIVAS DE DIREITO. PEDIDO DE CONCESSÃO DE LIVRAMENTO CONDICIONAL. SUPRESSÃO DE INSTÂNCIA. MUDANÇA DE ENDEREÇO NÃO INFORMADA AO JUÍZO. CONVERSÃO EM PRIVATIVA DE LIBERDADE. ART. 181, § 1º, A, DA LEI DE EXECUÇÃO PENAL.

INADMISSIBILIDADE, NA ESPÉCIE. RÉU QUE VINHA CUMPRINDO REGULARMENTE A PENA NOS MOLDES EM QUE CONDENADO. IMPETRAÇÃO CONHECIDA EM PARTE, CONCEDENDO-SE A ORDEM NA PARTE CONHECIDA. (...) II – Se o paciente vinha comparecendo regularmente para o cumprimento da prestação de serviços à comunidade, a falta de informação ao juízo competente quanto à mudança de seu endereço não acarreta a sanção prevista no art. 181,§ 1º, a, da LEP, qual seja, a conversão da pena restritiva de direito em privativa de liberdade. III – A interpretação teleológica ao dispositivo supramencionado revela que a intenção do legislador foi o de punir aqueles que buscam furtar-se ao cumprimento da pena alternativa. IV – Writ conhecido em parte e, nessa extensão, concedida a ordem. (STF. HC 95370 RS. Rel. Min. Ricardo Lewandowski. 1ª T. j. 31.03.2009. v.u.)

Nula audiência de justificação sem a presença de defensor – EXECUÇÃO PENAL. *HABEAS CORPUS*. ART. 311 DO CÓDIGO BRASILEIRO DE TRÂNSITO. PENA RESTRITIVA DE DIREITOS. CONVERSÃO EM PRIVATIVA DE LIBERDADE. AUSÊNCIA DE DEFESA. AUDIÊNCIA DE JUSTIFICAÇÃO. NULIDADE. I – Esta Corte já manifestou-se no sentido de que a decisão acerca da conversão da pena restritiva de direitos em privativa de liberdade deve ser calcada em procedimento no qual se obedeça os princípios do contraditório e da ampla defesa. II – Assim, convertida a pena restritiva de direitos em privativa de liberdade sem a presença do Defensor em audiência de justificação e sendo, por conseguinte, expedido mandado de prisão, restou configurado constrangimento ilegal. Ordem concedida. (STJ. HC 149.575/RS. Rel. Min. Felix Fischer. 5ª T. j. 02.03.2010. v.u.)

Desnecessária presença de defensor em audiência admonitória – RECURSO ORDINÁRIO EM *HABEAS CORPUS*. PENAS RESTRITIVAS DE DIREITOS. DESCUMPRIMENTO INJUSTIFICADO. CONVERSÃO EM PENA PRIVATIVA DE LIBERDADE. POSSIBILIDADE. ALEGAÇÃO DE CERCEAMENTO DE DEFESA. IMPROCEDÊNCIA. AUDIÊNCIA ADMONITÓRIA. ATIVIDADE ADMINISTRATIVA. 1. A teor do art. 181 da Lei de Execução Penal, c.c. o art. 44, § 4º, do Código Penal, a pena restritiva de direitos será convertida em privativa de liberdade quando houver o descumprimento injustificado da restrição imposta. (...) A ausência do defensor do Paciente na audiência admonitória não configura nulidade, uma vez que tal ato não constitui atividade jurisdicional, mas sim administrativa, de competência do Juízo da Execução. 5. Recurso desprovido. (STJ. RHC 24842/SC. Rel. Min. Laurita Vaz. 5ª T. j. 07.12.2010. v.u.)

4.8.4.1 Distorções causadas pela falta de casas do albergado

Conforme visto, o descumprimento injustificado da pena substitutiva enseja a sua reconversão na pena privativa de liberdade aplicada. Cuida-se de previsão normativa coerente; afinal, mesmo o regime aberto, se aplicado como previsto em lei, seria mais severo do que as sanções restritivas de direitos, consistindo no recolhimento em casa do albergado durante o repouso noturno e nos dias de folga (arts. 36, § 1º, do CP e 93 e seguintes da LEP).

Todavia, poucas foram as casas do albergado construídas no país, gerando uma deficiência crônica de vagas em tais estabelecimentos. O sistema penitenciário desenhado na lei jamais se concretizou. Nesse cenário, a praxe forense acabou sedimentando a orientação de que, não havendo casa do albergado, o sentenciado deveria cumprir a pena em prisão domiciliar, permanecendo em sua residência no período noturno e/ou durante algumas horas nos finais de semana.

Gerou-se, assim, terrível distorção no sistema, porque o regime aberto se tornou, na prática, mais brando do que as penas alternativas. Ou seja, quando o réu, condenado a regime aberto de cumprimento de pena, descumpre a sanção alternativa concedida, é *premiado* com a reconversão da pena restritiva de direitos em privativa liberdade, leia-se, prisão domiciliar, muito mais benéfica.

A essa bizarra situação soma-se o fato de, em regra, não existir fiscalização do cumprimento da prisão albergue domiciliar. Trata-se, portanto, de uma punição de aparência, já que o seu descumprimento, no mais das vezes, não acarreta qualquer consequência ao condenado.

Em recente pesquisa feita pelo Ministério da Justiça e pelo Instituto de Pesquisa Econômica Aplicada (IPEA), destacou-se que a falta de regulamentação e fiscalização do regime aberto é um dos fatores que impactam negativamente na execução das penas alternativas. Juízes e servidores entrevistados alegaram que quando há substituição por penas alternativas, mas não existe estrutura para fiscalização do regime aberto, os réus não cumprem as sanções, para terem sua pena regredida e irem para o regime aberto. Conforme se destacou, "um réu bem orientado por um advogado sabe que [operada a reconversão] só terá de comparecer à vara a cada dois meses para assinar uma lista de comparecimento"[40].

Para contornar o problema, diversos juízes passaram a inserir, como condição especial do regime aberto, com fulcro no art. 115 da LEP, o cumprimento de penas restritivas de direitos. Nessa ótica, caso o sentenciado não cumprisse a pena alternativa, tal reprimenda seria convertida em privativa de liberdade, devendo o acusado cumprir a pena restritiva como condição para permanecer no regime aberto. Não o fazendo, seria regredido ao regime semiaberto.

Embora tal postura tenha o mérito de atribuir caráter coercitivo ao cumprimento das sanções alternativas, não é cabível a inclusão de uma verdadeira *pena* (restritiva de direitos) como *condição* de outra pena (privativa de liberdade em regime aberto), diante da natureza substitutiva e autônoma daquela e da vedação ao *bis in idem*. Nesse sentido, aliás, o Superior Tribunal de Justiça editou a súmula 493: "é inadmissível a fixação de pena substitutiva (art. 44 do CP) como condição especial ao regime aberto".

A falta de casas de albergado também acarreta problemas no tocante à execução da pena de limitação de final de semana. Tal sanção, em tese, deveria consistir na obrigação do sentenciado permanecer, aos sábados e domingos, por cinco horas diárias, em casa de albergado ou outro estabelecimento adequado (art. 48, *caput*, do CP), período em que seriam ministrados cursos, palestras ou atividades educativas (art. 48, § único, do CP). Contudo, na prática, a limitação de final de semana também acaba sendo cumprida em prisão domiciliar, sem qualquer fiscalização.

Passadas várias décadas da instituição, em âmbito legislativo, das casas do albergado, não houve sua efetiva criação e nada indica que

40 *A aplicação de penas e medidas alternativas*. Relatório de pesquisa, realizada em parceria pelo Ministério da Justiça e pelo Instituto de Pesquisa Econômica Aplicada (IPEA), Rio de Janeiro, 2015.

tal panorama irá se modificar. A ideia de cumprimento de pena neste tipo de estabelecimento nunca saiu do papel.

Nesse contexto, melhor seria eliminar de vez as casas de albergado do sistema penal, aproximando-se a legislação da realidade. Para tanto, seria necessária uma ampla reformulação no sistema, oficializando-se a prisão domiciliar como forma de cumprimento de pena em regime aberto, ou, quiçá, suprimindo-se o próprio regime aberto, substituindo-o por outros institutos (maior aplicação das penas restritivas de direitos e utilização de livramento condicional como fase final de cumprimento de pena, por exemplo).

Jurisprudência

Inadmissível imposição de pena restritiva como condição especial ao regime aberto – *HABEAS CORPUS* SUBSTITUTIVO DE RECURSO PRÓPRIO. CONDENAÇÃO AO CUMPRIMENTO DA PENA PRIVATIVA DE LIBERDADE NO REGIME ABERTO. INADMISSIBILIDADE DA IMPOSIÇÃO DE PRESTAÇÃO DE SERVIÇOS À COMUNIDADE COMO CONDIÇÃO ESPECIAL. SÚMULA N. 493/ STJ. CONSTRANGIMENTO ILEGAL EVIDENCIADO. *HABEAS CORPUS* NÃO CONHECIDO. ORDEM CONCEDIDA DE OFÍCIO. (...) – «È inadmissível a fixação da pena substitutiva (art. 44 do CP) como condição especial ao regime aberto" (Súmula n. 493/STJ). *Habeas corpus* não conhecido. Ordem concedida de ofício, para afastar, como condição especial ao cumprimento da pena no regime aberto, a prestação de serviços à comunidade. (STJ. HC 287078/SP. Rel. Min. Marilza Maynard. 6ª T. j. 12.08.2014. v.u.)

HABEAS CORPUS. EXECUÇÃO PENAL. FURTO QUALIFICADO. CONVERSÃO DAS PENAS RESTRITIVAS DE DIREITOS EM PRIVATIVA DE LIBERDADE. IMPOSIÇÃO DE CONDIÇÕES ESPECIAIS PARA A CONCESSÃO DO REGIME INICIAL ABERTO. OBSERVÂNCIA DA SÚMULA N. 493 DESTA CORTE. MEDIDAS PREVISTAS NO ART. 115 DA LEI 7.210/84. POSSIBILIDADE. *HABEAS CORPUS* PARCIALMENTE CONCEDIDA. 1. Nos termos da Súmula n. 493 desta Corte, "[é] inadmissível a fixação de pena substitutiva (art. 44 do CP) como condição especial ao regime aberto." É permitida, todavia, a imposição de medidas especiais constantes do art. 115 da Lei 7.210/84. 2. Ordem de *habeas corpus* parcialmente concedida para que sejam afastadas, como condições especiais ao regime aberto, quaisquer das penas restritivas de direitos previstas no art. 43 do Código Penal. (STJ. HC 208926/SP. Rel. Min. Ministra Laurita Vaz. 5ª T. j. 23.04.2013. v.u.)

Admissível imposição de pena restritiva como condição especial ao regime aberto – Reforma da decisão no tocante à imposição de pena restritiva de direitos como condição par o cumprimento da pena em regime aberto inadmissibilidade – O Juiz das Execuções Criminais poderá fixar outras condições, além das gerais e obrigatórias, para o cumprimento da reprimenda em regime aberto. Ordem denegada. (TJSP. HC 204153-08.2014.8.26.00. Rel. Sérgio Ribas. 5ª Câmara de Direito Criminal. j. 28.08.2014. v.u.)

Agravo em execução. Conversão da pena restritiva de direitos em privativa de liberdade, sem fixação de condição especial, após comunicação, pelo sentenciado, de que não mais iria dar cumprimento à pena de prestação de serviços comunitários. Inadmissibilidade. Situação que acaba por abrandar a pena do sentenciado, premiando-o por sua torpeza. Recurso ministerial provido para fixar como condição especial a prestação de serviços comunitários pelo tempo da pena em regime aberto. (...) Ora, é certo que, a princípio, a prestação de serviços à comunidade constitui pena substitutiva. No entanto, por constituir uma sanção, a conversão da pena restritiva de direitos em privativa de liberdade não pode acarretar um abrandamento da reprimenda. Assim, a mera conversão, sem a fixação de condição, não apenas beneficia o reeducando desidioso, como serve, também, de estímulo a que os demais sentenciados deixem de cumprir as penas restritivas de direitos que lhes foram impostas. (...) É oportuno referir, ainda, que, no nosso Código Penal, a pena de prestação de serviços comunitários também possui a natureza jurídica de condição do "sursis" (CP, art. 78, § 1º), opção legislativa que, à evidência, decorre de seu importante conteúdo pedagógico. (TJSP. Agravo de Execução Penal n. 0168500-15.2012.8.26.0000. Rel. Sérgio Coelho. 9ª Câmara de Direito Criminal. j. 04.04.2013. v.u.).

Habeas Corpus. Paciente condenado a cumprir pena em regime aberto Juízo da Execução que, no momento de esclarecer as condições para o cumprimento da pena restritiva de liberdade, determinou, dentre aquelas gerais e obrigatórias constantes do art. 115, da LEP, a prestação de serviços a comunidade como condição especial. Possibilidade, observados os termos dos arts. 115 e 119 da LEP, e do item 7.2.2.1, do

Código de Normas da Corregedoria-Geral de Justiça. Precedentes do STJ e desta Egrégia Corte – Constrangimento ilegal não evidenciado. Ordem denegada. (TJPR. HC 9076619 PR. Rel. Carvilio da Silveira Filho. 4ª Câmara Criminal. j. 24.05.2012. v.u.)

Agravo em Execução – Provimento Sentenciado à pena restritiva de direitos. Descumprimento. Conversão para pena privativa de liberdade, em regime prisional aberto, sem estabelecimento de condição especial. Inadmissibilidade. Necessidade de estabelecer condição especial, sob pena de tornar o sistema incoerente. Agravo provido. (TJSP. Agravo de Execução Penal n. 003 8255-47.2011.8.26.0000. Rel. Wilson Barreira. 14ª Câmara de Direito Criminal. j. 02.06.2011. v.u)

4.8.4.2 Cumprimento parcial

Em caso de descumprimento da pena alternativa, deve-se proceder à sua conversão em pena privativa de liberdade. Todavia, não é raro o cumprimento *parcial* da pena imposta, surgindo questionamentos no tocante ao cálculo da sanção restante.

Conforme magistério de Luiz Flávio Gomes, deve-se atentar para a existência de dois tipos de penas restritivas de direitos: as temporalmente mensuráveis (prestação de serviços à comunidade, limitação de fim de semana e as quatro interdições temporárias de direitos) e as temporalmente imensuráveis (prestação pecuniária, perda de bens e valores e prestação de outra natureza – § 2º, art. 45). Nas primeiras, não há dificuldade: se o indivíduo, por exemplo, foi condenado a dois anos de pena privativa de liberdade convertida em restritiva de direitos, e cumpriu um ano desta, deverá cumprir um ano de prisão. Quanto às penas não mensuráveis temporalmente, surge o problema para se realizar o cálculo. É certo que, se o sujeito não cumpriu nada da restritiva, deverá, havendo a conversão, cumprir a pena privativa de liberdade pelo prazo total da condenação. Se, no entanto, já cumpriu uma parte da restritiva, deverá o julgador, por analogia *in bonam partem*, debitar algo da pena de prisão, aplicando, na falta de outro critério mais adequado, a equidade[41]. Se, por

---

[41] *Direito penal: parte geral*. v. 2. p. 799.

exemplo, já cumpriu um terço do montante da prestação pecuniária, em caso de reconversão, teria de cumprir dois terços da pena privativa de liberdade.

Também merece nota a hipótese em que o indivíduo, condenado a duas restritivas de direito, cumpre uma delas e descumpre a outra. É o caso, por exemplo, do agente que, condenado a prestação pecuniária e prestação de serviços à comunidade, paga a primeira e se recusa a cumprir a segunda. Diante da omissão da lei, sugerimos a mesma solução apontada no caso anterior: o juiz reconverterá a restritiva descumprida em privativa de liberdade, mas debitará algo dela, equitativamente.

Segundo a lei, havendo reconversão em privativa de liberdade, será respeitado o saldo mínimo de trinta dias de detenção ou reclusão. A *ratio* dessa disposição, provavelmente, foi evitar a mobilização do aparato estatal para realizar um encarceramento que durasse poucos dias, ou ainda dotar a reconversão de substrato coercitivo. Para Bitencourt, tal dispositivo é "justo, pois a finalidade salutar dessa ressalva visa exatamente desestimular o descumprimento injustificado nos últimos dias da substituição"[42].

Em sentido contrário, acentua David Teixeira de Azevedo que "nada justifica a permanência de um *plus* sancionador absolutamente divorciado do sistema compensatório criado. Ou bem há equivalência e a dedução significa a vedação de um *bis in idem*, ou bem não há equivalência, como fazia o antigo sistema, e a substituição significa a retomada da sanção anterior como forma de dar efetividade à substituição prevista na lei, em resposta ao agente refratário ao processo de terapia consensual da pena"[43]. Também Luiz Flávio Gomes dirige críticas ferrenhas ao dispositivo, entendendo que viola diversos princípios constitucionais, como o princípio da culpabilidade, da proporcionalidade e da proibição do excesso. Propõe o autor, assim, que a parte final, do § 4º do art. 44, seja ignorada, por inconstitucional[44].

---

42 *Penas alternativas: análise político-criminal das alterações da Lei 9.714/98*. p. 189.

43 *Atualidades no direito e processo penal*. p. 165-180.

44 *Direito penal: parte geral*. v. 2. p. 799.

Jurisprudência

Abatimento da pena privativa de liberdade deve ser proporcional ao cumprimento da pena alternativa – *HABEAS CORPUS* SUBSTITUTIVO. INADMISSIBILIDADE. EXECUÇÃO PENAL. PENA RESTRITIVA DE DIREITOS. DESCUMPRIMENTO. CONVERSÃO EM PENA PRIVATIVA DE LIBERDADE. RÉU DEVIDAMENTE INTIMADO. POSSIBILIDADE. PARECER ACOLHIDO. (...) No cálculo da pena privativa de liberdade a executar será deduzido o tempo cumprido da pena restritiva de direitos, respeitado o saldo mínimo de trinta dias de detenção ou reclusão. 5. Ordem não conhecida. (STJ. HC 292911/RS. Rel. Min. Sebastião Reis Júnior. 6ª T. j. 26.08.2014. v.u.)

Habeas Corpus – Execução de pena. Pena restritiva de direitos parcialmente cumprida – (...) Necessidade de computo do tempo de efetivo cumprimento da pena restritiva de direitos – Abatimento proporcional da pena privativa de liberdade resultante. Concessão da ordem, confirmando a liminar. (TJPR. HC 966974-5. Rel. Rui Portugal Bacellar Filho. 3ª Câmara Criminal. J. 26.02.2013. v.u.)

AGRAVO EM EXECUÇÃO PENAL. PENAS RESTRITIVAS. CONVERSÃO – PROPORCIONALIDADE. 1. Descumprida a prestação de serviços à comunidade ou a entidades públicas e inadimplida a prestação pecuniária, a correspondente conversão dá-se proporcionalmente ao descumprimento de cada uma das penas em relação ao total da pena aplicada. 2. Impossibilidade de conversão das penas alternativas considerando unicamente os dias de prestação de serviços à comunidade a serem cumpridos, tendo em conta o necessário cômputo conjunto da pena de prestação pecuniária inadimplida. (TRF4. Agravo em Execução Penal 2008.70.00.001947-2/PR. Rel. Marcos Roberto Araujo dos Santos. 7ª T. j. 30.09.2008. v.u.)

Uma hora de prestação de serviços à comunidade equivale a um dia de prisão, ainda que também imposta e descumprida prestação pecuniária – AGRAVO EM EXECUÇÃO. IRRESIGNAÇÃO DEFENSIVA. PENA RESTRITIVA DE DIREITO. PRESTAÇÃO DE SERVIÇOS À COMUNIDADE. DETRAÇÃO DE PENA. Tendo o apenado comprovadamente cumprido 382 horas de prestação de serviços à comunidade, não há outra sorte senão a justa detração, à razão de cada hora de prestação de serviços à comunidade para cada dia de condenação. Força do art. 46, § 3º, do Código Penal. No caso, ainda que o apenado tenha sido condenado a duas penas restritivas de direitos, uma de prestação de serviços à comunidade, outra pecuniária, estas não possuem o mesmo cunho punitivo, sendo a primeira ressocializadora e a segunda monetária (multa). Não há, portanto qualquer relação entre ambas. Sendo assim, as horas cumpridas devem ser integralmente convertidas nos respectivos dias que lhe correspondem a pena atual. Decisão reformada. AGRAVO PROVIDO, POR MAIORIA. (TJRS. Agravo 70057994501. Rel. Lizete Andreis Sebben. 2ª Câmara Criminal. j. 26.06.2014)

4.8.5 Condenação por outro crime

Existe grande controvérsia jurisprudencial nos casos em que é imposta pena alternativa ao sentenciado, mas recai sobre ele outra condenação. Imagine-se, por exemplo, um indivíduo sentenciado ao cumprimento de pena em regime inicial fechado, contra quem sobrevém nova condenação por delito posterior, desta vez à prestação de serviços à comunidade; ou o agente que foi condenado à prestação pecuniária e, antes mesmo do cumprimento da pena, é sentenciado ao cumprimento de prestação de serviços à comunidade, em razão da prática de outro delito.

Em tais casos, deve-se primeiramente verificar a possibilidade de cumprimento *simultâneo* das sanções, caso em que poderá o magistrado deixar de proceder à conversão da pena alternativa em privativa de liberdade, a teor do § 5º do art. 44 do CP ("sobrevindo condenação a pena privativa de liberdade, por outro crime, o juiz da execução penal decidirá sobre a conversão, podendo deixar de aplicá-la se for possível ao condenado cumprir a pena substitutiva anterior"). Algumas sanções alternativas, como a prestação pecuniária, a perda de bens e valores e a multa, são compatíveis até mesmo com o regime fechado e o semiaberto. O mesmo se pode dizer quando o indivíduo tem mais de uma condenação ao cumprimento de pena alternativa (ex.: prestação de serviços à comunidade e prestação pecuniária).

Por outro lado, não sendo possível o cumprimento *simultâneo* das sanções, a solução é, em regra, a conversão da pena restritiva em privativa de liberdade, com a soma das reprimendas. O cotejamento dos dispositivos que tratam do assunto, previstos tanto no Código Penal quanto na Lei de Execução Penal, permitem tal conclusão: o aludido art. 44, § 5º, do CP determina, a *contrario sensu*, a reconversão, quando não for possível ao condenado cumprir a pena substitutiva anterior; o art. 111 da LEP prevê que a escolha do regime de cumprimento será feita pelo resultado da soma ou unificação das penas (produzindo reflexos também nos benefícios concedidos); o art. 181, § 1º, "e", § 2º (parte final) e § 3º (parte final), da LEP, estabelece que a pena restritiva de direitos será convertida em privativa de liberdade quando o sentenciado sofrer condenação por outro crime à pena privativa de liberdade, cuja execução não tenha sido suspensa.

Há, todavia, precedentes no sentido de que, mesmo em caso de incompatibilidade de cumprimento simultâneo, é inadmissível a reconversão da pena alternativa, devendo ocorrer o seu sobrestamento até que seja possível ao sentenciado cumpri-la. O fundamento é o art. 76 do CP, segundo o qual "no concurso de infrações, executar-se-á primeiramente a pena mais grave".

Tal solução não nos parece a mais adequada. Ao determinar a precedência da execução da pena mais grave sobre as demais, o art. 76 busca tão somente estabelecer uma ordem de preferência para se executar sanções de espécies diversas: a reclusão deve ser executada antes da detenção, e esta antes da prisão simples. Em nenhum momento o aludido dispositivo veda a reconversão das penas restritivas em privativas de liberdade, existindo, aliás, diversos artigos que tratam desta hipótese, admitindo-a, como os indigitados arts. 44, § 5º, do CP; 111 da LEP; e 181, § 1º, "e", § 2º (parte final) e § 3º (parte final), da LEP. Decerto, a legislação deve ser interpretada em seu conjunto, analisando-se sistematicamente os diversos dispositivos envolvidos de modo a extrair-lhes o significado e o alcance, não sendo razoável aplicar o art. 76 em detrimento de diversos outros artigos, alguns dos quais, aliás, posteriores e voltados especificamente à hipótese aqui discutida.

Afirmando a possibilidade de reconversão em tais casos, asseveram Julio Fabbrini Mirabete e Renato N. Fabbrini: "ocorrerá a conversão quando o agente sofrer condenação por outro crime à pena privativa de liberdade cuja execução não tenha sido suspensa (...).

É uma consequência lógica do sistema, já que, sofrendo nova condenação, agora à pena privativa de liberdade, devendo cumpri-la por não ter sido concedido o sursis, fica o condenado impedido de prestar serviços à comunidade. Esta sanção, portanto, deve ser convertida em privativa de liberdade, cumprindo-a o condenado cumulativamente com a nova sanção imposta"[45].

Jurisprudência

Inadmissível a reconversão de pena alternativa quando possível o cumprimento simultâneo com outra condenação – PACIENTE TEVE A PENA PRIVATIVA DE LIBERDADE SUBSTITUÍDA POR DUAS RESTRITIVAS DE DIREITOS, CONSISTENTE NA PRESTAÇÃO PECUNIÁRIA E NA MULTA DE VINTE DIAS-MULTA. A SUPERVENIÊNCIA DE NOVA CONDENAÇÃO NÃO DETERMINA A CONVERSÃO AUTOMÁTICA DA SANÇÃO ALTERNATIVA EM PRIVATIVA DE LIBERDADE. POSSIBILIDADE DE CUMPRIMENTO DE AMBAS AS PENAS. ORDEM DE *HABEAS CORPUS* NÃO CONHECIDA. WRIT CONCEDIDO DE OFÍCIO. (...) 3. Nos termos do art. 44, § 5º, do Código Penal, "sobrevindo condenação a pena privativa de liberdade, por outro crime, o juiz da execução penal decidirá sobre a conversão, podendo deixar de aplicá-la se for possível ao condenado cumprir a pena substitutiva anterior." Disciplina a matéria também o art. 181, § 1º, alínea e, da Lei 7.210/84. 4. O Paciente foi condenado e teve a pena privativa de liberdade substituída por duas restritivas de direitos, consistente na prestação pecuniária e na multa de vinte dias-multa. A superveniência de outra condenação não determina a automática conversão da sanção alternativa em privativa de liberdade, sobretudo quando compatível o cumprimento do regime da nova sentença condenatória com a anterior reprimenda restritiva de direitos, como *in casu*. 5. Ordem de *habeas corpus* não conhecida. *Habeas corpus* concedido, de ofício, para cassar a decisão de primeiro grau, confirmada pelo acórdão combatido, a qual determinou a conversão das penas restritivas de direitos aplicada ao Paciente (Processo n. 17780/09) em pena privativa de liberdade. (STJ. HC 240168/SP. Rel. Min. Laurita Vaz. 5ª T. j. 18.03.2014. v.u.)

---

[45] *Execução penal: comentários à Lei n. 7.210, de 11-7-1984*. p. 874.

Inadmissível a reconversão de pena alternativa quando possível o cumprimento simultâneo com outra condenação, ainda que as sanções somadas ultrapassem quatro anos – EXECUÇÃO PENAL. *HABEAS CORPUS.* UNIFICAÇÃO DE PENAS. PENA RESTRITIVA DE DIREITO. PRESTAÇÃO DE SERVIÇOS À COMUNIDADE. NOVA CONDENAÇÃO À PENA RESTRITIVA DE DIREITOS. PENAS UNIFICADAS QUE SOMAM MAIS DE 4 ANOS. REGIME INICIAL ABERTO DE CUMPRIMENTO. COMPATIBILIDADE DE EXECUÇÃO SUCESSIVA. INTELIGÊNCIA DOS ARTS. 44 DO CÓDIGO PENAL E 181 DA LEP. 1. Consoante a orientação sedimentada nesta Corte Superior, uma vez iniciada a execução, as hipóteses de conversão das penas restritivas de direito em privativas de liberdade se restringem ao eventual descumprimento injustificado das obrigações impostas (art. 44, § 4º, do CP c/c art. 181 da LEP) e à superveniente condenação à pena privativa de liberdade por outro crime que se revele incompatível com a primeira reprimenda aplicada (art. 44, § 5º, do CP). 2. Não há que se cogitar de reconversão em pena reclusiva quando se revelar possível a execução simultânea ou sucessiva das medidas alternativas impostas ao réu. 3. Na hipótese, tratando-se de duas condenações subsequentes a penas privativas de liberdade a serem cumpridas em regime aberto, ambas substituídas por penas restritivas de direito (prestação de serviços à comunidade), faz-se plenamente possível a execução sucessiva das penas alternativas aplicadas. Ressalva do entendimento pessoal da Relatora. 4. Ordem concedida" (STJ. HC 193041/DF. Rel. Min. Alderita Ramos de Oliveira. 6ª T. j. 15.08.2013)

PENAL. RECURSO ESPECIAL. UNIFICAÇÃO DE PENAS. CONVERSÃO EM PRIVATIVA DE LIBERDADE. RESULTADO. ACIMA DE 4 ANOS. CONCESSÃO DE *HABEAS CORPUS.* MANUTENÇÃO DAS PENAS RESTRITIVAS DE DIREITOS. VIOLAÇÃO AO ART. 44, I, DO CP. NÃO-OCORRÊNCIA. RECURSO NÃO-PROVIDO. (...) 2. "De acordo com a jurisprudência desta Corte, a conversão das penas alternativas em privativa de liberdade, pelo Juízo das Execuções, restringe-se ao eventual descumprimento injustificado de quaisquer das obrigações impostas (art. 44, § 4º, do CP, c/c art. 181 da LEP) ou quando, em superveniente condenação, por outro crime, houver incompatibilidade com a reprimenda corporal aplicada (art. 44, § 5º, do mesmo Diploma)» (HC 28.922/RS). 3. Recurso não-provido. (STJ. REsp 697147/RS. Rel. Min. Arnaldo Esteves Lima. 5ª T. j. 19.11.2009. v.u.)

Inadmissível a reconversão de pena alternativa se esta foi aplicada posteriormente à pena privativa de liberdade – AGRAVO EM EXECUÇÃO PENAL. PENA PRIVATIVA DE LIBERDADE. NOVA CONDENAÇÃO À PENA RESTRITIVA DE DIREITOS. CONVERSÃO E UNIFICAÇÃO DA PENA. IMPOSSIBILIDADE. 1. Por falta de previsão legal, sobrevindo nova condenação à pena restritiva de direitos, não poderá a pena ser somada ao restante da que está sendo cumprida para fins determinação do regime, razão pela qual deve ser executada primeiramente a pena mais grave. 2. Não é possível a conversão da pena restritiva de direitos em privativa de liberdade se não ocorrer o descumprimento injustificado das restrições impostas. (TJMG. Agravo em Execução Penal 1.0231.13.010757-7/001. Rel. Adilson Lamounier. 5ª Câmara Criminal. j. 16.09.2014)

AGRAVO EM EXECUÇÃO – APENADO EM CUMPRIMENTO DE PENA PRIVATIVA DE LIBERDADE – CONDENAÇÃOPOSTERIOR SUBSTITUÍDA POR PENA RESTRITIVA DE DIREITOS – SOMATÓRIO DAS PENAS – CONVERSÃO DAS PENASRESTRITIVAS DE DIREITO EM PRIVATIVA DE LIBERDADE – IMPOSSIBILIDADE. 1. A lei só prevê a conversão das penas restritivas de direito em pena privativa de liberdade quando sobrevém condenação à pena privativa de liberdade. Se a condenação superveniente é de pena restritiva de direitos, não há previsão legal. Não pode assim, ser aplicada a norma do art. 44, § 5º, do Código Penal, por ser prejudicial ao réu. 2. Nos termos do art. 76, do Código Penal, havendo concurso de infrações, deve-se executar primeiramente a pena mais grave. (TJMG.. Agravo em Execução Penal 1.0079.13.000076-7/001. Rel. Rubens Gabriel Soares. 6ª Câmara Criminal. j. 08.04.2014)

Admissível a reconversão de pena de prestação de serviços à comunidade em caso de superveniência de condenação em regime fechado ou semiaberto – EXECUÇÃO PENAL. *HABEAS CORPUS.* (1) IMPETRAÇÃO SUBSTITUTIVA. IMPROPRIEDADE DA VIA ELEITA. (2) PACIENTE CUMPRIA PENA RESTRITIVA DE DIREITOS. NOVAS CONDENAÇÕES À PENAS PRIVATIVAS DE LIBERDADE. RECONVERSÃO DA PENA ALTERNATIVA. INCOMPATIBILIDADE DE CUMPRIMENTO SIMULTÂNEO. SOMA DAS PENAS. FLAGRANTE ILEGALIDADE. INEXISTÊNCIA. (...) 2. De acordo com a legislação, doutrina e jurisprudência, a conversão da pena restritiva de direitos em privativa de liberdade poderá ocorrer quando sobrevier nova condenação, cuja execução não tenha sido suspensa e que torne incompatível o cumprimento da restritiva com a reprimenda corporal (art. 181, § 1º, alínea "e", da LEP, c.c. art. 44, § 5º, do Código Penal). 3. Importante observar o regime inicial estabelecido para a nova condenação, uma vez que somente certas restritivas (prestação pecuniária e perda de bens) e a multa se coadunam com os regimes semiaberto e fechado. No caso, plenamente viável a conversão da pena restritiva de direitos em privativa de liberdade, e a soma das penas, diante da incompatibilidade de cumprimento simultâneo da pena alternativa, consistente em prestação de serviços à comunidade, com as novas penas privativas de liberdade, em regime fechado. 4. Ordem não conhecida. (STJ. HC 269366/RS. Rel. Min. Maria Thereza de Assis Moura. 6ª T. j. 06.02.2014. v.u.)

HABEAS CORPUS SUBSTITUTIVO DE RECURSO PRÓPRIO. DESCABIMENTO. EXECUÇÃO PENAL. CONVERSÃO DA PENA RESTRITIVA DE DIREITOS EM PRIVATIVA DE LIBERDADE. POSSIBILIDADE. SUPERVENIÊNCIA DE NOVA CONDENAÇÃO A PENA PRIVATIVA DE LIBERDADE. INCOMPATIBILIDADE COM CUMPRIMENTO DA PENA ALTERNATIVA ANTERIORMENTE IMPOSTA. (...) – A jurisprudência desta Corte Superior é firme no sentido de que, nos termos do art. 181, § 1º, alínea "e", da LEP, c.c. art. 44, § 5º, do Código Penal, o Juiz da execução pode converter a pena restritiva de direitos em privativa de liberdade se, durante a execução da pena, sobrevier nova condenação que torne incompatível o cumprimento da restritiva de direitos anteriormente imposta. – Diante da nova condenação no regime fechado, verifica-se a total incompatibilidade do cumprimento simultâneo com as restritivas de direitos consistentes na prestação de serviços à comunidade e prestação pecuniária anteriormente impostas *Habeas corpus* não conhecido. (STJ. HC 259204/RS. Rel. Min. Marilza Maynard. 6ª T. j. 26.08.2014. v.u.)

Admissível a reconversão de pena alternativa quando cumprimento for incompatível com condenação anterior – *HABEAS CORPUS* SUBSTITUTIVO DE RECURSO PRÓPRIO. DESCABIMENTO. EXECUÇÃO PENAL. PACIENTE QUE NO CUMPRIMENTO DE PENA EM REGIME SEMIABERTO. NOVA CONDENAÇÃO A PENA RESTRITIVA DE DIREITOS. POSSIBILIDADE DE CONVERSÃO DA RESTRITIVA EM PENA PRIVATIVA DE LIBERDADE. INCOMPATIBILIDADE DO CUMPRIMENTO DA PENA ALTERNATIVA COM O REGIME ANTERIORMENTE IMPOSTO. AUSÊNCIA DE CONSTRANGIMENTO ILEGAL. *HABEAS CORPUS* NÃO CONHECIDO. (...) – A jurisprudência desta Corte Superior tem se posicionado no sentido de que o Juiz da execução pode converter a pena restritiva de direitos em privativa de liberdade quando, sobrevindo nova condenação, o regime prisional anteriormente fixado for incompatível com o cumprimento de pena restritiva de direitos. Precedentes. – Assim, verifica-se no caso dos autos que, estando o paciente cumprindo pena privativa de liberdade em regime semiaberto, é totalmente incompatível a manutenção da pena restritiva de direitos consistente na prestação de serviços à comunidade que sobreveio com a nova condenação. *Habeas corpus* não conhecido. (STJ. HC 248572/RS. Rel. Min. Marilza Maynard. 6ª T. j. 20.02.2014. v.u.)

RECURSO ESPECIAL – EXECUÇÃO PENAL – NOVA CONDENAÇÃO – POSSIBILIDADE DE CONVERSÃO DA RESTRITIVA DE DIREITOS EM PRIVATIVA DE LIBERDADE – PRECEDENTES – ENTENDIMENTO DO TRIBUNAL DE ORIGEM EM CONTRASTE COM A JURISPRUDÊNCIA DO STJ – RECURSO PROVIDO. Esta Corte de Justiça firmou orientação no sentido da legalidade da conversão da pena restritiva de direitos em privativa de liberdade se, no curso da execução, sobrevém nova condenação e, em razão da unificação das penas, exsurge a inviabilidade de cumprimento da reprimenda anteriormente imposta. (STJ. REsp 1357666/RS. Rel. Min. Moura Ribeiro. 5ª T. j. 15.10.2013. v.u.)

AGRAVO EM EXECUÇÃO CONVERSÃO DE PENAS RESTRITIVAS DE DIREITOS E PENA PRIVATIVA DE LIBERDADE INCOMPATIBILIDADE CONVERSÃO NECESSÁRIA Ao Juiz da execução é facultado deixar de aplicar a conversão somente se for possível ao sentenciado cumprir, simultaneamente, a pena restritiva de direitos e a privativa de liberdade. Se a superveniente condenação é incompatível com aquela em cumprimento, implicará na conversão das penas restritivas de direitos em privativa de liberdade. AGRAVO NÃO PROVIDO. (TJSP. Agravo de Execução Penal n. 058980-52.2014.8.26.0000. Rel. Willian Campos. 4ª Câmara de Direito Criminal. j. 25.11.2014. v.u.)

Se a reconversão resulta de outra condenação, desnecessária oitiva do reeducando – CRIMINAL. HC. EXECUÇÃO. PROGRESSÃO DE REGIME. PRÁTICA DE CRIME DOLOSO. REGRESSÃO DE REGIME PRISIONAL. POSSIBILIDADE. NOVA CONDENAÇÃO. DESNECESSIDADE DE OITIVA PRÉVIA DO RÉU. AUSÊNCIA DE CONSTRANGIMENTO ILEGAL. ORDEM DENEGADA. I. Hipótese na qual o paciente encontrava-se cumprindo pena no regime semiaberto, e, com a prática de novo crime doloso, foi determinada a regressão para o regime fechado. II. A prática de fato definido como crime doloso ou de falta grave, a teor do art. 118, inciso I, da Lei de Execuções Penais, enseja a regressão de regime prisional. Precedentes. III. Evidenciada a prolação de sentença condenatória referente ao novo delito, descarta-se a necessidade de oitiva do réu antes da regressão de regime prisional, pois descabida eventual justificação do cometimento do fato delituoso ou demonstração de sua inocorrência. IV. Ordem denegada.(STJ. HC 42415/ SP. Rel. Min. Gilson Dipp. 5ª T. j. 18.08.2005. v.u.).

AGRAVO EM EXECUÇÃO – PRELIMINAR – REGRESSAO DE REGIME SEM OITIVA DA DEFESA – NOVA CONDENAÇÃO – NULIDADE INEXISTENTE – REJEIÇÃO – MÉRITO – UNIFICAÇÃO DE PENA E REGRESSÃO DO REGIME PRISIONAL EM FACE DE NOVA CONDENAÇÃO – CRIME EQUIPARADO A HEDIONDO – REGIME FECHADO – NECESSIDADE – DECISÃO MANTIDA – RECURSO NÃO PROVIDO. – Não é necessária a prévia oitiva da defesa para a regressão de regime, na hipótese em que sobrevir nova condenação que, após soma das penas, torne incabível o regime atual, conforme dispõe o art. 118, II, § 2º, da Lei 7.210/84. (...) (TJMG. Agravo em Execução Penal 1.0024.10.049868-2/001. Rel. Alberto Deodato Neto. 1ª Câmara Criminal. j. 21.08.2012. v.u.)

AUSÊNCIA DE CIÊNCIA PRÉVIA DO APENADO BEM COMO DA REALIZAÇÃO DE AUDIÊNCIA DE JUSTIFICAÇÃO. CERCEAMENTO DE DEFESA INOCORRENTE NA HIPÓTESE. UNIFICAÇÃO DE PENAS DECORRENTE DE NOVA CONDENAÇÃO TRANSITADA EM JULGADO EM QUE FOI ESTABELECIDO O REGIME INICIAL FECHADO. IRRELEVÂNCIA DO CONTRADITÓRIO. NULIDADE NÃO RECONHECIDA. RECURSO NEGADO. (TJSC. Agravo em Execução Penal 2011.063986-7. Rel. Jorge Schaefer Martins. 4ª Câmara Criminal. j. 29.03.2012. v.u.)

Mesmo se a reconversão resulta de outra condenação, necessária oitiva do reeducando – *HABEAS CORPUS*. CONVERSÃO DAS PENAS RESTRITIVAS DE DIREITOS EM PRIVATIVA DE LIBERDADE. UNIFICAÇÃO. OITIVA PRÉVIA DO ACUSADO. NECESSIDADE. ORDEM CONCEDIDA. 1. O Superior Tribunal de Justiça já assentou que, "convertida a pena restritiva de direitos em privativa de liberdade, sem a prévia oitiva do condenado em audiência de justificação, e sendo expedido mandado de prisão, restou configurado o constrangimento ilegal." (HC 27545/RJ, Rel. Ministro FELIX FISCHER, QUINTA TURMA, julgado em 17/08/2004, *DJ* 20/09/2004, p. 308) 2. Ordem concedida, para anular a decisão de primeiro grau que converteu as penas restritivas de direitos em privativa de liberdade, a fim de que outra seja proferida com a oitiva prévia do acusado. (STJ. HC 209.892 – PR. Rel. Min. Vasco Della Giustina. 6ª T. j. 17.04.2012. v.u.)

Sendo incompatível o cumprimento simultâneo de pena privativa de liberdade e restritiva de direito, deve-se sobrestar o cumprimento desta – Agravo em Execução. Conversão de pena restritiva de direito em privativa de liberdade. Impossibilidade. Sentenciado cumpria pena privativa de liberdade e foi posteriormente condenado à pena restritiva de direitos. Inexistência de descumprimento injustificado de condições impostas. Execução da pena mais gravosa precede a mais branda, que será cumprida posteriormente. Inteligência do art. 76 do Código Penal. Determinação de interrupção do lapso para aquisição de benefícios. Inviabilidade. Unificação de penas não configura, por si só, marco interruptivo para aquisição de benefícios prisionais. Agravo provido. (TJSP. Agravo de Execução Penal n. 059076-67.2014.8.26.00. Rel. Péricles Piza. 1ª Câmara de Direito Criminal. j. 01.12.2014. v.u.)

Agravo relativo a execução penal. Superveniência de novas condenações a penas restritivas de direito. Conversão dessas penas em privativa de liberdade. Impossibilidade. Inteligência do art. 76 do Código Penal. Cumprimento da pena privativa de liberdade primeiramente imposta e, assim, sobrestamento da segunda e terceira execuções, as quais serão cumpridas posteriormente. Recurso provido, portanto. (TJSP. Agravo de Execução Penal n. 0053749-44.2014.8.26.0000. Rel. Encinas Manfré. 15ª Câmara de Direito Criminal. j. 13.11.2014. v.u.)

AGRAVO EM EXECUÇÃO. NOVA CONDENAÇÃO. PENA RESTRITIVA DE DIREITOS. CONVERSÃO. Indevida a conversão posto que o art. 76 do Código Penal autoriza que o apenado cumpra a pena restritiva de direitos (PSC) após o término de cumprimento da pena privativa de liberdade, mais grave. AGRAVO PROVIDO. (TJRS. Agravo N. 70049582711. 5ª Câmara Criminal. Rel. Genacéia da Silva Alberton. j. 15.08.2012. v.u.)

4.8.6 Prisão cautelar por outro crime

Por vezes, o sentenciado ao cumprimento de pena restritiva de direito acaba sendo preso cautelarmente por outro delito. Nestas hipóteses, é preciso analisar a possibilidade de cumprimento simultâneo da pena alternativa e da prisão cautelar, caso em que a segregação não resultará em modificação daquela. Conforme já visto, não há impedimento para que o sujeito, mesmo preso, cumpra certas espécies de penas substitutivas, como a multa e a prestação pecuniária.

Verificada a incompatibilidade de cumprimento simultâneo, o melhor é suspender a execução da pena restritiva de direitos até eventual concessão de liberdade provisória ou até o trânsito em julgado da decisão no processo em que foi determinada a prisão cautelar. Neste caso, sendo o acusado condenado, caberá ao juiz da execução verificar a possibilidade de cumprimento simultâneo da reprimenda imposta na nova condenação e da pena restritiva ou a necessidade de reconversão. Por outro lado, vindo o réu a ser absolvido, a execução da pena restritiva poderá retomar o seu curso.

Jurisprudência

Suspensão da execução da pena restritiva em caso de prisão cautelar – CONSTITUCIONAL. PENAL. PENA RESTRITIVA DE DIREITOS: APENADO QUE VEM A SER PRESO EM FLAGRANTE PELA PRÁTICA DE OUTRO DELITO. CF, art. 5º, LVII. Código Penal, arts. 44, § 5º, e 116, parágrafo único. I. – Caso em que o recorrente fora condenado à pena restritiva de direitos – prestação de serviços à comunidade – e, cumprindo essa pena, foi preso em flagrante pela prática de outro delito. Por isso, foi a pena restritiva de direito convertida em privativa de liberdade. Alegação de ofensa ao princípio da presunção de inocência: C.F., 5º, LVII. II. – Conhecimento e provimento parcial do RE para o fim de ser aplicado o art. 44, § 5º, do Código Penal: após a superveniência de nova condenação é que decidir-se-á sobre a conversão. No caso, já iniciada a execução da pena de prestação de serviços, o apenado foi preso em flagrante, o que impede a continuidade da execução da pena restritiva de direito, pelo que ficará suspensa, com aplicação, relativamente à prescrição, do art. 116, parágrafo único, do Código Penal. (STF. RE 412514/RS. Rel. Min. Carlos Velloso. 2ª T. j. 29.06.2004 v.u.)

AGRAVO EM EXECUÇÃO. PENAS RESTRITIVAS DE DIREITO. PRISÃO PREVENTIVA EM OUTRO PROCESSO. CONVERSÃO. IMPOSSIBILIDADE. Inexistindo condenação à pena privativa de liberdade por outro crime que inviabilize o cumprimento simultâneo, tratando-se, apenas, de prisão cautelar, melhor solução, neste caso, a fim de evitar prejuízo irreparável ao apenado, que a execução das penas restritiva de direito fiquem suspensas até o transito em julgado do processo em que encarcerado preventivamente, ou até concessão de liberdade provisória. AGRAVO PARCIALMENTE PROVIDO (TJRS. Agravo n. 70047272901. 8ª Câmara Criminal. Rel. Danúbio Edon Franco. j. 21.03.2012. v.u.)

Prisão cautelar por outro delito não enseja reconversão da pena restritiva – *HABEAS CORPUS*. PORTE ILEGAL DE ARMA. CONVERSÃO DA PENA RESTRITIVA DE DIREITOS EM PRIVATIVA DE LIBERDADE. ART. 44, § 4º, DO CP. PRISÃO EM FLAGRANTE POR OUTRO DELITO. FUNDAMENTAÇÃO INIDÔNEA. ORDEM CONCEDIDA. 1. O fato de o paciente ter sido preso cautelarmente pelo suposto cometimento de outro delito não constitui, por si só, motivação idônea à conversão da pena restritiva de direitos pela privativa de liberdade. Inteligência dos art. 44, §§ 4º e5º, do Código Penal. 2. Ordem concedida para anular a decisão de conversão da pena, com a expedição do respectivo contramandado de prisão, prosseguindo-se a execução da pena alternativa. (...) No caso concreto, mostra inviável a aplicação do mencionado dispositivo legal, porquanto o descumprimento da pena restritiva de direitos está devidamente justificado na prisão cautelar do paciente pelo suposto cometimento de outro delito. (STJ. HC 85952 RJ. Rel. Min. Arnaldo Esteves Lima. 5ª T. j. 15.04.2008. v.u.)

4.8.7 Detração

Detração é o cômputo, na pena privativa de liberdade e na medida de segurança, do tempo de prisão provisória, de prisão administrativa ou de internação em hospital de custódia e tratamento psiquiátrico ou estabelecimento semelhante (art. 42 do CP). Embora a lei silencie, é amplamente majoritário o entendimento de que é possível a detração analógica em se tratando de sanções alternativas.

Tratando-se de penas alternativas mensuráveis temporalmente, como a prestação de serviços à comunidade, a limitação de fim de semana, a proibição de frequentar lugares etc., não há maiores dificuldades, bastando deduzir do tempo a cumprir o período de prisão provisória. No caso da prestação de serviços à comunidade, convém mencionar, a jurisprudência tem considerado um dia de prisão equivalente a uma hora de serviços prestados.

Por outro lado, em se tratando das penas alternativas não mensuráveis temporalmente, como a prestação pecuniária e perda de bens e valores, deverá o magistrado levar em consideração o período cumprido cautelarmente, reduzindo equitativamente o montante da pena. Para ilustrar, se o indivíduo cumpriu 1/3 da pena em prisão provisória, basta reduzir esse percentual do montante total a ser pago.

Por fim, se a sanção aplicada for superior a quatro anos, ainda que, devido à detração, resulte um *quantum* inferior a este número, não será cabível a restritiva de direitos, pois o que se deve levar em conta para se aferir a possibilidade de substituição é a "pena aplicada"[46].

Jurisprudência

Um dia de prisão cautelar equivale a uma hora de prestação de serviços à comunidade – EXECUÇÃO PENAL. *HABEAS CORPUS*. USO DE DROGAS E PORTE ILEGAL DE ARMA DE FOGO. CONDENAÇÃO À PENA PRIVATIVA DE LIBERDADE SUBSTITUÍDA POR RESTRITIVA DE DIREITOS. DETRAÇÃO DO TEMPO DE PRISÃO PROVISÓRIA. PRETENSÃO DE QUE CADA HORA DE PRISÃO SEJA COMPUTADA COMO HORA DE PRESTAÇÃO DE SERVIÇOS À COMUNIDADE. IMPOSSIBILIDADE. OFENSA AO PRINCÍPIO DA PROPORCIONALIDADE. TÉCNICA QUE ENSEJA IMPUNIDADE. COMPENSAÇÃO DE CADA DIA QUE O SENTENCIADO PERMANECEU CUSTODIADO PROVISORIAMENTE COM CADA DIA DE CONDENAÇÃO À PENA PRIVATIVA DE LIBERDADE SUBSTITUÍDA. INTERPRETAÇÃO ADEQUADA DOS ARTS. 42 DO CP E 111 DA LEP. 1. A detração penal está prevista, expressamente, para a pena privativa de liberdade e para a medida de segurança apenas (arts. 42 do CP e 111 da Lei 7.210/1984). Isso não significa que o instituto não possa ser aplicado às penas alternativas, uma vez que substituem a reprimenda privativa de liberdade pelo mesmo lapso de sua duração. 2. A aplicação do instituto da detração, no entanto, na forma como pretende a impetração, esbarra no princípio da proporcionalidade, pois a transformação em horas

---

[46] Gomes. *Direito penal: parte geral*. vol. 2. p. 813.

do tempo em que o paciente ficou provisoriamente preso, para fins de detração do tempo de prestação de serviços à comunidade a ser adimplido, enseja o cumprimento integral da pena imposta, mesmo que o acusado tenha permanecido custodiado apenas pelo lapso de 1 mês e 14 dias. 3. Mostra-se adequada e proporcional a detração penal em que se desconta o período em que o paciente permaneceu custodiado cautelarmente na proporção de 1 dia de prisão provisória para 1 dia de condenação à pena privativa de liberdade substituída. 4. Ordem denegada. (STJ. HC 202618/RS. Rel. Min. Sebastião Reis Júnior. 6ª T. j. 19.06.2012. v.u.)

Um dia de prisão cautelar equivale a 24 horas de prestação de serviços à comunidade – TÓXICO – Tráfico – Autoria e materialidade delitivas comprovadas, perfeitamente aperfeiçoadas ao tipo penal – Admissibilidade de aplicação do redutor máximo previsto no § 4º, do art. 33 da Lei 11.343/06 – Readequação das penas aplicadas – Recurso provido em parte. (...) considerado o cálculo da prestação de serviços comunitários, isto é, seiscentas e cinco horas, resultado de uma hora por dia de condenação, haver-se-á de subtrair dele o produto equivalente a 24 (vinte e quatro) horas vezes o número de dias em que o beneficiário permanece preso, ou seja, 814 (oitocentos e catorze) dias até agora (lapso temporal contado a partir da prisão, que teve início em 10 de setembro de 2009, e o dia desta sessão, 02 de dezembro de 2010), como forma de compensação ou detração (...) Afinal de contas, não se pode perder de vista nunca que cada três dias de jornada de trabalho de no máximo oito horas valem tanto quanto um dia de pena corporal efetivamente cumprida. E, uma vez presente essa diretriz, tem-se que já restou superada, por antecipação, a penalidade restritiva de direitos (prestação de serviços), pois o tempo de prisão já suportado pelo recorrente equivaleria a 19536 (dezenove mil quinhentos trinta e seis) horas de trabalho. (TJSP. Apelação n. 0014961-98.2009.8.26.0302. Rel. Christiano Kuntz. 7ª Câmara de Direito Criminal. j. 02.12.2010. v.u.)

Desconto da prestação pecuniária de montante equivalente à prisão provisória cumprida – PENAL E PROCESSUAL PENAL. AGRAVO DE EXECUÇÃO. PENA PRIVATIVA DE LIBERDADE SUBSTITUÍDA POR DUAS PENAS RESTRITIVAS DE DIREITO. PRESTAÇÃO PECUNIÁRIA. REDIMENSIONAMENTO. INVIABILIDADE. DETRAÇÃO. APLICAÇÃO À PRESTAÇÃO PECUNIÁRIA SUBSTITUTIVA. POSSIBILIDADE. (...) 3. Se a detração é cabível nas penas privativas de liberdade, na forma do art.42 do Código Penal e art. 111 da LEP, com muito mais razão tem-se presente, pois, seu cabimento no que diz respeito às restritivas, visto que seria um contrassenso admitir a detração com relação à pena mais grave, e negá-la nos casos mais brandos, em evidente afronta à equidade e à sistemática do Código Penal. 4. A prestação pecuniária tem o mesmo caráter substitutivo da pena de prestação de serviços à comunidade, motivo pelo qual deve ser procedida a detração também com relação a primeira, descontando-se da prestação pecuniária o equivalente à pena privativa de liberdade que já foi cumprida durante a prisão provisória, não havendo razão para se fazer distinção entre elas para fins de aplicação da detração. 5. Tratando-se de penas quantificáveis (em frações de salário mínimo, moeda corrente, tempo), tem-se que o critério da proporcionalidade deve implicar a redução de cada uma das penas alternativas na mesma proporção em que a pena privativa de liberdade se reputaria cumprida. 6. Agravo de execução penal parcialmente provido. (TRF4. Agravo de Execução Penal 50005992120144047013 PR. Rel. Sebastião Ogê Muniz. 7ª T. j. 08.04.2014. v.u.)

Admissível detração em se tratando de pena restritiva de direito – (...) A detração do período de prisão provisória deve ser aplicada à pena privativa de liberdade e, consequentemente, às restritivas de direito que lhe substituem. (TRF4. ACR 5004146-39.2013.404.7002. Rel. Sebastião Ogê Muniz. j. 05.08.2014. 7ª T. j. 05.08.2014. v.u.)

Inadmissível detração em se tratando de pena restritiva de direito – AGRAVO EM EXECUÇÃO. DETRAÇÃO REFERENTE A PENAS RESTRITIVAS DE DIREITO CUMPRIDAS EM EXCESSO EM DATA ANTERIOR AO COMETIMENTO DOS CRIMES EM QUE ESTÁ O AGRAVANTE CUMPRINDOPENA PRIVATIVA DE LIBERDADE. MANUTENÇÃO DA DECISÃO. O art. 42 do Código Penal é claro em autorizar a detração, para as penas privativas de liberdade – prisão provisória, prisão administrativa e internação em estabelecimento para tratamento mental – e não para as penas restritivas de direito, como a prestação de serviços à comunidade, como ocorre no caso em exame. Agravos desprovido. (TJRS. Agravo 70055451629. Rel. José Antônio Dalto e Cezar. 7ª Câmara Criminal. j. 20.03.2014. v.u.)

AGRAVO EM EXECUÇÃO PENAL. DETRAÇÃO DE UMA HORA DE PRESTAÇÃO DE SERVIÇOS À COMUNIDADE PARA CADA HORA DE PRIVAÇÃO DA LIBERDADE. AUSÊNCIA DE PREVISÃO LEGAL. IMPOSSIBILIDADE. 1. A detração da pena, nos termos do art. 42 do Código Penal, prevê o cômputo, na pena privativa de liberdade e na medida provisória, do tempo de prisão provisória, no Brasil ou no estrangeiro, o de prisão administrativa e o de internação em hospital de custódia e tratamento psiquiátrico. 2. O cálculo realizado para a detração da pena corresponde à subtração dos dias de duração da pena aplicada pelos dias em que o réu permaneceu preso antes da sentença. 3. Não há previsão legal para equivalência entre horas de prestação de serviços à comunidade e horas em que a apenada esteve presa provisoriamente. Logo, não há como realizar a detração da pena nos moldes requeridos pela defesa. (TRF4. Agravo de Execução Penal 50082321020144047005 PR. Rel. Altair Antonio Gregório. 7ª T. j. 07.10.2014. v.u.)

Admissível detração em se tratando de pena de multa – Agravo em Execução Penal. Detração da pena de multa. Possibilidade. Aplicação analógica do art. 42 do CP. Nova redação do art. 51 do CP não retirou o caráter penal da multa. Recurso ministerial improvido. (TJSP. EP 0204253-96.2013.8.26.0000. Rel. Alberto Mariz de Oliveira. j. 09.09.2014. 16ª Câmara de Direito Criminal. v.u.)

Agravo em Execução Penal. Extinção da pena de multa. Detração analógica para compensar a sanção pecuniária com excesso da pena privativa de liberdade. Condenada que descontou pena carcerária superior à imposta pela sentença condenatória. "Parquet" insurge-se alegando acerca da incompetência do juízo das Execuções Criminais, por ser a multa dívida de valor. Sem razão. A pena de multa mantém natureza de sanção penal. Detração bem aplicada. Agravo improvido. (TJSP. EP 0205017-19.2012.8.26.0000. Rel. Péricles Piza. j. 04.02.2013. 1ª Câmara de Direito Criminal. v.u.)

Inadmissível detração em se tratando de pena de multa – Agravo em execução penal. "Detração analógica" aplicada em 1º grau. Abatimento de parcela da sanção pecuniária em razão do cumprimento de tempo de prisão superior ao da condenação definitiva. Inadmissibilidade. Sanções penais de naturezas distintas, sendo a pena de multa dívida de valor executada pela Fazenda Pública (art. 51 do CP), pelo que não é admitida a compensação entre esta punição e a privação de liberdade. Precedentes. Agravo ministerial provido. (TJSP. EP 0064418-59.2014.8.26.0000. Rel. Diniz Fernando. 2ª Câmara de Direito Criminal. j. 24.11.2014. v.u.)

5

ESPÉCIES DE PENAS RESTRITIVAS PREVISTAS NO CÓDIGO PENAL

5.1 PRESTAÇÃO DE SERVIÇO À COMUNIDADE OU A ENTIDADES PÚBLICAS

5.1.1 Definição e regras gerais

A prestação de serviços à comunidade ou a entidades públicas é considerada a mais importante sanção alternativa, apresentando grandes vantagens à sociedade e também ao condenado. É uma forma eficaz de se conseguir a ressocialização do infrator, cumprindo-se a finalidade preventiva especial positiva da pena. O trabalho, além de elevar a autoestima, aspecto de inexcedível importância para recuperação do condenado, dá a este a oportunidade de compensar o mal causado pelo crime fazendo algo benéfico à comunidade.

Na observação de Claus Roxin, os serviços à comunidade, por serem um trabalho construtivo e exigir um engajamento maior do condenado, são mais vantajosos que privação da liberdade e a multa, as quais o autor apenas suporta passivamente[1].

Outrossim, através da prestação de serviços à comunidade, o condenado passa a se sentir necessário às outras pessoas e convive, nas entidades para as quais trabalha, com seres devotados ao próximo.

---

1 *Dogmática penal y política criminal*. p. 457.

Por meio do convívio com pessoas que se doam a outras, as quais precisam de auxílio, permite-se a ocorrência de lenta impregnação de seus valores e a transformação progressiva dos horizontes do apenado[2].

A imposição de serviços comunitários é forma de punição humana e produtiva, trazendo diversos benefícios à sociedade. Grupos, organizações ou indivíduos necessitados, que utilizem os serviços prestados pelo infrator, são beneficiados com a gratuidade do trabalho. E a comunidade tem a possibilidade de se envolver no sistema de justiça criminal e ajudar na reintegração do delinquente. Como pena, sustenta Antonio Carlos da Ponte, a prestação de serviços à comunidade "é reeducativa, visto que baseia-se na terapia laboral; é retributiva, já que é exercida através do trabalho gratuito junto a comunidade lesada pelo crime; e é intimidativa, na medida em que a punição mostra-se certa e palpável a todos"[3].

No direito pátrio, a prestação de serviços à comunidade encontra previsão na Constituição Federal, no art. 5º, XLVI, *d*, que prevê a pena de prestação social alternativa. Sobre esta disposição, leciona Sérgio Salomão Shecaira: "A grande vantagem de sua enunciação constitucional – com a proibição dos trabalhos forçados no inciso subsequente – foi a de ter eliminado qualquer duvida sobre a constitucionalidade do trabalho à comunidade. Dada sua gratuidade, que é parte de sua substancia, poder-se-ia afirmar ser ele um 'trabalho forçado'. No entanto, este é vedado, enquanto o trabalho comunitário é consagrado"[4].

Quanto à natureza jurídica da prestação de serviços comunitários, muitos entendem não se tratar de uma pena restritiva de direitos. Alberto Silva Franco e Rui Stoco afirmam tratar-se, em essência, de uma pena privativa de liberdade mitigada, realizada de forma descontínua no aspecto temporal. Nesse sentido, sustentam: "As penas de prestação de serviços à comunidade ou a entidades públicas e de limitação de fim de semana, mais do que penas restritivas de direitos,

---

2 Dotti. *Bases alternativas para o sistema de penas*. p. 373.

3 Prestação de serviços à comunidade – análise crítica e conclusiva do art. 46 do CP. *Revista dos Tribunais*. ano 84, v. 718, p. 337-341.

4 *Prestação de serviços à comunidade: alternativa à pena privativa de liberdade*. p. 45.

são penas que, de algum modo, limitam o direito de liberdade do condenado, sem submetê-lo à prisão. No caso da prestação de serviços à comunidade ou a entidades públicas, é ele obrigado a prestar pessoalmente, durante certo número de horas semanais que se prolongam por tempo predeterminado, tarefas gratuitas junto a determinadas entidades, públicas ou particulares. Ao fazê-lo, é evidente que não dispõe mais do tempo livre correspondente a essas horas semanais já que, sob acompanhamento, vê-se na contingência, nesse espaço temporal, de realizar, sem remuneração, algum tipo de trabalho"[5].

Em sentido contrário, entende David Teixeira de Azevedo tratar-se de autêntica restrição a direitos, discordando da corrente que vê nela uma expressão da pena privativa de liberdade. Sustenta o autor: "Na pena de privação, o direito de liberdade do agente encontra-se a princípio completamente tolhido, condição que se vai atenuando, ou privação que se vai paulatinamente diminuindo à medida do cumprimento da reprimenda e da sucessão dos estágios dos regimes. (...) Já na pena restritiva de direitos, na modalidade de prestação de serviços à comunidade ou limitação de fim de semana, a liberdade como direito de ir, vir e ficar do agente continua com plena expressão, liberdade que não é suprimida, autodeterminação espacial que permanece plena e íntegra. Ocorre aqui outro fenômeno. A liberdade é em certa medida restringida, não privada; o espectro de ação é reduzido, mas não supresso. Isto é completamente diferente da progressão de regime em que se transita de um espaço de privação para um espaço de gozo de liberdade. Na restritiva caminha-se de um espaço de gozo de liberdade para um espaço de pontual privação"[6]. Filiamo-nos a este entendimento, também adotado por Shecaira[7].

No Código Penal, estabelece o art. 46, § 1º, que "a prestação de serviços à comunidade ou a entidades públicas consiste na atribuição de tarefas gratuitas ao condenado". E, como preceitua o § 2º.,

---

5 *Código Penal e sua interpretação: doutrina e jurisprudência*. p. 285.

6 *Atualidades no direito e processo penal*. p. 170.

7 *Prestação de serviços à comunidade: alternativa à pena privativa de liberdade*. p. 45.

"dar-se-á em entidades assistenciais, hospitais, escolas, orfanatos e outros estabelecimentos congêneres, em programas comunitários ou estatais".

Há que se apontar uma imperfeição técnica, notada por David Teixeira de Azevedo: a rubrica diz "prestação de serviços à comunidade ou a entidades públicas", e, da mesma forma, tanto o *caput* quanto o § 1º do art. 46 falam da "prestação de serviços à comunidade ou a entidades públicas". Contudo, no § 2º, do mesmo artigo, lê-se "prestação de serviço à comunidade", sem qualquer referência à entidades públicas. Houve aqui, claramente, um lapso do legislador. O autor mostra ainda outro erro, este de grafia, relativo ao número do substantivo "serviço": a rubrica fala em "serviços", o art. 46, *caput,* diz "serviços" e também o art. 46, § 1º, fala em "serviços". Contudo, o art. 46, § 2º, usa a expressão "prestação de serviço". Nas palavras de Azevedo, é "um pequeno erro, que, contudo, ilustra o grande descaso com o trabalho legislativo"[8].

Com o advento da Lei 9.714/1998, tornou-se necessário, para imposição da prestação de serviços à comunidade ou a entidades públicas, que a condenação a pena privativa de liberdade seja superior a seis meses (art. 46, *caput*). Com isso, quis o legislador, provavelmente, evitar a mobilização do aparato estatal, necessária à fiscalização dos serviços comunitários, para penas exíguas.

De qualquer forma, esta restrição é bastante criticável, pois retira do juiz o poder de escolha da melhor modalidade de restrição de direitos aplicável ao caso concreto. Pior ainda é o fato de tal limitação ter sido imposta justamente em relação à prestação de serviços à comunidade, que é uma das mais importantes penas alternativas. Conforme entendimento de David Teixeira de Azevedo, "contraditoriamente, ao mesmo tempo em que ampliou indevidamente o campo de incidência de modo a alcançar as penas longas de prisão, restringiu-se o âmbito de possibilidade da pena de prestação. Se anteriormente podia ela ser aplicada a condenações inferiores a um ano ou a crime culposo, ou seja, a penas menores que seis meses de prisão, agora somente terá cabimento para condenação superior a

---

8 *Atualidades no direito e processo penal*. p. 176.

seis meses. Nada justifica a mudança, até porque pela sistemática do Código Penal, centrada no juízo de culpabilidade e orientada à perfeita individualização da reprimenda, deve-se possibilitar ao magistrado um leque de opções para o calibramento da pena justa, tanto quantitativa quanto qualitativamente, além do que essa sanção se situava dentro do campo próprio da incidência, ou seja, crimes menos graves com penas curtas de prisão"[9].

É a opinião de Bitencourt: "Essa *limitação*, para cima, da aplicabilidade da *prestação de serviços à comunidade* constitui um equívoco injustificável do legislador, impedindo que o magistrado possa adequar melhor a *pena justa* ao caso concreto. Para um diploma legal que *tem a pretensão de ampliar a opção de alternativas* à pena privativa de liberdade, não deixa de ser contraditória a limitação da aplicação de prestação de serviços comunitários *somente às condenações superiores a seis meses*. Essa incoerência ganha maior dimensão quando se constata que essa limitação exclui das pequenas infrações – *aquelas de menor potencial ofensivo* – tão só a aplicação da mais extraordinária pena alternativa, a que teve e tem maior repercussão e melhor aceitação em todo o mundo"[10].

Por fim, vale anotar que no Estatuto da Criança e do Adolescente (Lei 8.069/1990), dentre as medidas socioeducativas cominadas, há a prestação de serviços comunitários, consistente na realização de tarefas gratuitas de interesse geral, por período não excedente a seis meses, junto a entidades assistenciais, hospitais, escolas e outros estabelecimentos congêneres, bem como em programas comunitários ou governamentais. As tarefas devem ser atribuídas conforme as aptidões do adolescente, devendo ser cumpridas durante jornada máxima de oito horas semanais, aos sábados, domingos e feriados ou em dias úteis, de modo a não prejudicar a frequência à escola ou à jornada normal de trabalho (art. 117).

Há outras disposições específicas na legislação especial, conforme se verá no capítulo seguinte.

---

9 *Atualidades no direito e processo penal*. p. 176-177.

10 *Penas alternativas: análise político-criminal das alterações da Lei 9714/98*. p. 161.

5.1.2 Execução

Para dar início à execução da pena de prestação de prestação de serviços à comunidade, cabe ao juiz competente: a) designar a entidade ou programa comunitário ou estatal, dentre os cadastrados ou convencionados, em que o condenado trabalhará gratuitamente, de acordo com suas aptidões, e; b) determinar a intimação do condenado, cientificando-o da entidade, dias e horário em que deverá cumprir a pena (art. 149 da LEP).

É praxe a intimação do apenado para comparecimento ao fórum para retirar ofício de encaminhamento a ser entregue na entidade onde dará início ao trabalho. Todavia, somente se considera como termo inicial da execução a data do primeiro comparecimento efetivo à entidade.

O serviço realizado pelo condenado é gratuito e não gera vínculo empregatício. Não há, por parte da entidade receptora, nenhuma obrigação trabalhista ou previdenciária.

O processo de credenciamento das instituições que recebem prestadores de serviço é complexo, envolvendo não só os juízes, mas também a sociedade como um todo: primeiro, é preciso um trabalho de pesquisa para o levantamento das entidades locais; depois, deve-se proceder à consulta destas para, só então, efetuar o credenciamento – lembrando que o consentimento por parte das entidades requer a existência (e boa vontade) de funcionários, que são cidadãos comuns, conscientes ou não das questões sociais[11].

Tem-se debatido sobre a possibilidade de cumprimento da prestação de serviços à comunidade em empresa privada com fins lucrativos, havendo duas correntes: a) *possibilidade* – Não há qualquer vedação legal ou fática, e, além disso, o fato de as entidades privadas obterem lucros não as impede de promover programas assistenciais para melhorar a vida de uma comunidade, do meio ambiente ou de uma favela. Nesta hipótese, para Damásio de Jesus, deve o patronato ou a Central de Penas Alternativas formular pedido, acompanhado

---

[11] Cf. pesquisa realizada pelo ILANUD. Relatório IBCCrim Mato Grosso do Sul. Substitutivos penais – As experiências significativas da aplicação das penas alternativas no Brasil. p. 35-38.

de documentos e fundamentação, ao juiz das Execuções, o qual deliberará considerando a entidade privada e a natureza da tarefa a ser executada pelo apenado, a qual deve ser essencialmente social[12]; b) *impossibilidade* – É a corrente que adotamos. O trabalho em entidade com fins lucrativos caracteriza apropriação indevida de mão de obra. Ademais, a Convenção Americana de Direitos Humanos, no art. 6º, 3, estabelece que os serviços obrigatórios decorrentes de condenação judicial "devem ser executados sob a vigilância e controle das autoridades públicas, e os indivíduos que os executarem *não devem ser postos à disposição de particulares, companhias ou pessoas jurídicas de caráter privado*" (art. 6º, 3) (grifos nossos).

Inexistindo local apropriado para o cumprimento, previa o art. 3º, § único, da Lei 7.209/1984, que, no prazo de um ano a contar da vigência desta Lei, nas comarcas onde não fosse possível a prestação de serviços à comunidade, poderia o magistrado optar pela concessão do *sursis*. Esta norma não é mais aplicável, existindo atualmente, conforme magistério de Nucci, duas soluções: a) aguardar a prescrição, enquanto o Estado não oferece condições concretas para o cumprimento da pena; b) considerar-se-á a pena cumprida, caso, estando o condenado à disposição do Estado, transcorra o período da condenação. Esta, segundo o autor, não é a melhor solução, pois muitos mandados de prisão não são cumpridos por falta de vagas em presídio, e nem por isso a pena é considerada cumprida[13].

O trabalho terá duração de 8 horas semanais, sendo realizado aos sábados, domingos e feriados, ou em dias úteis, devendo o magistrado cuidar para que a prestação de serviços não prejudique a jornada normal de trabalho do réu (§ 1º). Justamente por esse motivo, é possível alterar a forma de execução da pena, a fim de ajustá-la às modificações ocorridas na jornada de trabalho (art. 149, III, da LEP). Entendemos possível, inclusive, a alteração da própria pena, caso o réu comprove impossibilidade de cumpri-la[14].

---

12 Pena de prestação de serviços à comunidade cumprida em empresa privada com fins lucrativos. *Revista Jurídica Consulex*, v. 11, n. 251, p. 26-39.

13 *Código Penal comentado*. p. 405.

14 Vide tópico "alteração da forma de cumprimento e da espécie de pena alternativa" (item 4.8.3).

Anteriormente à Lei 9.714/1998, as tarefas deviam ser realizadas durante todo o período da pena privativa substituída, por oito horas semanais, aos sábados, domingos e feriados ou em dias úteis (primitivo § único do art. 46). A referida Lei alterou esta sistemática, prevendo que as tarefas deverão ser cumpridas à razão de uma hora de tarefa por dia de condenação (art. 46, § 3º, do Código Penal). Deve o juiz converter o tempo da pena em dias, para, assim, encontrar o número de horas de prestação de serviços que devem ser cumpridas pelo condenado. A modificação foi salutar, passando a haver maior flexibilidade no cumprimento desta sanção, podendo-se fixar um cronograma de trabalho variável, de modo a não prejudicar a jornada normal de trabalho do sentenciado[15].

A Lei 9.714 passou a admitir a antecipação do cumprimento desta sanção. Para isto, há que se observar duas regras: 1ª) a pena substituída tem de ser superior a um ano. A *ratio* dessa exigência, exposta por Nucci, é o fato de se ter aumentado o teto para a substituição para quatro anos, sendo, portanto, injusto obrigar o sentenciado a permanecer por todo esse tempo, diária ou semanalmente, prestando os serviços comunitários, sem que possa antecipar o cumprimento[16]; 2ª) o tempo de cumprimento antecipado não pode ser inferior à metade da pena privativa de liberdade fixada (art. 46, § 4º). Por exemplo, se houve condenação a dois anos de pena privativa de liberdade, substituída por prestação de serviços à comunidade, o magistrado procederá à conversão desta pena em horas, e ao sentenciado ficará facultado cumpri-la antecipadamente, isto é, em período inferior a dois anos, mas nunca inferior a um ano.

Não se pode olvidar, contudo, que se criou uma situação incoerente, pois o condenado a pena de dois anos pode cumprir a sanção em um ano, enquanto o condenado a pena de um ano deverá cumpri-la pelo período integral. Por esse motivo, afirma Luiz Flávio Gomes que "para se fazer justiça, deve-se permitir a todos os condenados que, querendo, 'encurtem' a duração da pena de prestação de serviços até a metade, respeitando-se o patamar mínimo de seis meses"[17].

---

[15] Nucci. *Código Penal comentado*. p. 404.

[16] *Código Penal comentado*. p. 405.

[17] *Direito penal: parte geral*. v. 2. p. 808.

O trabalho sempre será estabelecido conforme as aptidões do condenado, não devendo o magistrado aplicar serviços infamantes ou vexatórios. Do contrário, a grande vantagem dos serviços comunitários, que é a promoção da autoestima e a possibilidade de se incutir valores nobres na mente do condenado, dificilmente será alcançada, podendo ocorrer até mesmo o efeito inverso. Ademais, reza a Constituição Federal, no art. 5º, XLIX, que "é assegurado aos presos o respeito à integridade física e moral". Nesta esteira de entendimento é a lição de Pierangeli e Zaffaroni: "Há textos em que se impõe ao apenado a prestação de serviços comunitários gratuitos de forma infamante, ou seja, a realização de determinados serviços à vista do público ou em condições de degradação da autoestima da pessoa. Esta introdução da pena de prestação de serviços à comunidade é uma maneira de restabelecer o pelourinho, altamente desaconselhável, posto que, em definitivo, pode possuir um efeito contraproducente, característica de toda pena infamante: o enfraquecimento da autoestima da pessoa pode facilitar, ou mesmo estimular, o apenado a assumir a sua situação de delinquente, em vez de atuar como contramotivação, que é o verdadeiro sentido da pena. Já sabemos que a pena, pela sua natureza, possui um certo aspecto estigmatizante, que é quase impossível de se evitar, mas que o sistema penal deve procurar reduzir ao máximo possível. Se se instrumentalizar a prestação de serviços à comunidade de forma infamante, o resultado será um aumento do efeito estigmatizante, que já existe em qualquer tipo de pena"[18].

A entidade beneficiada com a prestação de serviços deverá encaminhar, mensalmente, relatório ao Juiz da execução, bem como comunicar, a qualquer tempo, a ausência ou falta disciplinar do condenado (art. 150).

Jurisprudência

Inadmissível substituir a prestação de serviços à comunidade por outra pena – AGRAVO EM EXECUÇÃO PENAL. PEDIDO DE SUBSTITUIÇÃO DE PENA DE PRESTAÇÃO DE SERVIÇOS À

[18] *Manual de direito penal brasileiro*. v. 1. p. 693.

COMUNIDADE POR OUTRA ANÁLOGA. IMPOSSIBILIDADE. A substituição da pena de prestação de serviços à comunidade por outra pena análoga configura ofensa à coisa julgada, sendo apenas possível ao juízo de execução, determinar a forma do cumprimento da pena e fiscalizá-la. Além disso, pode o juiz de execução, em qualquer fase, adequar a forma de cumprimento da reprimenda às condições do apenado, conforme o art. 148 da LEP . AGRAVO DESPROVIDO. (TJRS. Agravo N. 70055975783. Rel. Lizete Andreis Sebben. 2ª Câmara Criminal. j. 19.12.2013. v.u.)

Trabalho não impede cumprimento de prestação de serviços à comunidade – AGRAVO EM EXECUÇÃO. Modificação da pena restritiva de direitos. Condenação à prestação de serviços à comunidade. Substituição por prestação pecuniária. Impossibilidade – A pena restritiva de direito imposta foi devidamente aplicada nos termos do art. 43 e 44 do Código Penal, aliada ao grau de reprovação social da conduta perpetrada Inteligência dos arts. 148 da LEP e 46, § 3º, do Código Penal – Recurso improvido. (...) os motivos suscitados pelo agravante (viagens, trabalho, cursos) podem levar, sim, a uma adequação da pena de prestação de serviços à comunidade, que foi fixada pelo Juízo competente para tanto, mas não autorizam sua substituição por modalidade diversa, mantendo-se, desta forma, a r. decisão ora guerreada. (TJSP. Agravo de Execução Penal n. 0057719-52.2014.8.26.0000. Rel. Edison Brandão. 4ª Câmara de Direito Criminal. j. 25.11.2014. v.u.)

EXECUÇÃO PENAL. Pleito de substituição da pena de prestação de serviços à comunidade por outra restritiva de direitos, sob a alegação de falta de tempo para o cumprimento da sanção imposta. Impossibilidade. Pretensão carente de justificativa plausível. Modificação reivindicada que, ademais, violaria o instituto da coisa julgada. Possibilidade somente de alteração da forma de cumprimento da pena restritiva de direitos imposta, ajustando-a às condições do condenado (art. 148, LEP). Precedentes do STJ. Decisão mantida. Agravo improvido. (TJSP. Agravo de Execução Penal n. 002045-89.2014.8.26.00. Rel. Tristão Ribeiro. 5ª Câmara de Direito Criminal. j. 15.05.2014. v.u.)

O fato de o réu trabalhar não elide a imposição da pena substitutiva de prestação de serviços à comunidade, pois ela será imposta pelo Juiz da Execução de acordo com as aptidões e disponibilidade de tempo do apenado. (TJPR. ACR 7032513 PR. Rel. Lilian Romero. 2ª Câmara Criminal. j. 31.03.2011. v.u.)

Jornada em turno integral não inviabiliza prestação de serviços à comunidade – AGRAVO EM EXECUÇÃO. SUBSTITUIÇÃO, EM SEDE DE EXECUÇÃO, DA PENA DE PRESTAÇÃO DE SERVIÇOS À COMUNIDADE EM PRESTAÇÃOPECUNIÁRIA. INVIABILIDADE NO CASO DOS AUTOS. Caso em que a postulada substituição da pena restritiva de direitos de prestação de serviços à comunidade em prestação pecuniária, com base no art. 148 da Lei de Execuções Penais, não se mostra possível no caso dos autos, pois que a jornada de trabalho do condenado em turno integral não evidencia nenhuma excepcionalidade, tampouco justificativa para o seu não cumprimento, considerando que eventual incompatibilidade de horários poderá ser adequada pelo juízo da VEC. AGRAVO EM EXECUÇÃO DESPROVIDO. (TJRS. Agravo N. 70055224372. Rel. José Conrado Kurtz de Souza. 7ª Câmara Criminal. j. 21.11.2013. v.u.)

Falta de tempo não autoriza substituição da prestação de serviços à comunidade – AGRAVO EM EXECUÇÃO. ALTERAÇÃO DA MODALIDADE DE PENA RESTRITIVA DE DIREITO EM FASE DE EXECUÇÃO. IMPOSSIBILIDADE. OFENSA AO INSTITUTO DA COISA JULGADA MATERIAL. – A alegada "falta de tempo" não permite a supressão da prestação de serviços à comunidade ou sua substituição por prestação pecuniária, porque, além da falta de amparo legal, tal pretensão ofende a coisa julgada material. Toda penalidade exige certo esforço do condenado e este não tem poder para ditar qual pena deseja cumprir, competindo ao Juízo da Execução, quando muito, alterar a forma de cumprimento, sem alterá-la por outra modalidade de pena restritiva de direito. Precedentes. (TJMG. AGEPN 10024120451406001. Rel. Renato Martins Jacob. 2ª Câmara Criminal. j. 04.04.2013. v.u.)

Adequação da forma de cumprimento da prestação de serviços à comunidade ao trabalho do réu – (...) Manutenção da pena alternativa de prestação de serviços à comunidade – cuja alteração é pleiteada pelo apelante, sob o argumento de que é caminhoneiro e necessita viajar, para atender às suas necessidade profissionais –, por ser mais adequada à terapêutica penal. No momento oportuno, contudo, o réu poderá pleitear, junto ao Juízo da Execução, a fixação de jornada compatível com sua atividade, nos termos do art. 46, § 3º, do Código Penal, mesmo porque a sentença condenou-o a 7 (sete) horas semanais de prestação de serviços, aos sábados, domingos, feriados ou dias úteis, "de modo a não prejudicar a jornada normal de trabalho". (...) (TRF1. ACR 2004.41.00.005251-6/RO. Rel. Assusete Magalhães. 3ª T. j. 10.05.2011. v.u.)

Réu não pode escolher o local de cumprimento da prestação de serviços – AGRAVO EM EXECUÇÃO. PENA DE PRESTAÇÃO DE SERVIÇOS ÀCOMUNIDADE EM LOCAL COMPATÍVEL COM SUA APTIDÃO. PEDIDO DE TRANSFERÊNCIA DO CUMPRIMENTO DA PENA PARA OUTRO LOCAL. INVIABILIDADE. IMPROVIMENTO. A despeito da forma de cumprimento da pena de prestação de serviços à comunidade ter de adaptar-se às condições pessoais do condenado e suas qualificações profissionais, não tem este o direito de escolher onde cumprirá a pena, competindo ao juiz da execução a escolha. Inteligência dos arts. 148 e 149, da LEP. Agravo improvido. (TJRS. Agravo N. 70056278740. Rel. Gaspar Marques Batista. 4ª Câmara Criminal. j. 19.12.2013. v.u.)

Admissível prestação de serviços à comunidade por deficiente físico – APELAÇÃO CRIMINAL. ESTELIONATO MAJORADO. ART. 171, § 3º, DO CÓDIGO PENAL. REDUÇÃO DA PENA DE MULTA. PENAS SUBSTITUTIVAS À PRISÃO. PENA PECUNIÁRIA E PENA DE PRESTAÇÃO DE SERVIÇOS COMUNITÁRIOS. HIPOSSUFICIÊNCIA E INVALIDEZ. (...) O simples fato de ser o apenado portador de deficiência física não justifica a sua dispensa da prestação de serviços à comunidade, pois ao juízo da execução compete definir a espécie de prestação e a forma conforme a qual deverá o apenado exercê-la, obviamente levando em consideração as suas limitações físicas e intelectuais. (...) (TRF2. APR 201051070002670. Rel. Marcelo Pereira da Silva. 2ª T. Especializada. j. 04.12.2012. v.u.)

A deficiência física do condenado, *in casu*, não constitui óbice ao cumprimento da pena de prestação de serviços à comunidade, uma vez que as tarefas são atribuídas conforme os limites físicos e as aptidões de cada condenado. (TJMG. Apelação Criminal 1.0153.11.006687-2/001. Rel. Flávio Leite. 1ª Câmara Criminal. j. 09.10.2012. v.u.)

Admissível substituição quando não possível a prestação de serviços na comarca – Execução penal. Condenação transitada em julgado. Substituição da pena restritiva de direito consistente em prestação de serviços à comunidade por prestação pecuniária. Impossibilidade de execução da prestação de serviços na Comarca em que reside o sentenciado. Substituição por prestação pecuniária, consistente no valor correspondente a um salário mínimo. Admissibilidade. Aplicação de disposição constante do art. 148 da LEP. Decisão mantida. Agravo não provido. (TJSP. EP 7000138-57.2013.8.26.0270. Rel. Otávio de Almeida Toledo. 16ª Câmara de Direito Criminal. j. 09.09.2014. v.u.)

Prestação pecuniária é mais benéfica ao réu que prestação de serviços à comunidade – Apelação Criminal. Furto qualificado tentado. Autoria e materialidade bem delineadas. Modificada a pena restritiva de direitos de prestação de serviços à comunidade por ausência de fundamentação, com substituição por prestação pecuniária no valor de 10 dias -multa, por ser mais benéfica. Recurso parcialmente provido. (TJSP. APL 0053579-24.2011.8.26.0050. Rel. Eduardo Abdalla. 2ª Câmara Criminal. j. 10.05.2013. v.u.).

Admissível alterar prestação de serviços à comunidade por prestação pecuniária em razão de problema de saúde – AGRAVO EM EXECUÇÃO. SUBSTITUIÇÃO DE PENA DE PRESTAÇÃODE SERVIÇOS À COMUNIDADE POR PECUNIÁRIA. Ante a comprovação de que o apenado apresenta saúde fragilizada, restringindo suas atividades, correta a decisão que deferiu a substituição da PSC por pena pecuniária. AGRAVO DESPROVIDO. (TJRS. Agravo N. 70054001722. Rel. Rogerio Gesta Leal. 4ª Câmara Criminal. j. 13.06.2013. v.u.)

Admissível alteração da prestação de serviços à comunidade por outra pena em razão de idade avançada – PENAL. PROCESSUAL PENAL. APELAÇÃO CRIMINAL. APROPRIAÇÃO INDÉBITA PREVIDENCIÁRIA. EXTINÇÃO DA PUNIBILIDADE: PRESCRIÇÃO RETROATIVA PARCIAL. DIFICULDADES FINANCEIRAS NÃO COMPROVADAS. CONDENAÇÃO MANTIDA. DOSIMETRIA. (...) Tendo em vista idade avançada do réu, a pena restritiva de direitos de prestação de serviços à comunidade resta substituída, de ofício, pela multa prevista no § 2º do art. 44 do Código Penal, no valor de dois salários mínimos (...) (TRF3. ACR 1053 SP. Rel. Johonsom Di Salvo. 1ª T. j. 03.05.2011. v.u.)

Inadmissível alteração da prestação de serviços à comunidade por outra pena em razão de idade avançada e hipertensão arterial – PENAL. ESTELIONATO. PENA RESTRITIVA DE DIREITO. PRESTAÇÃO DE SERVIÇOS À COMUNIDADE. SUBSTITUIÇÃO. PENA DE MULTA. FIXAÇÃO. CRITÉRIOS. 1. Da leitura do art. 46 do CP, evidencia-se que a prestação de serviços à comunidade consiste na determinação de tarefas atribuídas a partir das aptidões do condenado, na forma a ser especificada na execução penal, tendo como destinatários a comunidade ou entidades de caráter público, ONG`s, orfanatos, creches, parques, escolas, hospitais, etc. Vislumbra-se, pois, na aludida modalidade de pena restritiva de direito um nítido caráter retributivo – na medida em que não perde a natureza jurídica de sanção – e ressocializador, considerando que não remove do convívio social o autor do fato criminoso, mostrando-lhe, na verdade, o seu papel junto ao exercício da cidadania ou até mesmo, dando-lhe oportunidade de trabalho, sendo detectadas aptidões profissionais e artísticas no cumprimento daquela. Partindo dessa premissa, de forma alguma se sustenta o pleito do ora apelante no sentido da exclusão da prestação de serviços à comunidade em função do mesmo ser portador de hipertensão arterial e de ostentar idade avançada, na medida em que esta não o impede de cumprir determinadas funções, que lhe serão conferidas de acordo com as suas próprias limitações e habilidades. (...) (TRF2. ACR 2005.50.01.004005-0. Rel. Liliane Roriz. 2ª T. Especializada. j. 24.06.2009. v.u.)

Filho menor não impede o cumprimento de prestação de serviços à comunidade – AGRAVO EM EXECUÇÃO. SUBSTITUIÇÃO DA PENA RESTRITIVA DE PRESTAÇÃO DE SERVIÇOS À COMUNIDADE POR PRESTAÇÃO PECUNIÁRIA. Ausente comprovação efetiva de que a reeducanda não possua condições de cumprir a pena de prestação de serviços à comunidade, uma vez que o fato de possuir filho menor de idade, sob os seus cuidados, por si só, não impede o cumprimento da reprimenda imposta. AGRAVO DESPROVIDO. (TJRS. Agravo N. 70057415655. Rel. Rogerio Gesta Leal. 4ª Câmara Criminal. j. 12.12.2013. v.u.)

Alteração de prestação de serviços à comunidade por outra pena restritiva em razão de problema de saúde exige comprovação – AGRAVO EM EXECUÇÃO. SUBSTITUIÇÃO DE PENA DE PRESTAÇÃO DE SERVIÇOS À COMUNIDADE POR PECUNIÁRIA. Ausente comprovação efetiva de que o apenado apresenta saúde fragilizada, correta a decisão que indeferiu a substituição da PSC por pena pecuniária. AGRAVO DESPROVIDO. (TJRS. Agravo N. 70056548506. Rel. Rogerio Gesta Leal. 4ª Câmara Criminal. j. 17.10.2013. v.u.)

Aptidão do apenado ao cumprimento de prestação de serviços à comunidade deve ser interpretada de forma ampla – AGRAVO EM EXECUÇÃO PENAL. PRESTAÇÃO DE SERVIÇOS À COMUNIDADE. SUPERVISOR DA EXECUÇÃO PENAL. APTIDÕES DO APENADO. Somente ao Juiz incumbe conduzir a execução da pena infligida, sendo delegáveis ao Supervisor das Execuções Penais apenas o controle do tempo restante para o cumprimento da pena e demais atos que não impliquem conteúdo decisório, nos termos do Ato Regulamentar n. 641

do Conselho da Justiça Federal. A compatibilidade da prestação de serviços com as aptidões do apenado não deve ser aferida de forma restrita, sob pena de se inviabilizar a aplicação da referida pena restritiva de direitos (...). (TRF4. AGEPN 3452 RS. Rel. Vilson Darós. 2ª T. j. 14.09.2000. v.u.)

Desnecessidade de cumprimento da prestação de serviços à comunidade na área em que o réu tenha formação acadêmica – EXECUÇÃO PENAL. PRESTAÇÃO DE SERVIÇOS À COMUNIDADE. ENTIDADES PÚBLICAS. COMPATIBILIDADE DAS TAREFAS COM AS APTIDÕES DO CONDENADO. (...) As normas dispostas no art. 46, § 3º, do Estatuto Repressivo e no art. 149, inciso I, da Lei 7.210/1984 (Lei de Execuções Penais) têm a finalidade de impedir a imposição de tarefas muito difíceis ou quase impossíveis de serem cumpridas pelo executado, ou seja, visam impossibilitar a determinação de atividades com nível de dificuldade superior à capacidade do executante, não significando que devam limitar-se a uma área específica em que tenha formação acadêmica. (...) (TRF4. AGEPN 2005.72.04.009402-2. Rel. Luiz Fernando Wowk Penteado. 8ª T. j. 14.06.2006. v.u.)

Inadmissível prestação de serviços à comunidade para condenação não superior a 6 meses – Nos termos do art. 46 do Código Penal, a pena restritiva de direitos consistente na prestação de serviços à comunidade ou a entidades públicas é aplicável apenas às condenações superiores a 6 (seis) meses de privação de liberdade. (TJDF. APR 0017008-11.2011.8.07.0009. Rel. Nilsoni de Freitas, 3ª Turma Criminal. j. 18.06.2014. v.u.)

Admissível prestação de serviços à comunidade para condenação não superior a 6 meses – (...) Sendo a prestação de serviços à comunidade modalidade de pena restritiva que mais se aproxima da realidade do denunciado, viável a substituição, ainda quando a pena seja inferior a seis meses, consideradas as circunstâncias do fato e as condições pessoais do acusado. Apelação improvida. (Recurso Crime N. 71001088996. Rel. Angela Maria Silveira. Turma Recursal Criminal. j 12.03.2007. v.u.)

Antecipação do cumprimento como faculdade do apenado – (...) Conforme interpretação do art. 46,§ 4º, do Código Penal, é facultado ao condenado, cuja pena seja superior a 1 (um) ano, cumprir a pena substitutiva em menor tempo, respeitada a metade da pena privativa de liberdade substituída. A referida faculdade legal deve ser exercida por iniciativa do réu, sendo vedado ao magistrado sentenciante fixar a duração da pena restritiva de direitos aquém da pena privativa de liberdade substituída. (TJPR. ACR 6364416. Rel. Marques Cury. 3ª Câmara Criminal. j. 15.04.2010. v.u.)

Antecipação do cumprimento depende de decisão judicial – AGRAVO EM EXECUÇÃO PENAL. PRESTAÇÃO DE SERVIÇOS À COMUNIDADE. FORMA DE CUMPRIMENTO. A pena restritiva de direitos de prestação de serviços à comunidade deverá ser cumprida à razão de uma hora de tarefa por dia de condenação, fixada de modo a não prejudicar a jornada de trabalho do condenado (art. 46, § 3º do CP). Na espécie, o agravado, alegando dificuldade em cumprir a reprimenda, porque trabalha com fretes, por sua própria conta e risco, cumpriu as 365 horas a que foi condenado em tempo menor do que aquele disposto em audiência admonitória, onde ficou estabelecido que a pena seria cumprida pelo prazo de 1 ano, à razão de 1 hora diária de efetivo trabalho por dia de condenação. Inexistência de decisão que modificasse a forma de cumprimento da PSC (art. 148 da LEP). Impossibilidade de o reeducando fazê-lo por conta própria, havendo necessidade de decisão judicial, devidamente motivada, quanto ao cabimento e adequação da alteração a ser procedida, oportunizando-se ao Ministério Público, então, eventual recurso. Inaplicabilidade do § 4º do art. 46 do CP, que faculta ao condenado o cumprimento da PSC em menor tempo, uma vez que, na hipótese, a pena é de 1 ano. Reformada a decisão que extinguiu a pena, pelo cumprimento. AGRAVO PROVIDO, DESCONSTITUINDO-SE A DECISÃO ATACADA. (TJRS. Agravo N. 70017665217. Rel. Fabianne Breton Baisch. 8ª Câmara Criminal. j. 07.02.2007)

Trabalho realizado fora da instituição beneficiária, com o consentimento desta, não caracteriza descumprimento – AGRAVO EM EXECUÇÃO PENAL – PENA RESTRITIVA DE DIREITOS – RECONVERSÃO EM PENA PRIVATIVA DE LIBERDADE – AUSÊNCIA DE DESCUMPRIMENTO DA PENA – I – Hipótese em que o condenado, apesar de ver frustrado seu direito ao cumprimento da pena restritiva de direitos preferencialmente aos sábados, domingos e feriados, entrou em acordo com a instituição beneficiária, buscando a melhor forma de colocar seus conhecimentos médicos à disposição da instituição e seus clientes; II – Embora o trabalho realizado fora da instituição fuja à previsão de que o condenado deveria comparecer ao estabelecimento para prestar o serviço, a verdade é que o trabalho foi realizado, sendo-lhe atribuído carga horária, por critérios afetos à instituição; III – Não se pode atribuir ao condenado falta de disciplina ou de senso de responsabilidade, se a própria instituição concordou e colaborou na alteração da forma de cumprimento da pena (...). (AGEPN 2007.50.01.004579-1. Rel. Messod Azulay Neto. 2ª T. especializada. j. 09.10.2007. v.u.)

Inserção de dados falsos em relatório de cumprimento de prestação de serviços à comunidade caracteriza crime de falsidade ideológica – A inserção dados falsos em documento comprobatório de prestação de serviços à comunidade de apenado configura o tipo penal regulado no art. 299 do Código Penal. (TRF4. Acr 2004.72.00.015990-6. Rel. Luiz Fernando Wowk Penteado. 8ª T. j. 20.05.2009. v.u.)

DIREITO PENAL. FALSIDADE IDEOLÓGICA. ARTIGO 299 DO CP. INSERÇÃO DE DADOS FALSOS EM RELATÓRIO MENSAL DE PRESTAÇÃO DE SERVIÇOS COMUNITÁRIOS. MATERIALIDADE E AUTORIA. DOLO. DOSIMETRIA DA PENA. CONCURSO ENTRE ATENUANTE DE CONFISSÃO E AGRAVANTE DA REINCIDÊNCIA. PREPONDERÂNCIA. SUBSTITUIÇÃO POR RESTRITIVAS DE DIREITOS. 1. A materialidade e autoria em relação ao delito de falsidade ideológica mostram-se comprovadas através do relatório mensal de atividades do apenado e pela documentação acostada, notadamente a ficha de registro de hóspedes, dando conta de que o réu realizou viagem turística, em período no qual foi atestado o efetivo cumprimento da pena restritiva de serviços à comunidade. (TRF4. Acr 2003.71.14.005844-2. Rel. Élcio Pinheiro de Castro. 8ª T. j. 06.08.2008. v.u.)

5.1.2.1 Dificuldades para encaminhamento dos sentenciados e para fiscalização da execução

Embora a prestação de serviços à comunidade seja uma das mais importantes penas alternativas, com grande potencial para promover o efetivo cumprimento das finalidades da pena, tem se revelado problemática a sua aplicação concreta.

Muitas são as dificuldades para operacionalizar a execução desta pena e vão desde a inexistência de entidades apropriadas e pessoal especializado até a fiscalização do seu cumprimento[19].

---

[19] Bitencourt. *Penas alternativas*: análise político-criminal das alterações da Lei 9714/98. p. 159-160.

Um dos principais problemas é o cadastramento de entidades para encaminhamento dos apenados. Em amplo levantamento nacional sobre a execução de penas alternativas, feito entre dezembro de 2004 e janeiro de 2006 pelo Instituto Latino Americano das Nações Unidas para Prevenção do Delito e Tratamento do Delinquente (ILANUD/Brasil), apontou-se que as entidades beneficiárias estabelecem restrições para receberem apenados, principalmente quanto a delitos violentos e relacionados a drogas. Tais restrições, observou o estudo, podem comprometer o processo de reintegração e participação da sociedade no cumprimento da pena de prestação de serviços à comunidade[20].

Nos últimos anos, não houve melhora considerável nesse panorama, havendo muitas comarcas em que os juízes não têm para onde encaminhar autores de crimes que tiveram a sua condenação substituída por prestação de serviços à comunidade.

De acordo com estudo feito em 2014 pelo Ministério da Justiça e pelo Instituto de Pesquisa Econômica Aplicada (IPEA), as instâncias responsáveis pela execução de penas e medidas alternativas relatam que são frequentes os casos de não adaptação do cumpridor ou de rejeição por parte das instituições. Há entidades que não querem aceitar prestadores, tanto por serem apenados, quanto pela responsabilidade de informarem o Poder Judiciário sobre o cumprimento das sanções.

A pesquisa também ressaltou que o tipo penal pelo qual o prestador foi condenado é um empecilho no contato com as instituições, sendo que o tráfico de drogas enfrenta especial dificuldade para o encaminhamento de prestadores[21].

Outro ponto problemático é a fiscalização de tais penas, geralmente feita por funcionários das próprias entidades beneficiárias, que enviam relatório de frequência à Vara de Execução Criminal, não tendo o magistrado condições de aferir o efetivo cumprimento da pena.

Nesse sentido, a pesquisa feita pelo Ministério da Justiça e pelo IPEA identificou que, na maioria das vezes, as varas acabam delegando

---

20 Estrutura dificulta pena sem prisão. *O Estado de S. Paulo*. São Paulo, 25 jul. 2008. Metrópole. p. 1.

21 *A aplicação de penas e medidas alternativas*. Relatório de pesquisa, realizada em parceria pelo Ministério da Justiça e pelo Instituto de Pesquisa Econômica Aplicada (IPEA), Rio de Janeiro, 2015.

as funções de encaminhamento, acompanhamento e fiscalização, ocupando-se apenas da parte cartorial e da realização de audiências. A falta de estrutura para execução e fiscalização do cumprimento deste tipo de sanção, bem como a resistência de parte das instituições conveniadas em receber apenados para a prestação de serviços, ensejam até mesmo a não substituição em hipóteses nas quais esta seria cabível.

5.1.2.2 Reconversão

A Lei de Execução Penal disciplina, no art. 181, § 1º, as hipóteses de reconversão da pena de prestação de serviços à comunidade em privativa de liberdade. Isso ocorre quando o condenado:

a) *não for encontrado por estar em lugar incerto e não sabido, ou desatender a intimação por edital* – após o trânsito em julgado da decisão que condenou o réu à pena restritiva de direito, deve-se intimá-lo para dar início ao cumprimento da sanção. Caso o réu não seja encontrado no endereço fornecido nos autos, nem atenda à intimação por edital, é cabível a reconversão. Nas hipóteses em que o réu participa do processo de conhecimento, mas não é localizado na fase de execução da sentença – porque, por exemplo, mudou de endereço sem comunicar o juízo – entendemos desnecessária a intimação editalícia[22].

b) *não comparecer, injustificadamente, à entidade ou programa em que deva prestar serviço* – conforme visto, o apenado à prestação de serviços à comunidade deve ser intimado para dar início ao cumprimento da sanção. Caso o réu, devidamente intimado, simplesmente não compareça, fica autorizada a reconversão, mediante prévia oitiva do acusado.

c) *recusar-se, injustificadamente, a prestar o serviço que lhe foi imposto* – cuida-se da hipótese em que o réu oferece óbice injustificado ao cumprimento da pena. Naturalmente, se a recusa for justificável (ex.: atividade extenuante, degradante, incompatível com as condições físicas do réu ou com sua atividade laboral), a solução é a alteração da forma de cumprimento ou da própria pena. Assim, deve o

---

22 O tema não é pacífico. Vide tópico "reconversão" no capítulo anterior (item 4.8.4).

magistrado ouvir previamente o acusado antes da reconversão, oportunidade em que poderá conhecer as razões para a recusa e deliberar sobre validade ou não.

d) *praticar falta grave* – as hipóteses estão no art. 51 da LEP, sendo certo que algumas delas são mera repetição das alíneas do art.181, § 1º: I – descumprir, injustificadamente, a restrição imposta; II – retardar, injustificadamente, o cumprimento da obrigação imposta; III – inobservar os deveres previstos nos incisos II e V, do art. 39, quais sejam, obedecer o servidor e respeitar a qualquer pessoa com quem deva relacionar-se e executar o trabalho, as tarefas e as ordens recebidas;

e) *sofrer condenação por outro crime à pena privativa de liberdade, cuja execução não tenha sido suspensa* – caso o réu seja condenado à pena privativa de liberdade por outro crime, havendo incompatibilidade com o cumprimento da pena restritiva imposta, o caso é de reconversão desta[23].

Jurisprudência

Inadmissível desconsiderar as horas já trabalhadas em caso de descumprimento de prestação de serviços à comunidade – AGRAVO EM EXECUÇÃO. PRESTAÇÃO DE SERVIÇOS À COMUNIDADE. CUMPRIMENTO MÍNIMO DE TRINTA HORAS MENSAIS, SOB PENA DE DESCONSIDERAÇÃO. IMPOSSIBILIDADE. Inexiste no ordenamento jurídico pátrio previsão de perda das horas efetivamente trabalhadas, pelo apenado, em razão do descumprimento do período mínimo estabelecido na sentença, na sua prestação de serviços à comunidade. Com efeito, em havendo descumprimento injustificado da pena restritiva de direitos, impõe-se sua conversão em privativa de liberdade, computando-se as horas trabalhadas para fins de detração. AGRAVO PROVIDO. (TJRS. AGV 70044155380. Rel. Isabel de Borba Lucas. 8ª Câmara Criminal. j. 31.08.2011. v.u.)

---

[23] Vide tópico "condenação por outro crime" (item 4.8.5).

5.2 PRESTAÇÃO PECUNIÁRIA

5.2.1 *Definição e regras gerais*

A prestação pecuniária é uma das modalidades de penas alternativas introduzidas pela Lei 9.714/1998, consistente no pagamento em dinheiro à vítima, a seus dependentes ou a entidade pública ou privada com destinação social, de importância fixada pelo juiz, não inferior a um salário mínimo, nem superior a 360 salários mínimos (art. 45, § 1º).

De início, desperta atenção a falta de técnica legislativa envolvendo o tema. A prestação pecuniária – assim como a perda de bens e valores – é tratada em um parágrafo do art. 45. Todavia, como observa David Teixeira de Azevedo, a definição de uma pena não deveria ser feita através de um mero parágrafo de um artigo isolado da lei, pois "a sanção penal constitui sempre o centro do dispositivo, situado numa escala diferenciada de relevância, num patamar de especial proeminência e preeminência e nunca de subalternidade". Ademais, aponta o autor, "a matéria tratada no parágrafo deve guardar uma relação temática com aquela cuidada no *caput*", o que aqui não ocorre, já que o *caput* trata de regras sobre como deve se dar a substituição[24].

Outrossim, embora o legislador tenha previsto a prestação pecuniária como espécie de pena restritiva de direitos, a doutrina amplamente majoritária entende que tal sanção, assim como a perda de bens e valores, não tem esta natureza, uma vez que não envolve restrição a direito, mas perda, e tem caráter pecuniário. Nesse sentido, pertinente a lição de Alberto Silva Franco e Rui Stoco: "As duas novas espécies de penas restritivas de direitos, inseridas no art. 43 do Código Penal, por força da Lei 9.714/1998 – a prestação pecuniária e a perda de bens e valores – não se acomodam (...) à denominação jurídica que lhes foi atribuída. Uma e outra não têm o caráter de pena restritiva de direitos. A primeira tem, por explícito objetivo, indenizar à vítima e a seus dependentes pelo dano sofrido em razão da prática do delito. O fundamento indenizatório fica patente quando se faz a leitura da parte final do § 1º do art. 45 do Código Penal onde está consignado

---

24 *Atualidades no direito e processo penal*. p. 168.

que 'o valor pago será deduzido do montante de eventual condenação em ação de reparação de dano, se coincidentes os beneficiários'. A segunda, ou seja, a perda de bens e valores tem, por sua vez, uma conotação compensatória. Não visa essa sanção punitiva atingir bens ou valores de origem ilícita, o que se traduz, nos termos do art. 91 do Código Penal em efeitos da condenação; em verdade, tem por finalidade abarcar todo e qualquer bem ou valor que participem do patrimônio lícito do condenado"[25].

Prevê a lei que a prestação pecuniária consistirá no pagamento de importância, fixada pelo juiz, entre um e trezentos e sessenta salários mínimos. Considerando a natureza reparatória que o legislador conferiu a esta pena, afigura-se criticável o piso estabelecido, pois muitas vezes o dano causado é inferior ao patamar mínimo. Nesse sentido é o escólio de Bitencourt: "Deve-se destacar o erro crasso em limitar o piso dessa sanção em um salário mínimo, considerando sua natureza reparatória. Não raro o dano causado pela infração penal será inferior a esse limite, especialmente nas chamadas infrações de menor potencial ofensivo, que, na atualidade, estão absorvendo o maior potencial do movimento criminal forense. Sobretudo se se tiver presente que – não se pode negar esse fato – a grande 'clientela' da Justiça Criminal provém das classes mais humildes, que dificilmente terá condições financeiras para suportar sanção dessa natureza e nesses limites. Mais adequado (...) é o sistema dias-multa, que permite a aplicação mínima de um terço do salário mínimo (...). Além desse limite, os mais pobres, que constituem a imensa maioria, terão grande dificuldade para suportar esse novo limite. Mas enfim, neste país, legisla-se 'para inglês ver', isto é, apenas 'simbolicamente'"[26].

De acordo com o art. 45, § 1º, "o valor pago será deduzido do montante de eventual condenação em ação de reparação civil, se coincidentes os beneficiários". Diante disso, infere-se que existe uma ordem de preferência ao recebimento do valor: primeiramente a vítima e, na falta desta, seus dependentes. Somente se não houver dano a reparar ou se não existir vítima direta ou dependentes, a prestação será destinada a entidade pública ou privada com destinação social.

---

25 *Código Penal e sua interpretação: doutrina e jurisprudência*. p. 285.

26 *Penas alternativas: análise político-criminal das alterações da Lei n. 9.714/98*. p. 141-142.

A excepcionalidade dessa destinação secundária decorre do caráter indenizatório da referida sanção. Afinal, não teria sentido, existindo vítima e dano a reparar, destinar o produto da condenação a entidade pública ou privada com destinação social e, depois, em eventual ação cível, deduzir o valor do montante a indenizar, ou deixar de fazer a dedução sob a alegação de que foi dada destinação diversa à prestação pecuniária e os beneficiários não são coincidentes.

Quanto à expressão "dependentes", há dois entendimentos: a) significa dependência econômica. Filhos, pais ou avós, podem ser considerados dependentes, desde que economicamente o sejam. É a posição, dentre outros, de Celso Delmanto[27] e Cezar Roberto Bitencourt[28]; b) o termo "dependentes" não foi usado em sentido técnico, permitindo interpretação extensiva para abranger também o sucessor não economicamente dependente. É a posição adotada por Damásio[29]. Em nosso entendimento, a primeira posição faz mais sentido, pois a lei faz menção expressa aos dependentes, que tem sentido jurídico diverso de sucessores.

Em relação ao critério a ser usado para determinação do *quantum* da pena, existem duas posições. A primeira delas entende que a prestação pecuniária deve levar em consideração, além da extensão dos prejuízos sofridos pela vítima, a culpabilidade e a situação econômica do condenado. Isto porque esta pena tem dupla natureza, penal e indenizatória, e, portanto, deve ser suficiente para a prevenção e reprovação da infração. Conforme disposto no § 1º do art. 45, a vítima ou seus dependentes sempre poderão se valer da ação de reparação civil, o que evidencia não poder ser o valor do prejuízo o único critério para a fixação da prestação pecuniária[30]. Em sentido diverso, entendemos que deve ser considerado apenas o valor do prejuízo da vítima, em face da natureza reparatória da prestação pecuniária[31].

---

27 *Código Penal comentado*. p. 252.

28 *Penas alternativas: análise político-criminal das alterações da Lei n. 9.714/98*. p. 137-138.

29 *Penas alternativas: anotações à Lei n. 9.714 de 25 de novembro de 1998*. p. 140.

30 Gomes. *Direito penal: parte geral*. v. 2. p. 800-801.

31 Adotam essa posição: Nucci. *Código penal comentado*. p. 401. Jesus. *Penas alternativas: anotações à Lei n. 9.714 de 25 de novembro de 1998*. p. 141.

Nas hipóteses em que o valor da prestação é revertido em favor de entidades públicas ou privadas, havia discussão sobre quais delas deveriam ser preferencialmente escolhidas pelo magistrado. A questão foi pacificada com a edição, pelo Conselho Nacional de Justiça, da Resolução 154, de 13 de julho de 2012, que estabelece quem podem ser os beneficiários e quais os critérios para escolha[32].

Quanto à possibilidade de abatimento do montante pago de eventual ação cível, embora a redação do art. 45, § 1º, mencione apenas a hipótese de "condenação", parece-nos ser o caso de estender a interpretação do dispositivo para abranger também os casos em que houver composição civil[33].

Ainda com relação ao tema, é necessário tecer alguns comentários sobre a Lei 11.719, de 20 de junho de 2008. Objetivando simplificar e acelerar o procedimento, e também aumentar a proteção à vítima, esta lei estabelece que o magistrado, já na sentença condenatória, fixará valor mínimo para reparação dos danos causados pela infração, considerando os prejuízos sofridos pelo ofendido (art. 387, IV, do CPP). Prevê também que, com o trânsito em julgado da sentença condenatória, a execução poderá ser efetuada pelo valor fixado nos termos do inciso IV do art. 387, sem prejuízo da liquidação para a apuração do dano efetivamente sofrido (art. 63, § único, do Código de Processo Penal).

Todavia, conforme visto, quando a prestação pecuniária é devida à vítima, desconta-se o valor pago de futura indenização cível. Assim, quando o juiz aplicar esta pena, somente poderá fixar um valor para indenização, nos termos do que dispõe o Código de Processo Penal, quando o montante arbitrado na prestação pecuniária for inferior ao prejuízo sofrido pela vítima. Caso contrário, a hipótese geraria locupletamento sem causa. Logo, a pena terá prevalência e, somente havendo prejuízo não coberto por ela, poderá se falar em indenização civil.

Difere a prestação pecuniária da multa porque, enquanto aquela é devida à vítima, a seus dependentes ou a entidade pública ou privada com destinação social, esta é devida ao Estado. Outra diferença reside

---

32 Vide tópico "execução" infra (item 5.2.2).

33 Bitencourt. *Penas alternativas: análise político-criminal das alterações da Lei n. 9.714/98*. p.141.

no fato de que a prestação pecuniária, se injustificadamente descumprida, pode ser convertida em pena privativa de liberdade, enquanto a multa não, sendo executada como dívida ativa da União.

Sanção semelhante à prestação pecuniária é a multa reparatória, prevista no Código de Trânsito Brasileiro (Lei 9.503/1997). As principais diferenças entre a prestação pecuniária e a multa reparatória é que aquela é substitutiva e tem natureza penal, enquanto esta é aplicada cumulativamente à pena privativa de liberdade e tem natureza civil.

Ainda quanto à legislação especial, a prestação pecuniária é prevista na Lei 9.605/1998, que trata dos crimes ambientais. Assim prevê o art. 12: "A prestação pecuniária consiste no pagamento em dinheiro à vítima ou à entidade pública ou privada com fim social, de importância, fixada pelo juiz, não inferior a um salário mínimo nem superior a trezentos e sessenta salários mínimos. O valor pago será deduzido do montante de eventual reparação civil a que for condenado o infrator".

Vale lembrar, por fim, que, nos casos de violência doméstica e familiar contra a mulher, não é cabível a aplicação de penas de cesta básica ou outras de prestação pecuniária, bem como a substituição de pena que implique o pagamento isolado de multa (art. 17 da Lei 11.340/2006).

Jurisprudência

Prestação pecuniária destinada preferencialmente à vítima – APELAÇÃO CRIMINAL. FURTO QUALIFICADO. SUBSTITUIÇÃO DA PENA PRIVATIVA DE LIBERDADE. PRESTAÇÃO PECUNIÁRIA. RELAÇÃO DE PREFERÊNCIA DA VÍTIMA PARA O RECEBIMENTO DO VALOR. FIXAÇÃO DE HONORÁRIOS AO ADVOGADO DATIVO PELA APRESENTAÇÃO DE CONTRARRAZÕES. DADO PROVIMENTO AO RECURSO MINISTERIAL. FIXADOS OS HONORÁRIOS DO ADVOGADO DATIVO. 1. Quando determinada a vítima do crime, o § 1º do art. 45 do Código Penal prevê uma relação de preferência dela em detrimento da instituição com destinação social para o recebimento da prestação pecuniária fixada. (TJMG. APR 10702096158051001. Rel. Marcílio Eustáquio Santos. 7ª Câmara Criminal. j. 10.10.2013. v.u.)

APELAÇÃO CRIMINAL. CONDENAÇÃO POR FURTO. PRETENSÃO ABSOLUTÓRIA. IMPROCEDÊNCIA. RETRATAÇÃO EM JUÍZO INSUBSISTENTE. CONFISSÃO EXTRAJUDICIAL E RELATO DAS VÍTIMAS EM PERFEITA HARMONIA COM O CONTEXTO PROBACIONAL CARREADO AOS AUTOS. CONDENAÇÃO MANTIDA. REDUÇÃO, EX OFFICIO, DA PENA PECUNIÁRIA, COM REDIRECIONAMENTO DO VALOR ÀS VÍTIMAS. RECURSO NÃO PROVIDO. (...) Não nos parece que foi tomada a melhor solução, ao se destinar a totalidade da prestação pecuniária à APAE, pois no presente caso, além de a vítima já possuir preferência para destinação da referida pecúnia, nenhum dos bens furtados lhes foi restituído. (TJPR. Apelação 574.225-4. Rel. Tito Campos de Paula. 4ª Câmara Criminal. j. 22.10.2009. v.u.)

Prestação pecuniária deve ser destinada à entidade lesada – PENAL. APELAÇÃO CRIMINAL. APROPRIAÇÃO INDÉBITA PREVIDENCIÁRIA. PRELIMINAR DE PRESCRIÇÃO REJEITADA. INOCORRÊNCIA DE ABOLITIO CRIMINIS. MATERIALIDADE E AUTORIA COMPROVADAS. RESPONSABILUIDADE PENAL. INEXIGÊNCIA DE DOLO ESPECÍFICO. INEXISTÊNCIA DE CAUSA DE EXCLUSÃO DA ILICITUDE OU DA CULPABILIDADE. PENA-BASE. VALOR DA PENA DE MULTA E DA PRESTAÇÃO PECUNIÁRIA. DESTINAÇÃO DA PENA DE PRESTAÇÃO PECUNIÁRIA. (...) A pena de prestação pecuniária substitutiva da pena privativa de liberdade deve ser destinada à entidade lesada com a ação criminosa, nos termos do artigo 45, § 1º do Código Penal, no caso, a União Federal, sucessora do INSS, nos termos da Lei 11.457/2007. 17. Preliminares rejeitadas. Apelação parcialmente provida. (TRF3. ACR 1105576 SP. Rel. Márcio Mesquita. 1ª T. j. 28.01.2014. v.u.)

Valor da prestação pecuniária deve considerar a capacidade econômica do réu – *HABEAS CORPUS*. CONTRABANDO (ART. 334 DO CPB). PRESTAÇÃO PECUNIÁRIA..FUNDAMENTAÇÃO. REDUÇÃO DO VALOR. INCURSÃO EM MATÉRIAFÁTICO-PROBATÓRIA. INVIABILIDADE DA VIA ELEITA. PARECER DO MPF PELADENEGAÇÃO DO WRIT. ORDEM DENEGADA. 1. O Magistrado de primeiro grau afirmou que o valor da prestação pecuniária é proporcional à situação econômica do paciente. Para se afastar essa afirmação e acatar a tese de que o valor é desproporcional, é necessária profunda incursão em matéria fático-probatória, que é vedado nesta sede. 2. Ordem denegada, em conformidade com o parecer ministerial. (STJ. HC 164925 RS. Rel. Min. Napoleão Nunes Maia Filho. 5ª T. j. 07.04.2011. v.u.)

APELAÇÃO CRIMINAL. DIPARO DE ARMA DE FOGO. REDUÇÃO DA DOS VALORES DA PENA DE MULTA E DA PRESTAÇÃO PECUNIÁRIA. IMPOSSIBILIDADE. RECURSO NÃO PROVIDO. – A pena pecuniária tem caráter de reparação, prevenção e reprovação do ilícito, de forma a inibir a prática de nova conduta delituosa pelo condenado, devendo-se levar em conta, também, a capacidade econômica do condenado. Impossibilidade de redução do valor fixado na sentença, tendo em vista a sua profissão e outros elementos fáticos demonstrados nos autos, sendo facultado ao réu, ainda, à época da execução, requerer o parcelamento da pena pecuniária, por analogia ao art. 50 do CP . – Recurso não provido. (TJMG. APR 10210100087340005. Rel. Doorgal Andrada. j. 07.05.2014. v.u.)

Elevação do valor da prestação pecuniária deve ser justificado – APELAÇÃO CRIMINAL – RECEPTAÇÃO – REDUÇÃO DO VALOR DA PRESTAÇÃO PECUNIÁRIA – POSSIBILIDADE. Se a prestação pecuniária restou fixada em valor elevado, sem justificativa razoável, impõe-se sua redução, sob pena de inviabilizar seu cumprimento. (TJMG. APR 10249110026401001. Rel. Jaubert Carneiro Jaques. 6ª Câmara Criminal. j. 10.06.2014)

APELAÇÃO CRIMINAL. FIXAÇÃO DA PRESTAÇÃO PECUNIÁRIA SUBSTITUTIVA ACIMA DO MÍNIMO LEGAL, SEM FUNDAMENTAÇÃO. REDUÇÃO PARA UM SALÁRIO MÍNIMO. Apelo provido. (Apelação Crime N. 70053533543, Primeira Câmara Criminal, Tribunal de Justiça do RS, Relator: Manuel José Martinez Lucas, Julgado em 15.05.2013)

APELAÇÃO CRIMINAL – FURTO SIMPLES – AUTORIA E MATERIALIDADE COMPROVADAS – PRESTAÇÃO PECUNIÁRIA – REDUÇÃO PARA O VALOR MÍNIMO – CABIMENTO – RECURSO PROVIDO. – À míngua de outros elementos que possam ensejar um valor mais alto, deve a pena de prestação pecuniária restar fixada em seu mínimo legal, qual seja, 01 (um) salário mínimo. – Recurso provido. (TJMG. APR 10223082624758001 MG. Rel. Agostinho Gomes de Azevedo. 7ª Câmara Criminal. j. 12.09.2013. v.u.)

Prestação pecuniária deve ser fixada no piso se a pena privativa de liberdade foi fixada no mínimo legal – Prestação pecuniária fixada em patamar acima do mínimo legal, apesar de a pena corpórea ter sido fixada no mínimo. Ante a ausência de fundamentação para tal, a sua redução é impositiva. (TJRS. ACR 70056162563. Rel. Rogerio Gesta Leal. 4ª Câmara Criminal. j. 03.10.2013. v.u.)

Valor da prestação pecuniária não guarda relação com a pena privativa de liberdade, mas com o prejuízo causado e a situação financeira do réu – (...) Diversamente do critério utilizado para a fixação da pena de multa, a prestação pecuniária não guarda proporcionalidade com a pena privativa de liberdade fixada. Deve ser suficiente para a prevenção e reprovação do crime praticado, de acordo com os danos decorrentes do ilícito e com a situação econômica do condenado. (...) (TRF4. ACR 5003628-06.2014.404.7005 PR. Rel. Márcio Antônio Rocha. 7ª T. j. 07.10.2014. v.u.)

Valor da prestação pecuniária deve ser equivalente ao prejuízo da vítima – AGRAVO REGIMENTAL NO AGRAVO EM RECURSO ESPECIAL. APROPRIAÇÃO INDÉBITA. 1. FUNDAMENTOS INSUFICIENTES PARA REFORMAR A DECISÃO AGRAVADA. 2. APRECIAÇÃO DE MATÉRIA CONSTITUCIONAL. INADEQUAÇÃO DA VIA ELEITA. 3. VIOLAÇÃO DOS ARTS. 45 E 59 DO CP. PLEITO DE FIXAÇÃO DA PENA PRIVATIVA DE LIBERDADE NO MÍNIMO LEGAL VISANDO A REDUÇÃO DA PRESTAÇÃO PECUNIÁRIA SUBSTITUTIVA. INVIABILIDADE. 4. REDUÇÃO DA PRESTAÇÃO PECUNIÁRIA PELO RECONHECIMENTO DA INCAPACIDADE FINANCEIRA. IMPOSSIBILIDADE. REEXAME PROBATÓRIO. (...) A jurisprudência desta Corte Superior já firmou o entendimento de que, "nos termos do § 1º do art. 45 do Código Penal, a finalidade da prestação pecuniária é reparar o dano causado pela infração penal, motivo pelo qual não precisa guardar correspondência ou ser proporcional à pena privativa de liberdade irrogada ao acusado" (HC n. 144.299/PR, Rel. Ministro Jorge Mussi, Quinta Turma, *DJe* 26.09.2011)(...). (STJ. AgRg no AREsp 471421 GO. Rel. Ministro Marco Aurélio Bellizze. 5ª T. j. 18.08.2014. v.u.)

PROCESSUAL PENAL. *HABEAS CORPUS*. SUBSTITUIÇÃO DAS PENAS PRIVATIVAS DE LIBERDADE POR PRESTAÇÃO PECUNIÁRIA E DE SERVIÇOS À COMUNIDADE. REDUÇÃO DO VALOR FIXADO NA SENTENÇA. AUSÊNCIA DE CONSTRANGIMENTO ILEGAL. PENA PROPORCIONAL AO PREJUÍZO CAUSADO À VÍTIMA. ORDEM DENEGADA. 1. A prestação pecuniária tem como finalidade a prevenção do delito, bem como o ressarcimento do prejuízo que arcou a vítima em razão da conduta delitiva do agente. 2. Estando o valor da pena pecuniária dentro dos parâmetros legais e devidamente fundamentado na sentença condenatória, não há falar em constrangimento ilegal. 3. Nada obsta que, comprovada a hipossuficiência econômica, o paciente possa pleitear, ao Juízo da Execução o parcelamento da pena. 4. Ordem denegada. (STJ. HC 87365 MS. Rel. Arnaldo Esteves Lima. 5ª T. j. 23.06.2009. v.u.)

APELAÇÃO CRIMINAL – FURTO QUALIFICADO – ESCALADA E CONCURSO DE AGENTES – ABSOLVIÇÃO – PROVAS – PRINCÍPIO DA INSIGNIFICÂNCIA – REDIMENSIONAMENTO DA PENA – REDUÇÃO DA PRESTAÇÃO PECUNIÁRIA – (...) Pena corretamente aplicada – Inviável a redução do valor da prestação pecuniária diante do seu caráter indenizatório – Apelo improvido. (TJSP. APL 993060520741. Rel. Salles Vieira. 8ª Câmara de Direito Criminal. j. 12.08.2010. v.u.)

Valor da prestação pecuniária deve ser equivalente ao proveito auferido ilicitamente pelo réu – APELAÇÃO. ARTS. 312 E 171, *CAPUT*, DO CP. CRIMES DE PECULATO E ESTELIONATO. FUNCIONÁRIA DE ESTABELECIMENTO BANCÁRIO. APROPRIAÇÃO/OBTENÇÃO DE VALORES PERTENCENTES A CORRENTISTAS. PRESTAÇÃO PECUNIÁRIA. VALOR TOTAL DAS VANTAGENS OBTIDAS ILICITAMENTE. Considerando que várias correntistas foram lesadas, a prestação pecuniária deve englobar todo o proveito ilicitamente obtido pela agente, sob pena de que a prática criminosa seja compensatória. Apelação do Ministério Público, provida. Apelação da defesa, parcialmente provida. (Apelação Crime N. 70054151659, Quarta Câmara Criminal, Tribunal de Justiça do RS, Relator: Gaspar Marques Batista, Julgado em 26.09.2013)

Admissível redução da prestação pecuniária quando o réu não contrata advogado particular – APELAÇÃO CRIMINAL – DISPARO DE ARMA DE FOGO – REVISÃO DA APLICAÇÃO DA PENA-BASE – CIRCUNSTÂNCIAS DO CRIME – VALORAÇÃO NEGATIVA AFASTADA – REDUÇÃO PRESTAÇÃO PECUNIÁRIA – POSSIBILIDADE – AGENTE BENEFICIÁRIO JUSTIÇA GRATUITA – RECURSO PROVIDO. 1. A culpabilidade somente estará presente se ficar demonstrada, por fundamentos concretos, a reprovação social do agente e do crime cometido em maior intensidade, deixando de ser tipificado como simples delito. 2. A circunstância do crime, passível de valoração, depende, não apenas de sua previsão em lei, mas que seja relevante, indicando maior censurabilidade à conduta praticada pelo agente. 3. Com o afastamento das circunstâncias judiciais a redução da pena de multa é medida que se impõe. 4. Uma vez comprovado ser o agente assistido pela

Defensoria Pública e de poucos recursos econômicos, a pena pecuniária fixada deve atender adequadamente a sua situação econômica. (TJMS. APL 00018698520108120018. Rel. Luiz Gonzaga Mendes Marques. 2ª Câmara Criminal. j. 24.11.2014. v.u.)

Situação financeira precária não autoriza redução do valor da prestação pecuniária – APELAÇÃO CRIMINAL. ESTELIONATO MAJORADO. ART. 171, § 3º, DO CÓDIGO PENAL. REDUÇÃO DA PENA DE MULTA. PENAS SUBSTITUTIVAS À PRISÃO. PENA PECUNIÁRIA E PENA DE PRESTAÇÃO DE SERVIÇOS COMUNITÁRIOS. (...) A situação financeira precária do Apenado não constitui, ainda que comprovada, motivo suficiente para eximi-lo do pagamento da prestação pecuniária substitutiva da pena privativa de liberdade, eis que se trata de medida restritiva de direito cuja natureza é eminentemente reparatória, sendo exatamente o valor do dano causado à vítima o elemento com o qual a prestação fixada deverá guardar estreita proporção. (...) (TRF2. APR. 201051070002670. Rel. Marcelo Pereira da Silva. 2ª T. Especializada. j. 04.12.2012. v.u.)

Inadmissível redução do valor da prestação pecuniária sem prova da incapacidade financeira do réu – Incabível a redução das penas de multa e de prestação pecuniária, uma vez que não se fez prova da incapacidade econômica do réu. (TRF3. ACR 12400 SP. Rel. Cotrim Guimarães. j. 26.11.2013. v.u.)

APELAÇÃO – PENAL E PROCESSO PENAL – DISPARO DE ARMA DE FOGO – AUTORIA E MATERIALIDADE COMPROVADAS – CONDENAÇÃO MANTIDA – PRESTAÇÃO PECUNIÁRIA – HIPOSSUFICIÊNCIA NÃO DEMONSTRADA – REDUÇÃO INVIÁVEL – NÃO PROVIMENTO. Se a prova demonstra de maneira convincente que o acusado praticou o crime de disparo de arma de fogo torna-se incabível o pleito absolutório. Resta inviabilizada a redução da pena pecuniária quando, além da falta de comprovação à hipossuficiência econômica, existe a possibilidade de parcelamento do quantum fixado. Apelação defensiva a que se nega provimento, ante o acertado apreço quanto à aplicação às normas legais cabíveis à espécie. (TJMS. APL 00049792120128120019. Rel. Carlos Eduardo Contar. 2ª Câmara Criminal. j. 16.12.2013. v.u.)

5.2.2 Execução

A Lei de Execução Penal prevê como será executada a prestação de serviços à comunidade (art. 149 e 150), a limitação de fim de semana (art. 151 a 153), a interdição temporária de direitos (art. 154 e 155) e a multa (art. 164), mas silencia quanto à prestação pecuniária e à perda de bens e valores.

Diante da omissão, parece-nos que o melhor caminho é o Juiz da Execução, após o recebimento da guia de recolhimento definitiva, intimar o apenado para pagamento do valor devido, fixando um prazo razoável para tanto (por exemplo, dez dias), sob pena de reconversão da pena alternativa em privativa de liberdade.

Transcorrido o prazo sem o pagamento, deve o sentenciado ser intimado para justificar o descumprimento e, caso não apresente justificativa idônea, o magistrado procederá à reconversão da pena em privativa de liberdade, aplicando o regime fixado na sentença (art. 44, § 4º, CP). Anote-se, aliás, que a jurisprudência é prevalente quanto à possibilidade de conversão da prestação pecuniária e perda de bens e valores em privativa de liberdade, em caso de descumprimento injustificado. Todavia, o tema não é pacífico, havendo quem entenda que a prestação pecuniária, assim como a perda de bens e valores, são dívidas de valor e não podem ser convertidas em prisão[34].

Entendemos pela possibilidade de o réu, no prazo estipulado para pagamento, solicitar o parcelamento da prestação pecuniária, demonstrando, por exemplo, situação financeira precária, que impossibilite o pagamento à vista (aplicação analógica do art. 169 da LEP, que trata da execução da multa). O juiz, antes de decidir, poderá diligenciar para verificar a real situação econômica do apenado e, ouvido o Ministério Público, fixará o número de prestações. Se o condenado for impontual no pagamento das parcelas, o magistrado pode, de ofício ou a requerimento do Ministério Público, após oitiva do condenado, revogar o parcelamento e converter a pena alternativa em privativa de liberdade, pois caracterizada a hipótese do art. 51, II, da LEP (retardamento injustificado do cumprimento da obrigação imposta).

---

34 Vide tópico "reconversão" infra (item 4.8.4).

Também reputamos possível a substituição da prestação pecuniária por outra pena restritiva, caso fique demonstrada a absoluta impossibilidade financeira do condenado.

Havendo o pagamento, deve-se intimar o beneficiário para levantamento da quantia. Nos casos em que a prestação pecuniária é destinada à entidades públicas ou privadas, existia discussão sobre quais delas deveriam ser preferencialmente escolhidas pelo juiz para recebimento do valor. A questão foi resolvida com a edição, pelo Conselho Nacional de Justiça, da Resolução 154, de 13 de julho de 2012, que estabelece quem podem ser os beneficiários e quais os critérios para escolha.

Segundo a resolução, o recolhimento dos valores pagos será feito em conta judicial vinculada à unidade gestora (juízo da execução), com movimentação apenas por meio de alvará judicial, vedado o recolhimento em cartório ou secretaria (art. 1º).

Os valores depositados, quando não destinados à vítima ou aos seus dependentes, serão, preferencialmente, direcionados à entidade pública ou privada com finalidade social, previamente conveniada, ou para atividades de caráter essencial à segurança pública, educação e saúde, desde que estas atendam às áreas vitais de relevante cunho social, a critério da unidade gestora (art. 2º).

É proibida a escolha arbitrária e aleatória dos beneficiários (art. 2º, § 3º), devendo-se priorizar aqueles que: I – mantenham, por maior tempo, número expressivo de cumpridores de prestação de serviços à comunidade ou entidade pública; II – atuem diretamente na execução penal, assistência à ressocialização de apenados, assistência às vítimas de crimes e prevenção da criminalidade, incluídos os conselhos da comunidade; III – prestem serviços de maior relevância social; IV – apresentem projetos com viabilidade de implementação, segundo a utilidade e a necessidade, obedecendo-se aos critérios estabelecidos nas políticas públicas específicas (art. 2º, § 1º).

A resolução veda a destinação de recursos ao custeio do Poder Judiciário; para a promoção pessoal de magistrados ou integrantes das entidades beneficiadas e, no caso destas, para pagamento de quaisquer espécies de remuneração aos seus membros; para fins político-partidários; a entidades que não estejam regularmente constituídas, obstando a responsabilização caso haja desvio de finalidade (art. 3º).

Tais recursos são públicos, devendo o seu manejo e destinação serem norteados pelos princípios constitucionais da Administração Pública (legalidade, impessoalidade, moralidade, publicidade e eficiência). A entidade beneficiária deverá proceder à prestação de contas perante a unidade gestora, sob pena de responsabilidade, ficando assegurada a publicidade e a transparência na destinação dos recursos (art. 4º, *caput*).

A homologação da prestação de contas será precedida de manifestação da seção de serviço social do Juízo competente para a execução da pena ou medida alternativa, onde houver, e do Ministério Público (art. 4º, § único).

Por fim, a resolução concede às Corregedorias dos Tribunais de Justiça o prazo de seis meses, contados da sua publicação, para regulamentar: os procedimentos atinentes à forma de apresentação e aprovação de projetos; a forma de prestação de contas das entidades conveniadas perante a unidade gestora; outras vedações ou condições, se necessárias, além daquelas disciplinadas nesta Resolução, observadas as peculiaridades locais (art. 5º)[35].

Vale observar que, embora o trâmite contemplado pela Resolução apresente a vantagem de permitir distribuição mais equânime e justa dos valores obtidos com a prestação pecuniária, ela trouxe também um aspecto negativo, pois tornou impessoal o pagamento devido. Conforme pesquisa feita pelo Ministério da Justiça e pelo IPEA sobre o tema, pelo fato de os valores serem depositados em conta judicial e distribuídos segundo os critérios da Resolução, não tem mais havido interlocução direta com as instituições. Nas palavras de um profissional do setor ouvido no estudo, o atual sistema de pagamento da prestação pecuniária "vira só dinheiro, a pessoa não se sente cumprindo uma pena. A pena antiga era melhor, pois conheciam a instituição, agora é só boleto"[36].

---

[35] No Estado de São Paulo, a regulamentação se deu pelo Provimento CG 01/2013.

[36] *A aplicação de penas e medidas alternativas*. Relatório de pesquisa, realizada em parceria pelo Ministério da Justiça e pelo Instituto de Pesquisa Econômica Aplicada (IPEA), Rio de Janeiro, 2015.

Jurisprudência

Admissível parcelamento da prestação pecuniária – (...) É possível ao Juízo da Execução adequar as condições de adimplemento da prestação pecuniária à realidade financeira dos acusados, autorizando, inclusive, o parcelamento do valor devido, conforme permite o art. 50 do Código Penal, aplicado por analogia à situação. (TRF4. ACR 5003017-30.2012.404.7100. Rel. Salise Monteiro Sanchotene. 7ª T. j. 29.07.2014. v.u.)

PENAL – PORTE ILEGAL DE ARMA DE FOGO – EXCLUSÃO DA PRESTAÇÃO PECUNIÁRIA – DESCABIMENTO – VALOR FIXADO DE FORMA COESA – PARCELAMENTO – CABIMENTO – RECURSO PROVIDO EM PARTE. (...) De modo a atender à capacidade econômica do acusado, pode-se deferir-lhe o parcelamento da prestação pecuniária, quando recomendável. – Recurso provido em parte. (TJMG. APR 10560070012938001. Rel. Corrêa Camargo. 4ª Câmara Criminal. j. 08.05.2013. v.u.)

PROCESSUAL PENAL. AGRAVO EM EXECUÇÃO. PARCELAMENTO. PRESTAÇÃO PECUNIÁRIA. POSSIBILIDADE. SITUAÇÃO ECONÔMICA DO CONDENADO. 1. Cabível é o parcelamento da pena alternativa de prestação pecuniária quando comprovado que o apenado não possui condições financeiras para adimplir o pagamento parcela única, na análoga forma dos arts. 50 do CP e 169, § 1º da Lei de Execuções Penais. 2. A condição financeira exteriorizada suficiente demonstra a atual incapacidade econômica do condenado, recomendando-se o adotado parcelamento em prol do mais equânime cumprimento da sanção criminal. (TRF4. AGEXP 0001108-85.2010.404.7107 RS. Rel. Néfi Cordeiro. 7ª T. j. 31.08.2010)

Valor da parcela deve ser na ordem de 30% dos vencimentos do réu – (...) Como critério para fixação das penas pecuniárias, levando em conta que a praxe é o parcelamento dos valores, a soma da pena de multa e da prestação pecuniária (se for o caso), posteriormente dividida pelo número total de meses da pena de reclusão aplicada, deve situar-se em patamar próximo a trinta por cento da renda mensal do réu, levando em conta, analogicamente, o limite estabelecido para desconto de benefícios indevidos na legislação previdenciária (LBPS, art. 115, II; RPS, art. 154, § 3º; Lei 10.953/04, art. 1º, § 5º). Penas pecuniárias mantidas. (TRF4. ACR 5005371-28.2012.404.7003 PR. Rel. JOSÉ PAULO BALTAZAR JUNIOR. 7ª T. j. 22.07.2014. v.u.)

Inadmissível parcelamento da prestação pecuniária – Agravo em execução. Parcelamento da prestação pecuniária. Impossibilidade. Pena pecuniária é espécie de pena restritiva de direitos. Decisão acertada.

Agravo improvido. (...) não é possível o parcelamento, uma vez que pelo disposto no art. 44, § 4º, do Código Penal, a pena restritiva de direitos converte-se em privativa de liberdade quando ocorrer o descumprimento injustificado da restrição imposta. (TJSP. Agravo de Execução Penal n. 0048365-03.2014.8.26.0000. Rel. Luis Soares de Mello. 4ª Câmara de Direito Criminal. j. 02.12.2014. v.u.)

AGRAVO EM EXECUÇÃO – SUBSTITUIÇÃO DA PENA PRIVATIVA DE LIBERDADE POR DUAS RESTRITIVAS DE DIREITO – PRESTAÇÃO PECUNIÁRIA (CP, ART. 45, § 1º)- PLEITO DE PARCELAMENTO DO VALOR JÁ REDUZIDO EM PRIMEIRO GRAU – INVIABILIDADE – FIXAÇÃO DE ACORDO COM A PROPORCIONALIDADE DA SANÇÃO CORPORAL, COM O PREJUÍZO CAUSADO A VÍTIMA E DENTRO DOS LIMITES LEGAIS – RECURSO DESPROVIDO. É cediço que para a fixação do valor da prestação pecuniária substitutiva da reprimenda corporal, devem ser levados em conta dois parâmetros, a saber: a proporcionalidade com a pena privativa de liberdade substituída e a situação socioeconômica do réu. Contudo, levando-se em conta a vantagem econômica ilícita obtida pelo apelando em razão do crime praticado, de modo a causar um considerável prejuízo às vítimas, não há falar-se em parcelamento do valor da prestação pecuniária aplicada, seja porque a pena não atenderia ao seu objetivo, ou pelo fato de que tal montante já fora mitigado em primeiro grau. (TJSC. RECAGRAV 95742. Rel. Salete Silva Sommariva. 2ª Câmara Criminal. j. 16.05.2011. v.u.)

Inadmissível parcelamento da prestação pecuniária quando réu não comprova impossibilidade financeira e contrata advogado particular – *HABEAS CORPUS* – PRETENDIDO PARCELAMENTO DA PRESTAÇÃO PECUNIÁRIA – IMPOSSIBILIDADE – PARCELAMENTO NÃO ACEITO – ORDEM DENEGADA. Se não comprovado, nos autos, que o paciente esteja passando por dificuldades financeiras e, ainda, que constituiu advogado particular para sua defesa, não se aceita o pedido de parcelamento da pena pecuniária imposta. (TJMS. HC 13581. Rel. João Batista da Costa Marques. 1ª T. j. 05.09.2006. v.u.)

5.2.2.1 Reconversão

Existe controvérsia envolvendo a possibilidade de reconversão da prestação pecuniária e da perda de bens e valores em pena privativa de liberdade. Parte da doutrina defende que tais sanções, mesmo em caso de descumprimento injustificado, não podem ser reconvertidas, dada a sua natureza pecuniária e falta de previsão legal. Neste sentido é o entendimento de Alberto Silva Franco e Rui Stoco: "não há cogitar de conversão da pena de prestação pecuniária, ou da pena de perda de bens e valores em pena privativa de liberdade já que, além da flagrante lacuna legal sobre a questão, tudo está a demonstrar, inclusive com apoio na Constituição Federal de 1988 e no Pacto de San José da Costa Rica, de 22 de novembro de 1969, a impropriedade da prisão por dívida. No caso, o descumprimento dessas impróprias penas restritivas de direitos não acarreta nenhuma interferência no âmbito do direito de liberdade, autorizando apenas a cobrança judicial"[37].

Alceu Corrêa Junior também entende pela impossibilidade de conversão em prisão. Para ele, diante da inexistência da disposição, seria o caso de se aplicar, por analogia, o art. 51 do Código Penal[38]. Mesmo o autor, todavia, refuta o argumento da impossibilidade de prisão por dívida: "As penas pecuniárias, rotuladas ou não de restritivas de direitos, possuem natureza penal e, embora sua imposição implique uma obrigação de pagar quantia em dinheiro ou entregar bens, não se transformam em meras obrigações civis. Isto porque são utilizadas com finalidades diferentes e possuem destino totalmente diverso (público), o qual revela motivos de política criminal, ausentes quaisquer interesses privados. A impossibilidade de conversão das penas pecuniárias justifica-se mais por obediência ao princípio constitucional da proporcionalidade da pena (o que deve ser aferido no caso concreto), que pela impossibilidade da prisão por dívida, visto que a

---

37 *Código penal e sua interpretação: doutrina e jurisprudência*. p. 298. Também adotam esta posição: Queiroz. *Direito penal: parte geral*. p. 517. Bitencourt *Penas alternativas: análise político-criminal das alterações da Lei n. 9.714/98*. p. 189-191. Boschi. *Das penas e seus critérios de aplicação*. p. 318-319. Prado. *Curso de direito penal brasileiro: parte geral*. v. 1. 2006. p. 578. Santos, Juarez Cirino dos. *Direito penal: parte geral*. p. 545-546.

38 Art. 51: "Transitada em julgado a sentença condenatória, a multa será considerada dívida de valor, aplicando-se-lhes as normas da legislação relativa à dívida ativa da Fazenda Pública, inclusive no que concerne às causas interruptivas e suspensivas da prescrição".

prisão, nesse caso, não decorreria de dívida (entendida como obrigação de natureza privada), mas sim da prática de uma infração penal que lesa bem jurídico relevante"[39].

Adotada esta posição, a prestação pecuniária e a perda de valores não pagas devem ser executadas como dívida de valor, aplicando-se, analogicamente, as regras da execução da pena de multa.

Especificamente quanto à perda de bens, nas palavras de Corrêa Junior, "nada impede que o juiz estabeleça, na sentença, quais bens serão confiscados, desde que existam elementos suficientes para a individualização, localização e avaliação dos bens"[40]. Neste caso, para Boschi, deve a execução seguir o procedimento do Código de Processo Civil adotado para a entrega da coisa certa, inaplicável a Lei 6.830/1980[41].

Adotamos orientação diversa, no sentido da possibilidade da conversão da prestação pecuniária e da perda de bens e valores em pena privativa de liberdade, sempre que o condenado, injustificadamente, frustra o seu cumprimento. Não há que se argumentar no sentido de que o descumprimento desencadeia cobrança executiva de dívida de valor. Isto porque as penas restritivas de direito consistentes em prestação pecuniária e perda de bens e valores têm natureza jurídica de sanção criminal e, se não cumpridas, dão lugar à execução da originária pena privativa de liberdade, conforme previsão do art. 44, § 4º do Código Penal. Aliás, o Supremo Tribunal Federal, bem como o Superior Tribunal de Justiça, têm reiteradamente decidido neste sentido[42].

Assim, deve o magistrado intimar o condenado, fixando prazo para o condenado realizar o que lhe foi imposto – pagar a prestação ou entregar o valor ou bem. Expirado o lapso sem que cumprimento, o juiz ouviria o sentenciado e, não havendo justificativa para o inadimplemento, a pena restritiva seria reconvertida em privativa de liberdade.

---

39 *Confisco penal: alternativa à prisão e aplicação aos delitos econômicos*. p. 157.

40 *Confisco penal: alternativa à prisão e aplicação aos delitos econômicos*. p. 156.

41 *Das penas e seus critérios de aplicação*. p. 321.

42 Vide jurisprudência selecionada. Também adotam esse entendimento: Gomes. *Penas e medidas alternativas à prisão*. p. 132. Nucci. *Manual de direito pena: parte geral: parte especial*. p. 400-401; Kuehne. *Lei de Execução Penal anotada*. p. 464.

Reputamos aplicável, por analogia, o disposto nas alíneas "a" e "c" do art. 181, § 1º, da LEP. Assim, a prestação pecuniária também será reconvertida quando o réu não for encontrado para a aludida intimação, por estar em lugar incerto e não sabido, ou desatender à intimação editalícia; e quando se recusar, injustificadamente, a efetuar o pagamento devido. Nesta hipótese, a reconversão exigirá prévia oitiva do condenado.

Vale lembrar, conforme mencionado anteriormente, que ficando comprovado o inadimplemento da prestação pecuniária em razão de absoluta impossibilidade financeira do condenado, ou que os bens declarados perdidos não foram entregues porque pereceram ou por outro motivo de força maior, o juiz da execução pode alterar a espécie de pena alternativa. Na lição de Paulo José da Costa Júnior, parte-se da ideia de que ninguém é obrigado a fazer o impossível – *ad impossibilia nemo tenetur*[43].

Jurisprudência

Admissível a conversão da prestação pecuniária em privativa de liberdade – *HABEAS CORPUS*. DENÚNCIA. INÉPCIA. IMPROCEDÊNCIA. PROVAS. REEXAME. IMPOSSIBILIDADE. PENA DE DETENÇÃO. SUBSTITUIÇÃO POR PRESTAÇÃO PECUNIÁRIA. PREJUDICIALIDADE. INOCORRÊNCIA. (...) A pena de prestação pecuniária não implica a prejudicialidade da impetração, pois, ao contrário do que sucede com a sanção de multa, é possível a sua conversão em restritiva de liberdade. *Habeas corpus* conhecido e denegado. (STF. HC 85471/RO. Rel. Min. Eros Grau. 1ª T. j. 29.03.2005. v.u.)

HABEAS CORPUS. PENA RESTRITIVA DE DIREITOS. DESCUMPRIMENTO. CONVERSÃO EM PRIVATIVA DE LIBERDADE. POSSIBILIDADE. AUSÊNCIA DEAMEAÇA AO DIREITO DE LOCOMOÇÃO DO PACIENTE. IMPROPRIEDADE DA VIAELEITA. ANÁLISE DE MATÉRIA NÃO DEBATIDA NA ORIGEM. OCORRÊNCIA DESUPRESSÃO DE INSTÂNCIA. PRECEDENTES. NÃO CONHECIMENTO. 1. É possível a conversão da prestação pecuniária em pena privativa de liberdade, nos termos do art. 44, § 4º, do Código

---

43 *Curso de direito penal*. p. 178.

Penal. Precedentes do STJ (...). (STJ. HC 133942 MG. Rel. Min. Adilson Vieira Macabu. 5ª T. j. 28.02.2012. v.u.)

EXECUÇÃO PENAL. Conversão de pena restritiva de direitos em privativa de liberdade. Prestação pecuniária. Descumprimento injustificado. Constrangimento ilegal. Inocorrência. Inteligência do art. 44, § 4º, do CP . Posto que expressamente prevista em lei, no art. 44, § 4º, do CP, não configura constrangimento ilegal a conversão da pena restritiva de direitos em pena privativa de liberdade ante o descumprimento injustificado da pena imposta, ainda que se trate de prestação pecuniária. (TJSP. HC 7375628201282600000 SP. Rel. João Morenghi. 12ª Câmara de Direito Criminal. j. 22.08.2012. v.u.)

Inadmissível a conversão da prestação pecuniária em privativa de liberdade – *HABEAS CORPUS*. CRIMES DE TRÂNSITO. PENA RESTRITIVA DE DIREITOS CONVERTIDA EM PRIVATIVA DE LIBERDADE. LIBERDADE CONCEDIDA. Paciente condenado à pena de 6 meses de detenção, substituída por 1 salário mínimo, pelo delito do art. 309 do Código de Trânsito Brasileiro . Conversão da pena restritiva de direitos em privativa de liberdade. Impossibilidade. Imposição de pena substitutiva de prestação pecuniária. (...) O descumprimento da pena restritiva de direitos de prestação pecuniária não permite a sua conversão em pena privativa de liberdade. A conversão consubstancia malferimento aos postulados constantes da Convenção Americana de Direitos Humanos, o Pacto São José da Costa Rica, ratificado por nosso país, nos termos dispostos em nossa Constituição Federal de 1988, que veda expressamente a segregação por dívida. O contexto do paciente não se coaduna ao cárcere. Regressão de regime carcerário. A sentença condenatória impôs ao paciente o regime aberto, não sendo possível, nem sequer diante do reconhecimento da falta grave, imposição de regime mais severo do que o fixado na sentença. Determinado o restabelecimento da pena de prestação pecuniária, cuja execução, na hipótese de inadimplemento, deve observar o art. 51 do Código Penal. ORDEM CONCEDIDA. LIMINAR RATIFICADA. (TJRS. HC 70059224642. Rel. Diogenes Vicente Hassan Ribeiro. 3ª Câmara Criminal. j. 08.05.2014. v.u.)

AGRAVO EM EXECUÇÃO – RECURSO MINISTERIAL – PENA RESTRITIVA DE DIREITOS – PAGAMENTO PARCIAL DE PRESTAÇÃO PECUNIÁRIA – CONVERSÃO DA REPRIMENDA EM PRIVATIVA DE LIBERDADE – IMPOSSIBILIDADE – NATUREZA INDENIZATÓRIA SEMELHANTE À PENA DE MULTA – INVOCAÇÃO DOS

PRINCÍPIOS DA PROPORCIONALIDADE, DA SEGURANÇA JURÍDICA E DA INDIVIDUALIZAÇÃO DA PENA – MANUTENÇÃO DA DECISÃO PRIMEVA – AGRAVO DESPROVIDO. – A semelhança de natureza entre a prestação pecuniária e a pena de multa impõe, por analogia, a proibição de sua conversão para reprimenda privativa de liberdade, sob pena de se tratar institutos idênticos de forma desigual. – A conversão de um valor monetário em período de privação de liberdade, ainda mais quando já realizado seu pagamento parcial, afronta os princípios da proporcionalidade, da segurança jurídica e da individualização da pena. (TJMG. Nelson Missias de Morais. 2ª Câmara Criminal. j. 11.03.2013)

Inadmissível a reconversão se o réu não efetuou o pagamento por estar preso – (...) A reconversão da pena restritiva de direitos em privativa de liberdade deve ocorrer quando o sentenciado, injustificadamente, deixar de cumprir a pena alternativa. No caso dos autos, [o réu] não efetuou o pagamento da pena pecuniária por estar preso, circunstância que se apresenta como justificativa razoável para o não cumprimento da pena restritiva. (TJSP. HC 00246- 50.2012. Rel. Xavier de Souza. 1ª Câmara Criminal. j. 28.03.2012. v.u.)

5.2.3 Crítica ao abatimento no âmbito cível do valor pago a título de prestação pecuniária

Conforme examinamos no tópico anterior, quando a prestação for devida à vítima do delito ou seus dependentes, tem nítida conotação civil, em razão da previsão legal de que o valor pago será deduzido do montante de eventual condenação em ação de reparação civil, se coincidentes os beneficiários (art. 45, § 1º). Por essa razão, afirma Luiz Régis Prado que a prestação pecuniária "não passa de uma forma de reparação civil travestida de sanção criminal, a fim de facilitar seu cumprimento"[44].

Foi criada, assim, uma hipótese de despenalização, entendida esta como fenômeno pelo qual se retira a sanção aplicável a determinada conduta, embora esta continue prevista como crime. É que, como se sabe, a maioria dos ilícitos penais são também ilícitos civis, e, nos

[44] Prado. *Curso de direito penal brasileiro*. v. 1. p. 580.

termos do que dispõe o Código Civil, "aquele que, por ato ilícito, causar dano a outrem, fica obrigado a repará-lo" (art. 927). Ora, se a lei estabelece que o montante pago pelo réu a título de prestação pecuniária será descontado do devido em ação civil, esvaziou-se o conteúdo penal da sanção, ganhando a reprimenda caráter de indenização civil. Afinal, o condenado não estará cumprindo pena nenhuma, somente estará reparando o mal que causou – algo que já ocorreria na seara cível. Cuida-se, sem dúvida, de resposta por demais branda, notadamente porque pode ser aplicada até mesmo para crimes mais graves, cuja condenação seja por prazo até quatro anos, desde que não tenham sido praticados com violência ou grave ameaça à pessoa.

Essa despenalização indireta pode gerar, ainda, graves distorções. A título de ilustração, imagine-se o caso de um indivíduo que furta determinado bem de valor equivalente a quatro salários mínimos, vindo a causar a destruição do objeto. Se este sujeito vier a ser condenado criminalmente à pena de prestação pecuniária de três salários mínimos e for depois acionado pela vítima na seara cível, só terá de pagar o valor restante, ou seja, um salário mínimo. Imagine-se agora que, em situação semelhante, outro indivíduo seja condenado à prestação de serviços à comunidade pelo mesmo delito. Nesta hipótese, cumprirá a pena e ainda poderá ser demandado no âmbito cível pela integral reparação do prejuízo causado, quatro salários mínimos. Note-se que, em relação à mesma conduta, o sistema admite respostas totalmente díspares, vulnerando o princípio da isonomia e da proporcionalidade das penas.

Seria possível cogitar, como forma de resolver o problema, que se alterasse a lei de modo a eliminar a possibilidade de dedução da indenização cível do montante pago a título de prestação pecuniária. Ocorre que isso também não seria admissível, pois nesse caso a vítima poderia receber duas indenizações, no âmbito criminal e no âmbito cível, gerando locupletamento sem causa.

Portanto, parece-nos que o melhor caminho seria, por meio de alteração legislativa, destinar a prestação pecuniária exclusivamente a entidades beneficentes. A vítima poderia pleitear a reparação por eventuais prejuízos na seara cível, havendo, ainda, a possibilidade de fixação de indenização pelo juiz criminal, nos termos do art. 387, IV, do CPP (trazido pela Lei 11.719/2008), e de composição dos danos civis no âmbito dos juizados especiais (art. 72 da Lei 9.099/1995). Com isso, se eliminaria a incongruência hoje existente, conferindo-se à prestação pecuniária natureza puramente de sanção penal, desatrelada da reparação cível à vítima do delito.

Jurisprudência

Prestação pecuniária como hipótese de despenalização – Apelação. Furto tentado. Insurgência ministerial quanto à substituição por prestação pecuniária, bem como o seu destinatário. Prestação pecuniária mais adequada ao caso concreto em virtude de real prejuízo à vítima. Necessidade de alteração do destinatário. Ordem a ser obedecida. Destinação à vítima. Necessidade. (...) Oportuno consignar que, tal reprimenda possui evidente a conotação de antecipação de indenização civil. Não por menos, pode-se encarar a prestação pecuniária como autêntica despenalização indireta. Dessa feita, ao fixar a prestação, deve o magistrado guardar cautela para não propiciar enriquecimento ilícito por parte do ofendido, tampouco, estipular valor irrisório incapaz de arcar com o prejuízo causado. (TJSP. Apelação n. 013060-65.201.8.26.0451. Rel. Guilherme de Souza Nucci. 1ª Câmara Criminal Extraordinária. j. 19.05.2014. v.u.)

(...) PRESTAÇÃO PECUNIÁRIA. PEDIDO DE EXCLUSÃO OU COMPENSAÇÃO. Tendo em vista que restou homologado pelo juízo cível acordo indenizatório entre as partes, nada obsta que o valor fixado a título de prestação pecuniária seja por aquele compensado, desde que se apresente, perante o juízo da execução, prova efetiva de quitação dos valores. Trata-se, pois, da estrita aplicação do art. 45, § 1º, do Código Penal, conforme reconhecido em sentença. (...) (TJRS. Apelação Crime 70036789188. Rel. Rosane Ramos de Oliveira Michels. 2ª Câmara Criminal. j. 25.04.2013. v.u.)

Embora respeitável a solução consistente em impor como pena substitutiva da sanção carcerária a prestação pecuniária à vítima, como sendo uma forma de compelir o agente a ressarcir o prejuízo patrimonial causado, não constitui a esfera criminal o espaço mais adequado para resolver matéria atinente à indenização decorrente da prática de ato ilícito (...). (TJRS. Apelação Crime N. 70009791732. Rel. Paulo Moacir Aguiar Vieira. 6ª Câmara Criminal. j. 21.10.2004. v.u.)

5.2.4 Prestação de outra natureza

Segundo o Código Penal, havendo aceitação do beneficiário, a prestação pecuniária pode consistir em *prestação de outra natureza* (art. 45, § 2º).

Permite-se assim que o magistrado, obtendo a concordância do beneficiário, substitua a prestação *pecuniária* por prestação *de outra natureza*, isto é, *não pecuniária*, como a entrega de um bem ou realização de determinada tarefa.

A Lei não traz maiores detalhes sobre tal pena nem sobre sua aplicação. Encontra-se, tão somente, na Exposição de Motivos da Lei 9.714, a menção a dois exemplos de prestação de outra natureza, quais sejam, a entrega de cesta básica e o fornecimento de mão de obra.

A competência para aplicação dessa sanção é do juiz das execuções. Não se admite que o juiz da condenação, visando obter a aceitação do beneficiário, ouça a vítima, seus dependentes ou qualquer entidade pública ou privada antes da sentença, pois ao proceder desta forma estará transformando esta sanção numa verdadeira transação. Somente depois de fixada a prestação pecuniária, não havendo seu pagamento por motivo justificável (ex.: impossibilidade financeira do condenado), caberá ao juiz das execuções alterá-la para "de outra natureza". Deve o juiz cuidar para que a eventual substituição guarde proporcionalidade com a prestação pecuniária, ou seja, não podendo pagar 10 salários mínimos, por exemplo, o apenado poderá ser obrigado a prestar seus serviços profissionais em tempo e quantidade equivalentes a 10 salários[45].

O que se verifica, todavia, é a má utilização do art. 45, § 2º. Tal dispositivo, conforme visto, é subsidiário. O juiz deve fixar prestação pecuniária para a vítima ou seus dependentes e, na falta destes, dirigir o montante a entidade pública ou privada de caráter assistencial. Apenas quando o réu não puder pagar, situação a ser verificada pelo juiz das execuções penais, pode-se converter a prestação pecuniária em prestação de outra natureza, *se houver concordância do beneficiário*. Todavia, o que se faz na prática, possivelmente

---

[45] Nucci. *Código Penal comentado*. p. 402.

para facilitar o trabalho e liquidar rapidamente a transação ou sentença, é saltar a pena de prestação pecuniária, determinando-se, *sem consultar o beneficiário*, a doação de cesta básica a orfanatos, creches etc[46].

5.2.4.1 Inconstitucionalidade da prestação de outra natureza

É notória a inconstitucionalidade da prestação de outra natureza, por ofensa ao secular princípio da taxatividade (*lex certa*). Corolário da legalidade, o princípio determina que as sanções estejam rigorosamente descritas e delimitadas na lei. Conforme magistério de Luis Luizi, "o princípio da determinação taxativa preside, portanto, a formulação da lei penal, a exigir qualificação e competência do legislador, e o uso por este de técnica correta e de uma linguagem rigorosa e uniforme"[47].

A taxatividade constitui fundamento determinante do Estado Democrático de Direito, obrigando a máxima precisão das mensagens normativas do legislador e a máxima vinculação do juiz ao teor destas mensagens. Trata-se de princípio de legitimação democrática das intervenções jurídico-penais como garantia da liberdade, derivada do princípio da divisão de poderes. Daí resulta que, quem não possui legitimação democrática para intervir na esfera de liberdade das pessoas, precisará apoiar-se na legitimação material concedida pelo legislador, que representa a vontade do povo[48].

Por força da taxatividade, a descrição do preceito incriminador da norma primária, assim como da sanção, deve ser de tal modo patente e evidente que impeça qualquer atividade criativa do magistrado[49].

Ao utilizar a expressão genérica "prestação de outra natureza", aponta Nucci que o legislador criou uma pena indeterminada, que pode se tornar ilegal, já que abusiva e inadequada. Ademais, pondera o autor: "Há de existir cautela redobrada do juiz para impor tal prestação: primeiro, para não transformar uma prestação pecuniária em perda de bens ou valores; segundo, para não dar a ela um caráter de

---

46 Nucci. *Leis penais e processuais penais comentadas*. v. 1. p. 624-625.

47 *Os princípios constitucionais penais*. p. 24.

48 Silva Sánchez. *Aproximación al derecho penal contemporâneo*. p. 257.

49 Gomes. *Direito penal: parte geral*. v. 2. p. 38.

transação – algo não admitido, pois não se cuida de crime de menor potencial ofensivo –, o que poderia ocorrer caso fosse vulgarizada a prestação oferecida, como, por exemplo, "pintar uma cerca num final de semana", ou a ser utilizada por ocasião da condenação (quando se ouviria a vítima antecipadamente); terceiro, porque a prestação de outra natureza não pode ser algo abusivo, como obrigar o condenado a passar semanas cuidando de crianças num orfanato, o que fatalmente iria confundi-la com a prestação de serviços à comunidade"[50].

Na mesma linha, acentua Bitencourt que "essa 'prestação de outra natureza' é, na verdade, uma *pena inominada*, e pena inominada é *pena indeterminada*, que viola o *princípio da reserva legal* (arts. 5º, XXXIX, da CF e 1º do CP). Esse princípio exige que *preceito* e *sanção* sejam claros, precisos, certos e determinados. Em termos de sanções criminais são inadmissíveis, pelo *princípio da legalidade*, expressões vagas, equívocas ou ambíguas"[51].

Embora aponte ofensa à legalidade, afirma Damásio de Jesus que o § 2º do art. 45 está em consonância com as Regras de Tóquio, as quais, após arrolarem cerca de dezesseis penas alternativas, recomendam que o juiz aplique, se necessário e conveniente, "qualquer outra medida que não envolva detenção pessoal". E conclui o autor: "Medida extremamente liberal e, por isso, perigosa em alguns países, corresponde, entretanto, ao ideal de justiça criminal, em que o juiz, nas infrações de menor potencial ofensivo, teria liberdade de aplicar qualquer pena, respeitados os princípios da segurança social e da dignidade humana, desde que adequada ao fato e às condições pessoais do delinquente"[52].

É impertinente, na verdade, saber se a "prestação de outra natureza" está ou não de acordo com as Regras de Tóquio, pois a violação ora em análise é, antes de tudo, à Constituição Federal. Ademais, é forçoso concluir que as Regras de Tóquio têm caráter programático e o rol de penas apresentado serve de comando para que o legislador interno adote sanções alternativas à prisão. Tanto isso é verdade que as

---

50 *Código penal comentado*. p. 401-402.

51 *Tratado de direito penal: parte geral*. p. 567.

52 Penas alternativas no projeto de lei n.2684, de 1996. *Boletim IBCCRIM*. n.58, p. 13-14.

modalidades elencadas nas Regras de Tóquio não têm aplicabilidade, pois o seu procedimento sequer é regulado na resolução.

Em termos práticos, a prestação inominada tem consistido, na maioria das vezes, na entrega de cestas básicas. Para defender este tipo de pena, os argumentos normalmente apresentados não são jurídicos. Veja-se, por exemplo, a opinião de Messias José Lourenço: "Mostra-se salutar o parágrafo em questão, principalmente porque a prática demonstra que as cestas básicas, contendo elas remédios, fraldas, alimentos ou produtos de limpeza, têm sido de grande ajuda para instituições idôneas alcançarem os objetivos elencados expressamente em nossa Carta Magna. (...) quando aplicadas com critério, observado o binômio 'gravidade do delito' e 'situação financeira do réu', as cestas básicas têm estirpado por completo a sensação de impunidade, comum em delitos de 'pequeno potencial ofensivo', transformando-se num eficaz instrumento de defesa social. A plena aceitação pela grande maioria dos autores de infração, por seu turno, também se apresenta como um fator extremamente positivo, caracterizando uma forma de justa 'retribuição' e 'ressocialização' por parte daqueles que violaram a lei penal. A prudência exigida na aplicação dessa pena não é diferente daquela recomendada para a aplicação das demais sanções previstas em nosso ordenamento jurídico"[53].

Há quem aponte que a constitucionalidade do dispositivo advém do art. 5º, § 1º, da CF, segundo o qual "as normas definidoras dos direitos e garantias fundamentais têm aplicação imediata"[54]. Esta assertiva é coerentemente rechaçada por Boschi: "ao nosso sentir, embora a melhor das intenções, fere o princípio constitucional da reserva legal (art. 5º, inciso XXXIX), acordos judiciais com os acusados para fornecimento, no Juizado Criminal, de cestas básicas de alimentos para distribuição à população carente. O argumento de que o § 1º do art. 5º da CF declara que as normas definidoras de direitos e garantias fundamentais têm aplicação imediata – para contornar a exigência da cominação geral ou especial da pena de prestação social alternativa – *data venia*, além de ignorar a exigência de que não há crime nem

---

53 Cestas básicas e a Lei n. 9.714/98. *Boletim IBCCRIM*. v.6, n.76, p. 8-9.

54 Pedrosa, Ronaldo Leite. Cesta básica: penal legal. *Boletim IBCCRIM*. n.59, p. 13-14.

pena sem previa definição legal, também ignora que o citado § 1º do art. 5º não se endereça a todos os incisos do mesmo artigo, pois, em leitura rápida, é fácil a percepção de que muitos deles – embora constantes de artigo relativo a direitos e garantias individuais – dispõem sobre matérias estranhas. Exemplo disso é o inciso XLIII, estabelecendo a inafiançabilidade, a proibição de graça ou anistia à pratica da tortura, ao trafico ilícito de entorpecentes, ao terrorismo e aos crimes hediondos, matéria que, evidentemente, nada tem a ver com direitos e garantias individuais"[55].

E assevera Massimo Palazzolo: "Ora, se justamente o princípio da reserva legal é para vedar o arbítrio judicial, para que não se empregue a analogia, para que não se faça interpretação extensiva para incriminar algum fato ou mesmo tornar mais severa sua punição, jamais se poderia, desse modo, impor, como *condição judicial*, a entrega, pelo acusado, de cestas básicas a alguma instituição assistencial preestabelecida pelo juízo, pois se estaria impondo uma pena sem a prévia cominação legal, com total afronta ao art. 5º, XXXIX, da Magna Carta de 1988 e ao art. 1º, do Código Penal"[56].

Ante o exposto, infere-se que a prestação inominada – inclusive quando consistente na entrega de cestas básicas – é inconstitucional, representando grave violação ao princípio da taxatividade.

Não obstante todas essas considerações, a jurisprudência em geral não acolhe a tese da inconstitucionalidade da "prestação de outra natureza", e não se pode dizer que o caso representa uma exceção. Conforme magistério de Nucci, "o Poder Judiciário, no Brasil, não tem tradição para declarar a inconstitucionalidade de lei penal incriminadora, por ferir o princípio da legalidade, no seu enfoque da taxatividade, considerando inaplicável determinada norma por ter sido construída em termos extremamente vagos. Não é por falta de exemplos, mas por ausência de atuação eficaz nesse sentido"[57].

---

[55] *Das penas e seus critérios de aplicação*. p. 142.

[56] Da violação do princípio da reserva legal – imposição de cestas básicas – suspensão do processo. *Boletim IBCCRIM*. v.11, n.131, p. 13.

[57] *Individualização da pena*. p. 30.

Jurisprudência

Admissível prestação de outra natureza – Uso de Entorpecentes – Condenação – Necessidade – Substituição da pena privativa de liberdade por restritiva de direitos – Admissibilidade – Fixação de fornecimento de cesta básica – Ofensa ao rol exaustivo do art. 43, do CP – Inocorrência – Inteligência do art. 45, § 2º, do CP – Valor corrigido mês a mês pelo Governo Federal – Recurso improvido. (TJSP. Apelação Criminal n. 320.905-3/5-00. Rel. Djalma Lofrano. 2ª Câmara de Direito Criminal. j. 09.10.2000. v.u.)

A imposição do pagamento de cesta-básica atenta o princípio da legalidade e, na fixação da pena pecuniária, há que se ater à condição econômica do sentenciado e aos limites legais (TJMG. ACR 1043306177192-2/0001. Rel. Hélcio Valentim. 5ª Câmara Criminal j. 02.09.2008. v.u.)

PENAL E PROCESSO PENAL. PECULATO-FURTO. art. 312, § 1º, DO CP. COMPETÊNCIA DA JUSTIÇA FEDERAL. art. 109, INCISO IV, DA CF. MATERIALIDADE E AUTORIA DEMONSTRADAS. DOLO. DESCLASSIFICAÇÃO PARA O DELITO DE APROPRIAÇÃO INDÉBITA. DOSIMETRIA DAS PENAS. SUBSTITUIÇÃO DA REPRIMENDA CORPORAL POR PRESTAÇÃO DE OUTRA NATUREZA. (...) O legislador infraconstitucional, no art. 45, § 2º, do CP, deixou assentada a possibilidade de substituição da pena de prestação pecuniária por prestação de outra natureza, desde que haja aceitação do beneficiário. A pena alternativa inominada não precisa guardar natureza econômica, admitindo-se, como preceitua o legislador, a prestação de qualquer natureza, pecuniária ou obrigação de fazer. Não há falar em ofensa ao princípio da legalidade. (TRF4. ACR 17875 PR. Rel. Paulo Afonso Brum Vaz. 8ª T. j. 12.12.2007. v.u.)

Inadmissível prestação de outra natureza por violação ao princípio da legalidade – Apelação. Furto qualificado. Insurgência defensiva. Fragilidade de provas. Impossibilidade. Réu apreendido em poder da *res furtiva.* Valor R$ 115,33. Reconhecimento do privilégio. Insurgência ministerial. Penas fixadas aquém do mínimo legal em razão de atenuante. Impossibilidade. Princípio da legalidade. Pena restritiva determinada em cestas básicas. Não previsão legal. Provimento ao recurso ministerial, provendo-se parcialmente o apelo defensivo. (TJSP. APL 00003045820098260236. Rel. Guilherme de Souza Nucci. 1ª Câmara Criminal Extraordinária. j. 21.07.2014. v.u.)

A doação de cestas básicas está excluída do rol de sanções restritivas de direitos do art. 43 do CP, não podendo ser admitida por não haver previsão e por ferir a reserva legal. A prestação de serviços à comunidade se mostra mais escorreita e necessária à prevenção e intimidação daqueles que cometem delitos de menor potencial efetivo (TACRIM/SP. AgEx. 1402875-0. Rel. Penteado Navarro. 5ª Câmara Criminal. j. 22.03.2004. v.u.)

Inadmissível prestação de serviços à comunidade consistente em entrega de cestas básicas – APELAÇAO CRIMINAL. Fornecimento de cestas básicas como modo de cumprimento da pena de prestação de serviços à comunidade. Ausência de previsão legal. Preliminar de nulidade acatada para determinar o retorno dos autos ao Juízo *a quo* para que outra decisão seja proferida, observando-se o disposto no artigo 46, do Código Penal. Decisão unânime (TJSE. APELAÇÃO CRIMINAL 0147/2002. Rel. Osório de Araújo Ramos Filho. Câmara Criminal. j. 19.10.2004. v.u.)

Admissível prestação de outra natureza consistente em doação de sangue – A pena substitutiva aplicada foi a prestação de serviços à comunidade. A doação de sangue é apenas uma opção dada ao apenado para o cumprimento. Doação de sangue, estipulada como uma das penas restritivas, e, em caso de impossibilidade, foi estipulado como pena alternativa a prestação de serviços no hospital da posse, pelo período de 3 horas semanais. em caso da doação de sangue, o doador terá por cumprida sua pena, prestando um serviço comunitário de alcance imensurável, beneficiando a saúde de terceiros, pelo que entendo tal modalidade ser necessária e suficiente para a reprovação e a prevenção do delito cometido, adequando-se a função repressiva e preventiva. A doação de sangue tem a mesma natureza jurídica da doação de cestas básicas, ou seja, uma prestação inominada, e como tal, também se adéqua a função repressiva e preventiva. (TJRJ. Apelação 0119220-58.2009.8.19.0038. Rel. Sidney Rosa da Silva. 7ª Câmara Criminal. j. 17.12.2013. v.u.)

Admissível substituição de prestação de serviços à comunidade por doação de cestas básicas e de sangue a pedido do sentenciado – Revela-se adequada, portanto, a substituição da pena, na medida em que possibilitará o cumprimento da sanção sem prejuízo da jornada normal de trabalho do recorrido, conforme preconiza o art. 149, § 1º, da

LEP. (...) Assim, com fundamento no art. 45, § 2º, do CP, estipula-se em substituição a doação de cestas básicas e, excepcionalmente, de sangue (...). Quanto à doação de sangue, embora haja controvérsia se o dispositivo mencionado autoriza a imposição de prestação inominada de natureza não pecuniária, cumpre consignar que com ela concordou o sentenciado, representando ainda importante prestação de serviço comunitário com benefício direto à saúde de terceiros. (TJSP. Agravo de Execução Penal n. 0186589-52.2013.8.26.00. Rel. Vico Mañas. 12ª Câmara de Direito Criminal. j. 12.02.2014. v.u.)

Inadmissível prestação de outra natureza consistente em doação de sangue – DOAÇÃO DE SANGUE – PENA INCOMPATÍVEL COM NOSSO ORDENAMENTO JURÍDICO. (...) a exigência judicial de doação de sangue não se ajusta aos parâmetros fixados pelo nosso ordenamento jurídico. A Constituição da República no artigo 5º *caput* assegura como direito e garantia fundamental a inviolabilidade do direito à vida, o que inclui a dignidade da pessoa humana e no inciso XLIX garante aos presos e sentenciados a integridade física e moral. Portanto, considerando que ninguém será obrigado a dispor do próprio corpo, tal determinação não merece prosperar, posto que contrária à Legislação Penal e à Constituição da República. Com estas considerações, dou parcial provimento ao recurso interposto, no sentido de desobrigar o apelante a se dispor à doação de sangue, mantendo-se, quanto ao mais, a decisão do Juízo monocrático. (TJMG. Apelação 1.0686.00.001938-6/001. Rel. Sérgio Braga. 1ª Câmara Criminal. j. 19.12.2005. v.u.)

Prestação de natureza deve ser fixada pelo Juízo da Execução – PENAL – FURTO QUALIFICADO – PENA SUBSTITUTIVA DE PRESTAÇÃO PECUNIÁRIA – DECOTE – IMPOSSIBILIDADE – PENA PRIVATIVA DE LIBERDADE SUPERIOR A UM ANO – SUBSTITUIÇÃO POR PRESTAÇÃO DE OUTRA NATUREZA – COMPETÊNCIA DO JUÍZO DA EXECUÇÃO. (...) A forma de pagamento da prestação pecuniária ou a sua substituição por prestação de outra natureza na hipótese da impossibilidade de seu cumprimento é competência do Juízo da Execução. (TJMG. APR 10672110262686001. Rel. Júlio Cezar Guttierrez. 4ª Câmara Criminal. j. 12.03.2014. v.u.)

5.3 PERDA DE BENS E VALORES

5.3.1 Definição e regras gerais

Esta sanção consiste no perdimento de bens e valores lícitos pertencentes ao condenado, em favor do Fundo Penitenciário Nacional (art. 45, § 3º)[58].

Vale aqui a crítica apresentada em relação à prestação pecuniária: houve um desacerto legislativo ao se tratar da perda de bens e valores num mero parágrafo, o qual, ademais, não guarda relação temática direta com o *caput*. É também cabível o mesmo comentário referente à natureza jurídica: nada obstante o legislador tê-la previsto como restritiva de direito, entende a doutrina majoritária que não é esta a sua natureza, pois não envolve restrição a direitos e tem conteúdo pecuniário.

Bem é a "coisa material ou imaterial que tem valor econômico e pode servir de objeto a uma relação jurídica. (...) Para que seja objeto de uma relação jurídica será preciso que apresente os seguintes caracteres: a) idoneidade para satisfazer um interesse econômico; b) gestão

---

[58] No direito comparado, conforme análise de Alceu Corrêa Junior, esta pena é amplamente contemplada: o Código Penal francês de 1993 estabelece as figuras do confisco geral – previsto em algumas situações particulares, como no caso de crimes contra a humanidade, genocídio e outros assemelhados, e tráfico ilícito de entorpecentes – e do confisco especial – previsto como pena pecuniária complementar ou substitutiva em relação à pena privativa de liberdade; na África, em fevereiro de 1989, foi criado o Instituto das Nações Unidas Africanas para a Prevenção do Crime e Tratamento do Delinquente (UNAFRI), que patrocinou estudos e pesquisas sobre alternativas à prisão e indicou, dentre outras, a pena de confisco de bens; alguns países árabes também contemplam o confisco de bens como sanção alternativa à prisão, normalmente aplicado para delitos contra a economia e tráfico de drogas. Em muitos países, todavia, o confisco de bens não é tratado como sanção autônoma, mas como efeito da condenação, recaindo sobre bens destinados à prática do crime ou que se constituam vantagem decorrente deste. É o que estabelecem, *grosso modo*, o Código Penal alemão de 1881, o Código Penal suíço de 1937, o Código Penal italiano de 1948, o Código Penal espanhol de 1996, o Código Penal português de 1983, o Código Penal chileno de 1874, o Código Penal argentino de 1984, dentre outros. *Confisco penal: alternativas à prisão e aplicação aos delitos econômicos*. p. 87-109.

econômica autônoma; c) subordinação jurídica ao seu titular ou tudo aquilo que pode ser apropriado"[59].

Já valor é o "papel representativo de dinheiro, como cheque, letra de câmbio etc. (direito cambiário), ou preço de uma coisa (direito e comercial)". É expressão mais ampla, que contempla "tudo o que represente dinheiro"[60].

Segundo a Lei, esta pena tem como teto o que for maior: o montante do prejuízo causado ou o proveito obtido pelo agente ou por terceiro, em consequência da prática do crime (art. 45, § 3º).

Não se confundem a pena de perda de bens e valores (art. 45, § 3º) e o confisco como efeito da condenação (art. 91, II). Consiste este último na "perda em favor da União, ressalvado o direito do lesado ou de terceiro de boa-fé: a) dos instrumentos do crime, desde que consistam em coisas cujo fabrico, alienação, uso, porte ou detenção constitua fato ilícito; b) do produto do crime ou de qualquer bem ou valor que constitua proveito auferido pelo agente com a prática do fato criminoso".

O traço comum a ambos é a apreensão, pelo Estado, de parte do patrimônio do infrator. Mas diferenciam-se porque o confisco é um efeito extrapenal da condenação e atinge os instrumentos e o proveito do crime, enquanto a perda de bens e valores recai sobre o patrimônio *lícito* do condenado. Ademais, no confisco, o bem objeto do perdimento destina-se à União, enquanto na perda de bens e valores o objeto perdido é revertido em favor do Fundo Penitenciário Nacional (Funpen).

Discute-se se a perda de bens e valores seria também uma modalidade de confisco. Na Exposição de Motivos da Lei 9.714/1998, Nelson Jobim defende que não, nos seguintes termos: "Há equívoco em confundir a perda de bens com mero confisco. Pelos argumentos normalmente invocados, confisco seria também a pena de multa, consistente em retirar do patrimônio do condenado determinada soma em dinheiro (...). Também não deve prosperar a invocação da intangibilidade do direito de propriedade, a não ser pela desapropriação.

---

[59] Diniz, Maria Helena. *Dicionário jurídico*. v. 1. p. 390.

[60] Diniz, Maria Helena. *Dicionário jurídico*. v. 1. p. 694 e 543.

A multa desautoriza tal raciocínio. Além do mais, a pena privativa de liberdade também é negação de direito tão fundamental quanto o de propriedade, e ninguém ousa taxá-la de inconstitucional".

Não obstante, parece-nos mais acertada a posição contrária. Nesta esteira, leciona Nucci que a perda de bens e valores é sanção de caráter confiscatório, pois leva à apreensão definitiva, por parte do Estado, de bens ou valores de origem lícita do condenado[61]. Também é o entendimento de Alceu Corrêa Junior: "A pena de perda de bens e valores identifica-se com a pena de confisco parcial de bens, não havendo motivos para se evitar a comparação ou forçar distinções de natureza formal. Substancialmente, a perda de bens implica a transferência de bens de propriedade do condenado ao Estado, ou seja, confisco de bens. Trata-se, portanto, de cominar e aplicar o confisco de bens como sanção penal"[62].

Para Bitencourt, contrário a esta pena, a denominação *perda de bens* é um eufemismo, pois "trata-se, na verdade, da odiosa pena de confisco, que, de há muito, foi proscrita pelo direito penal moderno". Segundo o autor, "a definição atribuída pela lei à pena de 'perda de bens e valores' não corresponde à sua natureza jurídica e ao seu retrospecto histórico, não passando de uma ficção político-jurídica para impor uma sanção repudiada na maioria dos países democráticos de direito". Na opinião de Bitencourt, a própria norma constitucional, quando trata da perda de bens, padece de inconstitucionalidade, pois viola os princípios da individualização e da personalidade da pena, ao prever que a decretação do perdimento de bens pode ser estendida aos sucessores e contra eles executada (art. 5º, XLV)[63].

Em resposta a esta crítica, primeiramente importa resgatar a ideia de que a perda de bens não se estende aos sucessores do condenado. O que se estende é o perdimento de bens, que diz respeito ao patrimônio auferido ilicitamente. Perda de bens e perdimento de bens são institutos diversos, conforme visto em tópico específico[64]. E, ainda que

---

61 *Código penal comentado.* p. 403.

62 *Confisco penal: alternativa à prisão e aplicação aos delitos econômicos.* p. 139.

63 *Penas alternativas: análise político-criminal das alterações da Lei n. 9714/98.* p. 143-146.

64 Vide tópico "perda de bens" (item 1.1.2).

se entenda, *ad argumentandum*, que a perda de bens se estende aos sucessores, não será possível sustentar a inconstitucionalidade da lei. A afirmação de que o inciso XLV, do art. 5º, da Constituição Federal, é, ele próprio, inconstitucional, esbarra no fato de que norma oriunda do poder constituinte originário – como é o caso do referido dispositivo – não pode ser inconstitucional. Conforme argumenta Moreira Alves, "quem é livre para fixar um princípio o é também para impor-lhe exceções"[65]. Dessa forma, todas as antinomias presentes no texto original da Constituição são necessariamente solúveis.

Ademais, o confisco em questão não resulta de uma arbitrariedade do Estado. Ao revés, é aplicado de acordo com o devido processo legal e como resposta a uma infração penal.

Sobre o tema, leciona René Ariel Dotti: "Não são adequadas as objeções que alguns estudiosos procuram opor contra a perda de bens e valores materiais, sob o argumento de que se estaria legitimando o confisco para além das hipóteses restritas de sua admissibilidade. Com efeito, se o responsável pelo crime pode perder a liberdade – que é o bem de maior expressão depois da vida – também poderá ser privado de uma parcela de seu patrimônio, como ocorre com as penas pecuniárias"[66].

A perda de bens e valores é sanção que se mostra vantajosa, sobretudo, em se tratando de delitos econômicos. Conforme magistério de Andreas Eisele, "a modalidade de pena restritiva de direitos de maior eficácia na repressão à criminalidade econômica é a perda de bens e valores, devido à intenção do agente em face do caráter da conduta e conteúdo do bem jurídico penalmente tutelado. Como o móvel que impele o agente à prática de um crime de tal natureza é a perspectiva da vantagem econômica a ser obtida com o resultado do delito, a punição de cunho financeiro consistente não apenas no dever de reparação do dano causado à vítima, mas na perda cumulativa de bens e valores em volume compatível com o dano causado ou o provento obtido, é o fator de prevenção mais eficaz dentre os previstos na legislação penal. De fato, não há punição mais eficiente para a ganância que o prejuízo, de modo que a possibilidade economicamente desfavorável, por

---

65 STF. ADI n. 815. Rel. Min. Moreira Alves. Pleno. j. 28.03.1996.

66 *Curso de direito penal: parte geral*. p. 548.

certo, inibirá muitas das iniciativas de locupletamento ilícito a serem perpetradas mediante condutas penalmente tipificadas"[67].

Não obstante as vantagens apresentadas por esta sanção, é de se lamentar que, em termos práticos, ela quase não seja aplicada.

Jurisprudência

Aplicabilidade da perda de bens e valores em crimes patrimoniais – Nos crimes patrimoniais, salvo quando praticados com violência ou em circunstâncias que evidenciem especial periculosidade, a melhor pena é, de regra, a que atinge o bolso do delinquente. Para tanto, nada mais indicado do que a substituição da pena privativa de liberdade pela perda de bens e valores no montante do prejuízo causado ou do proveito obtido pelo agente ou por terceiro em consequência do crime. (TRF4. Ap. 96.04.58814-1/RS. Rel. Fábio Bittencourt da Rosa. 1ª T. j. 01.12.98)

Constitucionalidade da perda de bens e valores – A perda de bens e valores não configura espécie de confisco, mas antecipação de pena restritiva de direitos, expressamente prevista no art. 43, II, do CP, inexistindo qualquer ilegalidade a ser declarada quanto aos termos da proposta. RECURSO PROVIDO. (TJRS. Recurso Crime N. 71002006062. Rel. Cristina Pereira Gonzales. Turma Recursal Criminal. j. 06.04.2009)

Inadmissível perdimento de bens de terceiro – APELAÇÃO CRIMINAL – RECURSO DEFENSIVO – TRÁFICO DE DROGAS – PRETENSÃO DE ABSOLVIÇÃO – IMPOSSIBILIDADE – DOSIMETRIA DA PENA- REDIMENSIONADA – REGIME PRISIONAL ABRANDADO – CONVERSÃO DA PENA – PERDA DE BENS – MANTIDA – PROVIMENTO PARCIAL . (...) Afasta-se o perdimento dos bens de terceiro, cujo envolvimento com a atividade ilícita não foi demonstrado. Recurso parcialmente provido, contra o parecer. (TJMS. APL 00431137420128120001. Rel. Ruy Celso Barbosa Florence. 2ª Câmara Criminal. j. 21.10.2013. v.u.)

APELAÇÃO CRIME. ART. 311 DO CP. SUBSTITUIÇÃO DA PENA RESTRITIVA DE DIREITOS CONSISTENTE EM PERDA DE BENS E VALORES, POR PRESTAÇÃO PECUNIÁRIA.

---

67 A pena de perda de bens e valores e os crimes contra a ordem tributária. *Boletim IBCCRIM.* v.7, n.83, p. 9-10.

PROVIMENTO DO RECURSO DEFENSIVO. Adequada a substituição da pena restritiva de direitos, consistente em perda de bens, quando provado que o bem constrito não é de propriedade do condenado, e possui valor desproporcional ao dano causado pelo crime. Pena substituída por prestação pecuniária. Recurso da defesa provido. (TJRS. Apelação Crime N. 70041350778. Rel. Gaspar Marques Batista. 4ª Câmara Criminal. j. 26.05.2011. v.u.)

Inadmissível pena de perda de bens e valores de patrimônio ilícito – Apelação. Porte ilegal de arma de fogo e munição. Pena restritiva de direito consistente na perda do revólver. Improcedente. Bem ilícito. Alteração da pena. Provimento. (...) o inciso I, do art. 43, menciona a perda de bens como uma das hipóteses de pena restritiva de direito, no entanto, imprescindível seja esse bem adquirido licitamente pelo condenado, objeto integrante de seu patrimônio, o que não espelha o caso *sub judice*. (TJSP. Apelação n. 01243-8.205.8.26.0510. Rel. Souza Nucci. 16ª Câmara de Direito Criminal. j. 22.11.2011. v.u.)

Inadmissível pena de perda de bens públicos – ADMINISTRATIVO. INFRAÇÃO AMBIENTAL. BEM PÚBLICO. PENA DE PERDIMENTO. AUSÊNCIA DE PREVISÃO LEGAL. APLICAÇÃO ANALÓGICA. IMPOSSIBILIDADE. – Os bens públicos detêm regime jurídico próprio, sendo indisponíveis, impenhoráveis, inalienáveis e não oneráveis. – É inviável a aplicação analógica do Código Penal para justificar pena de perdimento de bem como restritiva de direito. – Inexistindo previsão legal específica na legislação ambiental, incide o princípio da especialidade, aplicando-se as regras próprias dos bens públicos. – Prequestionamento quanto à legislação invocada estabelecido pelas razões de decidir. – Sucumbência invertida. – Apelação provida. (TRF4. Rel. Silvia Goraieb. 4ª T. AC 0020708-84.2008.404.7100/RS. j. 24.03.2010)

5.3.2 Execução e reconversão

Conforme visto no tópico anterior, a Lei de Execução Penal não prevê como será executada a perda de bens e valores.

Em nossa visão, a execução desta pena é bastante semelhante à da prestação pecuniária. Deve o juiz, após o trânsito em julgado da condenação, intimar o apenado para entregar o bem ou o valor declarado perdido, fixando um prazo razoável para tanto (por exemplo, dez dias), sob pena de reconversão da pena alternativa em privativa de liberdade.

Transcorrido o prazo sem a competente entrega, o apenado deve ser intimado para justificar o descumprimento e, caso não apresente justificativa idônea, o magistrado procederá à reconversão da pena em privativa de liberdade, aplicando o regime fixado na sentença (art. 44, § 4º, CP).

Parece-nos aplicável, por analogia, o disposto nas alíneas "a" e "c" do art. 181, § 1º, da LEP. Assim, a perda de bens e valores também será reconvertida quando o réu não for encontrado para a aludida intimação, por estar em lugar incerto e não sabido, ou desatender à intimação editalícia; e quando se recusar, injustificadamente, a entregar o bem ou valor sobre o qual recaiu o perdimento. Nesta hipótese, a reconversão exigirá prévia oitiva do condenado.

Vale lembrar que para alguns, a perda de bens e valores, por se tratar de pena pecuniária, não poderia se transformar em prisão[68].

Entendemos possível a substituição da perda de bens e valores por outra pena restritiva, caso fique demonstrada a absoluta impossibilidade de cumprimento da sanção específica (ex.: caso o réu demonstra que houve perecimento do bem).

Havendo o cumprimento da pena, o bem ou valor entregue pelo apenado será destinado ao Fundo Penitenciário Nacional, ressalvada a existência de previsão diversa em legislação especial (art. 45, § 3º, do CP).

Jurisprudência

CONVERSÃO DAS PENAS SUBSTITUTIVAS EM PRIVATIVA DE LIBERDADE. MANUTENÇÃO DA DECISÃO. ORDEM DENEGADA. (...) Se o réu, injustificadamente, deixar de cumprir as penas substitutivas determinadas, deve retornar à situação anterior, que é a imposição

[68] Vide comentários à reconversão da pena de prestação pecuniária supra (item 5.3.2).

de pena privativa de liberdade. (...) A pena substitutiva de "perda de bens e valores do condenado:(art. 43, I e 45, § 3º do CP) não se confunde com a"perda do produto do crime ou de qualquer bem ou valor que constitua proveito auferido pelo agente com a prática do fato criminoso", prevista no art. 91, II, b, do mesmo diploma legal. 5. Ordem denegada. (TRF4. HC 2003.04.01.016982-0 RS. Rel. Fábio Bittencourt da Rosa. 7ª T. j. 03.06.2003. v.u.)

5.4 INTERDIÇÃO TEMPORÁRIA DE DIREITOS

5.4.1 Noções gerais

As antigas penas acessórias, previstas na redação original do Código Penal, foram extintas com a reforma da parte geral do Código Penal, em 1984. Algumas delas foram alçadas à condição sanções autônomas, tornando-se modalidades de interdição de direitos.

São cinco as modalidades de interdição temporária de direitos previstas no Código Penal: a) proibição do exercício de cargo, função ou atividade pública, bem como de mandato eletivo (art. 47, I); b) proibição do exercício de profissão, atividade ou ofício que dependam de habilitação especial, de licença ou autorização do poder público (art. 47, II); c) suspensão de autorização ou de habilitação para dirigir veículo (art. 47, III); d) proibição de frequentar determinados lugares (art. 47, IV); e) proibição de inscrição em concurso (art. 47, V).

Analisaremos a seguir cada uma das espécies de interdições de direitos previstas no Código Penal. As modalidades previstas nas leis especiais serão abordadas no capítulo seguinte.

5.4.2 Proibição do exercício de cargo, função ou atividade pública, bem como de mandato eletivo

Os conceitos de cargo, função ou atividade pública, e mandato eletivo, devem ser interpretados à luz do art. 327, *caput*, do CP, segundo o qual "considera-se funcionário público, para os efeitos penais, quem, embora transitoriamente, exerce cargo, emprego ou função pública", estabelecendo o § único deste artigo que "equipara-se a funcionário público quem exerce cargo, emprego ou função em entidade paraestatal, e quem trabalha para empresa prestadora de serviço contratada ou conveniada para a execução de atividade típica da Administração Pública".

Cargo público "é o lugar instituído na organização do serviço público, com denominação própria, atribuições e responsabilidades específicas e estipêndio correspondente, para ser provido e exercido por um titular, na forma estabelecida em lei"[69].

Função "é a atribuição ou o conjunto de atribuições que a Administração confere a cada categoria profissional ou comete individualmente a determinados servidores para a execução de serviços eventuais, sendo comumente remunerada através de *pro labore*"[70].

Atividade pública "é toda aquela efetuada em benefício do Estado, seja remunerada ou não, e que dependa de nomeação, escolha, designação, etc. por parte do Poder Público (Executivo, Legislativo ou Judiciário)"[71]. Como se vê, "atividade pública" é uma designação bastante abrangente, na qual se pode incluir o emprego público[72].

Mandatos eletivos são aqueles exercidos pelos integrantes do Poder Legislativo (vereadores, deputados e senadores) ou do Executivo (prefeitos, governadores e presidente da República), eleitos por prazo determinados. Nos casos em que há disposição constitucional sobre como deve ocorrer a perda ou suspensão do mandato eletivo, caso dos senadores e deputados federais, entende-se não ser aplicável a interdição de direitos prevista no Código Penal. Nesse sentido, leciona Delmanto que a proibição de exercício de mandato eletivo é inconstitucional, já que os parlamentares só podem ser impedidos de exercê-los nos termos da Constituição[73]. E, como assevera Luiz Flávio Gomes, "no que diz respeito ao deputado federal e senador há regra específica, constitucional. Para preservar seu mandato assim como a autonomia

69 Meireles, Helly Lopes. *Direito administrativo brasileiro*. p. 397.

70 Meireles, Helly Lopes. *Direito administrativo brasileiro*. p. 397.

71 Mirabete. *Código Penal interpretado*. p. 268.

72 Ensina Luiz Régis Prado que não há diferença, no direito administrativo, entre função e atividade pública. O autor inclui, no conceito de atividade pública, o emprego público. *Curso de direito penal brasileiro*. v. 1. p. 584.

73 *Código Penal comentado*. p. 257.

do Legislativo frente aos demais poderes, todo e qualquer deslize desse parlamentar (falta de decoro, violação de proibições, suspensão de direitos políticos e inclusive caso de condenação criminal), nos termos do art. 55, VI, § 2º, da CF, só pode ser sancionado com a perda do mandato. Portanto, constitucionalmente, não existe a figura da suspensão temporária do mandato decretada por outro poder"[74].

A sanção ora em exame classifica-se como pena restritiva de direitos específica, pois sua aplicação depende da presença de um particular requisito, qual seja, cometimento do crime no exercício de profissão, atividade, ofício, cargo ou função, com violação dos deveres que lhes são inerentes (art. 56 do CP).

A proibição de exercer o cargo, função ou atividade pública, ou mandato eletivo, durará pelo prazo da pena privativa de liberdade substituída. Por exemplo: o funcionário condenado a cinco meses de pena privativa em razão de crime cometido no exercício do cargo, poderia ter esta sanção substituída pela proibição de exercer o trabalho por igual prazo, findo o qual retornaria a suas atividades.

Não se confunde com a *perda* de cargo, função pública ou mandato eletivo, que é efeito secundário da condenação e deve ser motivadamente declarada na sentença (art. 92, I, *a* e *b*, e § único). Será cabível quando for aplicada pena privativa de liberdade por tempo igual ou superior a um ano, nos crimes praticados com abuso de poder ou violação de dever para com a Administração Pública, ou quando for aplicada pena privativa de liberdade por tempo superior a quatro anos nos demais casos.

5.4.3 Proibição do exercício de profissão, atividade ou ofício que dependam de habilitação especial, de licença ou autorização do poder público

Algumas profissões, atividades e ofícios exigem, para seu exercício, que o indivíduo possua uma habilitação especial, licença ou autorização do poder público. É o que ocorre com médicos, advogados, dentistas, engenheiros, etc. Aplicada esta sanção, ficará o agente

---

[74] *Direito penal: parte geral*. v. 2. p. 809-810.

proibido de exercer tal atividade, durante o tempo da pena privativa de liberdade substituída.

Profissão pode ser definida como trabalho especializado e remunerado de natureza intelectual. Atividade é uma ocupação remunerada ou não. Ofício, por fim, significa trabalho não especializado e remunerado, geralmente manual[75].

Esta é uma pena restritiva de direitos classificada como específica, pois sua aplicação depende de um requisito especial previsto em lei, consistente em ter sido o crime praticado no exercício de profissão, atividade ou ofício, com violação dos deveres que lhes são inerentes (art. 56).

Para aplicação dessa pena, lembra Mirabete, não é necessário que o crime seja classificado como próprio, exigindo-se somente que tenha sido cometido no exercício de profissão, atividade, ofício, cargo ou função, com violação dos deveres que lhes são inerentes. Pode ser aplicada, por exemplo: "Para o autor dos delitos de violação de segredo profissional (médicos, advogados), de fraude processual e patrocínio infiel (advogados), de omissão de socorro e tentativa de aborto (médicos, enfermeiros, etc.), de desabamento culposo (engenheiros), de maus-tratos (professores), de falsidade de atestado (médicos)"[76].

5.4.4 *Suspensão de autorização ou de habilitação para dirigir veículo*

Esta sanção foi derrogada pelo Código de Trânsito Brasileiro, lei posterior e especial que disciplinou a suspensão ou proibição de dirigir veículos automotores. Assim, a pena alternativa prevista no art. 47, III, do Código Penal, perdeu relevância, sendo aplicável apenas em se tratando de ciclomotores[77].

5.4.5 *Proibição de frequentar determinados lugares*

A proibição de frequentar lugares já era conhecida no ordenamento pátrio, sendo prevista como condição do *sursis* especial (art. 78,

[75] Prado. *Curso de direito penal brasileiro*. vol. 1. p. 585.
[76] *Manual de direito penal*. p. 274.
[77] O tema será abordado posteriormente (vide item 6.3 infra).

§ 2º), como condição facultativa do livramento condicional (art. 132, § 2º, *c*, da LEP) e como condição da suspensão condicional do processo (art. 89, § 1º, II, da Lei 9.099/1995). Em 1998, por meio da Lei 9.714, transformou-se em sanção substitutiva e autônoma, tendo sido incluída como modalidade de interdição de direitos (art. 47, IV).

Embora a lei não exija expressamente qualquer requisito especial, esta sanção só deve ser aplicada quando guardar alguma relação com o delito praticado. Ora, não teria sentido, por exemplo, aplicar ao condenado por crime de estelionato a proibição de frequentar casas de prostituição.

Deve o magistrado especificar em quais lugares recairá a proibição, inclusive para que se possa aferir o cabimento e eventual descumprimento desta sanção. O condenado ficará impedido de frequentar os lugares especificados na sentença pelo tempo da pena privativa de liberdade substituída.

A Lei 11.340/06, que trata da violência doméstica contra a mulher, prevê algumas medidas protetivas de urgência, visando a resguardar a incolumidade física e psicológica da ofendida. Dentre elas, pode o juiz determinar a proibição de que o agressor frequente determinados lugares (art. 22, III, *c*). Esta medida não se confunde com a interdição de direitos do Código Penal, pois esta é uma pena substitutiva e autônoma, enquanto aquela tem caráter cautelar, e sua aplicação não pressupõe condenação. Da mesma forma, não se confunde a pena ora em exame com a medida cautelar prevista no art. 319, II, do CPP, consistente na proibição de acesso ou frequência a determinados lugares quando, por circunstâncias relacionadas ao fato, deva o indiciado ou acusado permanecer distante desses locais para evitar o risco de novas infrações.

Há uma especial modalidade de proibição de frequentar lugares no Estatuto do Torcedor (Lei 10.671/03), que será estudada em ponto específico[78].

5.6.6. Proibição de inscrição em concurso, avaliação ou exame públicos

Em 15 de dezembro de 2011, foi publicada a Lei 12.550, que autoriza o Poder Executivo a criar empresa pública denominada "Empresa

---

[78] Confira item 6.5 infra.

Brasileira de Serviços Hospitalares – EBSERH". Estranhamente, o legislador incluiu no corpo dessa Lei disposições de natureza penal, sem qualquer relação com a matéria nela tratada, visando coibir fraudes em certames públicos.

Introduziu-se, assim, no Código Penal, o crime de "fraude em certames de interesse público" (art. 311-A)[79], bem como a pena de "proibição de inscrever-se em concurso, avaliação ou exame públicos" (art. 47, inciso V). A análise do tipo penal é alheia ao objeto da presente obra, de modo que nos ateremos ao estudo da nova sanção.

A aplicação da pena de proibição de inscrição em concurso, avaliação ou exame públicos pressupõe a existência de alguma relação com o crime praticado. Não faria sentido aplicar tal reprimenda, por exemplo, a um agente que praticou um furto de automóvel. Logo, as condutas que melhor se amoldam a esse tipo de punição são justamente as fraudes em certames públicos, descritas no art. 311-A do CP.

Além disso, parece-nos que o magistrado deve aferir se o indivíduo realmente pretende disputar certames públicos, já que, muitas vezes, os fraudadores objetivam tão somente o lucro e não buscam ingressar em carreiras públicas. Em tais casos, a sanção será inócua e representará impunidade.

Jurisprudência

Admissível alteração de pena de interdição temporária de direito por outra sanção se não houver condições de fiscalização – RECURSO DO MINISTÉRIO PÚBLICO. USO DE DOCUMENTO FALSO. ALTERAÇÃO DA MODALIDADE DA PENA RESTRITIVA DE

[79] "Art. 311-A. Utilizar ou divulgar, indevidamente, com o fim de beneficiar a si ou a outrem, ou de comprometer a credibilidade do certame, conteúdo sigiloso de: I – concurso público; II – avaliação ou exame públicos; III – processo seletivo para ingresso no ensino superior; ou IV – exame ou processo seletivo previstos em lei: Pena – reclusão, de 1 a 4 anos, e multa. § 1º Nas mesmas penas incorre quem permite ou facilita, por qualquer meio, o acesso de pessoas não autorizadas às informações mencionadas no caput. § 2º Se da ação ou omissão resulta dano à administração pública: Pena – reclusão, de 2 a 6 anos, e multa. § 3º Aumenta-se a pena de 1/3 se o fato é cometido por funcionário público."

DIREITOS DE INTERDIÇÃO DE DIREITOS. POSSIBILIDADE. A pena restritiva de direitos consistente em interdição temporária de direitos deve ser alterada se demonstrado nos autos que ela não se coaduna com o ilícito praticado pelo agente, bem como pelo fato de a comarca não dispor de métodos efetivos para fiscalização do seu cumprimento. (TJMG. APR 10074110034571001. Rel. Maria Luíza de Marilac. 3ª Câmara Criminal. j. 25.03.2014. v.u.)

APELAÇÃO-CRIME. EMBRIAGUEZ AO VOLANTE. MATERIALIDADE E AUTORIA COMPROVADAS. JUÍZO CONDENATÓRIO. SUBSTITUIÇÃO DA PENA PRIVATIVA DE LIBERDADE POR RESTRITIVA DE DIREITOS CONSISTENTE EM PROIBIÇÃO DE FREQUENTAR BAR OU SIMILARES. INVIABILIDADE DE TAL MEDIDA SUBSTITUTIVA. IMPOSSIBILIDADE DE FISCALIZAÇÃO PELO ESTADO. NECESSIDADE DE ALTERAÇÃO. FIXAÇÃO DA PRESTAÇÃO DE SERVIÇOS À COMUNIDADE. (TJRS. Apelação Crime N. 70047427638. Rel. Manuel José Martinez Lucas. 1ª Câmara Criminal. j. 25.07.2012. v.u.)

Inadmissível alteração de pena de interdição temporária de direito por outra sanção se não houver condições de fiscalização – Estelionato tentado. Apelo do réu buscando a redução da pena imposta. Apelo ministerial pedindo a substituição da sanção restritiva por outra prevista no art. 43, do C.Penal. Penas já fixadas em seus mínimos, sendo inviável a redução. Dificuldade de fiscalização da pena restritiva (interdição temporária de direitos) por parte do Estado que não pode fundamentar o afastamento de sanção imposta regularmente na sentença. Apelos improvidos. (TJSP. APL 0012022-04.2006.8.26.0189. Rel. Pinheiro Franco. 5ª Câmara de Direito Criminal. j. 17.02.2011. v.u.)

Inadmissível alterar pena de proibição de frequentar lugares por outra sanção – APELAÇÃO CRIMINAL – FURTO – FASE DE APLICAÇÃO DA PENA – PENA RESTRITIVA DE DIREITOS – INTERDIÇÃO TEMPORÁRIA DE DIREITOS – SUBSTITUIÇÃO POR PENA DE PRESTAÇÃO DE SERVIÇOS À COMUNIDADE OU LIMITAÇÃO DE FINAL DE SEMANA – INADMISSIBILIDADE – ATO DISCRICIONÁRIO DO JUIZ – ADEQUAÇÃO DA PENA ÀS CONDIÇÕES PESSOAIS DO CONDENADO. – A eleição da pena restritiva de direitos que mais se adéqua a cada caso concreto é ato discricionário do juiz, não sendo permitido ao condenado ou ao órgão acusatório optar por aquela que mais lhes convenha. (TJMG. APR 10074040202587001 MG. Rel. Júlio Cezar Guttierrez. 4ª Câmara Criminal j. 04.12.2013. v.u.)

PORTE ILEGAL DE ARMA DE FOGO – Art. 16, parágrafo único, inciso IV – Confissão – Condenação – Pena corporal substituída por restritiva de direitos consistentes na proibição de frequentar determinados lugares – Pretensão à alteração dessa pena para prestação de serviços à comunidade – Fixação que fica ao critério do juiz sentenciante – Ausência de arbitrariedade Imposição que se mostra adequada e recomendável ao caso dos autos – Aplicação correta Regime aberto adequado ao tempo da pena. (TJSP. APL 0033708-83.2006.8.26.0405. Rel. Newton Neves. 16ª Câmara de Direito Criminal. j. 31.01.2012. v.u.)

Admissível alterar proibição de frequentar lugares por outra pena caso aquela seja incompatível com o trabalho do acusado – (...) É possível a substituição da pena de interdição temporária de direitos, consistente na proibição de frequentar bares, boates e "inferninhos", por outra pena restritiva de direitos se a imposição daquela inviabilizar que o réu desenvolva ocupação profissional lícita, no caso, a de músico. (...) (TRF3. ACR 0006542-11.2006.4.03.6109 SP. Rel. Cotrim Guimarães. 2ª T. j. 09.06.2009. v.u.)

Proibição de frequentar lugares deve guardar relação com o crime – PENAL. APELAÇÃO CRIMINAL. MOEDA FALSA. MATERIALIDADE E AUTORIA DEMONSTRADAS. DOLO CONFIGURADO PELA INTRODUÇÃO DA CÉDULA FALSA EM CIRCULAÇÃO COM CONHECIMENTO DA FALSIDADE. DOSIMETRIA DA PENA. PENA SUBSTITUTIVA DE PROIBIÇÃO DE FREQUENTAR DETERMINADOS LUGARES: DESCABIMENTO NO CASO CONCRETO. (...) A sentença merece reparo quanto à pena substitutiva de proibição de frequentar bares e casas noturnas a partir das 22 horas. Não há relação entre o cometimento do crime e a frequência a esse tipo de estabelecimento, circunstância exigível para a imposição desse tipo de pena. Precedentes. Exclusão da pena, de ofício. (...) 9. Apelação desprovida. (TRF3. ACR 1106162 SP. Rel. Márcio Mesquita. 1ª T. j. 04.02.2014. v.u.)

APELAÇÃO CRIMINAL. USO DE DOCUMENTO FALSO. CARTEIRA NACIONAL DE HABILITAÇÃO. PENA SUBSTITUTIVA. INTERDIÇÃO TEMPORÁRIA DE DIREITOS. MODIFICAÇÃO. NECESSIDADE. ADEQUAÇÃO AO CASO CONCRETO. DADO PROVIMENTO AO RECURSO MINISTERIAL. 1. As penas substitutivas devem ser fixadas de forma suficiente à reprovação da conduta e prevenção do delito, de acordo com o critério da razoabilidade do sentenciante, sob pena de propagação do sentimento de impunidade e desprestígio da norma penal. 2. Restando demonstrada que a reprimenda substitutiva imposta pelo Juízo "a quo" não é a mais adequada ao cumprimento da finalidade preventiva e repressiva que se espera da pena, impõe-se, excepcionalmente, sua modificação. 3. Dado provimento ao recurso ministerial. (...) o delito "não foi perpetrado sob a influência de bebida alcoólica e à guisa de qualquer evidência de que o recorrido, mesmo porque além de casado e aposentado, conta com mais de 50 anos de idade, seja um frequentador assíduo de 'zonas boêmias, casas de show, bares, boates, casas de prostituição, danceterias e parque de exposições', não lhe importará em qualquer punição ou desestímulo a proceder de modo contrário ao direito"(fl. 114). Nesse contexto, entendo que a atribuição de tarefas gratuitas ao condenado é a medida que mais se adéqua à finalidade preventiva e repressiva da pena, razão pela qual promovo a substituição da interdição temporária de direitos por prestação de serviços à comunidade, nos termos do artigo 46, do Codex, em favor de entidade a ser designada pelo d. Juízo da execução. (TJMG. Apelação criminal 1.0074.10.003940-8/001. Rel. Marcílio Eustáquio Santos. 7ª Câmara Criminal. j. 20.06.2013. v.u.)

Inadmissível proibição genérica de frequentar lugares (bares e estabelecimentos similares) –CRIME CONTRA AS RELACOES DE CONSUMO (ART. 7º, IX, DA LEI 8.137/90 – EXPOSIÇÃO À VENDA DE MEDICAMENTOS IMPRÓPRIOS PARA CONSUMO, COM O PRAZO DE VALIDADE VENCIDO. MATERIALIDADE E AUTORIA INCONTROVERSAS. CRIME DE MERA CONDUTA E DE PERIGO PRESUMIDO. CONDENAÇÃO MANTIDA. PENA RESTRITIVA DE DIREITOS. SUBSTITUIÇÃO OPERADA EM PROL DA INTERDIÇÃO TEMPORÁRIA, NA MODALIDADE DE PROIBIÇÃO DE FREQUENTAR DETERMINADOS LUGARES (BARES E ESTABELECIMENTOS SIMILARES). IMPOSIÇÃO NÃO FUNDAMENTADA, E QUE NÃO GUARDA ADEQUAÇÃO COM O FATO E AS CONDIÇÕES DA CONDENADA. (...) Como tem acentuado a jurisprudência, "as condições de 'não frequentar bares ou estabelecimentos similares' e 'lupanares ou lugares suspeitos' são inadmissíveis se não guardarem relação com o delito, posto que vagas e genéricas". (TJPR. ACR 1771599. Rel. Sérgio Arenhart. 1ª Câmara Criminal. j. 13.12.2001. v.u.)

Proibição de frequentar lugares somente pode abranger atividades de lazer e não relativas ao trabalho – APELAÇÃO CRIMINAL – HOMICÍDIO TENTADO – CONDIÇÃO DO SURSIS ESPECIAL – PROIBIÇÃO DE FREQUENTAR DETERMINADOS LUGARES

– RESTRIÇÃO AFETA ÀS ATIVIDADES DE LAZER, NÃO ALCANÇANDO AQUELAS RELATIVAS AO TRABALHO – RESSALVA IMPOSTA. – A intenção do legislador (*mens legislatoris*) ao criar a norma do art. 78, § 2º, *a*, do CP, foi evitar que o sentenciado reitere na prática delitiva, retirando-o de ambientes que o propiciem agir de forma contrária a lei. Nesse contexto, por óbvio, a proibição de frequentar determinados lugares restringe-se às atividades de lazer, não alcançando aquelas relativas ao trabalho. (TJMG. APR 10120120017914001. Rel. Cássio Salomé. 7ª Câmara Criminal. j. 13.03.2014. v.u.)

Recolhimento noturno não pode ser condição de interdição temporária de direitos – PENAL E PROCESSUAL PENAL. FURTO QUALIFICADO. EMPREGO DE ESCALADA E CONCURSO DE AGENTES. TESE DEFENSIVA DE NEGATIVA DE AUTORIA. AUSÊNCIA DE DEMONSTRAÇÃO. MATERIALIDADE E AUTORIA COMPROVADAS. CONDENAÇÃO MANTIDA. PENA PRIVATIVA DE LIBERDADE SUBSTITUÍDA POR DUAS RESTRITIVAS DE DIREITOS. PRESTAÇÃO DE SERVIÇO À COMUNIDADE E INTERDIÇÃO TEMPORÁRIA DE DIREITOS. RECOLHIMENTO NOTURNO IMPOSTO ENTRE AS CONDIÇÕES DA INTERDIÇÃO. REGRA DO REGIME ABERTO. INCOMPATIBILIDADE COM A PENA SUBSTITUTIVA. EXCLUSÃO. CONHECIMENTO E PROVIMENTO PARCIAL DO APELO. 01. O recolhimento noturno corresponde a uma das regras do regime aberto na pena privativa de liberdade, sendo por isso incabível que figure como uma das condições da pena de interdição temporária de direitos. 02. Provimento parcial (...). (TJRN. APR 41357. Rel. Ivan Meira Lima. Câmara Criminal. j. 03.10.2003. v.u.)

Inadmissível interdição de direito consistente em proibição de ingerir bebida alcoólica – APELAÇÃO CRIMINAL – USO DE DOCUMENTO FALSO – ABSOLVIÇÃO – ERRO DE TIPO – IMPOSSIBILIDADE – PENA RESTRITIVA DE DIREITO – INTERDIÇÃO TEMPORÁRIA DE DIREITOS – PROIBIÇÃO DE FAZER USO DE BEBIDA ALCOÓLICA E RECOLHIMENTO À RESIDÊNCIA – EXCLUSÃO – AUSÊNCIA DE PREVISÃO LEGAL. (...) 2. Impõe-se a exclusão da pena de interdição temporária de direito a proibição de fazer uso de bebida alcoólica e de recolhimento à residência, por ausência de previsão legal. (TJMG. APR 10280110003058001. Rel. Denise Pinho da Costa Val. 6ª Câmara Criminal. j. 22.07.2014. v.u.)

Admissível pena de proibição de frequentar residência da vitima em se tratando de violência domestica – APELAÇÃO. AMEAÇA. VIOLÊNCIA DOMÉSTICA. PENA. 1. As provas produzidas sob contraditório judicial são firmes a embasar a decisão condenatória. Palavra da vítima corroborada pelos depoimentos da filha do casal, que presenciou as primeiras ameaças, e dos policiais militares, que confirmaram ter flagrado o réu armado com uma faca no interior da residência da vítima. 2. Valoradas positivamente todas as circunstâncias judiciais do art. 59 do Código Penal, é impositiva a fixação da pena basilar no mínimo legal. Pena redimensionada e substituída por uma restritiva de direitos, de interdição temporária de direitos, especificamente de proibição de frequentar a residência da ofendida pelo tempo da condenação. RECURSOS PROVIDOS EM PARTE. (TJRS. Apelação Crime N. 70055745236. Rel. Nereu José Giacomolli. 3ª Câmara Criminal. j. 19.09.2013. v.u.)

Admissível pena de proibição do exercício do cargo em crime de peculato – PENAL E PROCESSUAL PENAL. PECULATO (ART. 312 C/C O ART. 327, § 2ª). CONTINUIDADE DELITIVA (ART. 71, DO CP). FRAÇÃO DE AUMENTO DA SANÇÃO. PENA DE RESTRIÇÃO TEMPORÁRIA DE DIREITOS. PROIBIÇÃO DE EXERCÍCIO DE CARGO, FUNÇÃO OU ATIVIDADE PÚBLICA, BEM COMO DE MANDATO ELETIVO. ADEQUAÇÃO. (...) A pena restritiva temporária de direitos consistente na proibição de exercício de cargo, função ou atividade pública, bem com de mandato eletivo, é perfeitamente adequada aos crimes de peculato, pois visa resguardar a moralidade e a probidade administrativa. 4. Apelação improvida. (TRF5. ACR 6828 RN. Rel. Francisco Cavalcanti. 1ª T. j. 29.04.2010. v.u,)

Inadmissível proibição ao exercício do cargo, função, atividade pública ou mandato eletivo quando tais funções não guardam relação com o delito – Interdição temporária de direitos. A proibição prevista no art. 47, inc. I, do Código Penal, é aplicável apenas àqueles casos em que o agente valeu-se de seu cargo, função, atividade pública ou mandato eletivo para cometer o crime. Extrapolar o juízo de reprovação sobre crime, para impedir o agente de exercer atividade profissional ou ocupação desconexa com o delito, privando-o de seu meio de subsistência, viola o direito social ao trabalho, cristalizado nos arts. 5º, XIII, e 6º da Constituição Federal, e deve ser afastado. Pena de interdição temporária de direitos substituída por uma prestação de serviços à comunidade ou a entidades públicas, conforme definida pelo Juízo da Execução, atentando-se à vedação de *reformatio in pejus* e à determinação do art. 44, § 2º, do CP. 10. Recurso defensivo parcialmente provido. (TRF3. ACR 2731 SP. Rel. Cotrim Guimarães. 2ª T. j. 21.10.2014. v.u.)

PENAL. PROCESSUAL PENAL. art. 342 DO CP. FALSO TESTEMUNHO. INCOMPETÊNCIA DA JUSTIÇA FEDERAL REJEITADA. MATERIALIDADE E AUTORIA. DOLO. COMPROVAÇÃO. REDUÇÃO DO NÚMERO DE DIAS-MULTA E PENA PRIVATIVA DE LIBERDADE. PROIBIÇÃO DE REALIZAÇÃO DE EXAME DA ORDEM AFASTADA. (...) A pena de interdição temporária de direitos somente deve ser aplicada quando tenha o crime sido praticado com o exercício de direito que possa ser legalmente limitado (cargo, ofício ou habilitação para dirigir), o que não se verifica no falso depoimento como mera testemunha, por fato sem relação com o exercício profissional que se pretendia limitar. 6. Afastada a pena de interdição temporária do direito de realizar exame de ordem, mantendo-se unicamente a pena substitutiva de prestação de serviços à comunidade. (TRF4. ACR 1869 RS. Rel. Marcos Roberto Araujo dos Santos. 7ª T. j. 20.07.2010. v.u.).

Admissível proibição do exercício de advocacia em crime de falso testemunho – APELAÇÃO CRIMINAL – Falso testemunho – Participação (induzimento ou instigação) de advogado – Fragilidade probatória – Inocorrência – Comprovadas a autoria e materialidade – Réu que, na qualidade de advogado instruiu testemunha a mentir em processo-crime – Delito configurado – Pena, contudo, reduzida – Proibição do exercício da advocacia – Admissibilidade – Previsão legal como interdição temporária de direitos – RECURSO PARCIALMENTE PROVIDO. (TJSP. APL 0013269-88.2008.8.26.0564. Rel. Camilo Léllis. 15ª Câmara de Direito Criminal. j. 18.08.2011. v.u.)

Proibição do exercício de profissão priva o sentenciado de seu sustento, devendo ser alterada para outra sanção – APELAÇÃO CRIME. ESTELIONATOS. ADVOGADO. PROIBIÇÃO DO EXERCÍCIO DA PROFISSÃO. PRINCÍPIO DA RAZOABILIDADE. (...) A proibição do exercício da advocacia (pena substitutiva) mostra-se exacerbada no caso concreto, porque retira do réu, que é primário, o seu meio de sustento. De mais a mais, a condenação penal à pena de reclusão já surte o efeito inibidor desejado. Com base no Princípio da Razoabilidade, afasta-se tal pena por outra restritiva de direitos (prestação de serviços à comunidade). (TJRS. Apelação Crime N. 70056959976. Rel. Francesco Conti. 5ª Câmara Criminal. j. 04.12.2013. v.u.)

Substituição por restrição temporária de direitos na modalidade de proibição de exercício da profissão que desponta extremamente gravosa, porque cerceia direito fundamental – direito ao trabalho, mostrando-se mais adequado o órgão de fiscalização profissional – Conselho Regional de Medicina do Estado do RS – delibere sobre a questão, na sindicância que foi instaurada. Prestação de serviços à comunidade que deve ser à razão de 1 hora de tarefa por dia de condenação, nos termos do § 3º do art. 44 do CP, podendo ser readequado, pelo juízo da execução, caso o entenda necessário – art. 66, V da LEP. (TJRS. ACR 70040097701. Rel. Fabianne Breton Baisch. 8ª Câmara Criminal. j. 10.04.2013. v.u)

Incabível proibição do exercício de profissão como condição do regime aberto – PENA – REGIME ABERTO – CONDIÇÕES – PROIBIÇÃO DO EXERCÍCIO DA PROFISSÃO NO LOCAL DO EVENTO CRIMINOSO – INADMISSIBILIDADE – RECURSO PROVIDO. Não é possível estabelecer-se como condição do cumprimento da pena em regime aberto a proibição ao livre exercício da profissão exercida pelo réu, mesmo que no local do fato criminoso. (TJPR. ACR 1365264 PR 0136526-4. Rel. Carlos A. Hoffmann. 2ª Câmara Criminal. j. 10.04.2003. v.u.)

Inadmissível interdição de direitos (proibição de se inscrever em concurso público) quando não alcançar os objetivos de prevenção e retribuição) – (...) Incabível é a substituição da pena restritiva de direito fixada por interdição temporária de direito, prevista no art. 47, inciso V, do CP, se a sanção não alcançar os seus objetivos de prevenção e repressão. (...) a proibição de inscrever-se em concurso, avaliação ou exame públicos não surtiria nenhum efeito no caso, ou seja, a sanção não alcançaria os seus objetivos de prevenção e repressão, já que o recorrente possui 68 (sessenta e oito) anos de idade e é lavrador. (TJMG. Apelação Criminal 1.0239.10.000301-5/001. Rel. Catta Preta. 2ª Câmara Criminal. j. 20.11.2013. v.u.)

5.4.7 Execução

Nas penas de interdição de direitos em geral, caberá ao juiz da execução comunicar à autoridade competente (superior hierárquico ou chefe do departamento competente, por exemplo) a pena aplicada e sua duração, determinada a intimação do condenado (art. 154 da LEP).

Tratando-se da pena de proibição do exercício de cargo, função ou atividade pública, bem como de mandato eletivo (art. 47, I, do CP), a autoridade competente deverá, em 24 horas, contadas do recebimento do ofício, baixar ato, a partir do qual a execução terá seu início (art. 154, § 1º, da LEP).

No tocante às penas de proibição do exercício de profissão, atividade ou ofício que dependam de habilitação especial, de licença ou autorização do poder público (art. 47, II, do CP); ou de suspensão de autorização ou de habilitação para dirigir veículo (art. 47, III, do CP), o Juízo da execução determinará a apreensão dos documentos que autorizam o exercício do direito interditado (art. 154, § 2º, da LEP). Vale lembrar que o art. 47, III, não mais se aplica aos veículos automotores, eis que derrogado pelo Código de Trânsito Brasileiro.

A proibição de frequentar lugares (art. 47, IV) não é disciplinada pela Lei de Execução Penal. Em nosso entender, após o trânsito em julgado da condenação, deve-se intimar o apenado da proibição, bem como de sua duração e dos locais que está proibido de frequentar, sendo este o termo inicial da execução. Na prática, é inexistente a fiscalização dessa reprimenda, abrindo-se margem à flagrante impunidade e ao descrédito estatal.

Também não foi regulamentada a execução da pena de proibição de inscrição em concurso, avaliação ou exame públicos (art. 47, V). Entendemos que, uma vez transitada em julgado a condenação, deve o apenado ser intimado da proibição, reputando-se iniciado o cumprimento da pena a partir de então. Também não é simples a fiscalização dessa sanção, pois são diversos os órgãos responsáveis pela elaboração de concursos em todo o país. Seria possível, em tese, havendo a notícia de que o réu pretende ingressar em determinada carreira pública, oficiar para o setor competente, comunicando a proibição.

Por fim, em qualquer das hipóteses supra, deverá a autoridade ou qualquer prejudicado comunicar imediatamente ao Juiz da execução o descumprimento da pena (art. 155, *caput* e § único, da LEP), que poderá resultar na reconversão da pena restritiva de direitos em privativa de liberdade.

5.4.8 Reconversão

As interdições serão reconvertidas se o condenado: a) exercer, injustificadamente, o direito interditado; b) não for encontrado por estar em lugar incerto e não sabido, ou desatender a intimação por edital; c) sofrer condenação por outro crime à pena privativa de liberdade, cuja execução não tenha sido suspensa (181, § 3º, da LEP). Valem os comentários feitos acima, em relação às demais penas restritivas de direitos.

5.4.9 Crítica às interdições temporárias de direitos

A despeito da existência de vozes enaltecendo as interdições temporárias de direitos, não é desarrazoado concluir que esta espécie de sanção pode trazer mais malefícios do que benefícios.

Os exemplos mais notórios se referem às duas primeiras modalidades de interdição de direitos, consistentes no impedimento temporário ao exercício de determinada atividade. Muitos dos autores que exaltam – com razão – a prestação de serviços à comunidade, festejando o trabalho como forma de recuperação dos condenados, paradoxalmente, dirigem também elogios a estas interdições, que consistem justamente na proibição do trabalho.

A única finalidade da pena que conseguimos vislumbrar sendo atingida por estas medidas é a prevenção geral. Mas se a pena – sobretudo a restritiva de direitos – tem também o objetivo de ressocialização, há que se questionar o mérito destas sanções. Afinal, o que de bom se pode esperar do condenado sem trabalho, sem dinheiro e ocioso?

Nesta esteira de entendimento é a lição de Guilherme de Souza Nucci: "Não vemos sentido em privar, como medida reeducativa e ressocializadora, alguém do seu trabalho. O que o Estado se propõe a dar em seu lugar? Sustentá-lo durante o período de cumprimento da pena? Se algum profissional ou ocupante de cargo ou ofício público andou muito mal no desempenho de sua função, o mais indicado a fazer é proibi-lo definitivamente de continuar a atividade, aliás, como já se pode fazer no tocante a cargos, ofícios e mandatos eletivos em certos casos (art 92, I, CP), como efeito da condenação. No mais, se o erro durante o exercício profissional ou funcional ocorreu, embora sem gravidade exagerada, melhor seria a aplicação de uma pena alternativa de obrigação de frequência a curso de reciclagem – somente para argumentar, pois essa modalidade de pena alternativa não existe – do que simplesmente proibir-lhe o trabalho honesto"[80].

O autor também questiona a eficácia das referidas modalidades de interdição: "Em tese, apreendido o referido documento [funcional] pelo tempo de duração da pena, o profissional estaria impedido de exercer a profissão, atividade ou ofício, pois dependentes de licença ou autorização do poder público. Vã ilusão. A imensa maioria dos profissionais exerce as suas atividades laborativas normalmente, sem ter que exibir, nos seus locais de trabalho, a carteira de identificação. Nem mesmo em audiência, tornando ao exemplo do advogado, exige o juiz a sua identificação, especialmente quando há procuração nos autos e o profissional já esteve na Vara antes. O mesmo se pode dizer das demais profissões. Os médicos, em outra ilustração, não praticam a medicina em seus consultórios exibindo a carteira de identificação aos pacientes. Em suma, a apreensão é inócua. A par dessa medida, deve o juiz oficiar ao órgão de classe, que tomaria a providência de publicar nota a respeito (ex.: comunicação no jornal do sindicato ou do órgão de classe), bem como assumiria o compromisso de fiscalizar o condenado através de mecanismos próprios (ex.: o Conselho Regional de Medicina pode ter acesso aos lugares comuns onde determinado médico exerce sua profissão, tais como consultório, hospitais, clínicas etc., devendo colaborar com o juízo para evitar o exercício da atividade)"[81].

Tais penas, além de inaptas a atingir qualquer objetivo ressocializador, podem afetar terrivelmente os familiares do apenado, privando-os de seu sustento.

Nesta linha de raciocínio, parece-nos duvidosa a constitucionalidade destas sanções, pois elas castigam os dependentes do condenado com muito mais intensidade do que seria razoável admitir, ainda mais em se tratando de penas alternativas. Se comparadas com outras penas

---

80 *Individualização da pena*. p. 333-334.

81 *Leis penais e processuais penais comentadas*. v. 2. p. 338.

restritivas de direitos, como a prestação de serviços à comunidade, torna-se evidente que o prejuízo que as referidas interdições causam a terceiros é desproporcional.

Imaginemos a hipótese, nada incomum, em que o indivíduo apenado é quem sustenta o lar. Suponhamos também que ele tenha filhos menores de 14 anos, que são, portanto, impedidos legalmente de trabalhar. Em casos como esse, precisará o sentenciado encontrar outra atividade que assegure não apenas a sua sobrevivência, mas também a de seus familiares, algo que pode ser bastante difícil na prática. Ora, um médico impedido de atuar em sua área, por exemplo, fará o quê? Trabalhará como pintor ou talvez engraxate? Veja-se que, não encontrando outra ocupação, tanto o apenado quanto sua família poderão ficar reduzidos à situação de mendicância. A hipótese revela-se ainda mais absurda quando se lembra que os dependentes, em nenhum caso, farão jus ao recebimento de auxílio-reclusão, pois tal benefício só é devido em caso de *prisão* do segurado.

As interdições previstas nos incisos I e II do art. 47 do Código Penal, embora abstratamente se dirijam apenas ao autor da infração, na prática, prejudicam tanto o condenado quanto seus dependentes, que sofrerão suas consequências quase com a mesma intensidade. Representa, portanto, ofensa ao princípio constitucional da personalidade da pena.

Infere-se, pois, que as aludidas interdições de direitos apresentam problemas intrínsecos. Notadamente quando se tem em vista, como observa Luigi Ferrajoli, que, na sociedade atual, a capacidade de trabalhar, o acesso à função pública, e o exercício de uma profissão ou de uma atividade artesanal ou comercial e até mesmo o uso da permissão para dirigir são condições básicas de trabalho e de sobrevivência[82].

A suspensão do direito de dirigir veículos, conforme visto, está regulada pelo Código de Trânsito Brasileiro, não sendo mais aplicável a sanção prevista no art. 47, III, do Código Penal.

A pena de proibição de frequentar determinados lugares também merece crítica. Antes de mais nada, convém apontar mais um equívoco do legislador: a expressão correta seria "comparecer", e não

[82] *Direito e razão*. p. 384.

"frequentar", uma vez que esta palavra significa comparecer *amiudadamente, repetidas vezes*. Ora, quem vai uma única vez a determinado lugar, não o frequenta. Assim, interpretando o texto da lei de acordo com o princípio da *lex stricta* – que veda interpretação extensiva *in malam partem* –, é forçoso concluir que o legislador criou uma situação absurda: somente descumprirá a sanção quem for repetidas vezes ao lugar que lhe foi proibido.

Como leciona Winfried Hassemer, o princípio da legalidade proíbe, no âmbito do Direito penal, a ampliação da norma a casos que nela não estão contidos, mas somente imaginados pelo legislador, na fórmula legal. No caso de conflito entre teor literal (que abarca menos do que deveria) e sentido (que é incorretamente ou incompletamente representado pelo teor literal), a proibição de analogia decide estritamente o conflito em favor do teor literal. É possível, assim, que o fim pretendido pela norma jurídica penal nunca seja alcançado, se esse fim não se houver materializado em linguagem normativa[83].

Feitas essas considerações, é de se ressaltar que esta pena apresenta outros três problemas. O primeiro refere-se à dificuldade de se estabelecer uma liame lógico entre o delito praticado e o lugar cuja frequência será proibida. A doutrina, de modo geral, limita-se a dizer que a proibição deve guardar relação com o delito praticado. Mas é de se questionar: que tipo de crime ensejaria esta pena e a quais lugares o sentenciado ficaria proibido de comparecer? Seria o caso, por exemplo, de proibir o estelionatário de frequentar determinada estação rodoviária onde praticou o crime? Ou então de proibir o sujeito que praticou crime sexual de frequentar prostíbulos? Em nossa opinião, não faz o menor sentido. Ademais, ainda que, com algum esforço, se consiga vislumbrar alguma hipótese, não parece haver necessidade de termos, na parte geral do Código Penal, uma pena para casos tão raros e específicos.

Nesse sentido, observa Bitencourt: "só temos de deplorar a pobreza inventiva do legislador, incapaz de 'criar' qualquer coisa de razoável qualidade técnico-jurídico-penal. Que o legislador das

---

83 *Fundamentos del derecho penal*. p. 333-334. No Estatuto do Torcedor, conforme se verá posteriormente, este defeito não se repetiu, estabelecendo-se a proibição de o torcedor "comparecer" a eventos esportivos.

décadas de 30 e 40 pudesse pensar nessa forma de restrição da liberdade – como simples condição do *sursis* – pode até ser razoável, quando ainda se falava em 'zona do meretrício', 'casa de tavolagem', etc. Na atualidade, com a 'concorrência desleal' que se instalou na sociedade não se pode mais falar em 'zona do meretrício', pois está disseminada pela sociedade; 'casa de tavolagem', por sua vez, é algo que nunca ficou bem esclarecido, pois nunca tivemos oportunidade de conhecer uma ou saber onde haja existido alguma. Ademais, as pessoas hoje não têm mais tempo e condição de frequentar lugares dessa natureza. Enfim, proibir de frequentar que lugar? Aquele em que eventualmente o crime foi cometido, quiçá, por puro 'acidente', embora sem qualquer relação com a conduta delituosa, sem qualquer efeito ou influencia criminógena? Assim, chegaríamos ao absurdo de ter de proibir determinado motorista de trafegar em certa rodovia onde eventualmente foi autor de um crime culposo etc., que, convenhamos, seria lamentável!"[84].

Outra questão diz respeito à brandura desta punição. Deve-se ter em mente que, por força da Lei 9.714/1998, a substituição por restritivas de direitos é possível mesmo para crimes mais graves, cuja condenação seja por prazo até quatro anos. Aplicar uma mera pena de proibição de frequentar determinados lugares para tais infrações caracteriza ofensa à ideia de suficiência da pena, ferindo o princípio da proporcionalidade e aumentando na sociedade a já forte sensação de impunidade.

Há ainda o problema da falta de fiscalização, uma vez que não há no Brasil, ao contrário de outros países, agentes especificamente responsáveis por esta função. Neste sentido, assevera Nucci: "É quase impossível a sua devida fiscalização, podendo-se, eventualmente e de maneira casual, apenas descobrir que o condenado o réu vem frequentando lugares proibidos, como botequins ou zonas de prostituição. Estabelecer tal proibição como pena restritiva de direitos autônoma e substitutiva da privativa de liberdade, com a devida vênia, foi um arroubo. Imagine-se substituir uma pena de furto qualificado de dois anos de reclusão pela proibição de frequentar bares e boates por igual

---

84 *Penas alternativas: análise político-criminal das alterações da Lei n. 9714/98.* p. 169.

prazo... Se já existe descrédito na sua efetivação como condição de pena ou benefício, não cremos deva o juiz aplicá-la como alternativa à privativa de liberdade. Quiçá no futuro, quando o sistema penitenciário e de execução penal possuir efetivos métodos de cumprimento e fiscalização de penas alternativas e benefícios legais"[85].

Esta, aliás, foi uma das conclusões da pesquisa sobre penas e medidas alternativas realizada pelo Ministério da Justiça e pelo IPEA. Apurou-se que a interdição temporária de direitos é uma pena raramente aplicada – identificou-se sua aplicação em apenas uma das comarcas visitadas, consistente em impedimento de comparecimento em estádios – e complexa de ser executada. O estudo apontou que a fiscalização de tal medida é quase impraticável e acaba ocorrendo somente nos casos em que, por algum outro motivo, a pessoa foi detida pela polícia e, ao ser requisitado seu histórico criminal, descobre-se o descumprimento de uma das condições da pena[86].

A última modalidade de interdição de direitos é a proibição de inscrever-se em concurso, avaliação ou exame públicos (art. 47, V, do CP). Essa pena é criticável por diversos aspectos. Primeiro, porque, a exemplo da pena de proibição de frequentar lugares, é sanção por demais branda, que precisaria ser cominada com outras penas restritivas. Além disso, não é simples a sua fiscalização, já que não existe um órgão central responsável pela elaboração de certames públicos. Por fim, o legislador parece presumir – ingenuamente – que os fraudadores são pessoas interessadas em ingressar em carreiras públicas, que, nessa condição, seriam afetadas pela referida proibição. Todavia, na maioria das vezes, esse tipo de fraude é praticada por associações

85 *Código Penal comentado*. p. 407. É bem verdade que a vigilância eletrônica, feitas por meio de tornozeleiras, por exemplo, constitui um importante passo para incremento da efetividade das sanções penais. Todavia, mesmo com esse sistema, a fiscalização da proibição de frequentar lugares não será simples, pois não pode ser feita automaticamente, como no caso do recolhimento domiciliar. Sobre o tema: Japiassú, Carlos Eduardo A. *A crise do sistema penitenciário*: a experiência da vigilância eletrônica. *Boletim IBCCRIM,* n. 170, p.2-3.

86 *A Aplicação de Penas e Medidas Alternativas*. Relatório de pesquisa, realizada em parceria pelo Ministério da Justiça e pelo Instituto de Pesquisa Econômica Aplicada (IPEA), Rio de Janeiro, 2015.

criminosas especializadas, cujos integrantes buscam unicamente o lucro fácil, e não a aprovação em concursos públicos.

Por fim, as interdições de direitos previstas no Código Penal têm aplicação concreta escassa, figurando praticamente como letra morta na legislação. A única hipótese que apresentava repercussão forense significativa era a suspensão do direito de dirigir, que foi derrogada e hoje está prevista no Código de Trânsito Brasileiro. Assim, se todas essas interdições de direitos fossem simplesmente extintas, pouca – ou nenhuma – falta fariam em termos práticos.

5.5 LIMITAÇÃO DE FIM DE SEMANA

Esta modalidade de sanção não é nova. A prisão de fim de semana foi introduzida em diversos estatutos do século passado, como o Código Austríaco, o Código Zanandelli, das duas Sicílias, o Código do Ticino. Mas, em vista dos resultados desalentadores, foi posta de lado. Posteriormente, a prisão de fim de semana foi prevista pelo "Criminal Justice Act" de 1948, na Inglaterra, pela lei alemã de menores, de 1953, além de outros legislações[87].

Lembra Mirabete que "em sua essência, a limitação de fim de semana foi criada para o fracionamento da pena privativa de liberdade de curta duração, de tal forma que a sanção fosse cumprida apenas nos fins de semana"[88].

Objetiva, fundamentalmente, através do fracionamento da pena, evitar que o sentenciado tenha contato com o ambiente criminógeno

---

87 Costa Júnior, Paulo José da. O autor aponta que, atualmente, existe sanção semelhante na Itália, denominada prisão saltuária; diferencia-se da semidetenção, presente naquele país, pois nesta o condenado se recolhe à prisão durante certo número de horas ao dia, todos os dias. *Comentários ao Código Penal*. p. 180.
Esta pena é também semelhante à prisão por dias livres, prevista no Código Penal Português, que consiste em privação da liberdade por períodos correspondentes a fins de semana. Mas, enquanto nosso ordenamento permite a aplicação desta pena para condenações a até quatro anos, o artigo 45 do Código lusitano a limita para "penas de prisão aplicada em medida não superior a 3 meses, que não deva ser substituída por multa ou por outra pena não privativa da liberdade".

88 *Manual de direito penal*. p. 276.

do presídio – com todas as suas consequências –, sem descurar da finalidade preventiva geral da reprimenda, uma vez que é cumprida em dias de ócio ou de lazer. Também tem a finalidade de garantir o princípio da personalidade da pena, pretendendo impedir que os efeitos indiretos da sanção recaiam sobre a família do condenado, particularmente as consequências econômicas e sociais[89].

No Brasil, a limitação de fim de semana é modalidade de pena restritiva de direitos consistente na obrigação de o condenado permanecer, aos sábados e domingos, por cinco horas diárias, em casa de albergado ou outro estabelecimento adequado, podendo, durante esta permanência, ser ministrados cursos e palestras ou atribuídas atividades educativas (art. 43, VI e 48 do Código Penal).

A limitação de fim de semana terá a duração da pena privativa de liberdade substituída. Assim, se houve condenação a dez meses de pena privativa de liberdade, o condenado deverá, por dez meses, permanecer, aos sábados e domingos, por cinco horas diárias, em casa de albergado ou estabelecimento estipulado.

5.5.1 Críticas

O principal problema desta sanção – pelo menos no Brasil – é de ordem material, tendo em vista que sua aplicação pressupõe a existência de casas de albergado, instituição inexistente na grande maioria das comarcas do país[90]. Decerto, assiste razão à Delmanto, quando afirma: "Já era mais do que previsível o fracasso dessa limitação (...), por ser conhecida a quase-inexistência de casas de albergado e de verbas para construí-las"[91].

---

89 Bitencourt. *Penas alternativas: análise político-criminal das alterações da Lei n. 9714/98*. p. 171.

90 Segundo pesquisa feita pelo Ministério da Justiça e pelo IPEA, a execução da limitação de fim de semana constitui um problema para as diversas comarcas visitadas no estudo, uma vez que não há em muitas localidades casas de albergado e, quando há, são poucas as vagas disponíveis. Por esse motivo, observou-se, em alguns casos, a conversão para outro tipo de pena pelo juiz da execução ou a designação do cumprimento em regime de prisão domicilia (*A aplicação de penas e medidas alternativas*. Relatório de pesquisa, Rio de Janeiro, 2015).

91 *Código Penal comentado*. p. 97.

Para tentar "salvar" a sanção, alguns aplicam a obrigação de comparecimento mensal a juízo, havendo casos em que se impôs o estudo como condição da limitação de fim de semana[92]. Embora constituam alternativas nobres à falta de casas de albergado, são opções extremamente brandas e que não guardam relação com a pena idealizada pelo legislador. Não representam, a rigor, "limitação de fim de semana".

Tem-se determinado, com frequência, que o condenado cumpra a pena em regime domiciliar. O fundamento é que a criação de vagas em instituição adequada é uma incumbência do Poder Público, e a inércia da Administração não poderia resultar em situação mais gravosa ao condenado.

Adotada esta orientação, tem-se, por uma via transversa, a adoção da pena de recolhimento domiciliar (art. 43, III, do projeto de Lei 2.684/1996), vetada pelo Presidente da República sob o argumento de carência "do indispensável substrato coercitivo". E isso sem contar a enorme dificuldade de fiscalizar o cumprimento da limitação de final de semana nessas condições.

Assim, o melhor é que, diante da inexistência de vagas em casa de albergado ou estabelecimento adequado, evite o magistrado aplicar este pena, para não gerar franca impunidade[93].

5.5.2 *Execução*

Caberá ao Juiz da execução determinar a intimação do condenado, cientificando-o do local, dias e horário em que deverá cumprir a pena, tendo início a execução a partir da data do primeiro comparecimento (art. 151, *caput* e § único, da LEP).

O estabelecimento designado encaminhará, mensalmente, relatório ao Juiz da execução, e comunicará, a qualquer tempo, a ausência ou falta disciplinar do condenado (art. 153), hipótese em que poderá ocorrer a reconversão em pena privativa de liberdade.

---

[92] Kuehne, Maurício. Imposição de obrigação ao estudo: condição ao cumprimento da pena restritiva de limitação de fim de semana à falta de casa do albergado – possibilidade? [Comentário de jurisprudência]. *Boletim IBCCRIM.* v. 7, n. 83, p. 387-388.

[93] Nucci. *Código Penal comentado*. p. 259.

Prevê a Lei que, durante o período de permanência do réu no estabelecimento designado, poderão ser ministrados cursos e palestras, ou atribuídas atividades educativas (art. 152 da LEP). A previsão legal é praticamente inexistente na realidade, dada a já mencionada falta de casas de albergado ou locais adequados para cumprimento desta sanção.

Jurisprudência

Possibilidade de cumprimento em prisão domiciliar se não houver casa do albergado – EXECUÇÃO PENAL. *HABEAS CORPUS*. LIMITAÇÃO DE FIM DESEMANA EMPRESÍDIO. SITUAÇÃO MAIS GRAVOSA. PRISÃO ALBERGUE DOMICILIAR. I – Constitui constrangimento ilegal submeter o paciente a situação mais rigorosa do que a estabelecida na condenação. Vale dizer, é inquestionável o constrangimento ilegal se o condenado cumpre pena em condições mais rigorosas que aquelas estabelecidas na sentença. II – Se o caótico sistema prisional estatal não possui meios para que o paciente cumpra a pena restritiva de direitos em estabelecimento apropriado, é de se autorizar, excepcionalmente, que a mesma seja cumprida em seu domicílio. III – O que é inadmissível, é impor ao paciente o cumprimento da limitação de fim de semana em presídio, estabelecimento inadequado para tanto. (Precedentes). *Habeas corpus* concedido. (STJ. HC 146558/RS. Rel. Felix Fischer. 5ª T. j. 15.12.2009. v.u.)

EXECUÇÃO. LIMITAÇÃO DE FIM DE SEMANA. AUSÊNCIA DE VAGA PARA O CUMPRIMENTO DA PUNIÇÃO. PRISÃO DOMICILIAR. POSSIBILIDADE. A situação é similar àquela da prisão do apenado no regime aberto. Deste modo, também se aplica o que vem decidindo o Superior Tribunal de Justiça nas hipóteses de ausência de albergue ou de vaga nele: "A submissão do paciente em regime de restrição de liberdade mais gravoso do que o previsto na sentença condenatória configura constrangimento ilegal. Fixado o regime aberto para cumprimento da pena, mostra-se incompatível com a condenação a manutenção do paciente em presídio. Precedentes do STJ. Ordem concedida para garantir ao paciente o direito de cumprir a pena no regime aberto, sendo-lhe, se eventualmente não houver vaga em Casa de Albergado, assegurado a prisão domiciliar, enquanto inexistir vaga no estabelecimento adequado." É o que ocorre no caso em tela, razão pela qual se mantém o deferimento da prisão domiciliar à agravada. (...) (TJRS. Agravo N. 70062649470. Rel. Sylvio Baptista Neto. 1ª Câmara Criminal. j. 10.12.2014. v.u.)

Impossibilidade de cumprimento em prisão domiciliar – (...) A inexistência de vaga em casa do albergado não justifica a concessão de prisão domiciliar ao reeducando no regime aberto, pois não se trata de hipótese expressamente prevista no art. 117, da Lei de Execução Penal. (TJMG. Agravo em Execução Penal 1.0016.13.005827-0/001. Rel. Adilson Lamounier. 5ª Câmara Criminal. j. 11.02.2014. v.u.)

AGRAVO EM EXECUÇÃO. LIMITAÇÃO DE FIM DE SEMANA. CASA DE ALBERGADO. INEXISTÊNCIA. CUMPRIMENTO DOMICILIAR. IMPOSSIBILIDADE. A inexistência de estabelecimento carcerário adequado não autoriza o cumprimento domiciliar da pena restritiva de limitação de fim de semana. Hipótese restrita às situações previstas no art. 117 da LEP. Agravo improvido, por maioria. (TJRS. Agravo N. 70056952039. Rel. Aristides Pedroso de Albuquerque Neto. 4ª Câmara Criminal. j. 21.11.2013. v.u.)

Inadmissível alterar limitação de fim de semana por outra pena – AGRAVO EM EXECUÇÃO. PENAS RESTRITIVAS DE DIREITOS. LIMITAÇÃO DE FIM DE SEMANA. PRETENSÃO DE ALTERAÇÃO POR OUTRA PENA SUBSTITUTIVA. INVIABILIDADE. INTELIGÊNCIA DO ART. 148 DA LEP. O art. 148 da LEP prevê somente a possibilidade do magistrado, durante a execução, alterar a forma de cumprimento da prestação de serviços à comunidade e da limitação de fim de semana. Portanto, não há previsão legal para alterar a própria pena substitutiva por outra, mas apenas o modo de cumpri-la. Inteligência do art. 148 da LEP. Agravo em execução, improvido. (TJRS. Agravo N. 70057690596. Rel. Gaspar Marques Batista. 4ª Câmara Criminal. j. 15.05.2014. v.u.)

Alteração de prestação de serviços à comunidade por limitação de fim de semana caso aquela apena seja incompatível com a atividade laboral do sentenciado – *HABEAS CORPUS*. CONVERSÃO DAS PENAS RESTRITIVAS DE DIREITOS EM PRIVATIVA DE LIBERDADE. SUBSTITUIÇÃO POR LIMITAÇÃO DE FIM DE SEMANA. 1. Restando demonstrado nos autos a impossibilidade de cumprimento das penas restritivas de direitos impostas na sentença, justifica-se a substituição por limitação de fim de semana, compatível com as atividades profissionais da paciente, indispensáveis ao sustento de sua prole. 2. Ordem parcialmente concedida. (TRF4. HC 57123120144040000 RS. Rel. Sebastião Ogê Muniz. 7ª T. j. 28.10.2014. v.u.)

Alteração de limitação de fim de semana por outra pena caso não exista casa do albergado – Execução penal. Condenação transitada em julgado. Substituição da pena privativa de liberdade por duas restritivas de direito. Impossibilidade de execução da limitação de fim de semana na Comarca em que reside o sentenciado. Substituição por prestação pecuniária, consistente no valor correspondente a dois salários mínimos. Admissibilidade. Aplicação de disposição constante do art. 148 da LEP. Decisão mantida. Agravo não provido (TJSP. Agravo de Execução Penal n. 0206986-35.2013.8.26.00. Rel. Otávio de Almeida Toledo. 16ª Câmara de Direito Criminal. j. 11.02.2014. v.u.)

AGRAVO EM EXECUÇÃO PENAL – SURSIS – CONDIÇÕES – LIMITAÇÃO DE FIM DE SEMANA – AUSÊNCIA DE CASA DE ALBERGADO – SUBSTITUIÇÃO POR PRESTAÇÃO DE SERVIÇOS À COMUNIDADE – NECESSIDADE. – A ausência de casa de albergado na comarca, a impossibilitar a limitação de fim de semana imposta como condição do sursis, recomenda a substituição da pena restritiva pela de prestação de serviço à comunidade, também prevista no rol do art. 78, § 1o, do Código Penal. (TJMG. AGEPN 10016120032095001. Rel. Júlio Cezar Guttierrez. 4ª Câmara Criminal. j. 20.02.2013. v.u.)

A imposição de pena de limitação de finais de semana, em comarcas que não dispõem de prisão albergue, compromete, senão inviabiliza, a execução da pena substitutiva, porquanto dificulta a fiscalização do cumprimento, em flagrante prejuízo ao seu caráter pedagógico (...). (TJMG. ACR 1043306177192-2/0001. Rel. Hélcio Valentim. 5ª Câmara Criminal j. 02.09.2008. v.u.)

Admissível limitação de fim de semana consistente em comparecimento mensal em juízo – Agravo em execução. Pena restritiva de direitos. Substituição da limitação de fim por comparecimento mensal em juízo. Possibilidade. Ausência de casa do albergado na comarca. Medida mais benéfica ao reeducando. Agravo não provido. (TJSP. Agravo de Execução Penal n. 08342-53.2012.8.26.00. Rel. Willian Campos. 4ª Câmara de Direito Criminal. j. 06.08.2013. v.u.)

Agravo em execução – Penas restritivas de direitos – Limitação de final de semana – Substituição por comparecimento mensal em juízo por ausência de casa de albergado – Admissibilidade. Inteligência do art. 148 da LEP. Agravo desprovido. (TJSP. Agravo de Execução Penal n. 990.09.150162-0. Rel. Lopes da Silva. 13ª Câmara de Direito Criminal. j. 25.03.2010. v.u.)

Inadmissível limitação de fim de semana consistente em comparecimento mensal em juízo – *Habeas Corpus*. Pena restritiva de direitos consistente em limitação de fim de semana substituída por comparecimento mensal em Juízo, sob o argumento de dificuldade de fiscalização da reprimenda. Alegação de constrangimento. Hipótese em que o argumento não tem o condão de ensejar a substituição, além do comparecimento mensal não ser pena restritiva de direitos prevista no art. 43, do Código Penal. Ordem concedida (TJSP. HC 0415730-40.2010.8.26.0000. Rel. Pinheiro Franco. 5ª Câmara de Direito Criminal. j. 02.12.2010. v.u.)

Limitação de fim de semana é mais gravosa ao réu que outras penas, devendo ser aplicada excepcionalmente – PENAL. APROPRIAÇÃO INDÉBITA. ART. 168, CAPUT, DO CP. CONAB.PRESCRIÇÃO. MATERIALIDADE. AUTORIA. DOLO. PENA. LIMITAÇÃO DE FIM DE SEMANA. ALTERAÇÃO. (...) Na linha dos reiterados julgamentos desta Turma, a limitação de fim de semana se revela nitidamente mais gravosa ao réu, eis que implica privação à liberdade individual, devendo ser aplicada em hipóteses excepcionais. Sanção substituída por prestação pecuniária, porquanto reverte em benefício da própria sociedade. 5. Apelo parcialmente provido. (TRF4. ACR 25589 RS. Rel. Élcio Pinheiro de Castro. 8ª T. j. 25.08.2004. v.u.)

Inadmissível ao réu que trabalha nos finais de semana – (...) 2. A doutrina atesta à limitação de final de semana uma finalidade educativa, direcionada ao aproveitamento positivo do tempo do albergado. Dessa forma, depreendendo-se dos autos que o agravante desenvolve atividade profissional lícita aos finais de semana, não há razão plausível para barrar a sua pretensão de obter a substituição da limitação de final de semana por prestação pecuniária. 3. O princípio da proporcionalidade trouxe ao direito penal uma realidade menos cruel e que procura observar os direitos fundamentais do homem, dentre eles o trabalho, que deve, de fato, ser preservado na hipótese, mostrando-se, portanto, adequada a substituição das medidas restritivas mencionadas. 4. Agravo regimental parcialmente provido. (STJ. AgRg no REsp 1166821/RS. Rel. Min. Marco Aurélio Bellizze. 5ª T. j. 23.10.2012. v.u.)

5.5.3 Reconversão

Estabelece o art. 182, § 2º, da LEP, que a limitação de fim de semana será convertida em pena privativa de liberdade quando o condenado: a) não comparecer ao estabelecimento designado para o cumprimento da pena; b) recusar-se a exercer a atividade determinada pelo Juiz; c) não for encontrado por estar em lugar incerto e não sabido, ou desatender a intimação por edital; d) praticar falta grave; e) sofrer condenação por outro crime à pena privativa de liberdade, cuja execução não tenha sido suspensa.

Cuidam-se basicamente das mesmas hipóteses que autorizam a reconversão da prestação de serviços à comunidade, com algumas adaptações, como a hipótese de o réu injustificadamente não comparecer à casa de albergado ou estabelecimento adequado ou se recusar a exercer a atividade determinada pelo magistrado. É imprescindível, nesses casos, a prévia oitiva do apenado antes da reconversão.

5.6 CONSIDERAÇÕES SOBRE A MULTA SUBSTITUTIVA

5.6.1 Aspectos gerais

A pena de multa consiste no pagamento de importância em pecúnia, previamente estabelecida em lei, como sanção pela prática de uma infração penal. O valor é destinado ao Fundo Penitenciário Nacional.

O Código Penal estabelece três formas distintas de imposição da multa. A primeira delas é a aplicação desta sanção em *substituição* à pena privativa de liberdade, nos moldes dos arts. 44, § 2º, e 60, § 2º, do Código Penal. Ou seja, o magistrado fixa a pena de prisão e, em uma segunda etapa, procede à sua substituição pela multa. Outra hipótese é a cominação da multa *diretamente* no tipo penal, de forma *isolada* ou *alternativamente à pena privativa de liberdade*, tal como ocorre, por exemplo, nos crimes de ameaça (art. 147), violação de domicílio (art. 150, *caput*) e dano (art. 163, *caput*). Uma terceira hipótese, utilizada em larga medida na legislação pátria, é a cominação da pena de multa *cumulativamente* à pena privativa de liberdade. Assim, crimes como o furto (art. 155, *caput*), o roubo (art. 157, *caput*) e o peculato (art. 312, *caput*), a exemplo de muitos outros, preveem a aplicação de pena de prisão e *também* da multa.

Dado o objeto da presente obra, merece especial atenção a multa *substitutiva*, aplicada como alternativa à pena privativa de liberdade.

Conforme visto anteriormente, se a condenação for igual ou inferior a um ano, a pena privativa de liberdade pode ser substituída por uma restritiva de direitos ou por multa (art. 44, § 2º, 1ª parte); sendo a condenação superior a um ano, poderá ser feita a substituição por uma pena restritiva de direitos e multa ou por duas restritivas de direitos (art. 44, § 2º, parte final).

O legislador, contraditoriamente, não permite que sanção superior a um ano possa ser substituída por duas penas de multa, mas admite sua substituição por uma pena conjugada à prestação pecuniária ou perda de bens e valores[94].

Aliás, até a jurisprudência, seguindo essa orientação, firmou-se no sentido de que, em lei especial, havendo previsão cumulativa de pena privativa de liberdade e pecuniária, não é permitida a substituição da reprimenda corporal pela de multa, pois isso acarretaria alteração da própria cominação legal (ensejando aplicação exclusiva da multa). Nesse sentido é o teor da Súmula 171 do STJ: "Cominadas cumulativamente, em lei especial, penas privativas de liberdade e pecuniária, é defeso a substituição da prisão por multa".

Como observa Bitencourt, "previsão como essa serviu no passado, quando a única pena pecuniária no nosso direito positivo era a pena de multa; na atualidade, mostra-se deficiente e equivocada, ante a *criação* das outras duas penas pecuniárias, *prestação pecuniária* e *perda de bens e valores* (...). Teria sido mais feliz essa previsão *se autorizasse* a *substituição*, nesses casos, por uma *pena restritiva de direitos* e uma *pena pecuniária*"[95].

No mais, as regras gerais quanto à substituição da pena privativa de liberdade por restritivas de direitos e multa foram tratadas conjuntamente no capítulo anterior. Para evitar repetições desnecessários, remetemos o leitor ao ponto específico.

---

94 Bitencourt. *Penas alternativa: análise político-criminal das alterações da Lei n. 9.714/98*. p. 178-179.

95 *Penas alternativa: análise político-criminal das alterações da Lei n. 9.714/98*. p. 178.

5.6.2 *Multa como dívida de valor*

Segundo a anterior redação do art. 51 do Código Penal, dada pela Lei 7.209/1984, a "multa converte-se em pena de detenção, quando o condenado solvente deixa de pagá-la ou frustra a sua execução". O dispositivo foi alterado pela Lei 9.268/1996, que passou a dispor: "Transitada em julgado a sentença condenatória, a multa será considerada dívida de valor, aplicando-se-lhes as normas da legislação relativa à dívida ativa da Fazenda Pública, inclusive no que concerne às causas interruptivas e suspensivas da prescrição".

Em nossa visão, o objetivo da modificação foi apenas evitar a conversão da multa em prisão, de modo que sua natureza jurídica continua sendo de sanção penal. Aliás, a própria Constituição Federal elenca a multa como espécie de pena (art. 5º, XLVI, *e*). Nessa condição, deveria ser executada pelo Ministério Público, na Vara das Execuções Penais.

É a posição de Bitencourt: "Definir, juridicamente, *nome*, *título* ou *espécie da obrigação* do condenado não muda, por si só, a *natureza jurídica* de sua obrigação, ou melhor, da sua condenação. A mudança do rótulo não altera a essência da substância! Na verdade, a natureza jurídica da pena de multa criminal não sofreu qualquer modificação com a terminologia utilizada pela Lei 9.268/96, considerando-a 'dívida de valor', após o trânsito em julgado. *Dívida de valor* ou não, a pena de multa (ou pena pecuniária) continua sendo *sanção criminal*. Não se pode esquecer que a *sanção criminal* – seja de natureza pecuniária ou não – é a consequência jurídica do delito e, como tal, está limitada pelos *princípios garantidores do direito repressivo penal*, dentre os quais destacam-se os princípios da *legalidade* e da *personalidade da pena*. Pelo princípio da *personalidade* – aliás, a grande característica diferenciadora da pena criminal pecuniária das demais penas pecuniárias –, ao contrário do que se chegou a afirmar, herdeiros e sucessores não respondem por esta sanção. Ademais, não se pode esquecer que a *morte do agente* é a primeira *causa extintiva da punibilidade* (art. 107, I, do CP). O *fundamento político-legislativo* da definição da pena de multa como *dívida de valor* objetiva, somente, justificar a *inconversibilidade da pena de multa* não paga em prisão e, ao mesmo tempo, satisfazer os hermeneutas civis, segundo os quais 'dívida de valor' pode ser atualizada monetariamente"[96].

Todavia, pacificou-se orientação diversa, no sentido de que a multa, enquanto dívida de valor deve ser executada pela Fazenda Pública, na Vara das Execuções Fiscais. Esta, aliás, é a posição adotada pelo STJ[97].

Como observa Nucci, esse entendimento traz vários inconvenientes. Entre eles, destaca-se o fato de que a multa penal, mesmo de baixo valor, deveria ser cobrada com todo empenho possível, para não gerar o sentimento de impunidade. Afinal, cuida-se de condenação na esfera criminal, muitas vezes substitutiva de pena privativa de liberdade. Todavia, o excesso de execuções fiscais e os baixos valores das multas aplicadas desestimulam os procuradores e demais agentes da execução fiscal a promover a efetiva cobrança[98]. Aliás, é comum a edição de portarias pelas procuradorias da Fazenda dispensando o ajuizamento de execuções de baixo valor. Ou seja, o não pagamento da multa, muitas vezes, não traz consequências ao condenado.

Desperdiça-se tempo dos magistrados, que precisam incluir na já complexa dosimetria da pena os cálculos envolvendo quantidade e valor dos dias-multa aplicados e, na fase da execução, consome-se tempo também dos funcionários do Poder Judiciário, devido à necessidade de intimação dos sentenciados para pagamento da multa e expedição de ofícios à Procuradoria Fiscal. E o resultado, não raro, é o incremento do descrédito da Justiça, na medida em que o Estado impõe ao sentenciado uma penalidade meramente figurativa, desprovida de consequências efetivas.

---

96 *Penas alternativas: análise político-criminal das alterações da Lei 9.714/98*. p. 181-182.

97 No Estado de São Paulo, o Provimento CG n 11/2015 atribuiu ao próprio juiz da condenação a incumbência de intimar o réu para o pagamento da multa e, no caso de inadimplemento, extrair certidão da sentença e encaminhá-la para a Procuradoria Geral do Estado, comunicando a providência ao juízo das execuções criminais competente.

98 *Codigo Penal comentado*. p. 413-414.

5.6.3 *Crítica à pena de multa cumulativa à pena privativa de liberdade*

Conforme visto, o Código Penal estabelece três formas distintas de imposição da multa: a) *substitutiva* à pena privativa de liberdade (arts. 44, § 2º, e 60, § 2º, do CP); b) *diretamente cominada* no preceito secundário, de forma *isolada* ou *alternativa à pena privativa de liberdade*; c) *cumulativa* à pena privativa de liberdade. É esta última hipótese, amplamente contemplada na legislação, que merece críticas.

Tendo em vista que a aplicação das sanções penais deve ser norteada pelos critérios de necessidade e suficiência, e considerando suas finalidades de prevenção e retribuição do delito, não se vê justificativa plausível para a incidência da pena de multa cumulada à pena privativa de liberdade.

A inclusão da pena privativa de liberdade no preceito secundário da norma penal incriminadora já exaure as finalidades de retribuição e prevenção do delito, demonstrando que ninguém deve praticar a conduta correlata ou sofrerá a referida sanção, que é a mais drástica consequência jurídica prevista no Código Penal. Neste contexto, a incidência da multa, muito menos gravosa, acaba perdendo relevância, restando ofuscada pela cominação da pena de prisão. Nesse prisma, aplicada a prisão, a multa passa a configurar excesso, desprovido de significado e fundamento[99].

Melhor seria que o legislador extirpasse tal cumulação, retirando do preceito secundário este apenso às penas privativas de liberdade. Condutas de menor gravidade poderiam ser apenadas diretamente com a multa; às infrações mais graves seria cominada a pena privativa de liberdade, podendo esta ser substituída por penas restritivas e/ou pela própria multa, quando presentes os requisitos legais.

E, tendo o magistrado substituído a pena e eventualmente considerado a multa – ou outra pena pecuniária – suficiente para punir a conduta ilícita, torna-se sem sentido e despropositada a sua dupla incidência, representando um exagero punitivo[100]. Na praxe forense,

---

[99] Oliveira, Ana Sofia Schmidt *et al.* Considerações sobre a multa em face da Lei 9.268/96. *Revista Brasileira de Ciências Criminais*, v. 19. p. 95.

[100] Nesse sentido: Bartoli, Marcio. Sobre a aplicação da pena de multa. *Revista Brasileira de Ciências Criminais*, v. 12, p. 138.

aliás, é notório que, no tocante à aplicação da pena, a atenção das partes – tanto da acusação quanto da defesa, incluindo-se o próprio acusado – volta-se à duração da reprimenda corporal a ser aplicada, à sua forma de cumprimento (regime fechado, semiaberto ou aberto) e à eventual concessão de algum substitutivo penal (como sanções alternativas). A multa cumulada, na prática, é simplesmente ignorada. Com frequência, verifica-se que os acusados sequer têm ciência de que esta sanção também é cominada ao delito que lhes é imputado.

Contribui para isso o descrédito da pena de multa, que, conforme visto, passou a ser considerada dívida de valor, tramitando sua execução na Vara da Fazenda Pública. Ocorre que, devido ao seu baixo valor e o excesso de execuções, raramente há a sua efetiva cobrança. E, no âmbito penal, o inadimplemento também não traz qualquer consequência para o acusado, tendo-se reconhecida a extinção da punibilidade do agente com o cumprimento da pena privativa de liberdade, independentemente do pagamento da multa. Aliás, boa parte das multas cumulativas tem sido objeto dos indultos presidenciais usualmente concedidos no final de cada ano[101].

Neste cenário, evidencia-se que a pena de multa cumulada com penas privativas de liberdade bem poderia ser abolida, pois é inócua e desnecessária. Sua eliminação, além de corrigir as referidas distorções e eliminar verdadeira fonte de descrédito do sistema penal, simplificaria a aplicação e a execução da pena.

Jurisprudência

Inadmissível conversão de pena de multa em prisão – AGRAVO EM EXECUÇÃO. PENA DE MULTA. INADIMPLEMENTO. EXECUÇÃO FISCAL. DÌVIDA DE VALOR. IMPROVIMENTO. Com a entrada em vigor da Lei 9.268/96, a multa deverá se considerada dívida de valor. Em caso de inadimplência, não há mais a possibilidade de ser convertida em prisão. inteligência do art. 51 do Código Penal. Agravo ministerial im-

[101] A título de exemplo, tanto o Decreto 8.380/2014 quanto o Decreto 8.172/13 preveem, no artigo art. 7º, que o indulto ou a comutação da pena privativa de liberdade ou restritiva de direitos alcança a pena de multa aplicada cumulativamente.

provido. (TJRS. Agravo n. 70055637722. Rel. Gaspar Marques Batista. 4ª Câmara Criminal. j. 21.11.2013. v.u.)

Admissível extinção da punibilidade sem o pagamento da multa – PENAL. EXECUÇÃO PENAL. PENA PRIVATIVA DE LIBERDADE. CUMPRIMENTO. SANÇÃO PECUNIÁRIA. INADIMPLEMENTO. EXTINÇÃO DA PUNIBILIDADE. POSSIBILIDADE. O entendimento deste eg. Superior Tribunal de Justiça é no sentido de que a pena de multa se converte em dívida de valor com o trânsito em julgado da condenação, devendo ser cobrada como tal. Isso não impede, todavia, a decretação de extinção da punibilidade uma vez cumprida integralmente a pena privativa de liberdade. Precedentes. Agravo regimental desprovido. (STJ. AgRg no REsp 1446216/SP. Rel. Min. Felix Fischer. 5ª T. j. 19.03.2015. v.u.)

PENAL E PROCESSO PENAL. RECURSO ESPECIAL. EXECUÇÃO. PENA DE MULTA. PENDÊNCIA DE PAGAMENTO. POSSIBILIDADE DE EXTINÇÃO DA EXECUÇÃO CRIMINAL. ENTENDIMENTO DA TERCEIRA SEÇÃO. PRECEDENTES. 1. Constituindo a pena de multa, após o trânsito em julgado da condenação, dívida de valor, o seu inadimplemento, desde que verificado o cumprimento integral da pena privativa de liberdade imposta, não constitui óbice para o reconhecimento da extinção da punibilidade do agente na seara criminal. Entendimento firmado pela Terceira Seção no julgamento dos EREsp. 845.902/RS, de minha relatoria, em 25/8/2010. 2. Agravo regimental improvido. (STJ. AgRg no REsp 1467978/SP. Rel. Min. Maria Thereza de Assis Moura. 5ª T. j. 23.09.2014. v.u.)

Inadmissível extinção da punibilidade sem o pagamento da multa – MULTA O fato de ser, agora, considerada dívida de valor, cobrável através da fazenda pública, não afasta a natureza de pena da imposição, motivo pelo qual a extinção da punibilidade do agente só há de ser reconhecida após sua satisfação. Agravo desprovido. (TJSP. Agravo de execução penal 0058578-68.2014.8.26.0000. Rel. Marcos Antonio Correa da Silva. 6ª Câmara de Direito Criminal. j. 26.02.2015. v.u.)

Agravo em execução. Decisão que julgou extinta a punibilidade. Insurgência ministerial. Inadimplemento da pena de multa. Embora executada como se dívida de valor fosse, a multa não perdeu sua natureza de sanção penal. Impossibilidade de extinção da punibilidade. Agravo provido. (TJSP. EP 0070756-49.2014.8.26.0000. Rel. Guilherme de Souza Nucci. 16ª Câmara de Direito Criminal. j. 16.12.2014. v.u.)

Multa executada perante a Vara da Fazenda Pública – (...) 1. Considerando-se a pena de multa como dívida de valor e, consequentemente, tornando-se legitimado a efetuar sua cobrança a Procuradoria da Fazenda Pública, na Vara Fazendária, perde a razão de ser a manutenção do Processo de Execução perante a Vara das Execuções Penais, quando pendente, unicamente, o pagamento desta. (...) (STJ. EREsp 845902/RS. Rel. Min. Maria Thereza de Assis Moura. 3ª S. j. 25.08.2010. v.u.)

Multa executada perante a Vara das Execuções Criminais – PROCESSO PENAL – AGRAVO – art. 51 DO CÓDIGO PENAL – EXECUÇÃO DA PENA DE MULTA – COMPETÊNCIA – MINISTÉRIO PÚBLICO DA VARA DE EXECUÇÕES CRIMINAIS – RECURSO DESPROVIDO. 1. A pena de multa deve ser executada nos moldes da lei de execução fiscal, mas a titularidade continua sendo do Ministério Público atuante na Vara de Execuções Criminais visto que a multa não perdeu seu caráter de sanção penal. 2. Recurso desprovido. (TJMG. AGEPN 10395100005150001. Rel. Pedro Vergara. 5ª Câmara Criminal. j. 19.02.2013.. v.u.)

AGRAVO – PENA DE MULTA – EXECUÇÃO – MINISTÉRIO PÚBLICO – LEGITIMIDADE – DÍVIDA DE VALOR – NATUREZA CRIMINAL NÃO AFASTADA – AGRAVO CONHECIDO E PROVIDO. – A Lei 9.268 de 1996 não conferiu natureza fiscal à pena de multa, que remanesce como sanção criminal. Art. 5º, XLVI, CR/88 . – O Ministério Público é parte legítima a intentar a execução da pena de multa. Inteligência da Súmula n. 2 do TJMG. (TJMG. Agravo 1.0000.09.493839-6/001. Rel. Ediwal José de Morais. 4ª Câmara Criminal. j. 03.06.2009. v.u.)

Obrigatória aplicação da pena de multa – (...) A pena de multa constitui sanção de caráter penal, não existindo previsão legal que autorize sua isenção. Revestida de aplicação cogente, eventual supressão viola o princípio constitucional da legalidade, sendo que em caso de insolvência absoluta do condenado, poderá não ser executada até ulterior possibilidade financeira, antes da prescrição, que viabilize a cobrança coercitiva, relevando-se que competência para tal análise é do juízo da execução penal. Pena Mantida. NEGARAM PROVIMENTO AO RECURSO. UNÂNIME. (TJRS. Apelação Crime n. 70052415205. Rel. Laura Louzada Jaccottet. 7ª Câmara Criminal. j. 21.11.2013. v.u.)

(...) Deve ser desacolhido o pedido para afastamento da pena de multa, pois se trata de sanção principal e cumulativa, que não pode ser relevada, por ausência de suporte legal. Ademais, após o trânsito em julgado da sentença, a multa é considerada dívida de valor e pode ser exigida pela Fazenda Pública. Ocorre que, a práxis é fixar a pena de multa nos seus patamares mínimos, tanto em dias-multa, quanto nos valores de cada dia-multa, levando em consideração o salário atual, a pena mínima da multa ficaria em um valor irrisório, sendo certo que a Fazenda Pública não iria se interessar em mover uma ação de execução para cobrar estes valores, acarretando a prescrição da pena de multa. Portanto, a pena de multa não atinge os mais pobres, pois não tendo recursos, não pagam e a única represália estatal é assistir a prescrição, pois não há nada que possa ser penhorado. (TJRS. ACR 70044848984. Rel. Ícaro Carvalho de Bem Osório. 6ª Câmara Criminal. j. 19.01.2012. v.u.)

Inadimplemento deliberado da pena de multa impede progressão de regime – O inadimplemento deliberado da pena de multa cumulativamente aplicada ao sentenciado impede a progressão no regime prisional. Essa regra somente é excepcionada pela comprovação da absoluta impossibilidade econômica do apenado em pagar o valor, ainda que parceladamente. (...) o Plenário rememorou que o art. 51 do CP, em sua redação original, previa a possibilidade de conversão da multa em pena de detenção, quando o condenado, deliberadamente, deixasse de honrá-la. Posteriormente, a Lei 9.268/1996 dera nova redação ao dispositivo, para não mais admitir essa conversão, bem como para permitir a correção monetária e a cobrança da sanção como dívida ativa. A referida alteração legislativa não retirara da multa o seu caráter de pena, conforme disposição constitucional (CF, art. 5º, XLVI) e legal (CP, art. 32, III). Acrescentou que, em matéria de criminalidade econômica, a multa desempenharia papel proeminente. Mais até do que a pena de prisão, caberia à sanção pecuniária o papel retributivo e preventivo geral, para desestimular a conduta prevista penalmente. Por essa razão, deveria ser fixada com seriedade, proporcionalidade e, sobretudo, ser efetivamente paga. (...) a jurisprudência do STF demonstraria que a análise dos requisitos necessários para progressão não se restringiria ao art. 112 da LEP, pois outros elementos deveriam ser considerados pelo julgador para individualizar a pena. (...) Nessas condições, não seria possível a progressão de regime sem o pagamento da multa fixada na condenação. O condenado teria o dever jurídico – e não a faculdade – de pagar integralmente o valor. Essa seria uma modalidade autônoma de resposta penal expressamente prevista no art. 5º, XLVI, *c*, da CF, a exigir cumprimento espontâneo por parte do apenado, independentemente de execução judicial. A obrigatoriedade também adviria do art. 50 do CP. O não recolhimento da multa por condenado que tivesse condições econômicas de pagá-la, sem sacrifício dos recursos indispensáveis ao sustento próprio e de sua família, constituiria deliberado descumprimento de decisão judicial e deveria impedir a progressão de regime. Além disso, admitir-se o não pagamento da multa configuraria tratamento privilegiado em relação ao sentenciado que espontaneamente pagasse a sanção pecuniária. Ademais, a passagem para o regime aberto exigiria do sentenciado autodisciplina e senso de responsabilidade (LEP, art. 114, II), a pressupor o cumprimento das decisões judiciais aplicadas a ele. Essa interpretação seria reforçada pelo art. 36, § 2º, do CP e pelo art. 118, § 1º, da LEP, que estabelecem a regressão de regime para o condenado que não pagar, podendo, a multa cumulativamente imposta. Assim, o deliberado inadimplemento da multa sequer poderia ser comparado à vedada prisão por dívida (CF, art. 5º, LXVII), configurando apenas óbice à progressão no regime prisional. Ressalvou que a exceção admissível ao dever de pagar a multa seria a impossibilidade econômica absoluta de fazê-lo. (STF. EP 12 ProgReg-AgR/DF. Rel. Min. Roberto Barroso. Pleno. j. 08.04.2015. Informativo 780)

6

LEGISLAÇÃO ESPECIAL

6.1 LEI 8.078/1990 (CÓDIGO DE DEFESA DO CONSUMIDOR)

A Lei 8.078/1990, ao tratar dos crimes contra as relações de consumo, traz disposições específicas no tocante às penas alternativas.

O art. 78 prevê a possibilidade de que as penas restritivas de direitos sejam impostas cumulativamente ou alternadamente às penas privativas de liberdade e de multa, observado o disposto nos arts. 44 a 47 do Código Penal. Em seguida, elenca as seguintes espécies de penas restritivas: interdição temporária de direitos; publicação em órgãos de comunicação de grande circulação ou audiência, às expensas do condenado, de notícia sobre os fatos e a condenação; e prestação de serviços à comunidade.

A interdição temporária de direitos e a prestação de serviços à comunidade não apresentam nenhuma peculiaridade, aplicando-se o que foi mencionado anteriormente. Já a publicação de sentença condenatória em órgãos de comunicação de grande circulação ou audiência, às custas do condenado, é uma sanção nova. Como assevera Nucci, "cuida-se de pena restritiva de direito não existente em outro campo penal, mas que tem pertinência com o cenário das relações de consumo, por abrangerem um número indeterminado de pessoas"[1]. No campo prático, todavia, a sanção apresenta pouca relevância, pois não tem sido aplicada.

No que tange à possibilidade de imposição cumulativa de penas restritivas e prisão, o dispositivo é criticável. Como observa Shecaira, a referência aos arts. 44 a 47 do Código Penal é uma contradição, pois este diploma concebe as penas restritivas como substitutivas, não

---

1 *Leis penais e processuais penais comentadas*. v. 1. p. 108.

cumulativas. Aliás, toda a sistemática do Código Penal é orientada de acordo com o caráter substitutivo das penas restritivas de direitos. Por isso, nos dizeres do autor, "remeter-se ao Código Penal para que este sirva de pilar onde se assentará a ideia da *cumulação* é imaginar como real o que é fictício, confundir o sólido com o frágil, presumir a existência quando há ausência". O autor critica, ainda, a possibilidade de aplicação cumulativa das penas restritivas de direitos: "as penas restritivas de direitos – e em particular a prestação de serviços à comunidade – foram concebidas como alternativa à pena carcerária. Trata-se de encontrar caminhos para reformar a sentença de maldição que constitui a clausura do processo penal atual, que cria estigmas graves e amplia, sempre, a marginalidade através da aplicação em larga escala da pena privativa de liberdade. A cumulação das penas é a negação do sentido finalístico, teleológico que o legislador penal de 1984 pretendeu dar à substituição da pena de encarceramento. Ora, cumular a pena substituída com a substitutiva faz soçobrar a própria ideia de substituição"[2].

Outro aspecto digno de nota se refere ao fato de que a pena mínima cominada a todas as infrações penais previstas no Código de Defesa do Consumidor é igual ou inferior a seis meses. Sabendo-se que a prestação de serviços à comunidade somente é aplicável às condenações superiores a seis meses (art. 46 do Código Penal) e, diante da atual tendência da política de pena mínima, é de concluir que esta benéfica espécie de sanção raramente será aplicada aos delitos contra as relações de consumo.

É importante consignar, ainda, que o artigo em questão fere o princípio da legalidade. Isso porque, para as hipóteses de cumulação de penas, não há previsão legal da duração da prestação de serviços à comunidade ou da interdição de direitos[3]. Se, por exemplo, determinado delito for apenado com detenção pelo prazo de três meses, qual será o prazo da pena restritiva? Os mesmos três meses? Ou poderia o magistrado aplicar quantidade menor? Há quem entenda que

---

2 *Prestação de serviços à comunidade – alternativa à pena privativa de liberdade*. p. 64.

3 Shecaira. *Prestação de serviços à comunidade – alternativa à pena privativa de liberdade*. p. 65.

o prazo da pena restritiva de direitos seria o mesmo da pena privativa. Assim, se o juiz condenasse a cinco meses de detenção, poderia aplicar, conjuntamente, cinco meses de interdição de direitos. O problema é que a lei não diz isso. Nela, simplesmente se faz referência à possibilidade de a pena restritiva ser imposta cumulativamente à privativa de liberdade. Para se chegar à referida conclusão, seria preciso algum dispositivo estabelecendo que as penas restritivas do art. 78 do Código de Defesa do Consumidor têm a mesma duração da pena privativa de liberdade aplicada, em redação semelhante à do art. 55 do Código Penal[4]. Não há, aqui, disposição como a do Código de Trânsito Brasileiro, que, após prever que a suspensão do direito de dirigir pode ser imposta isolada ou cumulativamente com outras penalidades (art. 292), estabelece que sua duração será de dois meses a cinco anos (art. 293).

6.2 LEI 9.099/1995 (JUIZADOS ESPECIAIS CRIMINAIS)

6.2.1 Introdução e esboço histórico

A constatação de que a pena de prisão não tem sido capaz de cumprir seu objetivo ressocializador, somada ao elevado número de infrações de menor potencial ofensivo e ao aumento crescente do número de encarcerados, levou o constituinte de 1988 a procurar medidas alternativas para agilizar o processo, de modo a tornar possível uma resposta rápida do Estado à criminalidade de pouca monta, sem o estigma do processo[5].

Tais medidas já vinham sendo adotadas com sucesso em outros países. Conforme aponta Fernando da Costa Tourinho Filho, o legislador constituinte, tendo em vista o *patteggiamento* italiano, o processo sumaríssimo do Direito luso e também os excelentes resultados alcançados na esfera cível pelo Juizado de Pequenas Causas, instituído pela Lei 7.244 de 7 de novembro de 1984, contemplou os Juizados Especiais Criminais na Constituição Federal[6]. Seu art. 98, I, assim

---

4 Art. 55 – "As penas restritivas de direitos referidas nos incisos III, IV, V e VI do art. 43 terão a mesma duração da pena privativa de liberdade substituída (...)".

5 Tourinho Filho. *Comentários à lei dos juizados especiais criminais*. p. 1.

6 *Comentários à lei dos juizados especiais criminais*. p. 6.

dispõe: "Art. 98. A União, no Distrito Federal e nos Territórios, e os Estados criarão: I – juizados especiais, providos por juízes togados, ou togados e leigos, competentes para a conciliação, o julgamento e a execução de causas cíveis de menor complexidade e infrações penais de menor potencial ofensivo, mediante os procedimentos oral e sumariíssimo, permitidos, nas hipóteses previstas em lei, a transação e o julgamento de recursos por turmas de juízes de primeiro grau".

Em 1989 foram apresentados ao Congresso Nacional cinco Projetos de lei referentes a julgamento e execução de infrações de menor potencial ofensivo. Destes, apenas dois, segundo parecer da Comissão de Constituição e Justiça e de Redação, mereciam aprovação, em razão da exatidão de seus dispositivos e da eficácia do sistema adotado: o projeto n. 1.480-A, apresentado pelo Deputado Michel Temer, e o projeto n. 3.698/98, apresentado pelo então Deputado Nelson Jobim. O Projeto Temer tratava exclusivamente da organização dos Juizados Especiais de natureza criminal, e o Projeto Jobim dispunha de Juizados Criminais e também Cíveis. Com o objetivo de aproveitar os dois projetos, a Comissão decidiu pela apresentação de Substitutivo englobando ambos, que, apresentado ao Congresso Nacional, foi inteiramente aprovado com a redação original, convertendo-se, em 26 de setembro de 1995, na Lei 9.099[7].

A Lei 9.099, que cuida das infrações de menor potencial ofensivo, assim entendidas todas as contravenções e todos os crimes cuja pena máxima cominada não supera dois anos[8], inaugurou um novo modelo de Justiça Criminal no ordenamento pátrio, fundado no consenso. Conforme magistério de Ada Pellegrini Grinover, Antonio Magalhães Gomes Filho, Antonio Scarance Fernandes e Luiz Flávio Gomes, esta Lei "inovou profundamente nosso ordenamento jurídico-penal. Cumprindo-se uma determinação constitucional (CF, art. 98, I), foi posto em prática (...) um novo modelo de Justiça criminal. É uma verdadeira revolução (jurídica e de mentalidade), porque quebrou-se a inflexibilidade do clássico princípio da obrigatoriedade da ação penal. Abriu-se

---

7 Jesus, Damásio. *Lei dos juizados especiais criminais anotada*. p.1.

8 A Lei 10.259/2001, que criou os Juizados Criminais Especiais Federais, causou uma ampliação no limite de todas as penas cominadas a infrações de menor potencial ofensivo, de um ano para dois anos.

no campo penal um certo espaço para o consenso. Ao lado do clássico princípio da verdade material, agora temos que admitir também a verdade consensuada"[9].

Com o advento desta Lei, foram introduzidos no ordenamento pátrio novos institutos despenalizadores, tais como a composição de danos e a suspensão condicional do processo. A seguir, serão apresentadas as principais características destes institutos, com enfoque nos aspectos concernentes às penas restritivas de direitos e à multa.

6.2 TRANSAÇÃO PENAL

A transação penal é uma medida despenalizadora, por meio da qual se permite que o Ministério Público disponha da ação, mediante o cumprimento antecipado, pelo ofensor, de pena restritiva de direitos ou de multa. Encontra previsão no art. 76 da Lei, nos seguintes termos: "Art. 76. Havendo representação ou tratando-se de crime de ação penal pública incondicionada, não sendo caso de arquivamento, o Ministério Público poderá propor a aplicação imediata de pena restritiva de direitos ou multas, a ser especificada na proposta".

A transação penal é possível em todas as contravenções e nos crimes cuja pena máxima cominada não supera dois anos. Pode ser realizada se não for o caso de arquivamento dos autos, nem houver composição civil[10], e desde que presentes os seguintes pressupostos: não ter sido o autor da infração condenado, pela prática de crime, à pena privativa de liberdade, por sentença definitiva; não ter sido o agente beneficiado em transação penal anterior, no prazo de 5 anos; indicarem os antecedentes, a conduta social e a personalidade do agente,

---

[9] *Juizados Especiais Criminais: comentários à Lei 9.099, de 26.09.1995*. p. 50.

[10] O art. 74 da Lei 9.099/1995 prevê a possibilidade de, em se tratando de crime de ação penal privada ou de ação penal pública condicionada à representação, haver composição de danos civis entre a vítima e o ofensor. A composição de danos é reduzida a termo e homologada pelo Juiz, tendo eficácia de título executivo judicial e acarretando renúncia ao direito de queixa ou representação. Nos caso de ação pública incondicionada, não obstante a omissão da lei, entende-se que o acordo civil enseja a aplicação do art. 16 do Código Penal (arrependimento posterior).

bem como os motivos e as circunstâncias, ser necessária e suficiente a adoção da medida (art. 76, § 2º)[11].

Presentes os requisitos legais, o oferecimento da proposta de transação penal cabe ao Ministério Público, nos casos de ação penal pública incondicionada e condicionada à representação, e ao querelante, tratando-se de ação penal privada.

Tratando-se de pena restritiva de direitos mensurável temporalmente, a quantidade será estabelecida dentro do mínimo e máximo da pena privativa cominada ao delito. Já a multa deve ser fixada entre 10 e 360 dias-multa, equivalendo cada dia-multa ao montante de 1/30 a 5 vezes o salário mínimo.

As penas restritivas são, em regra, substitutivas em relação à pena privativa de liberdade. Na transação penal, todavia, abre-se exceção a esta regra, haja vista que elas (assim como a multa) podem ser aplicadas diretamente, e não em substituição a outra sanção. Neste sentido é o magistério de Maria Lúcia Karam: "Não há, aqui, substituição da pena privativa de liberdade, mas sim aplicação imediata e direta de pena restritiva ou pecuniária, por serem estas as únicas que podem ser objeto do pedido formulado na ação penal condenatória, quando se está lidando com infrações penais de menor potencial ofensivo e quando presentes os demais requisitos estabelecidos nas regras do art. 76 da Lei 9.099/95"[12].

---

11 Há regras diferentes em leis específicas. O Código de Trânsito Brasileiro (Lei 9.503/1997) estende a transação penal aos crimes de lesão corporal culposa na direção de automotor, exceto se o agente estiver: sob a influência de álcool ou qualquer outra substância psicoativa que determine dependência; participando, em via pública, de corrida, disputa ou competição automobilística, de exibição ou demonstração de perícia em manobra de veículo automotor, não autorizada pela autoridade competente; transitando em velocidade superior à máxima permitida para a via em 50 km/h (art. 291, § 1º). A Lei dos Crimes Ambientais (Lei 9.605/1998), além dos requisitos mencionados na Lei 9.099/1995, condiciona a proposta de transação à prévia composição do dano ambiental, salvo em caso de comprovada impossibilidade (art. 27). O Estatuto do Idoso (Lei 10.741/2003) prevê que, aos crimes neles previstos, cuja pena máxima privativa de liberdade não ultrapasse *quatro anos*, é aplicável o procedimento previsto na Lei 9.099/1995 (art. 94).

12 *Juizados especiais criminais: a concretização antecipada do poder de punir*. p. 104. Também neste sentido: Giacomoli, Nereu José. *Juizados Especiais*

A Lei 9.099/1995 não criou novas espécies de penas restritivas de direitos. Assim, somente são aplicáveis aquelas previstas no ordenamento jurídico, tanto no Código Penal quanto na legislação especial.

A prestação pecuniária pode ser destinada à vítima ou seus dependentes, bem como a entidades públicas ou privadas com destinação social (art. 45, § 1º, do Código Penal). Caso seja destinada à vítima ou seus dependentes, o valor pago será descontado de eventual reparação civil. Por esse motivo, tem razão Nucci quando afirma que, se houve composição de danos em caso de ação pública incondicionada, a prestação pecuniária está prejudicada no momento da transação. Afinal, "como poderia a vítima receber, novamente indenização? Certamente, não poderia *lucrar* com o delito, razão pela qual esta não é a penalidade adequada"[13].

Anteriormente ao advento da Lei 9.714/1998, discutia-se a possibilidade de a transação prever a *prestação social alternativa*, que, na prática, quase sempre se traduz em entrega de cestas básicas. Para Ada Pellegrini Grinover, como a Lei 9.714/1998 estabeleceu a *prestação de outra natureza* (art. 43, I, c.c. o art. 45, §§ 1º e 2º, do CP), ficou superada a questão relativa à possibilidade de ser objeto da transação a chamada *prestação social alternativa* (como, por exemplo, a entrega de cestas básicas, vestuário ou remédios à coletividade carente ou a instituições assistenciais), sendo perfeitamente possível a transação envolver tal prestação[14].

Tratando-se de crimes não abrangidos pela Lei 9.099/1995, temos defendido a inconstitucionalidade dessa sanção, por caracterizar pena indeterminada. Ademais, a prestação de outra natureza depende de expressa aceitação do beneficiário (art. 45, § 2º). Portanto, embora tenha se tornado praxe forense, é questionável a legalidade da fixação de cestas básicas em favor de entidades beneficentes ou instituições do gênero, notadamente porque, em geral, não há representante da entidade beneficiada na audiência[15].

Criminais: Lei n. 9.099/95. p. 132. Damásio. *Lei dos juizados especiais criminais anotada*. p. 68.

[13] *Leis penais e processuais penais comentadas*. v. 2. p. 452.

[14] *Juizados especiais criminais: comentários à Lei 9.099, de 26.09.1995*. p. 158.

[15] *Leis penais e processuais penais comentadas*. v. 2. p. 451-452.

A perda de bens e valores consiste no perdimento de bens e valores lícitos pertencentes ao condenado, em favor do Fundo Penitenciário Nacional (art. 45, § 3º). Assim, poderia haver a concordância do autor em perder o veículo envolvido no crime de trânsito, por exemplo. Seu valor é limitado ao que for maior: o valor do prejuízo causado ou ao proveito obtido pelo agente ou por terceiro em consequência da prática do crime (art. 45, § 3º).

A prestação de serviços à comunidade é, em tese, uma das mais importantes penas alternativas, com grande potencial para promover o efetivo cumprimento das finalidades da pena. Vale anotar que, em sede de transação penal, não incide a ressalva do art. 46, *caput*, do Código Penal, que impede a aplicação desta pena para condenações não superiores a 6 meses de privação da liberdade. Afinal, em transação penal sequer é possível falar em condenação, sendo a prestação de serviços à comunidade aplicável, pois, em qualquer situação.

Em relação às interdições de direitos e à limitação de fim de semana, aplicam-se basicamente as disposições já examinadas quando tratamos dessas penas.

As penas fixadas em sede de transação penal também devem respeitar o disposto na legislação especial. Caso se esteja diante, por exemplo, do crime previsto no art. 28 da Lei 11.343/2006, são aplicáveis as sanções previstas naquele dispositivo, quais sejam, advertência sobre os efeitos das drogas, prestação de serviços à comunidade ou medida educativa de comparecimento a programa ou curso educativo.

De acordo com o § 1º do art. 76 da Lei 9.099/1995, nas hipóteses de ser a pena de multa a única aplicável, o Juiz poderá reduzi-la até a metade. Como a transação penal somente pode ser proposta pelo Ministério Público ou pelo querelante, não nos parece possível que o magistrado, de ofício, reduza o valor da multa. Em nossa visão, o que o dispositivo contempla é a possibilidade de o juiz homologar o acordo firmado entre as partes, ainda que o valor da pena de multa tenha sido reduzido de até metade do valor mínimo, quando esta pena for a única aplicável.

Feita a proposta, caberá ao autor do fato e ao seu Defensor aceitá-la ou não e, havendo dissenso entre eles, prevalecerá a vontade do primeiro. Uma vez aceita, a transação será homologada e o Juiz aplicará a medida, que não importará em reincidência, sendo apenas registrada para impedir o mesmo benefício no prazo de cinco anos (art. 76, § 4º). A imposição da sanção não constará de certidão de antecedentes criminais do autor do fato e não terá efeitos civis, competindo ao interessado propor ação cabível no juízo cível (art. 76, § 6º).

A execução das penas restritivas de direitos é feita no Juizado Especial Criminal, seguindo-se o disposto na Lei de Execução Penal. Se o autor do fato cumprir a sanção imposta na transação, haverá extinção da punibilidade.

Firmou-se entendimento de que, havendo recusa injustificada do promotor de justiça em apresentar a proposta, ou não concordando o magistrado com as condições fixadas, deve este enviar os autos ao Procurador-Geral de Justiça, que designará outro promotor para oferecer a proposta, modificará as condições exigidas ou ratificará aquela feita inicialmente, que deverá então ser homologada. Nesse sentido, aplicável, por idêntico fundamento, a Súmula 696 do STF: "Reunidos os pressupostos legais permissivos da suspensão condicional do processo, mas se recusando o promotor de justiça a propô-la, o juiz, dissentindo, remeterá a questão ao procurador-geral, aplicando-se por analogia o art. 28 do Código de Processo Penal". Tratando-se de ação penal privada, não podendo o magistrado nem o promotor oferecerem a proposta, prevalece que a recusa do querelante em fazê-lo torna inviável a aplicação da benesse.

Em caso de descumprimento da pena restritiva, há controvérsia na doutrina e na jurisprudência, surgindo basicamente três correntes:

a) o processo deve retornar ao seu estado anterior, abrindo-se ao Ministério Público ou ao querelante a possibilidade de oferecer a denúncia. Isso porque a decisão que homologa a transação penal não faz coisa julgada material, permitindo o prosseguimento do feito. É a posição atualmente adotada pelo STF e pelo STJ;

b) o descumprimento enseja conversão da pena restritiva em privativa de liberdade. Nesse sentido, transcreve-se trecho do acórdão proferido pelo STJ, relatado pelo Min. Fernando Gonçalves: "A transação penal prevista no art. 76, da Lei 9.099/1995, distingue-se da suspensão do processo (art. 89), porquanto, na primeira hipótese faz-se mister a efetiva concordância quanto à pena alternativa a ser fixada e, na segunda, há apenas uma proposta do *Parquet* no sentido de o acusado submeter-se não a uma pena, mas ao cumprimento de algumas condições. Deste modo, a sentença homologatória da transação tem, também, caráter condenatório impróprio (não gera reincidência, nem pesa como maus antecedentes, no caso de outra superveniente infração), abrindo ensejo a um processo autônomo de execução, que pode – legitimamente – desaguar na conversão em pena restritiva de liberdade, sem maltrato ao princípio do devido processo legal. É que o acusado, ao transacionar, renuncia a alguns direitos perfeitamente disponíveis, pois, de forma livre e consciente, aceitou a proposta e, *ipso facto*, a culpa" (RHC 8198/GO. j. 08.06.1999. *DJ* 01.07.1999). Vale lembrar que, mesmo para esta corrente, a multa não pode ser convertida em pena privativa de liberdade, por força do art. 51, com a redação dada pela Lei 9.268/1996;

c) o descumprimento acarreta a execução da obrigação. A decisão homologatória reveste-se de características de ato jurídico perfeito e definitivo, fazendo surgir o título judicial. Deve-se, pois, proceder à execução da obrigação assumida no âmbito cível. Em nossa opinião, embora leve a um resultado injusto, é a mais acertada tecnicamente. A conversão em pena privativa de liberdade deve ser rejeitada, pois ofende os princípios do devido processo legal, do contraditório e da ampla defesa. Já a desconstituição do acordo e remessa dos autos ao Ministério Público para oferecimento de denúncia não encontra amparo legal.

Jurisprudência

Inadmissível conversão de pena restritiva imposta em transação penal por pena privativa de liberdade – (...) I. – A conversão da pena restritiva de direitos, objeto de transação penal, em pena privativa de liberdade ofende os princípios do devido processo legal, do contraditório e da ampla defesa, conforme jurisprudência do Supremo Tribunal Federal. II. – *H.C.* deferido. (STF. HC 84775 RO. Rel. Carlos Velloso. 2ª T. j. 21.06.2005. v.u.)

HABEAS CORPUS – TRANSAÇÃO PENAL HOMOLOGADA – DESCUMPRIMENTO – IMPOSSIBILIDADE DE CONVERSÃO EM

PENA PRIVATIVA DE LIBERDADE – OFENSA AO DEVIDO PROCESSO LEGAL E AO CONTRADITÓRIO – ORDEM CONCEDIDA. – A transação penal descumprida não pode ser convertida em pena privativa de liberdade, sob pena de ofender as garantias do devido processo legal e do contraditório. (TJMG. HC 1.0000.09.512703-1/000. Rel. Júlio Cezar Guttierrez. 4ª Câmara Criminal. j. 24.02.2010. v.u.)

Descumprimento das condições impostas em transação penal enseja prosseguimento do processo – AÇÃO PENAL. Juizados Especiais Criminais. Transação penal. Art. 76 da Lei 9.099/95. Condições não cumpridas. Propositura de ação penal. Possibilidade. Jurisprudência reafirmada. Repercussão geral reconhecida. Recurso extraordinário improvido. Aplicação do art. 543-B, § 3º, do CPC. Não fere os preceitos constitucionais a propositura de ação penal em decorrência do não cumprimento das condições estabelecidas em transação penal. (STF. RE 602072 QO-RG/RS. Rel. Min. Cezar Peluso. Pleno. j. 19.11.2009. v.u.)

(...) O plenário do Supremo Tribunal Federal, reconhecendo a repercussão geral do tema, decidiu, no RE 602.072/RS, que "não fere os preceitos constitucionais a propositura de ação penal em decorrência do não cumprimento das condições estabelecidas em transação penal". – Esta Corte Superior, por sua vez, cumprindo sua função de uniformização da jurisprudência, passou a adotar tal posicionamento, entendendo que o descumprimento as condições impostas na transação penal prevista no art. 76 da Lei 9.099/1995 acarreta o prosseguimento da ação penal, vez que a sentença homologatória da referida transação não faz coisa julgada material. *Habeas corpus* não conhecido. (STJ. HC 216566/MS. Rel. Marilza Maynard. 5a. T. j. 14.05.2013. v.u.)

PROCESSO PENAL. RECURSO ORDINÁRIO EM *HABEAS CORPUS*. ESTELIONATO. TRANSAÇÃO PENAL. HOMOLOGAÇÃO. DESCUMPRIMENTO DO ACORDO. RETOMADA DA PERSECUÇÃO PENAL. POSSIBILIDADE. RECURSO NÃO PROVIDO. 1. A Suprema Corte reconheceu a repercussão geral do tema, por ocasião da análise do RE 602.072/RS (*DJe* de 26.02.2010), tendo o Pleno decidido que "não fere os preceitos constitucionais a propositura de ação penal em decorrência do não cumprimento das condições estabelecidas em transação penal". Tal julgamento, ensejou a mudança de entendimento dessa Turma, a partir do desate do HC 217.659/MS. 2. Recurso ordinário em *habeas corpus* improvido. (STJ. RHC 34580/SP. Rel. Min. Maria Thereza de Assis Moura. j. 12.03.2013. v.u.)

Descumprimento de pena restritiva fixada em transação penal enseja execução – APELAÇÃO CRIMINAL. TRANSAÇÃO PENAL HOMOLOGADA. PRESTAÇÃO PECUNIÁRIA INADIMPLIDA. EXECUÇÃO POR QUANTIA CERTA. LEGITIMIDADE ATIVA. ÓRGÃO MINISTERIAL. RECURSO PROVIDO. – Em sendo descumprida a pena de prestação pecuniária imposta em sede de transação penal, a qual não se confunde com a pena de multa, detém o órgão ministerial legitimidade para o ajuizamento da respectiva ação de execução, não se aplicando o disposto no art. 51 do CP, com redação dada pela Lei 9.268/96. (TJMG. APR 10172060066567001. Rel. Matheus Chaves Jardim. 2ª Câmara Criminal. j. 23.05.2013. v.u.)

APELAÇÃO CRIMINAL. ART. 307 DO CTB. DESCUMPRIMENTO DE TRANSAÇÃO PENAL. PROPOSITURA DE AÇÃO PENAL. IMPOSSIBILIDADE. A aceitação pelo acusado da proposta de transação penal feito pelo Ministério Público leva à homologação da transação penal, na forma do art. 76, § 4º, da Lei 9.099/95, produzindo, pois, os efeitos da coisa julgada – tanto formal quanto material. Portanto, inviável a propositura de ação penal nos casos de inadimplemento do acordo. Destarte, uma vez não cumprida a transação penal, a medida cabível é a execução da dívida, na forma do art. 164 da LEP. APELO DEFENSIVO PROVIDO. (TJRS. Apelação Crime 70046193470. Rel. Francesco Conti. 3ª Câmara Criminal. j. 10.05.2012. v.u.)

APELAÇÃO CRIMINAL. TRANSAÇÃO PENAL HOMOLOGADA. A transação penal é aplicação antecipada da pena, produzindo coisa julgada material e formal, pela natureza de sentença definitiva, não sendo possível o prosseguimento do feito, mesmo com o descumprimento do acordo, cabendo somente a execução da sentença. Rejeição da denúncia mantida. Apelo improvido. (TJRS. Apelação Crime N. 70045187267. Rel. Manuel José Martinez Lucas. 1ª Câmara Criminal. j. 11.04.2012. v.u.)

Contravenção penal no contexto de violência doméstica não admite incidência da Lei 9.099/95 – (...) À luz da finalidade última da norma e do enfoque da ordem jurídico-constitucional, tem-se que, considerados os fins sociais a que a lei se destina, o art. 41 da Lei 11.340/2006 afasta a incidência da Lei 9.099/1995, de forma categórica, tanto aos crimes quanto às contravenções penais praticados contra mulheres no âmbito doméstico e familiar. Vale dizer, a *mens legis* do disposto no referido preceito não poderia ser outra, senão a de alcançar também as contravenções penais. (STJ. HC 280788 RS. Rel. Min. Rogerio Schietti Cruz. 6ª T. j. 03.04.2014. v.u.)

Correição Parcial. Violência doméstica. Contravenção Penal. Transação Penal. Aplicação da Lei 9.099/95. – A Lei 11.340/06 tutela a mulher em sua dimensão de pessoa humana, assegura direitos fundamentais e cria mecanismos para coibir e prevenir a violência doméstica e familiar contra a mulher. Deve o art. 41 da Lei 11.340/06 ter interpretação lógica e sistemática, vedada a aplicação da Lei 9.099/95, em caso de contravenção penal. Correição parcial provida para anular a decisão, devendo a ação penal prosseguir de forma regular, adotado o rito ordinário. (TJSP. COR 9000032-39.2012.8.26.0224. Rel. Angélica de Almeida. 12ª Câmara de Direito Criminal. j. 24.09.2014. v.u.)

Contravenção penal no contexto de violência doméstica admite incidência da Lei 9.099/95 – *Habeas Corpus*. Contravenção penal de perturbação da tranquilidade envolvendo prática de violência doméstica e familiar contra mulher. Vedação prevista no art. 41 da Lei 11.340/2006 que atinge apenas condutas configuradoras de crimes, não as contravenções penais. Possibilidade de oferecimento de transação penal ao autor do fato, nos termos do art. 76 da Lei 9.099/1995 (...). (TJRS. HC 70044304525. Rel. João Batista Marques Tovo. 6ª Câmara Criminal. j. 06.10.2011. v.u.)

6.2.3 Suspensão condicional do processo

A suspensão condicional do processo, também denominada *sursis* processual, é um instituto despenalizador, por meio do qual o processo tem o seu curso suspenso durante um período de prova, ficando o acusado sujeito ao cumprimento de determinadas condições, com o objetivo de conseguir a extinção da punibilidade. Encontra previsão no art. 89, *caput*, da Lei 9.099/1995.

Esse benefício é cabível em todos os crimes cuja pena cominada for igual ou inferior a um ano. Exige a Lei, ainda, que o acusado não esteja sendo processado, não tenha sido condenado por outro crime, e que sua culpabilidade, antecedentes, conduta social e personalidade, bem como os motivos e as circunstâncias do delito, autorizem a concessão do benefício (art. 89, *caput*, da Lei 9.099).

Presentes os requisitos, o Ministério Público poderá, ao oferecer a denúncia, propor a suspensão condicional do processo, pelo prazo de 2 a 4 anos. Aceita a proposta, o juiz suspenderá o processo, submetendo o acusado a período de prova, sob as seguintes condições (art. 89, § 1º):

I – reparação do dano, salvo impossibilidade de fazê-lo – mostra o legislador, também aqui, preocupação com a vítima do delito, buscando a célere compensação pelos prejuízos sofridos. Caso se verifique a impossibilidade de recomposição do dano, por exemplo, diante da comprovada impossibilidade financeira do acusado, tal exigência pode ser dispensada;

II – proibição de frequentar determinados lugares – já registramos anteriormente nossa crítica à pena de proibição de frequentar determinados lugares. Cuida-se, sem dúvida, de mais uma falácia existente na legislação penal brasileira. Não existe qualquer tipo de fiscalização dessa sanção e é difícil vislumbrar um liame lógico entre o delito praticado e a sua aplicação. Qual o objetivo em se proibir um ladrão, por exemplo, de frequentar bares e/ou casas de prostituição? Trata-se, por certo, de mais uma reprimenda despropositada, que pouco – ou nenhum – resultado útil pode trazer a quem quer que seja. Não satisfeito com a sua inclusão no rol das penas restritivas de direitos, o legislador também resolveu incluí-la como condição da suspensão condicional do processo;

III – proibição de ausentar-se da comarca onde reside, sem autorização do Juiz – o objetivo dessa condição é permitir maior controle do paradeiro do acusado, durante o período de prova;

IV – comparecimento pessoal e obrigatório a juízo, mensalmente, para informar e justificar suas atividades – na prática, consiste no comparecimento do réu ao fórum, periodicamente, tão somente para assinatura de uma ficha ou termo.

A Lei prevê, ainda, que o Juiz poderá especificar outras condições, desde que adequadas ao fato e à situação pessoal do acusado (art. 89, § 2º)[16]. Discute-se sobre a possibilidade de fixação, como condição

---

[16] Em se tratando de crimes ambientais, o art. 28 da Lei 9.605/98 traz regras especiais para aplicação do benefício: "Art. 28. As disposições do art. 89 da Lei n. 9.099, de 26 de setembro de 1995, aplicam-se aos crimes de menor potencial ofensivo definidos nesta Lei, com as seguintes modificações: I – a declaração de extinção de punibilidade, de que trata o § 5º do artigo referido no *caput*,

especial do *sursis* processual, de penas restritivas de direitos, tais como a prestação pecuniária e a prestação de serviços à comunidade. Parece-nos inadequada a fixação de penas sem expressa previsão legal, não se satisfazendo o princípio da legalidade com a previsão genérica de *condições* especiais, encontrada no aludido dispositivo. Nesse prisma, como observa Renato Brasileiro de Lima, "as condições a serem cumpridas pelo acusado durante o período de prova funcionam como restrições ao seu comportamento social e não se identificam com as modalidades de sanção disciplinadas no Código Penal. Referidas condições são predispostas não punir o acusado, mas para demonstrar sua autodisciplina e sendo de responsabilidade na busca da extinção da punibilidade, como prova de sua ressocialização, corroborando a desnecessidade de aplicação da sanção penal. Ademais, é o próprio art. 89, § 2º, da Lei 9.099/95, que estabelece a possibilidade de especificação de outras *condições*, e não de outras penas. Inviável, portanto, a fixação de penas restritivas de direitos, como a prestação pecuniária, a perda de bens e valores, a prestação de serviços à comunidade, a interdição temporária de direitos e a limitação de fim de semana como condições para o oferecimento da proposta de suspensão condicional do processo"[17].

A suspensão deverá ser revogada se, no curso do prazo, o beneficiário vier a ser processado por outro crime ou não efetuar, sem motivo justificado, a reparação do dano (art. 89, § 3º). A revogação será

---

dependerá de laudo de constatação de reparação do dano ambiental, ressalvada a impossibilidade prevista no inciso I do § 1º do mesmo artigo; II – na hipótese de o laudo de constatação comprovar não ter sido completa a reparação, o prazo de suspensão do processo será prorrogado, até o período máximo previsto no artigo referido no caput, acrescido de mais um ano, com suspensão do prazo da prescrição; III – no período de prorrogação, não se aplicarão as condições dos incisos II, III e IV do § 1º do artigo mencionado no caput; IV – findo o prazo de prorrogação, proceder-se-á à lavratura de novo laudo de constatação de reparação do dano ambiental, podendo, conforme seu resultado, ser novamente prorrogado o período de suspensão, até o máximo previsto no inciso II deste artigo, observado o disposto no inciso III; V – esgotado o prazo máximo de prorrogação, a declaração de extinção de punibilidade dependerá de laudo de constatação que comprove ter o acusado tomado as providências necessárias à reparação integral do dano".

[17] *Manual de processo penal*. p. 1417.

facultativa se o acusado vier a ser processado, no curso do prazo, por contravenção ou descumprir qualquer outra condição imposta (art. 89, § 4º).

A prescrição não corre durante o prazo de suspensão do processo (art. 89, § 6º) e, expirado o prazo sem revogação, o Juiz declarará extinta a punibilidade (art. 89, § 5º).

Jurisprudência

Inadmissível inclusão de pena restritiva como condição da suspensão condicional do processo – (...) 2. A Sexta Turma do Superior Tribunal de Justiça tem reiteradamente decidido que a inclusão de penas restritivas de direitos na proposta de suspensão condicional do processo ofende o princípio da legalidade, uma vez que possuem caráter autônomo e substitutivo, cuja aplicação demanda previsão legal expressa. 3. Recurso provido para excluir o pagamento de prestação pecuniária e a prestação de serviço comunitário como condições alternativas da proposta de suspensão condicional do processo formulada ao paciente. (STJ. RHC 45991 RS. Rel. Min. Sebastião Reis Júnior. 6a T. j. 15.05.2014. v.u.)

HABEAS CORPUS – VIOLÊNCIA DOMÉSTICA – SUSPENSÃO CONDICIONAL DO PROCESSO – PRERROGATIVA DO MINISTÉRIO PÚBLICO – INCLUSÃO DE PENAS RESTRITIVAS DE DIREITOS NA PROPOSTA – PRESTAÇÃO DE SERVIÇOS À COMUNIDADE – IMPOSSIBILIDADE – ORDEM CONCEDIDA. 1. A prestação de serviços à comunidade, como condição apresentada na proposta de suspensão condicional do processo, é medida que se equivale a impor obrigação de fazer, equiparando-se ao cumprimento antecipado da pena, como em caso de transação penal. 2. A suspensão condicional do processo é uma espécie de transação processual despenalizadora, autorizada constitucionalmente. Nesse ínterim, evidentemente que as condições representam uma reprovação jurídica despenalizadora, pois não têm a eficácia da pena advinda de uma sentença condenatória, sendo incompatível com a inclusão de penas restritivas de direitos (...). (TJMG.HC 1.0000.14.040642-2/000. Rel. Kárin Emmerich. 1ª Câmara Criminal. j. 15.07.2014. v.u.)

HABEAS CORPUS. PROPOSTA DE SUSPENSÃO CONDICIONAL DO PROCESSO. AFASTAMENTO DA CONDIÇÃO DE PRESTAÇÃO

DE SERVIÇOS ÀCOMUNIDADE. Cumpre ser afastada, em definitivo, a condição de prestação de serviços à comunidade imposta para a concessão da suspensão condicional do processo, porquanto tal determinação não se amolda ao contexto do implicado, já que tem natureza de pena – o que é descabido quando inexiste sentença penal condenatória. Inteligência do art. 89 da Lei 9.099/1995. ORDEM CONCEDIDA. LIMINAR RATIFICADA. (*Habeas Corpus* 70054148531, Terceira Câmara Criminal, Tribunal de Justiça do RS. Rel. Diogenes Vicente Hassan Ribeiro. j. 09.05.2013)

Admissível inclusão de pena restritiva como condição da suspensão condicional do processo – PENAL E PROCESSO PENAL. AGRAVO REGIMENTAL NO RECURSO ORDINÁRIO EM *HABEAS CORPUS*. FURTO QUALIFICADO TENTADO. SUSPENSÃO CONDICIONAL DO PROCESSO. IMPOSIÇÃO DE PRESTAÇÃO PECUNIÁRIA COMO CONDIÇÃO PARA A CONCESSÃO DO BENEFÍCIO. POSSIBILIDADE. AGRAVO REGIMENTAL DESPROVIDO. 1. Além das condições obrigatórias estabelecidas no § 1º do art. 89 da Lei 9.099/95, o § 2º do mesmo diploma legal faculta ao magistrado a fixação de outras condições para a obtenção da suspensão condicional do processo. 2. Consoante a jurisprudência assente desta Quinta Turma, admite-se a imposição de prestação pecuniária como condição especial para a suspensão condicional do processo, desde que adequadas ao fato e à situação pessoal do acusado. 3. Em que pese a prestação pecuniária fazer parte do rol das penas restritivas de direitos (art. 43, inciso I, do Código Penal), a sua aplicação, no caso *sub judice*, não possui o caráter de pena, tanto que eventual descumprimento não implicará em nenhuma consequência penal, mas tão somente o regular curso do processo penal. 4. Agravo Regimental improvido. (STJ. AgRg no RHC 48878/MG. Rel. Min. Walter de Almeida Guilherme. 5ª T. j. 14.10.2014. v.u.)

HABEAS CORPUS – PROPOSTA DE SUSPENSÃO CONDICIONAL DO PROCESSO – LEI N.º 9.099/95 - PRESTAÇÃO PECUNIÁRIA – POSSIBILIDADE – ORDEM DENEGADA. Admite-se a imposição de prestação pecuniária, consistente na perda do valor da fiança, como condição para a concessão do benefício da suspensão condicional do processo, desde que adequadas ao fato e à situação pessoal do acusado. (TJPR. HC 1384270-9. Rel. Luís Carlos Xavier. 2ª Câmara Criminal. j. 02.07.2015. v.u.)

HABEAS CORPUS. SUSPENSÃO CONDICIONAL DO PROCESSO. ART. 89 DA LEI 9.099/95. CONDIÇÕES FACULTATIVAS. MEDIDAS

EQUIVALENTES ÀS PENAS RESTRITIVAS DE DIREITOS. POSSIBILIDADE. 1. Consoante entendimento majoritário da 4ª Seção desta Corte, mostra-se possível a inclusão de serviços à comunidade ou prestação pecuniária como condição para a suspensão condicional do processo (art. 89 da Lei 9.099/95). 2. Ordem denegada. (TRF4. HC 5022247-47.2014.404.0000. Rel. Cláudia Cristina Cristofani. 7ª T. j. 11.11.2014. v.u.)

HABEAS CORPUS. SUSPENSÃO CONDICIONAL DO PROCESSO. PENAS RESTRITIVAS DE DIREITOS COMO CONDIÇÃO. POSSIBILIDADE. AUSÊNCIA DE ILEGALIDADE. ORDEM DENEGADA. Possível a fixação de penas restritivas de direitos, como condição para a suspensão condicional do processo, inexistindo qualquer ilegalidade, segundo precedentes desta Corte. Ordem denegada. (TJRS. HC 70053373684. Rel. Gaspar Marques Batista. 4ª Câmara Criminal. j. 27.06.2013. v.u.)

6.3 LEI 9.503/1997 (CÓDIGO DE TRÂNSITO BRASILEIRO)

6.3.1 Panorama histórico

A Lei 5.108/1966 (Código Nacional de Trânsito) já previa a apreensão e a cassação do documento de habilitação, que eram aplicadas como penalidades administrativas, sem prejuízo das cominações penais e cíveis cabíveis (art. 95).

Posteriormente, a Lei 7.209/1984, que reformou a parte geral do Código Penal, consagrou a suspensão de autorização ou de habilitação para dirigir veículo como sanção substitutiva e autônoma, na modalidade de interdição de direitos (art. 47, III, do Código Penal).

Em 1997, foi sancionado o Código de Trânsito Brasileiro (Lei 9.503/1997), lei posterior e especial em relação ao Código Penal, que regulou completamente a pena de suspensão e proibição de dirigir veículo. Como a sanção do Código Penal somente é aplicável aos crimes culposos de trânsito, restou o art. 57 deste diploma derrogado tacitamente pelo Código de Trânsito Brasileiro, continuando válido somente nas raras hipóteses envolvendo suspensão de autorização para dirigir veículo ciclomotor[18].

6.3.2 Suspensão do direito de dirigir

A pena prevista no Código de Trânsito Brasileiro consiste na suspensão ou proibição de obtenção de permissão ou habilitação para dirigir veículo automotor. Não se trata de pena substitutiva, sendo imposta como sanção principal, isolada ou cumulativamente com outras penalidades.

Sobre o dispositivo, leciona Nucci: "Diferentemente das demais penas restritivas de direito, que são autônomas e substitutivas, vale dizer, devem substituir a pena privativa de liberdade fixada ao réu e, consequentemente, o mesmo montante para esta estabelecido, a pena de suspensão ou proibição de dirigir da Lei 9.503/1997 tem o prazo de 2 meses a 5 anos. Logo, não tem relação, necessariamente, com a pena privativa de liberdade que possa ser fixada ao réu"[19].

A sanção abrange quatro hipóteses distintas, a saber: a) proibição de obtenção de permissão para dirigir – esta pena refere-se ao indivíduo que ainda não tem permissão para dirigir, e atua de modo a impedi-lo de obtê-la. A permissão é concedida aos indivíduos aprovados nos exames de habilitação para conduzir veículo, tendo validade de um ano (art. 148, § 2º, do CTB); b) suspensão de permissão para dirigir – aqui, o indivíduo já possui a permissão para dirigir. A sanção, portanto, restringe um direito que ele já vinha exercendo; c) proibição de obtenção de habilitação para dirigir – esta hipótese diz respeito ao agente que ainda não obteve a habilitação para dirigir, e impede que, durante certo período, ele venha a obtê-la. A habilitação é concedida ao condutor no término de um ano da permissão, desde que ele preencha os requisitos da lei (art. 148, § 3º, do CTB); d) suspensão de

---

18 O anexo I do Código de Trânsito Brasileiro define ciclomotor como "veículo de duas ou três rodas, provido de um motor de combustão interna, cuja cilindrada não exceda a cinquenta centímetros cúbicos (3,05 polegadas cúbicas) e cuja velocidade máxima de fabricação não exceda a cinquenta quilômetros por hora".

19 *Crimes de Trânsito: Lei 6.503/97*. p. 14.

habilitação para dirigir – neste caso, o indivíduo já possui a habilitação, quando tal direito é tolhido.

O art. 292 estabelece que a suspensão ou proibição do direito de dirigir pode ser imposta como penalidade principal, de forma isolada (resultante de transação, por exemplo) ou cumulada com pena privativa de liberdade.

O art. 293, *caput*, prevê o prazo da suspensão do direito de dirigir, que varia de 2 meses a 5 anos.

Reputamos inadequada a opção de legislativa de estabelecer genericamente, para todos os delitos, o prazo mínimo e máximo de duração desta pena. Afinal, o Código de Trânsito Brasileiro tipifica condutas de gravidade diversa, às quais, logicamente, são cominadas reprimendas de severidade variada. Pretendendo o legislador incluir a suspensão do direito de dirigir como sanção obrigatória e cumulativa, deveria ter fixado balizas específicas para cada delito, acompanhando o prisma da pena privativa de liberdade respectiva. A previsão de uma pena com leque tão aberto - cuja duração compreende desde dois meses até cinco anos - para qualquer crime do Código de Trânsito, indistintamente, dificulta a sua justa determinação no caso concreto. O problema se torna ainda mais grave ao se constatar que, para a jurisprudência majoritária, fixada a pena privativa de liberdade no mínimo legal, a suspensão do direito de dirigir também deve ficar no piso cominado. Com isso, e notadamente diante da política da pena mínima, o que se fez foi generalizar a duração da suspensão do direito de dirigir – quase sempre fixada em 2 meses – para qualquer delito de trânsito, independente de sua gravidade.

Pela redação original do art. 296, se o réu fosse reincidente na prática de crime previsto no Código de Trânsito, o juiz *poderia* aplicar a penalidade de suspensão da permissão ou habilitação para dirigir veículo automotor, sem prejuízo das demais sanções penais cabíveis. O dispositivo foi alterado pela Lei 11.705, de 19 de junho de 2008, passando a vigorar com a seguinte redação: "Se o réu for reincidente na prática de crime previsto neste Código, o juiz aplicará a penalidade de suspensão da permissão ou habilitação para dirigir veículo automotor, sem prejuízo das demais sanções penais cabíveis". De acordo com o novo texto legal, sempre que o réu for reincidente na prática de crime previsto no Código de Trânsito Brasileiro, o juiz *necessariamente* deverá aplicar a pena de suspensão do direito de dirigir.

Discute-se sobre a possibilidade de aplicação desta pena quando o veículo é utilizado para sustento do condenado. É o caso, por exemplo, dos motoristas profissionais. Sustentando a impossibilidade, manifesta-se Dotti: "Há, no entanto, certas profissões cujo exercício não pode ser interditado, sob pena de sacrificar demasiadamente o condenado, privando-o do sustento próprio e de sua família. É o que ocorre, *verbi gratia*, com o motorista profissional, condenado por crime culposo na condução de veículo"[20]. Em sentido contrário, afirma Luiz Régis Prado: "Parte da doutrina sustenta a inconstitucionalidade da pena restritiva de direitos em questão quando aplicada a motorista profissional, que faz da direção de veículo automotor meio de auferir recursos básicos de sobrevivência própria ou de seus familiares. Não convencem os argumentos expendidos na defesa de semelhante tese, posto que também a pena privativa de liberdade obsta o normal desenvolvimento das atividades laborais do condenado"[21].

Estabelece a lei que, com o trânsito em julgado da sentença condenatória, será o réu intimado para entregar à autoridade judiciária, em 48 horas, a Permissão para Dirigir ou a Carteira de Habilitação (art. 293, § 1º).

Esta penalidade não se inicia enquanto o sentenciado, devido à condenação, estiver recolhido a estabelecimento prisional (art. 293, § 2º). Assim não fosse, a pena não teria efetividade, pois todo indivíduo preso está, naturalmente, impedido de dirigir.

A suspensão do direito de dirigir deverá ser comunicada pela autoridade judiciária ao Conselho Nacional de Trânsito – CONTRAN, e ao órgão de trânsito do Estado em que o indiciado ou réu for domiciliado ou residente (art. 295).

Vale consignar que a pena substitutiva do art. 57 não se confunde com a inabilitação permanente para dirigir veículo, que é um efeito (não automático) da condenação, devendo ser motivadamente declarado na

---

[20] *Curso de direito penal: parte geral*. p. 555.

[21] *Curso de direito penal brasileiro*. v. 1. p. 586.

sentença. É aplicável quando o veículo for utilizado como meio para a prática de crime doloso (art. 92, III e § único).

Jurisprudência

Obrigatória imposição de suspensão do direito de dirigir – APELAÇÃO CRIMINAL – CRIME DE TRÂNSITO – LESÃO CORPORAL CULPOSA – REDUÇÃO DA PENA DE MULTA SUBSTITUTIVA – POSSIBILIDADE – DECOTE DA SUSPENSÃO DO DIREITO DE DIRIGIR – IMPOSSIBILIDADE – MANTIDA A DECISÃO – REDUÇÃO DO PRAZO DE SUSPENSÃO DA HABILITAÇÃO PARA DIRIGIR – NECESSIDADE – RECURSO PROVIDO EM PARTE. – Incabível o decote da pena de suspensão do direito de dirigir por se tratar de pena cumulativa, imposta obrigatoriamente, a teor das disposições dos art. 302 e 303 do Código de Trânsito Brasileiro. – Justifica-se a redução do prazo de suspensão da habilitação para dirigir veículo automotor quando verificada a sua desproporcionalidade com o quantum aplicado à pena privativa de liberdade. (TJMG. APR 10073110038608001. Rel. Furtado de Mendonça. 6ª Câmara Criminal. j. 24.09.2013. v.u.)

A pena de suspensão de dirigir veículo automotor cuida-se de cominação legal, não se tratando de possibilidade de sua aplicação, mas da imposição prevista no tipo penal, de modo que vai mantida a pena cumulativa fixada nos termos da sentença. Apelo Improvido. (TJRS. Apelação Crime N. 70048940159. Rel. Lizete Andreis Sebben. 2ª Câmara Criminal. j. 11.04.2013. v.u.)

Suspensão do direito de dirigir deve ser proporcional à pena privativa de liberdade fixada – (...) 5. A divergência jurisprudencial restou devidamente comprovada na hipótese, visto que a pena de suspensão de habilitação para dirigir veículo automotor deve guardar proporcionalidade com a pena privativa de liberdade. 6. Recurso parcialmente conhecido e, nessa extensão, provido tão-somente para reduzir, de forma proporcional, a pena de suspensão de habilitação para dirigir veículo automotor. (STJ. REsp 898866/PR. Rel. Min. Laurita Vaz. 5ª T. j. 28.06.2007. v.u.)

Fixada a pena privativa de liberdade no mínimo legal, a suspensão do direito de dirigir também deve ser estabelecida neste patamar – (...) Quanto ao período de suspensão da habilitação para dirigir, considerando que a pena privativa de liberdade foi definida no mínimo legal, reconhecendo-se, assim, que as circunstâncias judiciais são favoráveis, cabe, igualmente, aplicar a mencionada reprimenda acessória no mínimo legalmente possível, respeitando-se a coerência do sistema. (...). (TJSP. APL 90014259420108260506. Rel. Airton Vieira. 1ª Câmara Criminal Extraordinária. j. 21.07.2014. v.u.)

(...) A pena de suspensão do direito de dirigir deve guardar estrita proporção com a reprimenda corporal aplicada, devendo ser reduzida para o mínimo legal, quando a pena privativa de liberdade neste patamar restar fixada. (TJMG. APR 10024113029433001. Rel. Furtado de Mendonça. 6ª Câmara Criminal. j. 01.04.2014. v.u.)

Suspensão do direito de dirigir deve ser proporcional à gravidade do delito – (...) A pena acessória de suspensão do direito de dirigir ou a proibição de se obter a permissão ou a habilitação pelo mesmo prazo da pena detentiva também deve ser mantida A sanção acessória encontra previsão expressa no tipo penal imputado ao réu, sendo o quantum adequado frente à gravidade do delito, mormente em relação a agente com acentuada culpabilidade, que procurou arruaça com agentes públicos que cumpriam a função pública com prumo. Ainda que as penas corporais tenham sido fixadas no mínimo legal, o art. 293 do CTB confere vetor variável para a aplicação da interdição de direito, o qual deve ser aplicado de forma proporcional à gravidade do crime e à pena aplicada. (TJSP. Apelação 0002895-64.2010.8.26.0589. Rel. Euvaldo Chaib. 4ª Câmara de Direito Criminal. j. 04.02.2014. v.u.)

A suspensão de habilitação para dirigir veículos, prevista no Código de Trânsito Brasileiro, não se faz, necessariamente, pelo mesmo tempo da pena detentiva, sendo certo que, nos delitos em que ela não consta como sanção principal, o juiz poderá, quando reincidente o réu, por força do art. 296 da Lei 9.503/97, aplicar o menor período de suspensão, aumentando-o consoante o número de recidivas, cabendo suspensões mais elevadas nas situações de lesões corporais e direção sob embriaguez, devendo o período mínimo mais severo corresponder ao homicídio culposo, levando-se em conta as circunstâncias judiciais e eventuais reincidências. (TACRIM. AP 1196117-0. Rel. Figueiredo Gonçalves. 4ª Câmara. j. 30.05.2000)

Motorista profissional pode ser apenado com suspensão do direito de dirigir – RECURSO ESPECIAL. CRIME DE TRÂNSITO. HOMICÍDIO CULPOSO. APLICAÇÃO CONCOMITANTE DA PENA PRIVATIVA DE LIBERDADE COM A DE SUSPENSÃO OU

PROIBIÇÃO DO DIREITO DE DIRIGIR VEÍCULO. OBRIGATORIEDADE. MOTORISTA PROFISSIONAL. CAUSA DE AUMENTO DE PENA. 1. O art. 302, *caput*, da Lei 9.503/97, por tratar de hipótese evidentemente mais reprovável, além da sanção corporal, impõe concomitantemente a pena de suspensão da habilitação ou proibição de obter a permissão para dirigir veículo automotor. 2. Segundo o disposto no inciso IV, do parágrafo único, do art. 302, o fato de ser o infrator motorista profissional, ao invés de se constituir como uma regalia, afigura-se como causa de aumento de pena, uma vez que, segundo Damásio Evangelista de Jesus, "nessa hipótese é maior o cuidado objetivo necessário, mostrando-se mais grave o seu descumprimento" (in Crimes de Trânsito, 5ª edição, 2002, p. 91). 3. Recurso provido para determinar a aplicação da pena de suspensão ou proibição do direito de dirigir veículo automotor ao réu, bem como a majorante prevista no inciso IV,do parágrafo único, do art. 302, do Código de Trânsito Brasileiro. (STJ. REsp 685084 RS. Rel. Min. Laurita Vaz. 5ª T. j. 01.03.2005. v.u.)

(...) A pena de suspensão da habilitação para dirigir veículo automotor, no caso de homicídio culposo praticado no trânsito, é obrigatória, pois expressamente cominada no preceito secundário do tipo penal. Inviabilidade do seu afastamento, ainda que em se tratando de motorista profissional. (TJRS. Apelação Crime 70051418069. Rel. Nereu José Giacomolli. 3ª Câmara Criminal. j. 28.03.2013. v.u.)

CRIMES DE TRÂNSITO SUSPENSÃO DA HABILITAÇÃO PARA DIRIGIR MOTORISTA PROFISSIONAL POSSIBILIDADE – O fato de o réu ser motorista profissional não o isenta de sofrer a imposição da pena de suspensão da habilitação para dirigir, porque sua cominação decorre de expressa previsão legal (art. 302 do Código de Trânsito Brasileiro), que não faz nenhuma restrição nesse sentido. (TJSP. APL 30231792004826045l. Rel. Willian Campos. 4ª Câmara de Direito Criminal. j. 13.12.2011. v.u.)

Motorista profissional não pode ser apenado com suspensão do direito de dirigir – As particularidades do caso concreto revelam que a suspensão do direito de dirigir à pessoa que depende da habilitação para conduzir automotor no seu exercício profissional é, para a espécie, medida que fere o princípio da dignidade da pessoa humana, da igualdade no seu aspecto material e da proporcionalidade, além de atingir seus dependentes de forma mais grave do que o tolerado, devendo, pois, ser substituída por outra espécie de restrição de direitos.

(TJMS. APL 00118213920108120002. Rel. Ruy Celso Barbosa Florence. 2ª Câmara Criminal. j. 13.05.2013. v.u.)

Apelação crime – Delito de trânsito – Materialidade e autoria comprovadas – Motorista profissional com muitos anos de carteira de habilitação – Ação culposa que conduziu ao resultado morte – Sinal amarelo ignorado, para ultrapassar a bicicleta conduzida pela vítima – Velocidade incompatível para o local – Imprudência e irresponsabilidade do autor – Recurso conhecido e provido em parte – Mantida a condenação a pena de detenção, convertida em pagamento de multa – Retirada da pena de suspensão da habilitação para dirigir veículo automotor por se tratar de profissional que necessita desse rendimento – Decisão unânime. (TJAL. APL 00528869820078020001. Rel. Orlando Monteiro Cavalcanti Manso. Câmara Criminal. j. 09.06.2010. v.u.)

Ausência de motivação implica redução da suspensão do direito de dirigir ao patamar mínimo legal – (...) Se o sentenciante, ao fixar a pena de suspensão da habilitação para dirigir, deixa de fundamentar a escolha do quantum, é necessária sua aplicação no patamar mínimo legal cominado, pois impedida a Turma Julgadora de motivá-la, sob pena de se incorrer em indevida supressão de instância. (TJMG. APR 10024102474970001. Rel. Cássio Salomé. 7ª Câmara Criminal. j. 17.12.2013. v.u.)

Inadmissível condicionar a suspensão do direito de dirigir à realização de novo exame para obtenção de CNH – Inadmissível condicionar-se a duração da pena de suspensão de habilitação para dirigir veículos, prevista pela Lei 9.503/1997, à submissão e aprovação do agente em novo exame para obtenção de CNH, pois seu direito de dirigir não foi cassado, mas apenas suspenso. (TACRIM-SP. Apelação 1415423-7. Rel. Nelson Calandra. 9ª Câmara Criminal. j. 06.10.2004. v.u.)

Cumprimento da suspensão do direito de dirigir depende da efetiva entrega da CNH ao juízo competente – Tendo sido o agravado condenado à pena de suspensão da utilização da Carteira Nacional de Habilitação, imprescindível a entrega desta ao Juízo competente, nos termos do art. 293, § 1º, da Lei 9.503/1997, em razão de ser a retenção do referido documento a única maneira de garantir que a pena imposta ao condenado seja efetivamente cumprida. (TJMT. Agravo 97963/06. Rel. Cirio Miotto. 3ª Câmara Criminal. j. 12.03.2007. v.u.)

6.3.3 *Multa reparatória*

A multa reparatória encontra previsão no art. 297, *caput*, do Código de Trânsito Brasileiro, consistindo "no pagamento, mediante depósito judicial em favor da vítima, ou seus sucessores, de quantia calculada com base no disposto no § 1º do art. 49 do Código Penal, sempre que houver prejuízo material resultante do crime".

A multa reparatória não é uma pena. Constitui, na verdade, uma abreviação do longo percurso que as vítimas de acidentes de trânsito geralmente têm de percorrer, utilizando-se dos meios tradicionais de composição dos litígios civis, para obter ressarcimento pelos prejuízos sofridos[22]. Trata-se de exceção à separação da jurisdição penal e civil, representando hipótese típica do chamado sistema da confusão.

Para fixação da multa reparatória, parece-nos necessário que o órgão acusatório ou assistente de acusação faça pedido expresso nesse sentido, ainda durante a instrução. O magistrado admitirá a produção de prova do valor do prejuízo material sofrido pelo ofendido, oportunizando que o réu se defenda não somente quanto à materialidade e autoria do delito, como também em relação ao montante indenizatório a pagar. Procedendo-se desta forma, fica assegurado o devido processo legal e seus corolários (ampla defesa e contraditório)[23].

Embora a multa reparatória apresente certa semelhança com a prestação pecuniária (arts. 43, I e 45, § 1º, do CP), elas se diferenciam em aspectos importantes:

a) a prestação pecuniária é aplicada em substituição à pena privativa de liberdade, enquanto a multa reparatória é aplicada cumulativamente à pena aplicada;

b) a prestação pecuniária, embora seja uma sanção pecuniária, tem natureza penal, enquanto a natureza da multa reparatória é civil;

c) o descumprimento da prestação pecuniária, em virtude de sua natureza penal, gera reconversão em pena privativa de liberdade. Por outro lado, descumprida a multa reparatória, diante de sua natureza

---

[22] Rocha, Luiz Otavio de Oliveira. Código de Trânsito Brasileiro: Código de Trânsito Brasileiro/Primeiras impressões. *Boletim IBCCRIM*. n. 61, p. 6-8.

[23] Nucci. *Leis penais e processuais penais comentadas*. v. 2. p. 702.

civil, será executada como dívida de valor. O art. 297, § 2º, do CTB, remete ao 51 do CP, que assim dispõe: "Transitada em julgado a sentença condenatória, a multa será considerada dívida de valor, aplicando-se-lhes as normas da legislação relativa à dívida ativa da Fazenda Pública";

d) a multa reparatória somente pode ser fixada se houver comprovação do prejuízo causado, requisito inexistente quanto à prestação pecuniária;

e) a prestação pecuniária pode ser paga à vítima ou, excepcionalmente, destinar-se a entidades assistenciais, enquanto a multa reparatória é devida exclusivamente à vítima;

f) o valor da prestação pecuniária é fixado entre 1 e 360 salários mínimos, enquanto a multa reparatória não pode ser inferior a 1/30 do salário mínimo, nem superior a 5 vezes esse salário;

g) se houver aceitação do beneficiário, a prestação pecuniária pode consistir em prestação de outra natureza, hipótese inexistente quanto à multa reparatória.

Jurisprudência

Distinção entre prestação pecuniária e multa reparatória – A natureza jurídica da prestação pecuniária é *pena*, porquanto permitida é sua reconversão em privativa de liberdade caso descumprida pelo condenado e a critério do magistrado, ocasião em que será executada no juízo das execuções criminais. A multa reparatória, por outro lado, é *dívida de valor* em favor da vítima ou de seus sucessores, e não sendo honrada pelo condenado deve ser executada no juízo competente (civil), pelo próprio interessado. Relevante destacar que para a fixação da multa reparatória pretendida necessária seria a demonstração de prejuízo material resultante do crime (despesas com funeral, por ex.), o que influenciaria deduzi-las em eventual pedido indenizatório no campo civil pelos danos sofridos. Dessa forma, conclui-se que a multa reparatória somente alcança os delitos de trânsito que causem prejuízo material à pessoa. (...) E a fixação da prestação pecuniária não está vinculada â constatação dos danos sofridos, ficando sujeita tão-somente aos critérios estabelecidos pelo magistrado, dentro dos limites previstos no art. 45, § 1º, do Código

Penal. (TJSP. Apelação n. 993.07.110638-0. Rel. Newton Neves. 16ª Câmara de Direito Criminal. j. 09.06.2009. v.u.)

Possível aplicação cumulativa de prestação pecuniária e multa reparatória – PROCESSUAL PENAL. RECURSO ESPECIAL. HOMICÍDIO CULPOSO NA DIREÇÃO DE VEÍCULO AUTOMOTOR. APLICAÇÃO DA MULTA REPARATÓRIA PREVISTA NO ART. 297 DA LEI 9.503/97. I – Havendo prejuízo material resultante da prática de crime previsto no Código de Trânsito Brasileiro se mostra cabível a aplicação da multa reparatória prevista no art. 297 da Lei 9.503/97. II – Não há qualquer incompatibilidade na aplicação cumulativa da multa reparatória e da prestação pecuniária como substitutiva da pena privativa de liberdade. Recurso provido. (STJ. REsp 736784 SC. Rel. Min. Felix Fischer. 5ª T. j. 08.11.2005. v.u.)

Multa reparatória, ao contrário da prestação pecuniária, exige comprovação do prejuízo – Não há como quantificar o prejuízo material resultante do crime cometido na direção de veículo automotor, o que é imprescindível para a aplicação da multa reparatória, ao contrário do que acontece com a fixação de prestação pecuniária, uma vez que esta independe de comprovação de eventuais danos sofridos. RECURSO CONHECIDO E PROVIDO. (TJSC. ACR 245247. Rel. José Everaldo Silva. 4ª Câmara Criminal. j. 20.10.2011. v.u.)

(...) Não restando devidamente comprovado o valor do prejuízo material suportado pelas vítimas, é de rigor o decote da multa reparatória. (TJMG. APR 10144110007859001. Rel. Furtado de Mendonça. 6ª Câmara Criminal. j. 01.10.2013. v.u.)

Multa reparatória somente abrange danos materiais, não morais – A multa reparatória do Código de Trânsito Brasileiro, revertida para a vítima ou seus sucessores, somente pode ser descontada da condenação cível por danos materiais, inexistindo qualquer decréscimo no caso de indenização por danos morais. Recurso especial não conhecido. (STJ. REsp 1039015 SP. Rel. Min. Nancy Andrighi. 3ª T. j. 16.09.2008. v.u.)

Inadmissível fixação de multa reparatória de ofício pelo magistrado – (...) A pena de multa, pura e simplesmente, também não se confunde com a multa reparatória prevista no art. 297 da Lei 9.503/97, instituto de natureza mista destinado exclusivamente à indenização ao dano material decorrente do acidente de trânsito (art. 297 do CTB), desde que o prejuízo seja demonstrado e debatido durante a instrução criminal, vedada, portanto, a fixação de ofício pelo magistrado. (...). (TJRJ. Apelação

0009813-14.2010.8.19.0061. Rel. Paulo de Oliveira Lanzellotti Baldez. 6ª Câmara Criminal. j. 03.12.2013. v.u.)

Afastamento da multa reparatória – Procedência – Ausência de pedido expresso nesse sentido – Impossibilidade de fixação "ex officio" – Não apuração do montante do dano durante a instrução – Infringência aos princípios do contraditório e ampla defesa. (TJSP. Apelação 0006971-47.2010.8.26.0132. Rel. Salles Abreu. 4ª Câmara de Direito Criminal. j. 07.02.2012. v.u.)

6.4 LEI 9.605/1998 (LEI AMBIENTAL)

6.4.1 Requisitos para substituição

A Lei 9.605, de 12 de fevereiro de 1998, dispõe sobre as sanções penais e administrativas derivadas de condutas e atividades lesivas ao meio ambiente. Nessa lei há regras específicas quanto às penas restritivas de direitos.

Dispõe o art. 6º da Lei 9.605/1998 que, para imposição e gradação da pena, a autoridade competente observará: a gravidade do fato, tendo em vista os motivos da infração e suas consequências para a saúde pública e para o meio ambiente; os antecedentes do infrator quanto ao cumprimento da legislação de interesse ambiental; e a situação econômica do infrator, no caso de multa.

Quanto aos requisitos objetivos para substituição, ao contrário do Código Penal, que admite a permuta para sanções *não superiores* a quatro anos e desde que não haja violência ou grave ameaça à pessoa, a Lei 9.605/1998 exige simplesmente que se trate de crime culposo *ou* seja aplicada a pena privativa de liberdade *inferior* a quatro anos (art. 7º, I).

Os requisitos subjetivos à concessão são os mesmos do Código Penal: a culpabilidade, os antecedentes, a conduta social e a personalidade do condenado, bem como os motivos e as circunstâncias do crime devem indicar que a substituição seja suficiente para efeitos de reprovação e prevenção do crime (art. 7º, II). Não são repetidas as restrições do Código Penal quanto à substituição para reincidente em crime doloso (art. 44, § 3º), sendo a Lei, portanto, mais favorável neste aspecto.

A Lei 9.605/1998 não estabelece a quantidade de penas restritivas a serem aplicadas em substituição à pena privativa de liberdade. Para Bitencourt, a substituição deve sempre se dar por uma pena restritiva de direito, sendo inaplicável o Código Penal, pois a lei especial disciplinou o tema de forma diversa[24]. Em sentido contrário, entendemos que a Lei 9.605/1998 foi omissa neste ponto e, diante da lacuna legislativa, aplicável subsidiariamente o Código Penal, nos termos do art. 12 ("as regras gerais deste Código aplicam-se aos fatos incriminados por lei especial, se esta não dispuser de modo diverso"). Assim, nas condenações iguais ou inferiores a 1 ano, a substituição pode ser feita por multa ou por uma pena restritiva de direitos; se superior a 1 ano, a pena privativa de liberdade pode ser substituída por uma pena restritiva de direitos e multa ou por duas restritivas de direitos (art. 44, § 2º, do CP)[25].

Por fim, dispõe a Lei que as penas restritivas de direitos nela dispostas terão a mesma duração da pena privativa de liberdade substituída (art. 7º, § único).

6.4.2 Espécies de penas restritivas de direitos

A Lei dos Crimes Ambientais traz um rol taxativo de penas restritivas de direitos, diverso daquele constante do Código Penal. Dessa forma, as penas restritivas de direitos previstas no Código Penal e não repetidas na lei especial – a perda de bens e valores, a prestação de outra natureza, a limitação de fim de semana e as interdições de direitos do Código Penal – não podem ser aplicadas aos delitos previstos nesta Lei[26]. Isso porque a matéria foi expressamente regulamentada pela Lei 9.605/1998, de modo incompatível com o Código Penal.

---

24 *Penas alternativas: análise político-criminal das alterações da Lei n. 9.714/98*. p. 216.

25 Adotam essa posição: Delmanto. *Leis penais especiais comentadas*. p. 507.

26 *Penas alternativas: análise político-criminal das alterações da Lei n. 9.714/98*. p. 216.

A principal ausência é a perda de bens e valores, uma das melhores e mais eficazes espécies de penas restritivas de direitos, que poderia ocorrer em favor do Fundo de Interesses Ambientais Lesados[27]. Por outro lado, o art. 20 estabelece que a sentença penal condenatória, sempre que possível, fixará o valor mínimo para reparação dos danos causados pela infração, considerando os prejuízos sofridos pelo ofendido ou pelo meio ambiente.

Para pessoas físicas, são previstas as seguintes penas: prestação de serviços à comunidade, interdição temporária de direitos, suspensão parcial ou total de atividades, prestação pecuniária e recolhimento domiciliar (art. 8º).

6.4.2.1 Pessoas físicas

6.4.2.1.1 Prestação de serviços à comunidade

A prestação de serviços à comunidade consiste na atribuição de tarefas gratuitas junto a parques e jardins públicos e unidades de conservação, e, no caso de dano de coisa particular, pública ou tombada, na restauração desta, se possível (art. 9º).

Como precedente histórico desta sanção, pode-se apontar as "penas diárias de trabalho" (*journés de travail*), previstas na França para os delitos rurais (*délits ruraux*), na Lei de 21 de setembro de 1791, título II, e, depois, no art. 21 do Código Florestal (*Côde Forestier*). Posteriormente, naquele país, a Lei de 18 de junho de 1859, acompanhando a sistemática anterior, contemplou esta sanção no art. 210, nos seguintes termos: "A administração florestal poderá admitir que os delinquentes se livrem das multas, restituições e reparações, com a prestação *in natura*, consistindo em trabalhos de conservação e nos caminhos vicinais". O tema também é tratado na Lei prussiana de 15 de abril de 1878, cujo § 14º dispõe sobre delitos florestais[28].

Conforme lecionam Gilberto Passos de Freitas e Vladimir Passos de Freitas, é a sanção mais adequada do ponto de vista pedagógico,

---

27 Constantino, Carlos Ernani. *Delitos ecológicos*. p. 71.

28 Sznick. *Direito penal ambiental*. p. 134-135.

esperando-se, por intermédio dela, "que o condenado tome conhecimento da importância da manutenção de um meio ambiente sadio, e que após o cumprimento se torne um aliado, e não mais um infrator"[29].

Na Lei 9.605/1998, procurou o legislador estabelecer uma relação entre o crime praticado, lesivo ao meio ambiente, e o local de cumprimento da prestação, que deve ocorrer em parques, jardins públicos e unidades de conservação. Contudo, teria sido melhor se a prestação de serviços consistisse *preferencialmente* na atribuição de tarefas nestes locais, pois, diante de eventual inexistência de vagas, o juiz poderia determinar o cumprimento onde fosse possível. Em sentido contrário, entendem Gilberto de Passos Freitas e Vladimir de Passos Freitas que, caso as atribuições não possuíssem qualquer ligação com a preservação ambiental, o efeito penal seria nulo e que, não havendo local disponível, nada impede que o acusado fique incumbido de cuidar da limpeza de um rio, uma lagoa ou do mar[30]. Já Paulo de Bessa Antunes sustenta que a pena deve ser relacionada inclusive com o âmbito de prática do delito, pois de nada adiantaria condenar uma pessoa ou uma empresa a cuidar de um jardim se o crime foi envenenamento químico de muitas pessoas[31].

Esta sanção pode consistir na restauração de coisa particular, pública ou tombada que tenha sofrido dano, se isso for possível. A lei não deixa claro se o dano precisa ter sido causado pelo encarregado de restaurá-la. Conclui-se que sim, pois, como assevera Guilherme de Souza Nucci, também foi incluída a coisa particular, e "não teria sentido atribuir a alguém o dever de consertar estrago causado por terceiro em objeto não pertencente ao Estado, nem de uso público"[32]. Por fim, quanto à recuperação de bem tombado, observa Antunes que esta é uma tarefa técnica complexa, que não pode ser executada por qualquer um[33]. Nesse caso, se a restauração for feita por terceiro, ainda que contratado pelo condenado, implicará, na prática, execução de uma pena pecuniária, e não de prestação de serviços à comunidade[34].

---

29 *Crimes contra a natureza*. p. 294.

30 *Crimes contra a natureza*. p. 294-295.

31 *Direito ambiental*. p. 441.

32 *Leis penais e processuais penais comentadas*. v.2. p. 521-522.

33 *Direito ambiental*. p. 441.

34 Costa, Paulo José da; Milaré, Édis. *Direito penal ambiental*. p. 53.

Parece-nos aplicável, por analogia, o disposto nos §§ 3º e 4º do art. 46, que preveem, respectivamente, a distribuição das tarefas conforme as aptidões do condenado, devendo ser cumpridas à razão de uma hora de tarefa por dia de condenação, fixadas de modo a não prejudicar a jornada normal de trabalho; e a faculdade de o condenado cumprir a pena substitutiva em menor tempo, nunca inferior à metade da pena privativa de liberdade fixada, se a condenação for superior a um ano.

6.4.2.1.2 Interdição temporária de direitos

As penas de interdição temporária de direitos são a proibição de o condenado contratar com o Poder Público, de receber incentivos fiscais ou quaisquer outros benefícios, bem como de participar de licitações, pelo prazo de cinco anos, no caso de crimes dolosos, e de três anos, no de crimes culposos (art. 10).

O dispositivo, na maioria das vezes, será inócuo, pois raramente pessoas físicas irão figurar em relações deste tipo com o Poder Público. Um exemplo viável seria a proibição de o particular condenado por crime ambiental locar imóveis a entes públicos. Vale observar que a condenação não pode ter efeito retroativo, ou seja, se já estiver em andamento um contrato com o Poder Público, a imposição da pena não poderá gerar a rescisão do contrato em vigor[35].

De todo modo, lamentável a opção do legislador de fixar prazos fixos de duração da pena (cinco anos em se tratando de crimes dolosos e três anos no caso de crimes culposos), em flagrante contradição com o disposto no art. 7º, § único, da própria Lei, segundo o qual as penas restritivas de direitos terão a mesma duração da pena privativa de liberdade substituída. A padronização dessas penas vulnera a individualização da pena, em clara ofensa ao art. 5º, XLVI, da Constituição Federal. Melhor seria a utilização da fórmula geral do Código Penal, de modo que a duração de tais sanções seria a mesma da pena privativa de liberdade substituída[36].

---

35 Nucci. *Leis penais e processuais penais comentadas*. v. 2. p. 522.

36 É também a opinião de Delmanto. *Leis penais especiais comentadas*. p. 510.

6.4.2.1.3 Suspensão parcial ou total de atividades

A pena de suspensão parcial ou total de atividades será aplicada quando estas não estiverem obedecendo às prescrições legais (art. 11).

Para Delmanto, esta sanção se destina apenas às pessoas jurídicas, como estatui o art. 22 da Lei ("As penas restritivas de direitos da pessoa jurídica são: I – suspensão parcial ou total de atividades")[37].

Em nossa visão, o art. 11 diz respeito às pessoas físicas, enquanto o art. 22, este sim, é aplicável às pessoas jurídicas. Afinal, a Lei traz duas listas de sanções, no art. 8º e 22, atinentes, respectivamente, às pessoas físicas e jurídicas. Como leciona Nucci, "não se confundem ou inexistiria razão para haver duas relações distintas. Se coubesse ao interprete *escolher* o que ele acha melhor aplicar a uma (física) ou a outra (jurídica), bastaria agrupar todas as restritivas de direitos num único artigo e o bom senso do operador do direito faria o resto. Aliás, soa-nos incompreensível que parte da doutrina sustente ser inaplicável o disposto no art. 11 à pessoa física, somente porque tal situação se repete no art. 22, mas não se insurja contra a proibição de contratar com o Poder Público, existente no art. 10, mas também repetida no art. 22"[38].

6.4.2.1.4 Prestação pecuniária

A prestação pecuniária não apresenta peculiaridades, valendo os comentários feitos ao Código Penal. A única ressalva é que o delito ambiental constitui crime vago, não possuindo vítima determinada. Contudo, é possível que se identifique uma comunidade específica atingida por um ato de poluição, por exemplo. Assim, tal coletividade seria a destinatária do valor desta pena. E, não sendo possível identificar qualquer vítima, o montante será destinado a entidades assistenciais[39]. Aplica-se, no tocante à destinação da prestação pecuniária, o disposto na Resolução 154, de 13 de julho de 2012, do CNJ[40].

---

37 *Leis penais especiais comentadas*. p. 510.

38 *Leis penais e processuais penais comentadas*. v. 2. p. 523.

39 Nucci. *Leis penais e processuais penais comentadas*. v. 2. p. 524.

40 Vide tópico atinente à execução da prestação pecuniária (item 5.2.2).

6.4.2.1.5 Recolhimento domiciliar

O recolhimento domiciliar era previsto na Lei 9.714/1998, mas foi vetado pelo Presidente sob o argumento de que "não contém, na essência, o mínimo necessário de força punitiva". Curiosamente, o mesmo Presidente da Repblica sancionou a mesma pena na Lei 9.605, de 12 de fevereiro do mesmo ano. Diante disso, pondera Bitencourt: "Qual seria o fundamento político-criminal que justificaria a previsão da pena de 'recolhimento domiciliar' para os autores de crimes contra o *meio ambiente* (*para penas de até quatro anos*), mas que não autoriza a mesma espécie de pena alternativa para os autores de outras infrações penais? Recusamo-nos a acreditar que o fundamento esteja no fato de a *criminalidade ambiental* enquadrar-se, em regra, nos chamados *crimes do colarinho branco*, enquanto que as demais infrações cairiam na vala comum da criminalidade convencional. Pode não ser, mas que parece, parece!"[41].

Diz a lei que o recolhimento domiciliar é baseado na autodisciplina e senso de responsabilidade do sentenciado, que deverá, sem vigilância, trabalhar, frequentar curso ou exercer atividade autorizada, permanecendo recolhido nos dias e horários de folga em residência ou em qualquer local destinado a sua moradia habitual, conforme estabelecido na sentença condenatória (art. 13).

Os problemas do recolhimento domiciliar envolvem a dificuldade de fiscalização e a brandura deste tipo de punição para condenações a até quatro anos. Lembra Nucci que, ao tratar do regime aberto, o Código Penal também diz que este "baseia-se na autodisciplina e senso de responsabilidade do condenado", sendo que, nas cidades onde não há Casa do Albergado, o cumprimento da pena privativa de liberdade em regime aberto é feito através de *prisão albergue domiciliar*. Todavia, cuida o Código de uma *pena privativa de liberdade*, enquanto esta lei fala em *pena restritiva de direito*. Logo, conclui o autor, a natureza jurídica da pena de *recolhimento domiciliar* é, ao contrário do que prevê a lei, privativa de liberdade. Assim, é o mesmo que substituir seis por meia dúzia: "Se o juiz condenar alguém a um ano

---

41 *Penas alternativas: análise político-criminal das alterações da Lei 9714/98*. p. 227.

de reclusão, em regime aberto, inserindo-o em *albergue domiciliar*. Está em regime de prisão. Se o magistrado substituir a pena privativa de liberdade por restritiva de direitos, consistente em *recolhimento domiciliar*, mudou o quê? Se essas contradições evidentes no Direito Penal podem ser chamadas de *modernidades* ou *avanço* no sistema de cumprimento de penas no Brasil, imagine-se o momento em que chegarmos ao retrocesso? O que há de vir?"[42].

6.4.2.2 Pessoas jurídicas

Quanto à pessoa jurídica, estabelece o art. 21 que as penas aplicáveis, isolada, cumulativa ou alternativamente, são: I – multa; II – restritivas de direitos; III – prestação de serviços à comunidade. E, segundo o art. 22, as penas restritivas de direitos da pessoa jurídica são: suspensão parcial ou total de atividades; interdição temporária de estabelecimento, obra ou atividade; proibição de contratar com o Poder Público, bem como dele obter subsídios, subvenções ou doações.

Inicialmente, revela-se equivocada a separação feita no art. 21 entre restritivas de direitos e prestação de serviços à comunidade, já que esta pena é considerada uma espécie de restritiva de direito.

No mais, a redação do dispositivo transmite a ideia de que o magistrado tem livre arbítrio na fixação da pena, podendo aplicar, por exemplo, somente a multa, ou cumulá-la com prestação de serviços à comunidade, independentemente do preceito secundário da norma. Esta ideia, conforme magistério de Nucci, é equivocada, até porque, se assim fosse, não haveria explicação para a previsão de *alternatividade*. A solução apresentada pelo autor é: alguns tipos penais preveem pena única (ex.: art. 40); outros, por sua vez, preveem penas cumulativas (ex.: art. 41); há, ainda, os que cominam penas alternativas (ex.: art. 49, § único); restam aqueles que possibilitam a aplicação alternativa ou cumulativa (art. 49, *caput*)[43].

---

[42] *Leis penais e processuais penais comentadas*. v. 2. p. 524-525.
[43] *Leis penais e processuais penais comentadas*. v. 2. p. 535-536.

6.4.2.2.1 Multa

Na Lei Ambiental, há tipos penais nos quais a pena de multa é cominada cumulativamente à pena privativa de liberdade (ex.: art. 29) e outros em que a multa é alternativa ou cumulativa (ex.: art. 33), podendo, por fim, ser aplicada em substituição à pena privativa de liberdade, nos termos do art. 7º.

O art. 6º, III, da Lei 9.605/1998, de forma semelhante ao art. 60, *caput*, do Código Penal, estabelece que na imposição e gradação da multa, o juiz observará a situação econômica do infrator.

E, nos termos do art. 18, a multa será calculada segundo os critérios do Código Penal. Caso se revele ineficaz, ainda que aplicada no valor máximo, poderá ser aumentada até três vezes, tendo em vista o valor da vantagem econômica auferida. Há disposição semelhante no art. 60, § 1º, do Código Penal.

No mais, a aplicação da pena de multa segue o disposto no Código Penal.

6.4.2.2.2 Restritivas de direitos

Quanto às modalidades específicas de interdições de direitos, são aplicáveis às pessoas jurídicas: a) suspensão parcial ou total de atividades, quando não estiverem obedecendo às disposições legais ou regulamentares, relativas à proteção do meio ambiente; b) interdição temporária de estabelecimento, obra ou atividade, quando estiver funcionando sem a devida autorização, ou em desacordo com a concedida, ou com violação de disposição legal ou regulamentar; c) proibição de contratar com o Poder Público, bem como dele obter subsídios, subvenções ou doações.

Conforme magistério de Gilberto Passos de Freitas e Vladimir Passos de Freitas, ao Estado, notadamente em um regime capitalista, não interessa o fechamento das sociedades comerciais, já que elas constituem fonte de receita (tributos) e forma de gerar empregos. Por isso, a suspensão de atividade só deve ser aplicada em hipóteses excepcionais. E dão o seguinte exemplo: "Certa indústria está poluindo o rio que abastece de água determinada cidade. Se inúteis forem todas as tentativas, como sanções administrativas ou civis, demonstrando com a reincidência a intenção certa de persistir na ação criminosa, correta será a suspensão parcial de atividades. É dizer, fazer cessar apenas um setor da empresa que se mostre a causa direta da contaminação. Em um segundo momento, se outra alternativa não houver, até mesmo a suspensão total de atividades, ou seja, autêntico decreto de encerramento da pessoa jurídica"[44].

Sem dúvida, trata-se de medida extrema, a ser utilizada como última opção. Embora exista um prazo de duração da penalidade, a suspensão da atividade da empresa trará consequências gravíssimas, por vezes tornando inviável a sua continuidade, perdendo clientes e faturamento, com a consequente falência[45].

Um ponto importante a se destacar é que, antes do advento da Lei Ambiental, outras leis já previam reprimendas administrativas para infrações contra o meio ambiente[46]. A própria Lei 9.605/1998, no art. 72, prevê diversas sanções administrativas, entre elas: advertência; multa simples; multa diária; apreensão dos animais, produtos e subprodutos da fauna e flora, instrumentos, petrechos, equipamentos ou veículos de qualquer natureza utilizados na infração; destruição ou inutilização do produto; suspensão de venda e fabricação do produto; embargo de obra ou atividade; demolição de obra; suspensão parcial ou total de atividades; restritiva de direitos – suspensão de registro, licença ou autorização; cancelamento de registro, licença ou autorização; perda ou restrição de incentivos e benefícios fiscais; perda ou

---

[44] *Crimes contra a natureza*. p. 295.

[45] Delmanto. *Leis penais especiais comentadas*. p. 526.

[46] É o caso da Lei 6.938/1981, cujo art. 14 assim estabelece: "Sem prejuízo das penalidades definidas pela legislação federal, estadual e municipal, o não cumprimento das medidas necessárias à preservação ou correção dos inconvenientes e danos causados pela degradação da qualidade ambiental sujeitará os transgressores: I – à multa simples ou diária, nos valores correspondentes, no mínimo, a 10 (dez) e, no máximo, a 1.000 (mil) Obrigações Reajustáveis do Tesouro Nacional – ORTNs, agravada em casos de reincidência específica, conforme dispuser o regulamento, vedada a sua cobrança pela União se já tiver sido aplicada pelo Estado, Distrito Federal, Territórios ou pelos Municípios; II – à perda ou restrição de incentivos e benefícios fiscais concedidos pelo Poder Público; III – à perda ou suspensão de participação em linhas de financiamento em estabelecimentos oficiais de crédito; IV – à suspensão de sua atividade".

suspensão da participação em linhas de financiamento em estabelecimentos oficiais de crédito; proibição de contratar com a Administração Pública, pelo período de até três anos.

Assim, muitos apontam, e com razão, a desnecessidade da criação das referidas penas[47]. Ora, se é possível aplicar tais sanções pela via administrativa, que é, inclusive, mais rápida, por que sancionar penalmente?[48] Neste sentido, comentando sobre a suspensão parcial ou total de atividades da empresa, acentua Cezar Roberto Bitencourt que "essa é uma pena por excelência que pode ser melhor e de forma mais eficaz aplicada no âmbito administrativo, como mais uma demonstração da desnecessidade do direito penal para, por exemplo, atribuir responsabilidade penal à pessoa jurídica"[49].

Quanto ao prazo de duração de tais reprimendas, parece-nos aplicável o preceito secundário de cada tipo penal. Assim, se o delito tiver pena, por exemplo, de três meses a um ano de detenção, será esta a baliza legislativa a ser observada pelo magistrado na dosimetria da pena.

Vale lembrar que a proibição de contratar com o Poder Público, bem como dele receber subsídios, subvenções ou doações, não poderá exceder o prazo de 10 anos (art. 22, § 3º), ainda que vários sejam os delitos praticados pela pessoa jurídica.

6.4.2.2.3 Prestação de serviços à comunidade

A prestação de serviços à comunidade pela pessoa jurídica, por seu turno, consiste em: a) custeio de programas e de projetos ambientais; b) execução de obras de recuperação de áreas degradadas; c) manutenção de espaços públicos; d) contribuições a entidades ambientais ou culturais públicas (art. 23).

É uma medida salutar, pois atinge a pessoa jurídica no aspecto patrimonial e propicia a reparação do bem jurídico atingido, sem as graves consequências geradas pela interdição ou suspensão das

---

47 Antunes. *Direito ambiental*. p. 441.

48 Prado, Alessandra Rapassi Mascarenhas. *Proteção penal do meio ambiente: fundamentos*. p. 141.

49 *Fórum Online IBCCrim*, realizado em São Paulo, no dia 30.04.2008. Disponível na *internet*: <http://www.ibccrim.org.br>.

atividades da empresa. O prazo de duração, a exemplo das sanções supraexaminadas, seguirá o preceito secundário de cada tipo penal. No mais, valem os mesmos comentários feitos anteriormente, em relação à pessoa física.

Jurisprudência

Substituição segue as regras do Código Penal – (...) Comprovadas a autoria e materialidade delitivas, mantém-se a condenação do réu pelo crime do art. 39 da Lei 9.695/98. Por força do art. 44, § 2º, CP, na condenação igual ou inferior a um ano, a substituição pode ser feita por multa ou por uma pena restritiva de direitos; se superior a um ano, a pena privativa de liberdade pode ser substituída por uma pena restritiva de direitos e multa ou por duas restritivas de direitos. (...). (TJMG. APR 10209050532867001. Rel. Silas Vieira. 1ª Câmara Criminal. j. 09.07.2013. v.u.)

Pena restritiva contra pessoa jurídica prescreve em 2 anos – APELAÇÃO CRIME. CRIME AMBIENTAL. PRESCRIÇÃO. COMERCIALIZAÇÃO DE AGROTOXICO (ART. 15, DA LEI 7.802/89). Não havendo limites mínimo e máximo para o cumprimento das penas restritivas de direitos e prestação de serviços à comunidade impostas às pessoa jurídicas pelo cometimento de delitos ambientais, deve ser utilizado o prazo mínimo prescricional de dois anos previsto no Código Penal. APELO NÃO PROVIDO. (TJRS. Apelação Crime N. 70035519289. Rel. Cláudio Baldino Maciel. 6ª Câmara Criminal. j. 07.10.2010. v.u.)

RECURSO EM SENTIDO ESTRITO. CRIME AMBIENTAL. PRESCRIÇÃO. 1. Quanto à pessoa jurídica, não há dúvida que a pena de multa lhe imposta prescreve no mesmo prazo previsto no CP, qual seja, 2 (dois) anos. 2. Por outro lado, a lei não estabelece limites mínimo e máximo para o cumprimento das penas restritivas de direitos e prestação de serviços à comunidade, as quais, ao contrário do CP, não são substitutivas, mas, sim, autônomas. Este quadro dá margem ao problema da prescrição, máxime quando a CF estabelece a prescrição como regra geral, enumerando as exceções de modo taxativo. Nesta hipótese, ante o vácuo legislativo, entendo que a solução mais razoável consiste em equiparar, para efeito de prescrição, as restritivas de direito e prestação de serviços à comunidade à multa. Por este motivo, observado o prazo prescricional de 2 (dois) anos, os fatos, bem ou mal, estão prescritos. 3. Recurso improvido. (TJRS. Recurso em Sentido Estrito N. 70026956300. Rel. José Eugênio Tedesco. 4ª Câmara Criminal. j. 25.06.2009. v.u.)

Pena restritiva contra pessoa jurídica prescreve no prazo da pena privativa de liberdade – *HABEAS CORPUS*. CRIME AMBIENTAL PRATICADO POR PESSOA JURÍDICA. Preliminar de prescrição da pretensão punitiva que deve ser parcialmente acolhida, pelo delito capitulado no art. 48 da Lei Especial, com extinção da punibilidade. – Quanto àquele tipificado no art. 38 da mesma Lei, levando em consideração a pena máxima privativa de liberdade aplicada ao delito para fins de cálculo prescricional da pena restritiva de direitos, verifica-se que ainda não decorreu o lapso temporal mencionado, desde o recebimento da denúncia. (...) A Lei de Crimes Ambientais é omissa a respeito, mas determina que o Código Penal lhe seja aplicado subsidiariamente (art. 79 da Lei Especial). Por outro lado, a Lei Especial determina que as penas restritivas de direitos devam ter o mesmo prazo de duração da pena privativa de liberdade cominada ao delito (parágrafo único do art. 7º). Assim, mesmo se tratando da pessoa jurídica, a pena privativa de liberdade em abstrato deve ser considerada para a análise da prescrição da pretensão punitiva (em abstrato). (TJSP. HC 0262868-50.2011.8.26.0000. Rel. Edison Brandão. 4ª Câmara de Direito Criminal. j. 10.04.2012. v.u.)

Pena restritiva contra pessoa jurídica tem o prazo de duração da pena privativa de liberdade – (...) as penas alternativas do art. 44 do Código Penal e do art. 7º da Lei 9.605/98 substituem as principais e, pois, respeitam a extensão temporal fixada como pena privativa de liberdade. Isso não acontece com as pessoas jurídicas. Então, a dificuldade é de se fixar o tempo, por exemplo, de uma interdição temporária de estabelecimento, suspensão de atividades ou da prestação de serviços consubstanciada na manutenção de espaços públicos. É forçoso um limite temporal por uma questão lógica, senão a interdição não seria temporária ou a suspensão se transformaria em extinção da empresa. A solução menos prejudicial é limitar o aspecto temporal aos limites mínimo e máximo da pena privativa de liberdade prevista no dispositivo de cada tipo da Lei 9.605/98, embora ele se refira apenas à pessoa física. Não há analogia *in malam partem* no caso. Muito ao contrário. Se não se lançasse mão de um parâmetro para limitar a pena restritiva de direitos, o tempo da mesma poderia ser ilimitado. Logo, os mesmos limites impostos à pessoa física haverão de ser considerados para a sanção da pessoa jurídica. (TRF4. MS 13843 PR. Rel. 7ª T. Rel Fábio Rosa. j. 10.12.2002)

6.5 LEI 10.671/2003 (ESTATUTO DE DEFESA DO TORCEDOR)

O Estatuto de Defesa do Torcedor (Lei 10.671/2003) foi recentemente alterado pela Lei 12.299/2010. Trata-se de outra lei feita às pressas, em razão da proximidade da Copa do Mundo de 2014, com o intuito de demonstrar que o Brasil iria punir severamente as condutas contra os torcedores infratores, dirigentes, árbitros etc.[50].

O art. 41-B, *caput*, pune aquele que "promover tumulto, praticar ou incitar a violência, ou invadir local restrito aos competidores em eventos esportivos". A pena é de reclusão de 1 a 2 anos e multa. Nos termos do § 1º, incorrerá nas mesmas penas o torcedor que: promover tumulto, praticar ou incitar a violência num raio de 5.000 metros ao redor do local de realização do evento esportivo, ou durante o trajeto de ida e volta do local da realização do evento (I); portar, deter ou transportar, no interior do estádio, em suas imediações ou no seu trajeto, em dia de realização de evento esportivo, quaisquer instrumentos que possam servir para a prática de violência (II).

A redação do dispositivo não prima pela técnica. As expressões "promover tumulto" e "praticar ou incitar a violência" são por demais vagas, ferindo o princípio da *lex certa*. Afinal, o que é "promover tumulto" ou "incitar violência"? As condutas tipificadas são extremamente abertas, podendo abranger praticamente qualquer atitude, inclusive manifestações calorosas dos torcedores.

O § 2º prevê a possibilidade de conversão da pena de reclusão em *impeditiva de comparecimento às proximidades do estádio, bem como a qualquer local em que se realize evento esportivo*, pelo prazo de 3 meses a 3 anos, de acordo com a gravidade da conduta, na hipótese de o agente ser primário, ter bons antecedentes e não ter sido punido anteriormente pela prática de condutas previstas no artigo.

O legislador, curiosamente, adotou fórmula diversa daquela prevista no Código Penal, dissociando a duração da pena restritiva e da privativa de liberdade. Enquanto a pena de reclusão é 1 a 2 anos de reclusão, o impedimento de comparecimento às proximidades do

[50] Suzuki, Claudio Mikio. A tutela penal do Estatuto de Defesa do Torcedor incluída pela Lei 12.299/2010. *Revista Brasileira de Direito Desportivo*, v. 18, p. 287.

estádio ou local onde se realize evento esportivo é de 3 meses a 3 anos. Não nos parece adequada a opção legislativa, já que a possível conversão de uma pena de 1 ano de reclusão em 3 meses de proibição de comparecimento a estádio revela-se por demais branda e totalmente desproporcional. Sem dúvida, melhor seria ter seguido a regra do Código Penal, estabelecendo a duração da pena substituída igual à da sanção privativa de liberdade.

Também criticável o fato de que, como o Estatuto do Torcedor regulou o tema de modo diverso do Código Penal, prevendo a substituição da pena de reclusão por impedimento de comparecimento, são inaplicáveis, neste artigo, outras espécies de penas restritivas, tais como a prestação de serviços à comunidade e a prestação pecuniária. E, ainda que a pena seja superior a 1 ano, a substituição será feita tão somente pela aludida proibição de comparecimento, já que não foi contemplada a possibilidade de aplicação de duas penas restritivas.

A par disso, revela-se duvidosa a constitucionalidade da pena de *impedimento de comparecimento às proximidades do estádio e impedimento de comparecimento a qualquer local em que se realize evento esportivo*, por ofensa ao princípio da legalidade. A lei não diz a qual estádio o sentenciado estaria impedido de comparecer, nem fornece parâmetros para se delimitar as suas *proximidades*. Proíbe, ainda, o comparecimento a *qualquer local* onde se realize evento esportivo, sem explicar quais seriam estes eventos, nem se a proibição deve ser observada durante a sua realização, ou a qualquer momento enquanto perdurar a pena. Como observa Nucci, "qual jurisdicionado será capaz de decifrar essa pena? Poderá ficar impedido, por até 3 anos, a *comparecer* (aparecer, apresentar-se em determinado lugar) nas proximidades (cercania, vizinhança) do estádio (lugar em que se realizam jogos). Qual é *o* estádio? Não se menciona. Supondo-se ser *qualquer* um, a pena é excessiva e abusiva, pois o condenado não poderá nem mesmo visitar um parente, que, eventualmente, more ao lado de um estádio de futebol.. Além disso, não se menciona se o impedimento ocorre durante o jogo ou a qualquer hora do dia ou da noite. Não satisfeito, o legislador proíbe que o sentenciado apareça em *qualquer* lugar onde se realize evento esportivo, podendo ser, por exemplo, a escolinha de seu filho, onde ocorre um campeonato mirim, entre crianças. Certamente, o juiz poderá estabelecer regras mais restritas, envolvendo somente o estádio onde o crime de seu, mas, lembre-se, a pena é aberta e indeterminada, não obrigando o julgador a fazer qualquer especificação. Tal medida faz nascer a inconstitucionalidade. O princípio da legalidade existe justamente para não se entregar o réu à própria sorte e ao *bom sendo* exclusivo do magistrado; torna-se indispensável haver critério e segurança"[51].

Ciente da dificuldade de fiscalização do cumprimento da pena, estabeleceu o legislador, no § 4º do art. 41-B, que o juiz deve determinar a obrigatoriedade suplementar de o agente permanecer em estabelecimento indicado (uma delegacia de polícia, por exemplo), no período compreendido entre as 2 horas antecedentes e as 2 horas posteriores à realização de partidas de entidade de prática desportiva ou de competição determinada. Contudo, ao fazer isso, criou-se não uma pena de *proibição de comparecimento* a evento esportivo, mas sim de *obrigação de comparecimento* a local designado. Acabou-se transmudando a natureza da pena, de restritiva de direito para privativa de liberdade. Nesse prisma: "Impedir alguém de frequentar qualquer lugar é coisa bem diversa do que deter uma pessoa em lugar determinado. Imagine-se, ainda, que o magistrado indique a cadeia da cidade para o sentenciado se recolher, durante todos os dias em que houver evento esportivo na localidade, por um período variável de 3 meses a 3 anos. A pena é muito mais severa do que a aplicação da pena privativa de liberdade, com *sursis*; mais grave que a privação de liberdade, em albergue domiciliar. Em suma, a previsão do § 4º é inconstitucional, por ferir a individualização da pena, a proporcionalidade e, sobretudo, a legalidade, fixando pena indeterminada e camuflada"[52].

O § 3º prevê a possibilidade de reconversão da pena restritiva de direitos em privativa de liberdade, se ocorrer o descumprimento injustificado da restrição imposta. O problema surge em razão de não haver correspondência entre a pena de proibição de comparecimento e a pena privativa de liberdade. Se o réu, por exemplo, cumpriu dois meses da pena substitutiva, qual será o lapso a ser descontado da pena privativa de liberdade? Parece-nos que o correto é efetuar o desconto

---

51 *Leis penais e processuais penais comentadas*. v. 2. p. 576-575.

52 Nucci. *Leis penais e processuais penais comentadas*. v. 2. p. 577.

proporcional ao lapso cumprido. Assim, se houve o cumprimento de metade da pena da proibição de comparecimento, deverá haver-se por cumprida metade da pena privativa imposta. A reconversão, vale lembrar, pressupõe a oitiva do acusado.

O § 5º, por seu turno, estabelece que, na hipótese de o representante do Ministério Público propor aplicação da pena restritiva de direitos em sede de transação penal (art. 76 da Lei 9.099/1995), o magistrado, de ofício, aplicará a sanção de proibição de comparecimento.

6.6 LEI 11.340/2006 (VIOLÊNCIA DOMÉSTICA)

Com o intuito de coibir a violência doméstica e familiar contra a mulher, foi editada a Lei 11.340, de 7 de agosto de 2006 (conhecida como Lei Maria da Penha). Dado o escopo da presente obra, restringiremos nossas considerações aos aspectos relacionados às penas alternativas.

Referida lei, no art. 17, estabelece que "é vedada a aplicação, nos casos de violência doméstica e familiar contra a mulher, de penas de cesta básica ou outras de prestação pecuniária, bem como a substituição de pena que implique o pagamento isolado de multa". Já o art. 41 prevê que "aos crimes praticados com violência doméstica e familiar contra a mulher, independentemente da pena prevista, não se aplica a Lei 9.099, de 26 de setembro de 1995". Buscou-se, assim, maior rigor nas sanções aplicadas aos agressores, evitando que a pena pudesse ser cumprida mediante pagamento de determinada quantia, bem como vedando-se a utilização de institutos despenalizadores previstos na Lei 9.099/1995, tais como a transação penal e a suspensão condicional do processo.

Chama atenção a referência à "pena de cesta básica", sanção que, embora aplicada por muitos juízes, não tem previsão legal. Ocorreu aqui uma situação esdrúxula: o que a Lei 11.340 proibiu, a rigor, não foi uma pena, mas sim uma prática forense. Como aduz Nucci, "este é o panorama do sistema judiciário brasileiro, casando-se com o processo legislativo. Enquanto um, em nome da celeridade, cria penas inexistentes, o outro Poder, tentando fazer cessar tal conduta, proíbe o que não existe juridicamente"[53].

---

[53] *Leis penais e processuais penais comentadas*. v. 1. p. 625.

Outro ponto relevante diz respeito à admissibilidade de substituição da pena em se tratando de delitos praticados no âmbito da violência doméstica. Como o art. 47 veda a aplicação de penas pecuniárias, mas silencia quanto às demais restritivas – como a prestação de serviços à comunidade e a limitação de fim de semana –, em princípio é cabível a substituição, quando preenchidos os demais requisitos legais.

Ocorre que os crimes abrangidos por essa lei, em regra, envolvem violência ou grave ameaça contra a pessoa, a exemplo da ameaça (art. 147) e da lesão corporal de natureza leve (art. 129, § 9º). Nesses casos, embora a pena seja inferior a 4 anos, não é cabível a substituição, diante da vedação contida no art. 44, I, do CP.

Em tópico anterior, formulando interpretação sistemática, afirmamos que esses mesmos crimes, fora do contexto da Lei 11.340/2006, admitiriam a substituição da pena, por se tratarem de infrações de menor potencial ofensivo, aos quais o legislador previu respostas mais brandas, como a transação penal e a suspensão condicional do processo. Contudo, estes argumentos não podem ser utilizados em relação às infrações abrangidas pela Lei 11.340/2006, porque não se tratam de infrações de menor potencial ofensivo e porque são incompatíveis com os aludidos institutos despenalizadores, por expressa previsão do art. 41 da Lei.

Jurisprudência

Inadmissível substituição da pena em se tratando de violência doméstica (lesão corporal leve) – AGRAVO REGIMENTAL EM *HABEAS CORPUS*. LESÃO CORPORAL. ÂMBITO DOMÉSTICO E FAMILIAR. SUBSTITUIÇÃO DA PENA. IMPOSSIBILIDADE. VIOLÊNCIA E GRAVE AMEAÇA CONTRA PESSOA. 1. Não há como proceder à substituição da pena privativa de liberdade por restritiva de direitos, a teor do disposto no inciso I do art. 44 do Código Penal, visto que, não obstante o acusado tenha sido definitivamente condenado a reprimenda inferior a 4 anos de reclusão, o crime por ele praticado (lesão corporal) envolveu violência e grave ameaça contra pessoa. 2. No caso, o agravante foi condenado, porque, no âmbito das relações domésticas e familiares, agrediu a sua companheira, agarrando-a pelos braços e desferindo-lhe tapas, o que lhe ocasionou equimose no punho direito e escoriações na região do pescoço. 3. Agravo regimental não provido.

(STJ. AgRg no HC 301332 MS. Rel. Min. Rogerio Schietti Cruz. 6ª T. j. 04.11.2014. v.u.)

HABEAS CORPUS. LESÃO CORPORAL LEVE. VIOLÊNCIA DOMÉSTICA. SUBSTITUIÇÃO DA PENA POR RESTRITIVAS DE DIREITOS. VEDAÇÃO LEGAL. ART. 44, I, CÓDIGO PENAL. (...) 2. A jurisprudência desta Corte é pacífica no sentido de ser incabível a substituição da pena privativa de liberdade por restritiva de direitos nos casos de crime cometido mediante violência ou grave ameaça à pessoa, a teor do disposto no art. 44, I, do Código Penal. 2. No caso, consta dos autos que o agravante agrediu fisicamente a sua ex-companheira, após discussão entre ambos, causando-lhe lesões corporais de natureza leve, circunstância que impede a substituição da pena privativa de liberdade. 3. *Habeas corpus* não conhecido. (STJ. HC 299483 MS. Rel. Min. Gurgel de Faria. 5ª T. j. 23.10.2014. v.u.)

APELAÇÃO CRIMINAL – LESÃO CORPORAL – VIOLÊNCIA DOMÉSTICA – (...) SUBSTITUIÇÃO DA PENAPRIVATIVA DE LIBERDADE POR RESTRITIVA DE DIREITOS – BENEFÍCIO QUE ENCONTRA ÓBICE LEGAL – RECURSO PROVIDO EM PARTE. (...) V – O art. 44, I, do CP, veda, expressamente, a concessão do benefício da substituição da pena privativa de liberdade por restritiva de direitos aos condenados por delito cometido com grave ameaça ou violência à pessoa. (TJMG. Apelação 1.0024.08.262127-7/001 Rel. Alberto Deodato Neto. 1ª Câmara Criminal. j. 27.01.2015. v.u.)

Inadmissível substituição da pena em se tratando de violência doméstica (ameaça) – PENAL. AGRAVO REGIMENTAL NO RECURSO ESPECIAL. CRIME DE AMEAÇA. VIOLÊNCIA DOMÉSTICA. SUBSTITUIÇÃO DA PENA POR RESTRITIVAS DE DIREITOS. IMPOSSIBILIDADE. SÚMULA 7 DO STJ. NÃO INCIDÊNCIA. 1. A análise da questão trazida nas razões do recurso especial, ao contrário do alegado, prescinde do reexame do conjunto fático-probatório dos autos, havendo a necessidade apenas de nova valoração jurídica dos fatos incontroversos delimitados pelas instâncias de origem, razão pela qual não incide, na espécie, a Súmula 7 do STJ. 2. Segundo jurisprudência pacífica desta Corte de Justiça, mostra-se incabível a substituição da pena privativa de liberdade por restritiva de direitos nos casos de crime cometido mediante violência ou grave ameaça à pessoa, a teor do disposto no art. 44, I, do Código Penal. 3. Agravo a que se nega provimento. (STJ. AgRg no REsp 1463035 MS. Rel. Min. Gurgel de Faria. 5ª T. j. 25.11.2014. v.u.)

AGRAVO REGIMENTAL. RECURSO ESPECIAL. DIREITO PENAL. ART. 147 DO CP. CRIME DE AMEAÇA. VIOLAÇÃO DO ART. 44, I, DO CP. OCORRÊNCIA. SUBSTITUIÇÃO DA PENA. IMPOSSIBILIDADE. CRIME COMETIDO COM GRAVE AMEAÇA À PESSOA. 1. O inciso I do art. 44 do Código Penal é claro ao proibir a substituição da pena privativa de liberdade por restritiva de direitos quando o crime for cometido com violência ou grave ameaça à pessoa. 2. Na espécie, diante do crime praticado pelo réu (ameaçou de morte sua companheira – art. 147 do CP), não está preenchida a hipótese do inciso I do art. 44 do Código Penal (...). (STJ. AgRg no REsp 1460949/MS. Rel. Min. Sebastião Reis Júnior. 6ª T. j. 14.10.2014. v.u.)

(...) Em todas as hipóteses de violência doméstica e familiar contra a mulher, o art. 17 da Lei 11.340 (Lei Maria da Penha) proíbe a aplicação de penas consistentes em pagamentos de prestação pecuniária, tais como a de "cesta básica", bem como eventual substituição de pena que implique em pagamento isolado de multa. Se o fato corresponder, todavia, especificamente à prática de lesão corporal dolosa ou de ameaça, aludida vedação abrangerá inclusive a possibilidade de conversão em quaisquer outras medidas restritivas de direitos, tais como a perda de bens e valores, a prestação de serviços comunitários, a interdição temporária de direitos ou a limitação de fim de semana, uma vez que o art. 44, I, do CP proíbe o benefício da substituição, se os crimes tiverem sido cometidos mediante violência ou grave ameaça contra pessoa. (TJSP. Apelação 0005836-22.2011.8.26.0372. Rel. Grassi Neto. 7ª Câmara de Direito Criminal. j. 20.03.2014. v.u.)

APELAÇÃO CRIMINAL – VIOLÊNCIA DOMÉSTICA – AMEAÇA – LEI MARIA DA PENHA – AUTORIA E MATERIALIDADE COMPROVADAS – CONDENAÇÃO MANTIDA. – Havendo provas suficientes de que o agente ameaçou gravemente a vítima, sua ex-companheira, está configurado o crime descrito no art. 147 do Código Penal. – Comprovada a grave ameaça à vítima, não há que se falar em substituição da pena privativa de liberdade, por restritiva de direitos, nos termos do art. 44, I, CP. (TJMG. Apelação 1.0687.10.008487-4/001. Rel. Silas Vieira. 1ª Câmara Criminal. j. 18.11.2014. v.u.)

Inadmissível substituição da pena em se tratando de violência doméstica (contravenção penal) – APELAÇÃO CRIMINAL – VIAS DE FATO – MARIA DA PENHA – REDUÇÃO DA PENA – NECESSIDADE – SUBSTITUIÇÂO DAPENA PRIVATIVA DE LIBERDADE –

IMPOSSIBILIDADE. – A reestruturação da pena aplicada é medida que impõe, quando não dosada de forma proporcional e à margem das disposições legais aplicáveis. – Não é cabível a substituição da pena privativa de liberdade pela pena restritiva de direitos quando trata-se de contravenção ou delito cometido com violência doméstica. (TJMG.Apelação 1.0210.11.000945-8/001. Rel. Denise Pinheiro da Costa Val. 6ª Câmara Criminal. j. 18.06.2013. v.u.)

Crime praticado com violência doméstica contra a mulher não é infração de menor potencial ofensivo – Ao cuidar da competência, o art. 41 da Lei 11.340/06 (Lei Maria da Penha) estabelece que, aos crimes praticados com violência doméstica e familiar contra a mulher, independentemente da pena prevista, não se aplica a Lei9.099/95 (Lei dos Juizados Especiais Criminais). (...) Afastou-se, assim, em razão da necessidade de uma resposta mais eficaz e eficiente para os delitos dessa natureza, a conceituação de crimes de menor potencial ofensivo, punindo-se mais severamente aquele que agride a mulher no âmbito doméstico ou familiar. 5. A definição ou a conceituação de crimes de menor potencial ofensivo é da competência do legislador ordinário, que, por isso, pode excluir alguns tipos penais que em tese se amoldariam ao procedimento da Lei 9.099/95, em razão do quantum da pena imposta, como é o caso de alguns delitos que se enquadram na Lei 11.340/06, por entender que a real ofensividade e o bem jurídico tutelado reclamam punição mais severa. (STJ. CC 102832 MG. Rel. Min. Napoleão Nunes Maia Filho. 3ª S. j. 25.03.2009. v.u.)

Admissível a substituição – Apelação Criminal – Preliminares arguidas – Afastamento – Art. 129, § 9º – Lesão corporal leve – (...) Substituição da sanção corporal por pena restritiva de direitos, consistente em limitação de final de semana – Preliminares rejeitadas e apelo parcialmente provido. (...) Pretendeu o legislador que ao condenado por crime resultante de violência doméstica ou familiar fosse aplicada uma pena de caráter pessoal, privativa de liberdade ou restritiva de direitos, excluídas da conversão as reprimendas de cunho monetário (cestas básicas, prestação pecuniária e pena de multa). (...) fosse a intenção do legislador vetar a substituição da reprimenda corporal por medidas alternativas, fácil seria explicitar essa proibição na redação do art. 17, tal como ocorre com as sanções pecuniárias. (TJSP. Apelação 0005647-65.2011.8.26.0268. Rel. Borges Pereira. 16ª Câmara de Direito Criminal. j. 16.12.2014. v.u.)

Ameaça. Violência doméstica. Ameaça apta a intimidação. Condenação mantida. Pena – Mínimo legai de um (01) mês de detenção. Recurso provido para substituição da privativa de liberdade por restritiva de direitos (limitação de fim de semana). Recurso parcialmente provido. (TJSP. Apelação n. 990.09.237464-8. Rel. Paulo Rossi. 12ª Câmara de Direito Criminal. j. 03.03.2010. v.u.)

APELAÇÃO CRIMINAL. CRIME DE AMEAÇA. LEI MARIA DA PENHA. (...) PENA ALTERNATIVA QUE SE MOSTRA ADEQUADA E SUFUCIENTE À REPROVAÇÃO DO DELITO. RECURSO PROVIDO EM PARTE. (...) – Correta a substituição da pena privativa de liberdade pela restritiva de direitos de prestação de serviços à comunidade, tendo em vista a vedação legal contida no art. 17 da Lei Maria da Penha que prevê que é proibida a aplicação, nos casos de violência doméstica e familiar contra a mulher, de penas de cesta básica ou outras de prestação pecuniária, bem como a substituição de pena que implique o pagamento isolado de multa. – Recurso provido em parte. (TJMG. Apelação Criminal 1.0338.13.000263-1/001. Rel. Doorgal Andrada. 4ª Câmara Criminal. j. 07.05.2014. v.u.)

APELAÇÃO CRIMINAL. VIOLENCIA DOMÉSTICA. PENA MANTIDA. POSSÍVEL SUBSTITUIÇÃO POR PENA RESTRITIVA DE DIREITO. PENA SUBSTITUÍDA. (...) 3. Para ensejar a impossibilidade de substituição da pena prevista no art. 44, I, do CP, a violência ou ameaça devem extrapolar o tipo do art. 129 e 147 do CP. O art. 17 da Lei 11.340/06 é expresso ao indicar que a pena substituída só não pode ser a de prestação pecuniária, multa ou equivalente. Precedentes. 4. No caso concreto, diante da análise do art. 59 do CP, não há nada que contraindique a substituição. Analisadas as hipóteses previstas no art. 43 do CP, mostra-se mais indicada, pela pena aplicada, a pena de limitação de fim de semana. Pena substituída. APELAÇÃO PARCIALMENTE PROVIDA, POR MAIORIA. (TJRS. Apelação Crime N. 70059349787. Rel. Julio Cesar Finger. 1ª Câmara Criminal. j. 10.09.2014. v.u.)

CÓDIGO PENAL. ART. 147. AMEAÇA. LEI 11.340/06. VIOLÊNCIA DOMÉSTICA. EXISTÊNCIA DO FATO E AUTORIA. Induvidosa a existência do fato, e certa a autoria. O fato de estar o agente embriagado – voluntariamente – não serve de escudo para afastar o dolo ou excluir a responsabilidade penal. PENA PRIVATIVA DE LIBERDADE. Fixada no mínimo legal, mesmo que admitida a confissão, a atenuante não tem a virtude de levar a pena abaixo do mínimo. PENAS SUBSTITUTIVAS. Não existe vedação legal à substituição, desde que não seja por pena de natureza pecuniária. APELO DEFENSIVO IMPROVIDO.UNÂNIME.

(TJRS. Apelação Crime N. 70049891203. Rel. Ivan Leomar Bruxel. 3ª Câmara Criminal. j. 11.10.2012. v.u.)

6.7 LEI 11.343/2006 (LEI DE DROGAS)

6.7.1 *Tráfico de drogas e substituição da pena*

Antes do advento da Lei 11.343/2006, a repressão às drogas encontrava previsão nas Leis 6.368/1976 e 10.409/2002. Havia controvérsia sobre a possibilidade de aplicação de penas alternativas para o tráfico ilícito de entorpecentes.

Em 23 de agosto de 2006, foi publicada a Lei 11.343/2006, que tratou completamente o tema e revogou, de modo expresso, as leis anteriores. O § 4º do art. 33 da nova Lei, em sua redação original, vedava expressamente a conversão em penas restritivas das sanções cominadas no *caput* e no § 1º do dispositivo. No mesmo sentido, o art. 44 previa que os crimes previstos nos arts. 33, *caput* e § 1º, e 34 a 37 são inafiançáveis e insuscetíveis de *sursis*, graça, indulto, anistia e liberdade provisória, vedada a conversão de suas penas em restritivas de direitos.

Entendemos que o óbice à conversão em restritivas de direitos, embora de questionável acerto, inseria-se no âmbito de liberdade do legislador, estabelecendo quais sanções melhor se ajustam a determinada espécie de crime. Isso não feria a individualização da pena. A legislação está replcta de hipóteses em se proíbem ou restringem as penas substitutivas, como é o caso dos crimes dolosos em que aplicada pena privativa de liberdade superior a 4 anos e dos delitos praticados com violência ou grave ameaça à pessoa (art. 44, I, do CP). Cuidam-se, indubitavelmente, de vedações abstratas previstas em lei, não havendo notícia de que se tenha cogitado sua inconstitucionalidade. Da mesma forma, entendeu por bem o legislador proibir a substituição em se tratando de tráfico de drogas, opção esta que encontrava arrimo na própria Constituição Federal, ao prever tratamento mais rigoroso ao tráfico de drogas (art. 5º, XLIII).

Todavia, em 01.09.2010, no julgamento do HC 97256/RS, de relatoria do Min. Ayres Britto, o pleno do STF considerou inconstitucional a impossibilidade de conversão da pena privativa de liberdade em pena restritiva de direitos, sob o argumento de ofensa à garantia constitucional da individualização da pena. A decisão foi assim ementada: "O processo de individualização da pena é um caminhar no rumo da personalização da resposta punitiva do Estado, desenvolvendo-se em três momentos individuados e complementares: o legislativo, o judicial e o executivo. Logo, a lei comum não tem a força de subtrair do juiz sentenciante o poder-dever de impor ao delinquente a sanção criminal que a ele, juiz, afigurar-se como expressão de um concreto balanceamento ou de uma empírica ponderação de circunstâncias objetivas com protagonizações subjetivas do fato-tipo. Implicando essa ponderação em concreto a opção jurídico-positiva pela prevalência do razoável sobre o racional; ditada pelo permanente esforço do julgador para conciliar segurança jurídica e justiça material. 2. No momento sentencial da dosimetria da pena, o juiz sentenciante se movimenta com ineliminável discricionariedade entre aplicar a pena de privação ou de restrição da liberdade do condenado e uma outra que já não tenha por objeto esse bem jurídico maior da liberdade física do sentenciado. Pelo que é vedado subtrair da instância julgadora a possibilidade de se movimentar com certa discricionariedade nos quadrantes da alternatividade sancionatória. 3. As penas restritivas de direitos são, em essência, uma alternativa aos efeitos certamente traumáticos, estigmatizantes e onerosos do cárcere. Não é à toa que todas elas são comumente chamadas de penas alternativas, pois essa é mesmo a sua natureza: constituir-se num substitutivo ao encarceramento e suas sequelas. E o fato é que a pena privativa de liberdade corporal não é a única a cumprir a função retributivo-ressocializadora ou restritivo-preventiva da sanção penal. As demais penas também são vocacionadas para esse geminado papel da retribuição-prevenção-ressocialização, e ninguém melhor do que o juiz natural da causa para saber, no caso concreto, qual o tipo alternativo de reprimenda é suficiente para castigar e, ao mesmo tempo, recuperar socialmente o apenado, prevenindo comportamentos do gênero. 4. No plano dos tratados e convenções internacionais, aprovados e promulgados pelo Estado brasileiro, é conferido tratamento diferenciado ao tráfico ilícito de entorpecentes que se caracterize pelo seu menor potencial ofensivo. Tratamento diferenciado, esse, para possibilitar alternativas ao encarceramento. É o caso da Convenção Contra o Tráfico Ilícito de Entorpecentes e de Substâncias Psicotrópicas, incorporada ao direito interno pelo Decreto 154, de 26 de junho de 1991. Norma supralegal de hierarquia intermediária, portanto, que autoriza cada Estado soberano a adotar norma comum interna que viabilize a aplicação da pena substitutiva (a restritiva de direitos) no aludido crime de tráfico ilícito de entorpecentes. 5. Ordem parcialmente concedida tão-somente para remover o óbice da parte final do art. 44 da Lei 11.343/2006, assim como da expressão análoga 'vedada a conversão em penas restritivas de direitos', constante do § 4º do art. 33 do mesmo diploma legal. Declaração incidental de inconstitucionalidade, com efeito *ex nunc*, da proibição de substituição da pena privativa de liberdade pela pena restritiva de direitos; determinando-se ao Juízo da execução penal que faça a avaliação das condições objetivas e subjetivas da convolação em causa, na concreta situação do paciente".

Diante disso, em 15.02.2012, o Senado Federal editou a Resolução 5, suspendendo a expressão "vedada a conversão em penas restritivas de direitos" do § 4º do art. 33 da Lei 11.343, de 23 de agosto de 2006.

Assim, passou a ser admissível a substituição da pena, devendo o magistrado examinar seu cabimento no caso concreto.

A despeito do reconhecimento da inconstitucionalidade da vedação, muitos julgadores continuam se recusando a aplicar penas alternativas, sem qualquer fundamentação concreta plausível, mesmo quando o montante de pena e as circunstâncias envolvendo o delito permitem o benefício[54].

Jurisprudência

Admissível substituição da pena em tráfico de drogas – (...) O Supremo Tribunal Federal assentou serem inconstitucionais a vedação à

[54] É o que ficou constatado em pesquisa realizada pelo Ministério da Justiça e pelo IPEA. Para alguns dos juízes e promotores entrevistados, o envolvimento com as drogas seria a porta de entrada para a criminalidade, razão pela qual o uso e o tráfico deveriam ser punidos com severidade, o que afastaria a aplicação de sanções alternativas (*A aplicação de penas e medidas alternativas*. Relatório de pesquisa, Rio de Janeiro, 2015).

substituição da pena privativa de liberdade por restritiva de direitos e a imposição do regime fechado para o início do cumprimento da pena, em caso de tráfico de entorpecente. Precedentes. (...) (STF. RHC 122684/MG. Rel. Min Carmen Lúcia. 2ª T. j. 16.09.2014. v.u.)

Tráfico de drogas não admite substituição da pena – APELAÇÃO CRIMINAL. Tráfico ilícito de entorpecentes. (...) Considerada a diversidade das drogas redutor aplicado na metade. Afastamento da substituição da pena privativa de liberdade em restritiva de direitos. Admissibilidade. Não se mostra recomendável, por se tratar de crime equiparado a hediondo, a substituição da pena corporal por restritivas de direitos, sob pena de a sanção penal não alcançar seus fins – Recurso defensivo não provido e recurso ministerial parcialmente provido, por maioria. (TJSP. Apelação n. 0016511-66.2012.8.26.0224. Rel. Camilo Léllis. 7ª Câmara de Direito Criminal. j. 27.11.2014).

Quantidade da droga não impede substituição – A quantidade elevada de entorpecentes, por si só, não indica ser o réu dedicado a atividades criminosas e, em sendo possível a substituição da pena para o tráfico, a partir do julgamento do HC 97256/RS pelo STF, deve a pena privativa de liberdade ser substituída neste caso. (...). (TJMG. Apelação Criminal 1.0024.11.144441-0/001. Rel. Delmival de Almeida Campos. 4ª Câmara Criminal. j. 12.06.2013. v.u.)

APELAÇÃO CRIME. TRÁFICO DE DROGAS. CONDENAÇÃO. SUBSTITUIÇÃO DA PENA. IRRESIGNAÇÃO MINISTERIAL. Presentes os requisitos legais, sendo o condenado primário e sem antecedentes e não havendo circunstância a justificar seu afastamento, correta a substituição da pena privativa de liberdade por restritivas de direitos. Inconstitucionalidade da vedação já declarada pelo STF. Insuficiente, somente, a quantidade de droga, ou seja, 40 tijolinhos de maconha, pesando, no total, 47 gramas, para, por si só, aumentar a reprovabilidade da conduta a ponto de inviabilizar a substituição. De outro lado, deferida essa e tendo o réu respondido solto a todo o processo, ausente fundamento para ser negado o direito de apelar em liberdade e determinar o recolhimento do acusado ao sistema prisional. Sentença mantida. Apelo improvido. (TJRS. Apelação Crime 70061124012. Rel. José Ricardo Coutinho Silva. 2ª Câmara Criminal. j. 18.12.2014. v.u.)

Tráfico de drogas em presídio impede substituição – (...) inviável a substituição da pena privativa de liberdade por restritivas de direitos, pois, apesar de preencher o aspecto objetivo (temporal), a ré não preenche todos os requisitos necessários ao alcance do benefício, devido à natureza e quantidade da droga apreendida, bem como ao local em que ocorrido o fato (presídio). Mantido o regime inicial fechado para o cumprimento da pena carcerária da ré, diante das peculiaridades do caso concreto. (...). (Apelação Crime 70055711089, Segunda Câmara Criminal, Tribunal de Justiça do RS, Relator: José Antônio Cidade Pitrez. j. 18.12.2014)

Quantidade, variedade e nocividade são critérios válidos para negar substituição – (...) Pertinente à dosimetria da pena, encontra-se a aplicação da causa de diminuição da pena objeto do § 4º do art. 33 da Lei 11.343/2006. A quantidade e a variedade da droga apreendida, como indicativos do maior ou menor envolvimento do agente no mundo das drogas, constituem elementos que podem ser validamente valorados no dimensionamento do benefício previsto no § 4º do art. 33 da Lei 11.343/2006. 4. Para a substituição da pena aplicada por restritiva de direitos devem ser consideradas todas as circunstâncias do crime e pessoais do condenado, com observância dos parâmetros do art. 44, inclusive inciso III, do Código penal. Caso cujas circunstâncias não autorizam a substituição da pena. 5. *Habeas corpus* extinto sem resolução do mérito. (STF. HC 112821/RS. Rel. Min. Rosa Weber. 1ª T. j. 25.09.2012. v.u.)

(...) É firme o entendimento desta Corte Superior de Justiça no sentido de que "a natureza, a quantidade e a variedade de drogas apreendidas, por evidenciarem maior reprovabilidade da conduta imputada, e a acentuada periculosidade do paciente autorizam a imposição de regime prisional mais gravoso e o indeferimento do benefício da substituição da pena privativa de liberdade por restritiva de direitos". (HC 227.266/RJ, Rel. Min. Sebastião Reis Júnior, Sexta Turma, *DJe* 19.11.2012). 2. Agravo regimental a que se nega provimento. (STJ. AgRg no REsp 1419149/SC. Rel. Min. Maria Thereza de Assis Moura. 6ª T. j. 03.06.2014. v.u.)

Elevada nocividade da droga impede substituição – (...) Diante da natureza altamente lesiva da droga apreendida, não se mostra recomendável a substituição da pena privativa de liberdade por restritivas de direitos (...). (TJMG. Apelação Criminal 1.0479.13.016849-1/001. Rel. Paulo Calmon Nogueira da Gama. 7ª Câmara Criminal. j. 18.12.2014).

Elevada nocividade da droga não impede substituição – (...) Não obstante tratar-se de delito equiparado a hediondo, no caso concreto, impõe-se a fixação do regime aberto, uma vez que a quantidade de droga apreendida não é grande ou imensa, podendo ser considerada apenas como mínima, apesar de sua natureza altamente lesiva. Também cabível, pelos mesmos motivos, a substituição da pena privativa de liberdade por penas restritivas de direitos. – Recurso parcialmente provido. (TJMG. Apelação Criminal 1.0687.11.008794-1/001 . Rel. Agostinho Gomes de Azevedo. 7ª Câmara Criminal. j. 18.12.2014. v.u.)

(...) Presentes os requisitos legais (art. 44 do CP), sendo pequena a quantidade de droga apreendida e insuficiente, somente, se tratar a droga de "crack" para inviabilizar o benefício, possível a substituição da pena privativa de liberdade aplicada por duas restritivas de direitos. Inconstitucionalidade da vedação declarada pelo STF. Precedentes desta Câmara e da 1ª Câmara Criminal. (...). (TJRS. Apelação Crime 70060396041. Rel. José Ricardo Coutinho Silva. 2ª Câmara Criminal. j. 25.09.2014. v.u.)

Associação para o trafico admite substituição da pena – (...) PENAS SUBSTITUTIVAS. A natureza do crime – associação para o tráfico – não impede a substituição, ainda mais quando a pena fica com leve distanciamento do mínimo, junto com a primariedade e fixação do regime aberto. (...). (Apelação Crime 70049709231, Terceira Câmara Criminal, Tribunal de Justiça do RS, Relator: Ivan Leomar Bruxel. j. 18.09.2014)

Envolvimento de adolescente não impede a substituição – TRÁFICO DE DROGAS – AUTORIA E MATERIALIDADE COMPROVADAS – RELEVÂNCIA DOS DEPOIMENTOS DOS POLICIAIS – CONDENAÇÃO MANTIDA – ENVOLVIMENTO COMPROVADO DE ADOLESCENTES – IMPOSSIBILIDADE DE DECOTE DA CAUSA DE AUMENTO – SUBSTITUIÇÃO DA PENA PRIVATIVA DE LIBERDADE POR RESTRITIVA DE DIREITOS – FIXAÇÃO DO REGIME ABERTO PARA INÍCIO DE CUMPRIMENTO DA PENA. 1 – Comprovada a destinação mercantil da droga apreendida, não cabe falar em absolvição ou mesmo a desclassificação do delito para o previsto no art. 28, da Lei Antitóxicos. 2 – Os depoimentos dos policiais merecem total credibilidade, notadamente quando coerentes e harmônicos com os demais elementos probatórios. 3 – Comprovado o envolvimento de adolescente na prática do comércio ilícito de entorpecentes, imperioso o reconhecimento da causa de aumento prevista no inciso VI do art. 40 da Lei de Drogas. 4 – Ainda que não tenha matéria sido impugnada nas razões recursais, mas considerando o efeito devolutivo da apelação criminal, presentes os requisitos dispostos no art. 33 do Código Penal, deve-se aplicar o regime aberto para início de cumprimento da pena. 5 – Mesmo nos delitos de tráfico, presentes os requisitos previstos no art. 44 do

Código Penal, a substituição da pena privativa de liberdade pela restritiva de direito deve se impor. (TJMG. APR 10512120002724001. Rel. Paulo Cézar Dias. 3ª Câmara Criminal. j. 06.08.2013)

Envolvimento de adolescente impede a substituição – (...) Devidamente fundamentada a negativa substituição da pena privativa de liberdade por restritiva de direitos com base nas circunstâncias do caso concreto, diante do envolvimento de adolescente na empreitada criminosa, não há constrangimento ilegal a ser sanado. (...). (STJ. HC 290547 SP. Rel. Min. Maria Thereza de Assis Moura. 6ª T. j. 23.10.2014. v.u.)

6.7.2 Consumo próprio (art. 28)

A Lei 11.343/2006 trouxe profundas modificações no tocante à punição das condutas envolvendo usuários de drogas, abandonando por completo a aplicação de penas privativas de liberdade em tais casos.

Segundo o art. 28 da Lei, quem adquirir, guardar, tiver em depósito, transportar ou trazer consigo, para consumo pessoal, drogas sem autorização ou em desacordo com determinação legal ou regulamentar, bem como semear, cultivar ou colher plantas, também para consumo pessoal, destinadas à preparação de pequena quantidade de substância ou produto capaz de causar dependência física ou psíquica, fica submetido às penas de: a) advertência sobre os efeitos das drogas; b) prestação de serviços à comunidade, cumprida em programas comunitários, entidades educacionais ou assistenciais, hospitais, estabelecimentos congêneres, públicos ou privados sem fins lucrativos, que se ocupem, preferencialmente, da prevenção do consumo ou da recuperação de usuários e dependentes de drogas; c) medida educativa de comparecimento a programa ou curso educativo.

Tais penas podem ser aplicadas isolada ou cumulativamente, bem como substituídas a qualquer tempo, ouvidos o Ministério Público e o defensor (art. 27).

A advertência é a mais branda das punições previstas no dispositivo. Deve-se marcar uma audiência específica para tanto, na qual o réu é admoestado sobre os efeitos nocivos do consumo de drogas.

Parece-nos que tal medida é inócua e despropositada, pois o usuário tem ciência das consequências do uso de entorpecentes, sendo, ademais, inconcebível atribuir ao juiz de Direito a função paternalista de repreender e educar o usuário.

A prestação de serviços à comunidade segue regramento próprio da Lei, podendo ser aplicada, assim como a pena de comparecimento a programa ou curso educativo, pelo prazo máximo de 5 meses, montante que se eleva para 10 meses em caso de reincidência (art. 28, §§ 3º e 4º). E, para garantia destas medidas educativas, caso injustificadamente se recuse o agente, poderá o juiz submetê-lo, sucessivamente, a admoestação verbal e multa (art. 28, § 6º), sendo que, na imposição desta, o juiz, "atendendo à reprovabilidade da conduta, fixará o número de dias-multa, em quantidade nunca inferior a 40 nem superior a 100, atribuindo depois a cada um, segundo a capacidade econômica do agente, o valor de um trinta avos até 3 vezes o valor do maior salário mínimo" (art. 29).

A medida educativa de comparecimento a programa ou curso educativo é sanção cuja efetividade fica na dependência da existência de tais atividades. Preferiu o legislador não estabelecer sua duração, dando certa margem de discricionariedade ao magistrado. É certo, contudo, que o estabelecimento do prazo da medida levará em conta a duração dos cursos ministrados.

Jurisprudência

Admissível detração e declaração de extinção da pena quando ocorre desclassificação para o art. 28 – Porte de droga para consumo próprio. Conduta desclassificada pelo juízo *a quo*, tendo sido o réu denunciado pelo crime de tráfico. Insurgência defensiva. Aplicação do princípio da insignificância. Impossibilidade. Pedido de alteração da pena para advertência. Denunciado preso cautelarmente por, aproximadamente, 7 meses. Pena mais severa daquela prevista no preceito secundário da norma transgressora. Detração. Extinção da punibilidade. Parcial Provimento. (TJSP. APL 30000176520138260022. Rel. Guilherme de Souza Nucci. 16ª Câmara de Direito Criminal. j. 21.10.2014. v.u.)

APELAÇÃO CRIMINAL – TRÁFICO ILÍCITO DE SUBSTÂNCIAS ENTORPECENTES – TRAFICÂNCIA NÃO COMPROVADA –

DESCLASSIFICAÇÃO PARA POSSE DE DROGA PARA CONSUMO PRÓPRIO – NECESSIDADE – PRESTAÇÃO DE SERVIÇOS À COMUNIDADE – PENA INTEGRALMENTE CUMPRIDA – EXTINÇÃO QUE SE IMPÕE. 01. Inexistindo prova segura de traficância da droga apreendida em poder de usuário confesso, a desclassificação é medida que se impõe. 02. Havendo o condenado permanecido provisoriamente preso por tempo superior àquele fixado para a prestação de serviços à comunidade, impõe-se declarar a extinção da pena imposta em razão do seu integral cumprimento. (TJMG. APR 10518110235638001. Rel. Fortuna Grion. 3ª Câmara Criminal. j. 28.05.2013. v.u.)

Admissível prestação de serviços à comunidade considerando o vício do réu em droga de elevada nocividade – Apelação. Porte de Drogas para consumo próprio. Pedido almejando a substituição da prestação de serviços à comunidade por advertência. Aplicação das medidas que deve obedecer a ordem prescrita pelos incisos do art. 28 da Lei 11.343.2006. Impossibilidade. (...) o rol taxativo do art. 28 da Lei de Drogas, não demanda aplicação ordenada seguindo a ordem enunciada por cada inciso, sob pena de padronização das penas e, em última análise, ofensa à individualização. (...) Exatamente nestes moldes, prestigiando a individualização da pena, entendemos pela manutenção da reprimenda, porquanto, *in casu*, indica-se mormente adequada ao apelante, tendo em vista seu manifesto vício em droga altamente destrutiva (...). (TJSP. Apelação 0007494-30.2013.8.26.0625. Rel. Guilherme de Souza Nucci. 16ª Câmara de Direito Criminal. j. 23.09.2014. v.u.)

Admissível pena de advertência para acusado primário e de bens antecedentes – (...) PENA. Acusado primário e de bons antecedentes. Circunstâncias judiciais favoráveis. Imposição de simples advertência sobre os efeitos da droga. Apelo defensivo provido para esse fim. Detração. Consideração do tempo de prisão provisória. Extinção da punibilidade pelo integral cumprimento. (TJSP. APL 0000843-48.2012.8.26.0097. Rel. Otávio de Almeida Toledo. 16ª Câmara de Direito Criminal. j. 24.06.2014. v.u.)

Inadmissível advertência para réu dependente – APELAÇÃO. Porte de drogas para consumo pessoal. PLEITO DE FIXAÇÃO DE PENA DE ADVERTÊNCIA. Impossibilidade. Apelante usuário de drogas desde os 14 anos de idade. Circunstância a evidenciar que a mera advertência seria inócua Mantida a prestação de serviços à entidade destinada a recuperar usuários e dependentes Recurso não provido. (TJSP. Apelação

0005797-07.2011.8.26.0281. Rel. Camilo Léllis. 8ª Câmara de Direito Criminal. j. 01.08.2013. v.u.)

Admissível prestação de serviços à comunidade para réu reincidente – (...) Posse para consumo próprio. Suficiência para a condenação. Procedência parcial. PENA. Acusado reincidente. Imposição de restritivas de direitos. Prestação de serviços à comunidade por dez meses. Possibilidade de detração. Apelo desprovido. (TJSP. APL 0011625-29.2011.8.26.0072. Rel. Otávio de Almeida Toledo. 16ª Câmara de Direito Criminal. j. 21.10.2014. v.u.)

(...) A prestação de serviços à comunidade é a medida mais adequada aplicável ao caso, por seu caráter retributivo e pedagógico, pertinente aos crimes de posse de drogas para consumo próprio, e em consideração à reincidência do apelante (...). (TJSC. APR 2012.049084-2. Rel. Carlos Alberto Civinski.1ª Câmara Criminal. j. 17.06.2013. v.u.)

Admissível advertência quando acusado permaneceu preso durante o processo – Apelo provido para desclassificar a conduta imputada ao acusado para o delito previsto no art. 28 da Lei 11.343/06, e tendo em vista que ele permaneceu preso ao longo de toda a instrução,impor como sanção apenas a pena de advertência sobre os efeitos das drogas, determinando-se.incontinenti. a expedição do competente alvará de soltura clausulado em seu favor. (TJSP. APL 0299497-57.2010.8.26.0000. Rel. Borges Pereira. 16ª Câmara de Direito Criminal. j. 28.06.2011. v.u.)

Prestação de serviços à comunidade ou comparecimento a curso educativo por período superior a 5 meses exige reincidência específica – APELAÇÃO. USO DE ENTORPECENTES. PENAS DE PRESTAÇÃO DE SERVIÇOS COMUNITÁRIOS E COMPARECIMENTO EM PROGRAMA EDUCATIVO EM CUMULO COM A DE ADVERTÊNCIA. (...) RÉU REINCIDENTE. NECESSIDADE DE REINCIDÊNCIA ESPECÍFICA. (...) para que as medidas de prestação de serviços à comunidade ou o comparecimento a programa ou curso educativo ultrapassem o teto de cinco meses, necessário que o ora apelante tivesse condenação prévia por uso de entorpecentes, não sendo suficiente aquela constante da anotação de n. 02 de sua FAC (roubo). RECURSO PARCIALMENTE PROVIDO. (TJRJ. APL 0170594-25.2012.8.19.0001. Rel. João Ziraldo Maia. 4ª Câmara Criminal. j. 04.11.2014. v.u.)

7

A REALIDADE DAS PENAS ALTERNATIVAS – PESQUISA REALIZADA NO DEPARTAMENTO DE EXECUÇÃO CRIMINAL DA CAPITAL/SP

7.1 CONSIDERAÇÕES INICIAIS

Avaliar a aplicação *concreta* das penas alternativas na realidade forense é imprescindível para a obtenção de embasamento empírico às proposições de aperfeiçoamento da legislação brasileira no tratamento do tema.

Com esse escopo, buscamos traçar um panorama de como vêm sendo aplicadas, na prática, as penas alternativas. Para tanto, realizamos pesquisa de campo no Departamento de Execução Criminal (DECRIM 4) da Comarca da Capital do Estado de São Paulo.

Os dados tabulados abaixo foram extraídos a partir da análise de 150 processos selecionados aleatoriamente na unidade (à época, havia 9.777 execuções em andamento).

A coleta foi realizada pelo autor no mês de março de 2015.

7.2 PENA ALTERNATIVA APLICADA

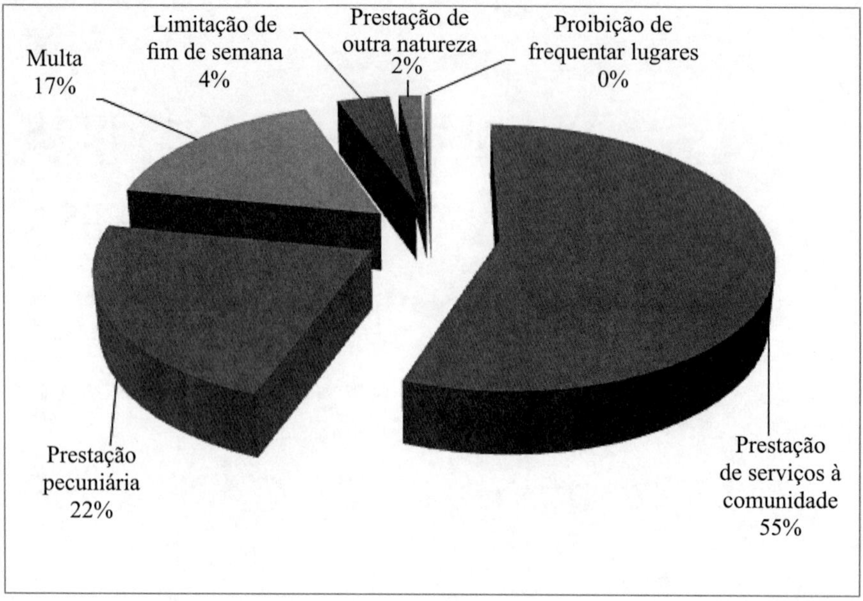

Figura 7.1 Espécies de penas alternativas aplicadas (Código Penal)

Prestação de serviços à comunidade	141
Prestação pecuniária	57
Limitação de fim de semana	9
Prestação de outra natureza (cestas básicas)	4
Proibição de frequentar lugares	1
Interdições temporárias de direitos	0
Multa	42
Total	254

7.3 PENA ALTERNATIVA APLICADA PARA CONDENAÇÕES ATÉ UM ANO

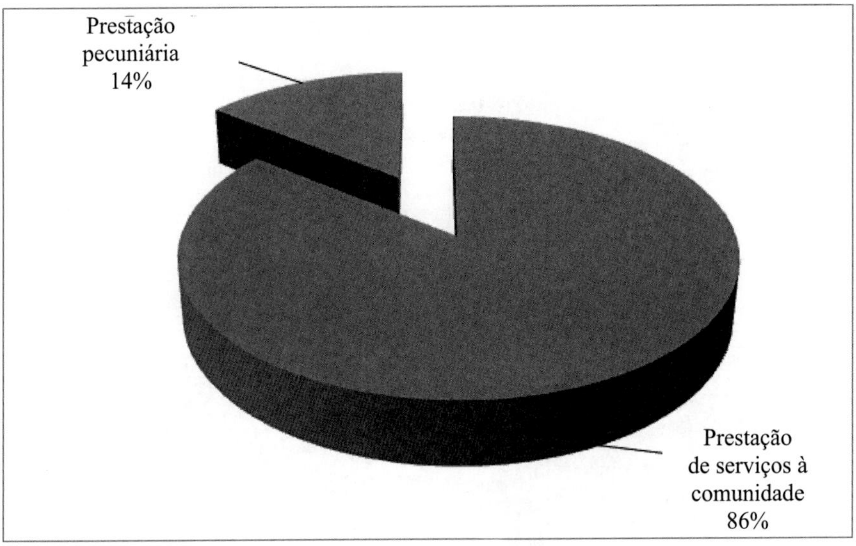

Figura 7.2 Espécies de penas alternativas aplicadas para condenações até um ano (Código Penal)

Prestação de serviços à comunidade	24
Prestação pecuniária	4
Total	28

7.4 PENA ALTERNATIVA APLICADA PARA CONDENAÇÕES SUPERIORES A UM ANO

7.4.1 Espécies de penas alternativas aplicadas

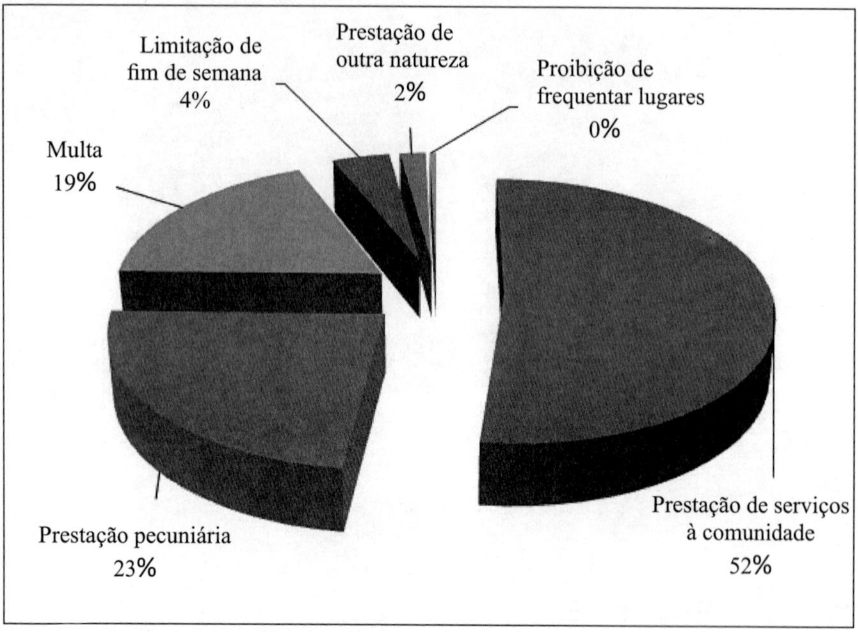

Figura 7.3 Espécies de penas alternativas aplicadas para condenações superiores a um ano (Código Penal)

Prestação de serviços à comunidade	117
Prestação pecuniária	53
Limitação de fim de semana	9
Prestação de outra natureza (cestas básicas)	4
Proibição de frequentar lugares	1
Interdições temporárias de direitos	0
Multa	42
Total	226

7.4.2 *Aplicação cumulativa de duas penas restritivas*

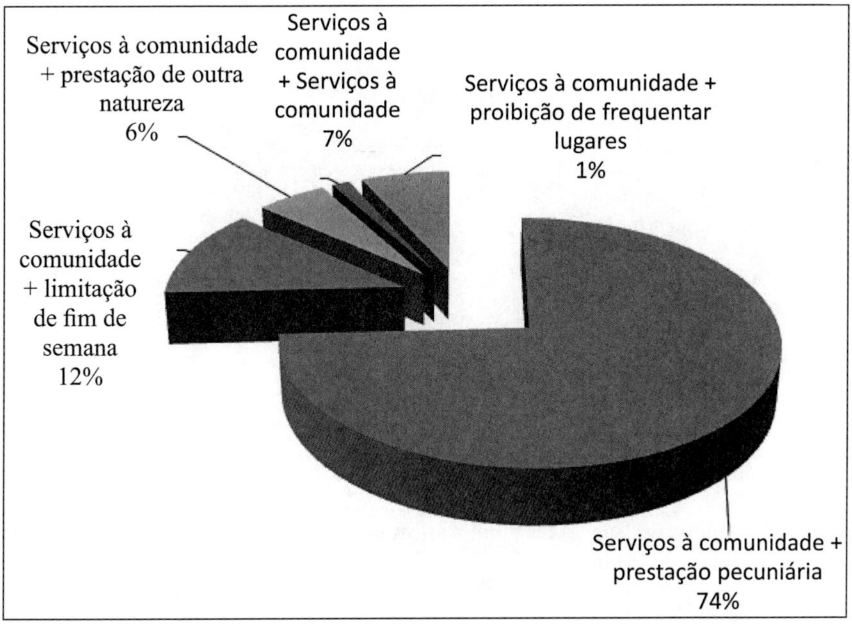

Figura 7.4 Condenações superiores a um ano em que foram aplicadas duas penas restritivas de direitos

Prestação de serviços à comunidade + prestação pecuniária	55
Prestação de serviços à comunidade + limitação de fim de semana	9
Prestação de serviços à comunidade + prestação de outra natureza	4
Prestação de serviços à comunidade + proibição de frequentar lugares	1
Prestação de serviços à comunidade + prestação de serviços à comunidade	5
Total	74

7.4.3 Aplicação cumulativa de pena restritiva e multa

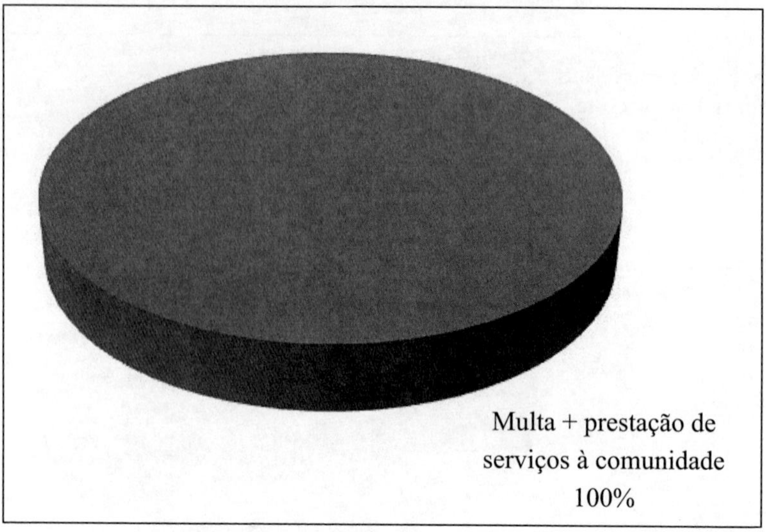

Figura 7.5 Condenações superiores a um ano em que foram aplicadas penas restritivas de direitos cumuladas com multa

Multa + prestação de serviços à comunidade	42
Multa + outra espécie de pena restritiva	0
Total	42

7.5 PRESTAÇÃO PECUNIÁRIA

7.5.1 *Destinação*

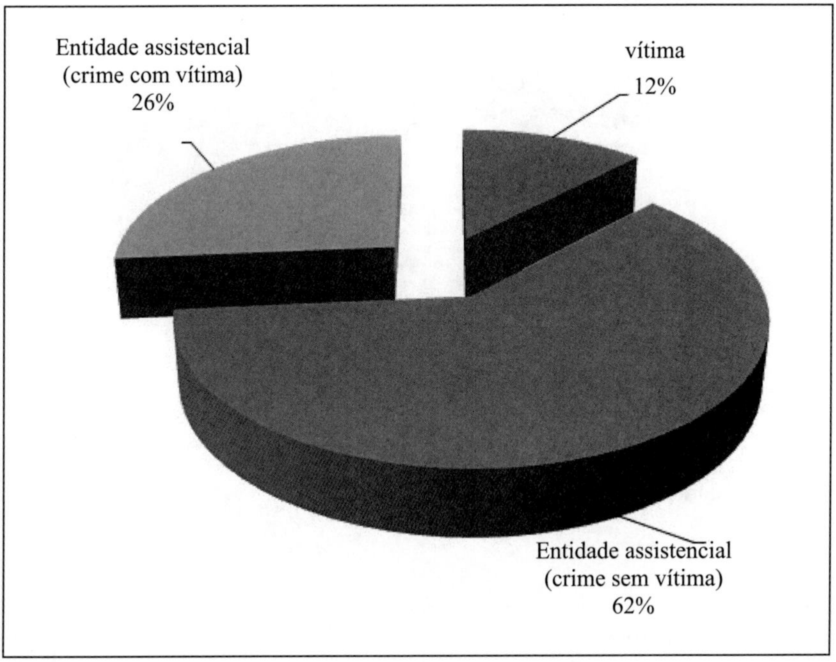

Figura 7.6 Destinação da prestação pecuniária analisada conjuntamente com o tipo de crime que a originou

Prestação pecuniária destinada à vítima	7
Prestação pecuniária destinada à entidade assistencial – crime sem vítima	35
Prestação pecuniária destinada à entidade assistencial – crime com vítima	15
Total	57

7.5.2 *Valor fixado*

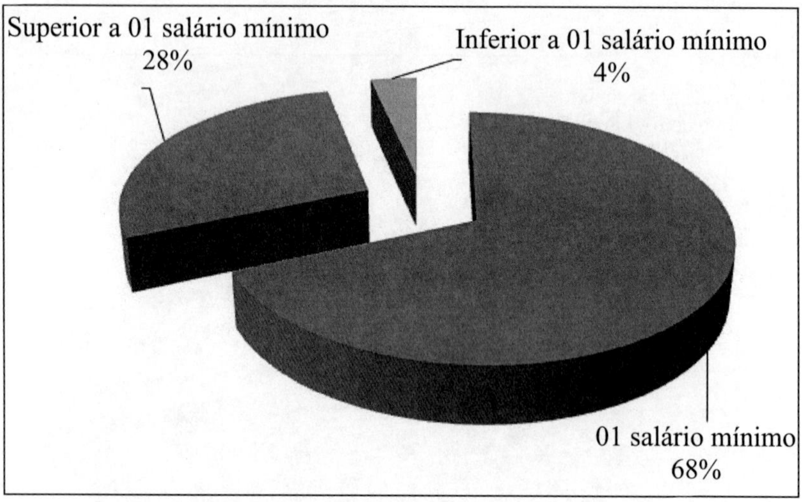

Figura 7.7 Valor da prestação pecuniária

01 salário mínimo	39
Superior a 01 salário mínimo	16
Inferior a 01 salário mínimo	2
Total	57

7.5.3 Valor da pena de multa

Figura 7.8 Valor da pena de multa substitutiva

Mínimo legal	51
Acima do mínimo legal	1
Total	52

7.6 LEGISLAÇÃO ESPECIAL

7.6.1 Aplicação de pena restritiva de direito prevista em lei especia

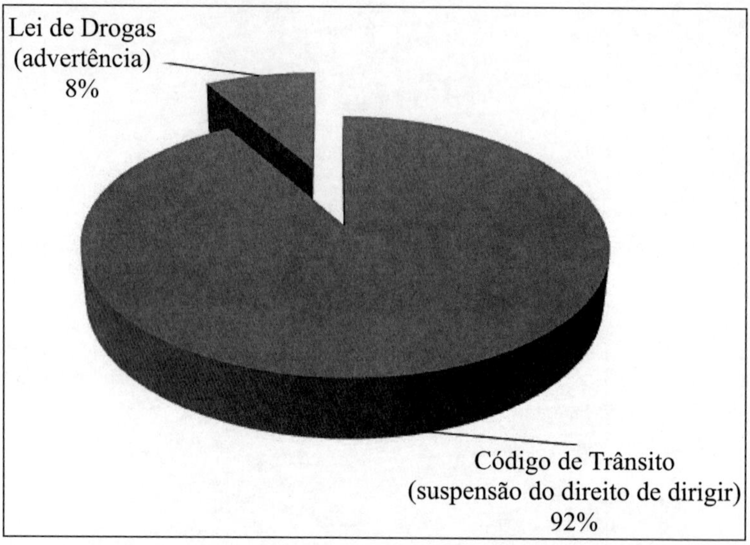

Figura 7.9 Condenações a pena restritiva com previsão em legislação especial

Código de Trânsito (art. 292) – Suspensão do direito de dirigir (aplicada cumulativamente)	11
Lei de Drogas (art. 28) – Advertência	1
Outras	0
Total	12

7.6.2 *Duração da pena de suspensão do direito de dirigir*

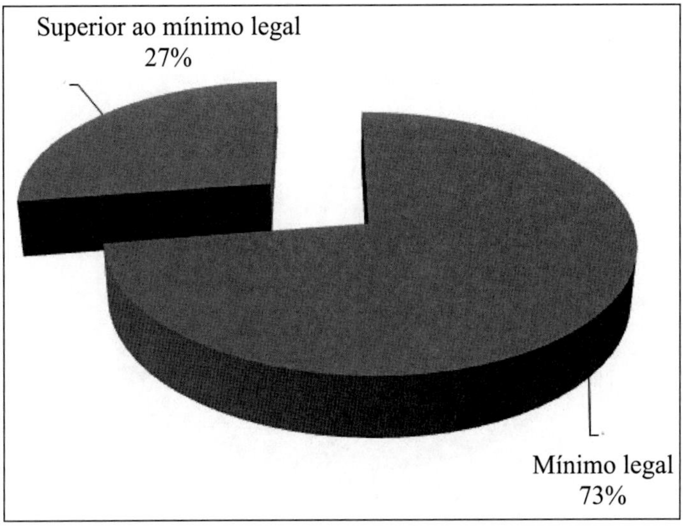

Figura 7.10 Duração da pena de suspensão do direito de dirigir (art. 292 do CTB)

Mínimo legal (02 meses)	8
Superior ao mínimo legal	3
Total	11

7.7 REGIME INICIAL FIXADO EM CASO DE CONVERSÃO

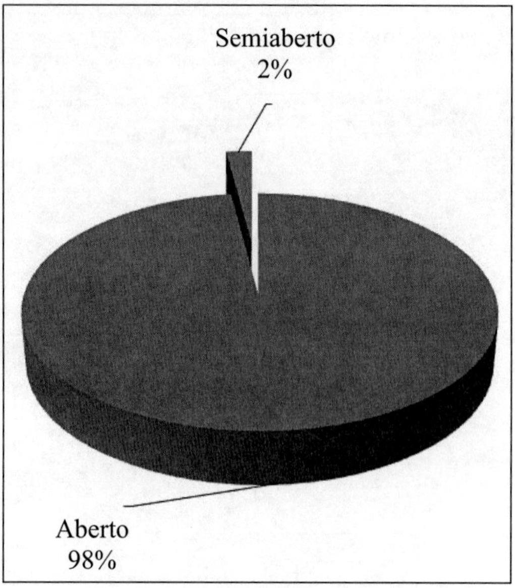

Figura 7.11 Regime inicial fechado em caso de conversão

Aberto	138
Semiaberto	3
Fechado	0
Total	141

7.8 APLICAÇÃO DE PENA ALTERNATIVA E SUSPENSÃO CONDICIONAL DA PENA

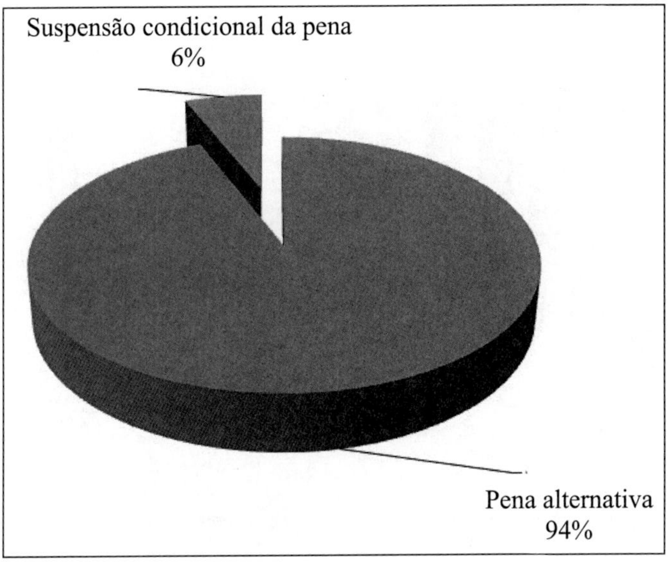

Figura 7.12 Aplicação de pena alternativa e suspensão condicional da pena

Pena alternativa	141
Suspensão condicional da pena (*sursis*)	9
Total	150

7.9 CRIMES SANCIONADOS COM PENAS RESTRITIVAS DE DIREITOS

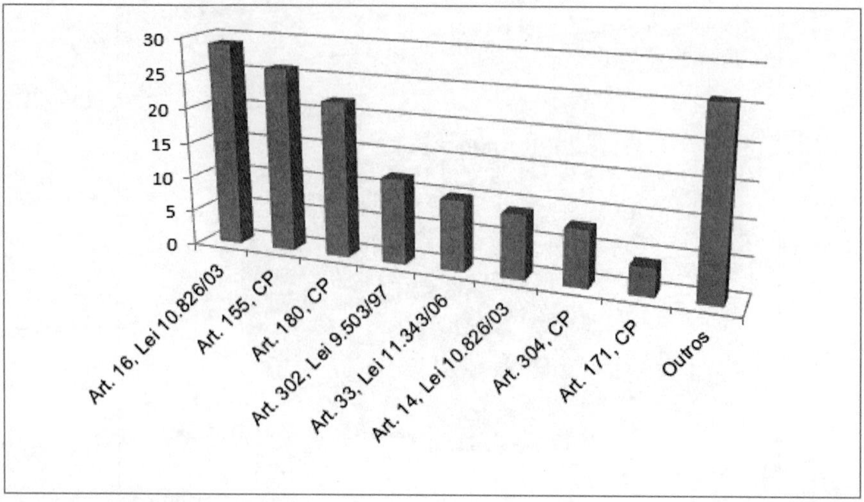

Figura 7.13 Espécies de crimes cuja condenação consistiu em penas restritivas de direitos

Art. 155 do CP	26
Art. 16 da Lei 10.826/03	29
Art. 180 do CP	22
Art. 14 da Lei 10.826/03	9
Art. 302 da Lei 9.503/97	12
Art. 304 do CP	8
Art. 171 do CP	4
Art. 33 da Lei 11.343/06	10
Outros	26
Total	146

8

A CRISE DAS PENAS ALTERNATIVAS – CONSIDERAÇÕES FINAIS

Os problemas envolvendo a pena de prisão, bem como o enaltecimento da dignidade da pessoa humana, impulsionaram a procura por formas alternativas de punição. As diversas espécies de penas alternativas que foram criadas são resultado do salutar questionamento sobre a humanidade e a eficiência das formas de punição. Todavia, a prática demonstrou que a maior parte delas não alcançou bons resultados no país.

Tem sido problema recorrente no Brasil a edição de leis que, embora no papel pareçam resolver todos os males, na prática, não passam de demagogia do legislador, revelando-se totalmente desprovidas de efetividade. As penas alternativas em geral não têm fugido a essa regra. De nada adianta criar várias espécies de sanção, festejando a sua aptidão para resolver o problema da criminalidade no país, se tais inovações não vêm acompanhadas de condições mínimas para que sejam efetivamente aplicadas e fiscalizadas. Mais importante do que criar novas penas é aumentar a efetividade daquelas já existentes que deram bons frutos.

Infelizmente, a análise do quadro geral das penas alternativas permite concluir que, na prática e com raras exceções, tais reprimendas se tornaram uma falácia. Muito se fala sobre a crise da pena de prisão, mas o fato é que tal crise atinge também as penas alternativas.

Conforme se verificou em pesquisa realizada no Departamento de Execuções Criminais da Capital/SP, na maior parte das vezes em que foram aplicadas sanções alternativas, fixou-se o regime inicial aberto de cumprimento de pena. Assim, havendo o descumprimento da sanção alternativa e sua reconversão em privativa de liberdade, deveria esta ser cumprida em casa de albergado ou estabelecimento adequado (como dispõe o art. 33, § 1º, *c*, do Código Penal). Ocorre que tais estabelecimentos são praticamente inexistentes, de modo que o regime aberto consiste, na prática, na permanência do acusado em sua residência, e, diga-se de passagem, sem qualquer fiscalização. Nesse cenário, o descumprimento da sanção alternativa, contraditoriamente, enseja ao réu uma situação mais benéfica do que o cumprimento e, consequentemente, não há qualquer aparato de coercibilidade para a execução da pena restritiva de direito imposta.

No tocante à multa, a situação é ainda pior. Com a desastrosa edição da Lei 9.268/1996, o legislador transformou tal pena em dívida de valor, eliminando a possibilidade de sua conversão em pena privativa de liberdade e abrindo margem à interpretação – hoje praticamente pacífica – de que sua execução deveria ocorrer perante a Vara da Fazenda Pública. Contudo, os baixos valores fixados e o excessivo número de dívidas fiscais fazem com que as procuradorias da Fazenda, muitas vezes, deixem de proceder à cobrança da multa penal. Vigora, hoje, o total descrédito da pena de multa.

Outro problema surgiu com o advento da Lei 9.714/1998, que, além de criar novas modalidades de penas alternativas, aumentou seu âmbito de incidência, de um para quatro anos. Esta ampliação representou forte abalo no sistema punitivo brasileiro, criando a paradoxal situação de termos reprimendas mais severas para crimes mais leves e vice-versa. O *sursis*, por exemplo, pode ser aplicado para condenações a até dois anos, ao passo que as penas alternativas, mais benéficas ao réu, são aplicáveis para condenações a até quatro anos.

Quanto à criação de novas espécies de sanções (ao que parece, um fetiche do legislador), a pesquisa de campo demonstrou que, embora sejam diversas as penas restritivas de direitos existentes, tanto no Código Penal quanto na legislação, poucas delas apresentam relevância prática. A maior parte figura praticamente como letra morta na legislação.

A análise individualizada das penas restritivas de direitos também demonstra um cenário desanimador.

A prestação de serviços à comunidade é uma das mais importantes penas alternativas, com grande potencial para promover o efetivo cumprimento das finalidades da pena. Na prática, todavia, tem havido dificuldade no cadastramento de entidades recebedoras de prestadores, já que muitas não demonstram interesse nos serviços de pessoas que sofreram condenação criminal. Além disso, há graves problemas de fiscalização, que normalmente é feita a distância pelo Poder Judiciário e consistente no envio, pelas entidades beneficiárias, de relatório de frequência à Vara de Execução Criminal.

A prestação pecuniária, quando devida à vítima do delito ou seus dependentes, tem caráter civil e configura hipótese de despenalização, ante a possibilidade de deduzir o valor pago do montante de eventual condenação em ação de reparação civil. É, assim, medida por demais branda, tendo-se em vista que pode ser aplicada para crimes graves, cuja condenação seja por prazo de até quatro anos. Há ainda outro aspecto negativo: por traduzir-se em hipótese de despenalização – extremamente benéfica para o sentenciado –, a prestação pecuniária pode gerar ofensa à isonomia e proporcionalidade, tendo em vista que muitos indivíduos recebem outras espécies de penas restritivas de direitos, muito mais gravosas. Não é possível eliminar a possibilidade de deduzir o valor em reparação civil, porque a vítima passaria a receber duas indenizações, gerando locupletamento sem causa. Uma alteração legislativa que destinasse a prestação pecuniária exclusivamente a entidades beneficentes ajudaria esta pena a encontrar um rumo.

A prestação de outra natureza, quase sempre consistente na entrega de cestas básicas, é uma pena indeterminada, e, como tal, vulnera o princípio da taxatividade, corolário da legalidade. Continua sendo aplicada, todavia, sob o fundamento da *nobreza* de seus objetivos e devido à omissão do Poder Judiciário quanto à declaração de sua inconstitucionalidade.

A perda de bens e valores é uma modalidade de confisco. Medida salutar, mostra-se adequada sobretudo quanto se trata de crimes econômicos. No entanto, o legislador olvidou de disciplinar sua execução, ensejando incertezas inclusive sobre a possibilidade de sua reconversão em prisão caso não haja cumprimento. A lacuna legislativa e a falta de disposição dos magistrados em sua aplicação tornaram a perda de bens praticamente letra morta na legislação.

A proibição do exercício de cargo, função ou atividade pública, bem como de mandato eletivo, e a proibição do exercício de profissão, atividade ou ofício que dependam de habilitação especial, de licença ou autorização do poder público, privam o apenado e seus dependentes do seu sustento, não se propondo o Estado a ampará-los economicamente. De constitucionalidade duvidosa, por ofensa ao princípio da personalidade da pena, podem ainda ter efeito contraprodutivo na ressocialização do condenado, por fomentar o ócio. Portanto, melhor que fossem extintas.

A suspensão de autorização ou de habilitação para dirigir veículo prevista no Código Penal perdeu relevância. Foi revogada parcialmente pelo Código de Trânsito Brasileiro, tendo seu âmbito de aplicação circunscrito às raras hipóteses envolvendo autorização para dirigir ciclomotores.

A proibição de frequentar determinados lugares é uma excrescência. Não existe qualquer tipo de fiscalização dessa sanção e é difícil vislumbrar um liame lógico entre o delito praticado e a aplicação dessa pena. Qual o objetivo em se proibir um ladrão, por exemplo, de frequentar bares e/ou casas de prostituição? Trata-se, por certo, de mais uma reprimenda despropositada, que pouco – ou nenhum – resultado útil pode trazer a quem quer que seja e também deveria ser abolida.

A proibição de inscrição em concurso, avaliação ou exame públicos (art. 47, V, do CP) raramente terá alguma utilidade, visto que o fraudadores de certames públicos, em regra, não são estudantes que pretendem ingressar em carreiras públicas, mas sim integrantes de quadrilhas especializadas nesse tipo de delito. Proibi-los de prestar concursos públicos, obviamente, seria totalmente inócuo.

A limitação de fim de semana fracassou devido à ausência de vagas em casas de albergado, sendo inadequado o cumprimento dessa pena em regime domiciliar, devido à dificuldade de fiscalização e à brandura de tal forma de punição. Até hoje as instituições adequadas para seu cumprimento não foram criadas e não há qualquer perspectiva de que venham a ser. Melhor, assim, poupar o sistema penal de mais uma fonte de descrédito, suprimindo de vez essa sanção do ordenamento.

O Código de Defesa do Consumidor (Lei 8.078/1990) autoriza a cumulação de penas privativas de liberdade com restritivas de direitos, subvertendo, dessa forma, a função histórica das penas restritivas de direitos, que é evitar os males da prisão e promover a ressocialização do condenado. Além disso, há o fato de o legislador não ter informado a duração da pena restritiva quando aplicada cumulativamente, o que torna questionável sua aplicabilidade. De todo modo, as penas restritivas previstas nessa Lei – assim como em boa parte da legislação extravagante – têm tido função meramente decorativa, sendo praticamente nula sua incidência prática forense.

As inovações trazidas pela Lei 9.099/1995 não se referem especificamente às penas restritivas de direitos, mas ao processo penal, estabelecendo um modelo de justiça consensual que permite agilizar e evitar o estigma do processo, bem como evitar os problemas do encarceramento. Não foram previstas novas modalidades de penas alternativas, o que, aliás, foi bom, tendo-se em vista que a fértil imaginação do legislador tem levado à criação de sanções esdrúxulas, que só servem para aumentar o descrédito do direito penal. Descrédito este, convém ressaltar, que a Lei propiciou ao não tratar da hipótese de descumprimento das penas restritivas aplicadas em transação, abrindo margem à impunidade.

O Código de Trânsito Brasileiro (Lei 9.503/1997) cumulou penas privativas de liberdade e multa com a suspensão do direito de dirigir. Todavia, o legislador empregou uma fórmula peculiar para fixar sua duração, cominando para todos os delitos de trânsito, genericamente, o prazo de dois meses a cinco anos de suspensão. Além da criticável amplitude da baliza legislativa, feriu-se a proporcionalidade, já que tanto os crimes de perigo quanto os de dano, de gravidade variada, passaram a ter cominada pena de suspensão de idêntica duração. E tal duração, diante da política da pena mínima vigente, raramente ultrapassa exíguos dois meses.

Na Lei de Crimes Ambientais (Lei 9.605/1998), as regras envolvendo substituição por restritivas de direitos são mais benéficas aos infratores que as do Código Penal. Diante da importância do bem jurídico tutelado, a diferença de tratamento não se justifica. Também é de se lamentar que o legislador não tenha incluído entre as modalidades de restritivas de direitos a pena de perda de bens e valores. As interdições de direitos cominadas às pessoas físicas são, na maioria das vezes, inócuas, pois raramente particulares figurarão nas relações com o Poder Público que a lei prevê. As interdições aplicáveis às pessoas jurídicas são de necessidade questionável, pois poderiam ocorrer em âmbito administrativo.

O Estatuto do Torcedor (Lei 10.671/2003) introduziu no ordenamento a pena de proibição de comparecimento às proximidades do estádio, bem como a qualquer local em que se realize evento esportivo. A Lei não forneceu critérios mínimos de aplicação desta sanção, tornando a sua constitucionalidade duvidosa, por ofensa à legalidade. Ademais, sabendo da dificuldade de fiscalização, o legislador decidiu incluir a obrigação suplementar de o agente permanecer em estabelecimento indicado pelo juiz, no período compreendido entre as duas horas antecedentes e as duas horas posteriores à realização da competição. Com isso, de forma bizarra, transformou a pena de *proibição de comparecimento* a evento esportivo em pena de *obrigação de comparecimento* a local designado, conferindo-lhe contornos de pena privativa de liberdade.

A Lei de Drogas (Lei 11.343/2006) inovou ao abandonar a aplicação de penas privativas de liberdade aos usuários (art. 28). A despeito de algumas das sanções criadas serem praticamente inócuas, como a advertência sobre os efeitos da droga, outras podem produzir resultados positivos, a exemplo da medida de comparecimento a programa ou curso educativo. De modo geral, a nova postura nos parece positiva, caminhando-se ao encontro da atual tendência mundial, que enxerga o uso de entorpecentes precipuamente como problema de saúde.

No tocante ao tráfico de drogas, não víamos inconstitucionalidade na vedação legal à aplicação de penas substitutivas, existente quando da edição da Lei 11.343/2006 (ainda que questionável o *acerto* dessa proibição). Tal opção se inseria no âmbito de liberdade legislativa. Assim como foram proibidas penas alternativas para condenações superiores a quatro anos e para crimes praticados com violência e/ou grave ameaça à pessoa, proibiu-se também a substituição para traficantes de drogas. Não obstante, diante do reconhecimento da inconstitucionalidade dessa vedação pelo Supremo Tribunal Federal, por ofensa ao princípio da individualização da pena, a controvérsia outrora existente sobre o tema desapareceu. A substituição passou a ser possível, devendo o juiz avaliar sua aplicabilidade no caso concreto. Parece-nos equivocada a conduta de alguns julgadores, recusando-se a aplicar a substituição mesmo quando presentes os requisitos legais.

A Lei 11.340/2006 vedou, nos casos de violência doméstica e familiar contra a mulher, a incidência da Lei 9.099/1995, bem como a aplicação de penas pecuniárias. Todavia, não se pode olvidar que a maior parte das infrações atingidas por tais restrições, a exemplo da lesão corporal leve (art. 129) e da ameaça (art. 147), tem sanção irrisória, às quais muitas vezes é fixado o regime aberto de cumprimento de pena. Conforme visto, na falta de estabelecimentos adequados para o cumprimento de pena em tal regime, aplica-se a prisão albergue domiciliar, consistente na obrigação de o acusado permanecer em sua residência, sem qualquer fiscalização. Assim, é questionável o real alcance e o propalado rigor dessa medida.

Também chama atenção o fato de que, tratando-se dos indigitados crimes de ameaça (cuja pena mínima é de um mês de detenção) e de lesão corporal leve (que tem pena mínima de três meses de detenção), é vedada a substituição da pena. Já para crimes como furto, receptação, estelionato, porte de arma de fogo e tráfico de drogas, sancionados com penas de reclusão muito mais severas, a substituição é permitida. Isso demonstra a absoluta falta de coerência e proporcionalidade da legislação brasileira. A noção de sistema, se um dia existiu, foi destruída pelo excesso de legislação extravagante, desarmônica e desprovida de cientificidade.

REFERÊNCIAS BIBLIOGRÁFICAS

ANTUNES, Paulo de Bessa. *Direito ambiental*. 4. ed. rev. ampl. e atual. Rio de Janeiro: Editora Lumen Juris, 2000.

ARAÚJO, David Teixeira de. *Atualidades no direito e processo penal*. São Paulo: Editora Método, 2001.

BARROSO, Luis Roberto. *Constituição: fundamentos de uma dogmática constitucional transformadora*. 6. ed. 4ª tiragem rev., atual. e ampl. São Paulo: Saraiva, 2008.

__________. *Constituição da República Federativa do Brasil anotada*. 5. ed. reform. São Paulo: Saraiva, 2006.

BARTOLI, Marcio. Sobre a aplicação da pena de multa. *Revista Brasileira de Ciências Criminais*, São Paulo, v. 12, p. 138.

BASTOS, Celso; MARTINS, Ives Gandra. *Comentários à Constituição do Brasil: promulgada em 5 de outubro de 1988*. v. 2. 2. ed. atual. São Paulo: Saraiva, 2001.

BETANHO, Luiz Carlos. A prescrição retroativa na pena restritiva de direitos. *Boletim IBCCRIM*. São Paulo, v.12, n.143, p. 6, out. 2004.

BIANCHINI, Alice. A reincidência específica na Lei 9.714/98 e os princípios da igualdade e da proporcionalidade. *Boletim IBCCRIM*. São Paulo, v.7, n.80, p. 7-9, jul. 1999.

BITENCOURT, Cezar Roberto. *Penas alternativas: análise político-criminal das alterações da Lei 9714/98*. 4. ed., rev. e atual. São Paulo: Saraiva, 2013.

__________. *Tratado de direito penal : parte geral*. 16. ed. São Paulo: Saraiva, 2011.

__________. *Manual de Direito Penal: Parte Geral*. 5. ed., rev., ampl. e atual. São Paulo: Editora Revista dos Tribunais, 1999.

BONESANA, Cesare. *Dos delitos e das penas*. São Paulo: Martin Claret, 2004.

BOSCHI, José Antonio Paganella. *Das penas e seus critérios de aplicação*. 6. ed. Porto Alegre: Livraria do Advogado, 2013.

BRUNO. *Direito penal, parte geral, tomo I: introdução, norma penal, fato punível*. 5.ed. Rio de Janeiro: Forense, 2005.

BULOS, Uadi Lamêgo. *Constituição Federal anotada*. 5 ed. rev. e atual. São Paulo: Saraiva, 2003.

CONSTANTINO, Carlos Ernani. *Delitos ecológicos*. São Paulo: Editora Atlas, 2001.

CORRÊA JUNIOR, Alceu; SHECAIRA, Sérgio Salomão. *Pena e Constituição: aspectos relevantes para sua aplicação e execução*. São Paulo: Editora Revista dos Tribunais, 1995.

COSTA JÚNIOR, Paulo José da. *Curso de direito penal*. 10. ed. rev., atual. São Paulo: Saraiva, 2009.

COSTA, Paulo José da; MILARÉ, Édis. *Direito penal ambiental*. São Paulo: Millennium Editora, 2002.

CRETELLA JÚNIOR, José. *Comentários à Constituição Brasileira de 1988*. v. 1. Rio de Janeiro: Forense Universitária, 1997.

CUELLO CALÓN, Eugenio. *Derecho penal*. t. 1. 11. ed. Barcelona: Bosch, 1953.

DEL-CAMPO, Eduardo Roberto Alcântara. *Penas Restritivas de Direitos*. São Paulo: Editora Juarez de Oliveira, 1999.

DELMANTO, Celso [et. al.] *Código penal comentado*. 8. ed. rev., atual. e ampl. São Paulo: Saraiva, 2010.

DELMANTO, Roberto; DELMANTO JUNIOR, Roberto; DELMANTO, Fabio M. de Almeida. *Leis penais especiais comentadas*. 2. ed. atual. São Paulo: Saraiva, 2014.

DELMANTO, Roberto; DELMANTO JÚNIOR, Roberto; DELMANTO, Fábio Machado de Almeida. Perda de bens e multa substitutiva. *Boletim IBCCRIM*. São Paulo, v. 7, n.85, p. 10, dez. 1999.

DINIZ, Maria Helena. *Dicionário jurídico*. v. 1. São Paulo: Saraiva, 1998.

DOTTI, René Ariel. *Curso de direito penal: parte geral*. 3. ed. rev., atual. e ampl. São Paulo: Editora Revista dos Tribunais, 2010.

DOTTI. *Bases alternativas para o sistema de penas*. 2. ed. – São Paulo: Editora Revista dos Tribunais, 1998.

EISELE, Andreas. A pena de perda de bens e valores e os crimes contra a ordem tributária. *Boletim IBCCRIM*. São Paulo, v.7, n.83, p. 9-10, out. 1999.

FABBRINI, Renato N.; MIRABETE, Julio Fabbrini. *Execução penal: comentários à Lei n. 7.210, de 11-7-1984*. 12. ed. rev. e atual. São Paulo: Atlas, 2014.

FERRAJOLI, Luigi. *Direito e razão: teoria do garantismo penal*. 3. ed. ver. São Paulo: Editora Revista dos Tribunais, 2010.

FOUCAULT, Michel. *Vigiar e punir: nascimento da prisão*. Tradução de Lígia M. Ponde Vassalo. 22. ed. Rio de Janeiro: Editora Vozes, 2000.

FRAGOSO, Heleno Cláudio. *Lições de Direito Penal: parte geral*. 16. ed. Rio de janeiro: Forense, 2004.

_________. Alternativas da pena privativa de liberdade. *Revista de Direito Penal*, Rio de Janeiro, n. 29, p. 5-17, jan./jun. 1981.

FRANCO, Alberto Silva; STOCO, Rui. *Código Penal e sua interpretação: doutrina e jurisprudência*. 8. ed. rev., atual. e ampl. São Paulo: Editora Revista dos Tribunais, 2007.

FREITAS, Gilberto Passos de; FREITAS, Vladimir Passos de. *Crimes contra a natureza*. 8. ed. rev., atual. e ampl. São Paulo: Editora Revista dos Tribunais, 2006.

GIACOMOLI, Nereu José. *Juizados Especiais Criminais: Lei 9.099/1995*. 2. ed. rev. atual. Porto Alegre: Livraria do Advogado, 2002.

GOFFMAN, Erving. *Manicômios, prisões e conventos*. 2. ed. São Paulo: Editora Perspectiva, 1987.

GOMES, Luiz Flávio. *Direito penal, volume 1: introdução e princípios fundamentais*. São Paulo: Editora Revista dos Tribunais, 2007.

_________. *Direito penal: parte geral*. v. 2. São Paulo: Editora Revista dos Tribunais, 2007.

_________. *Penas e medidas alternativas à prisão*. São Paulo: Editora Revista dos Tribunais, 1999.

_________; JESUS, Damásio Evangelista de. Lesão corporal dolosa simples e penas alternativas. *Boletim IBCCRIM*. São Paulo, n.75 encarte, p. 1, fev. 1999.

GRINOVER, Ada Pellegrini [et al.]. *Juizados Especiais Criminais: comentários à Lei 9.099, de 26.09.1995*. 5. ed. rev., atual. e ampl. São Paulo: Editora Revista dos Tribunais, 2005.

HASSEMER, Winfried. *Fundamentos del derecho penal*. Tradução de Francisco Muñoz Conde e Luis Arroyo Zapatera. Barcelona: Bosch, 1984.

ILANUD. Relatório IBCCrim Mato Grosso do Sul. Substitutivos penais – As experiências significativas da aplicação das penas alternativas no Brasil. São Paulo: Editora IBCCrim, 1997.

JAPIASSÚ, Carlos Eduardo A. *A crise do sistema penitenciário*: a experiência da vigilância eletrônica. *Boletim IBCCRIM,* São Paulo, ano 14, n. 170, p.2-3, jan. 2007.

JESCHECK, Hans-Heinrich. *Tratado de derecho penal: parte general*. Trad. de José Luis Manzanares Samaniego. Granada: Comares Editorial, 1993.

JESUS, Damásio Evangelista de. *Lei dos juizados especiais criminais anotada*. 10. ed. rev. e atual. São Paulo: Saraiva, 2007.

_________. Pena de prestação de serviços à comunidade cumprida em empresa privada com fins lucrativos. *Revista Jurídica Consulex*, Brasília, v. 11, n. 251, p. 26-39, 2007.

_________. *Código penal anotado*. 17. ed. São Paulo: Saraiva, 2005.

_________; GOMES, Luiz Flávio. Lesão corporal dolosa simples e penas alternativas. *Boletim IBCCRIM*. São Paulo, n.75 encarte, p. 1, fev. 1999.

_________. *Regras de Tóquio – Comentários às Regras Mínimas das Nações Unidas sobre as Medidas Não-Privativas de Liberdade*. São Paulo: Editora Damásio de Jesus, 1998.

_________. Penas alternativas no projeto de lei n.2684, de 1996. *Boletim IBCCRIM*. São Paulo, n.58, p. 13-14, set. 1997.

KARAM, Maria Lúcia. *Juizados especiais criminais: a concretização antecipada do poder de punir*. São Paulo: Editora Revista dos Tribunais, 2004.

KUEHNE, Maurício. *Lei de Execução Penal anotada*. 8. ed. Curitiba: Juruá, 2010.

_________. Imposição de obrigação ao estudo: condição ao cumprimento da pena restritiva de limitação de fim de semana à falta de casa do albergado – possibilidade? [Comentário de jurisprudência]. *Boletim IBCCRIM*. Jurisprudência. São Paulo, v.7, n.83, p. 387-388, out. 1999.

LIMA, Renato Brasileiro de. *Manual de processo penal*. v. único. 2. ed. rev., ampl. e atual. Salvador: JusPodivm, 2014.

LOURENÇO, José Lourenço. Cestas básicas e a Lei 9.714/98. *Boletim IBCCRIM*. São Paulo, v.6, n.76, p. 8-9, mar. 1999.

LUIZI, Luis. *Os princípios constitucionais penais*. 2. ed. Porto Alegre: Sergio Antonio Fabris Editor, 2003.

MACHADO, Nilton João de Macedo. Lei 9.714/98 – inaplicabilidade aos crimes militares. *Boletim IBCCRIM*. São Paulo, v.8, n.92, p. 7-8, jul. 2000.

MARTINS, Antonio; NEUMANN, Ulfrid. O princípio da proporcionalidade como princípio limitador da pena. *Revista Brasileira de Ciências Criminais*, São Paulo, v. 71, p. 205, mar. 2008.

MARTINS, Ives Gandra; BASTOS, Celso. *Comentários à Constituição do Brasil: promulgada em 5 de outubro de 1988*. v. 2. 2. ed. atual. São Paulo: Saraiva, 2001.

MEIRELES, Helly Lopes. *Direito administrativo brasileiro*. 29. ed. São Paulo: Malheiros, 2004.

MILARÉ, Édis; COSTA, Paulo José da. *Direito penal ambiental*. São Paulo: Millennium Editora, 2002.

MIRABETE, Julio Fabbrini. *Manual de direito penal*. 21. ed. São Paulo: Atlas, 2004.

_________; FABBRINI, Renato N.. *Execução penal: comentários à Lei n. 7.210, de 11-7-1984*. 12. ed. rev. e atual. São Paulo: Atlas, 2014.

MORAES, Alexandre de. *Direito Constitucional*. 15. ed. São Paulo: Atlas, 2004.

MOURA, Maria Thereza Rocha de Assis. Execução penal e falência do sistema carcerário. *Revista dos Tribunais*. São Paulo, v. 29, p. 351, jan. 2000.

MUAKAD, Irene Batista. *Pena Privativa de Liberdade*. São Paulo: Editora Atlas, 1996.

MULLER, Vera Regina. Prestação de serviços à comunidade – Uma alternativa viável às penas de encarceramento de curta duração – Resultados. *Boletim IBCCRIM*. São Paulo, n.50, p. 10, jan. 1997.

NEUMANN, Ulfrid; MARTINS, Antonio. O princípio da proporcionalidade como princípio limitador da pena. *Revista Brasileira de Ciências Criminais*, São Paulo, v. 71, p. 205, mar. 2008.

NUCCI, Guilherme de Souza. *Código penal comentado*. 13. ed. rev., atual. e ampl. São Paulo: Editora Revista dos Tribunais, 2013.

_________. *Leis penais e processuais penais comentadas*. v.1. 7. ed. rev. atual. e ampl. São Paulo: Editora Revista dos Tribunais, 2013.

_________. *Leis penais e processuais penais comentadas*. v.2. 7. ed. rev. atual. e ampl. São Paulo: Editora Revista dos Tribunais, 2013.

_________. *Individualização da pena*. 3. ed. rev., atual. e ampl. São Paulo: Editora Revista dos Tribunais, 2009.

_________. *Crimes de Trânsito: Lei 6.503/97*. Ed. Juarez de Oliveira, 1999.

OLIVEIRA, Ana Sofia Schmidt et al. Considerações sobre a multa em face da Lei 9.268/96. Revista Brasileira de Ciências Criminais, São Paulo, v. 19. p. 95, jul./set. 1997.

PALAZZOLO, Massimo. Da violação do princípio da reserva legal – imposição de cestas básicas – suspensão do processo. *Boletim IBCCRIM*. São Paulo, v.11, n.131, p. 13, out. 2003.

PEDROSA, Ronaldo Leite. Cesta básica: penal legal. *Boletim IBCCRIM*. São Paulo, n.59, p. 13-14, out. 1997.

PIERANGELI, José Henrique. *Códigos penais do Brasil: evolução histórica*. 2. ed. São Paulo: Editora Revista dos Tribunais, 2001.

__________; ZAFFARONI, Eugenio Raúl. *Manual de Direito Penal Brasileiro, volume 1: parte geral*. 6. ed. rev. e atual. São Paulo: Editora Revista dos Tribunais, 2006.

PONTE, Antonio Carlos da. Prestação de serviços à comunidade – análise crítica e conclusiva do art. 46 do CP. *Revista dos Tribunais*. São Paulo, ano 84, v. 718, p. 337-341, ago. 1995.

PRADO, Alessandra Rapassi Mascarenhas. *Proteção penal do meio ambiente: fundamentos*. São Paulo: Atlas, 2000.

PRADO, Luiz Regis. *Curso de direito penal brasileiro, volume 1: parte geral, arts. 1º a 120*. 6. ed. rev., atual. e ampl. São Paulo: Editora revista dos tribunais, 2006.

PRZYBYSKI, Patrícia Ubal. A presunção de inculpabilidade e a execução provisória das penas restritivas de direitos. *Boletim dos Procuradores da República*. São Paulo, v. 5, n. 62, p. 28-31, jun. 2003.

QUEIROZ, Paulo. *Direito penal: parte geral*. 10. ed. rev., ampl. e atual. Salvador: JusPodivm, 2014.

ROCHA, Luiz Otavio de Oliveira. Código de Trânsito Brasileiro: Código de Trânsito Brasileiro/Primeiras impressões. *Boletim IBCCRIM*. São Paulo, n.61, p. 06-08, dez. 1997.

ROXIN, Claus. *Dogmática penal y política criminal*. Tradução e edição de Manuel A. Abanto Vásquez. Lima: Editorial Moreno, 1998.

SÁ, Alvino Augusto de. *Criminologia clínica e psicologia criminal*. 2. ed. ver., atual. e ampl. São Paulo: Editora Revista dos Tribunais, 2011.

SANTOS, Juarez Cirino dos. *Direito penal: parte geral*. Curitiba: ICPC; Lumen Juris, 2006.

SHECAIRA, Sérgio Salomão. *Prestação de serviços à comunidade: alternativa à pena privativa de liberdade*. São Paulo: Saraiva, 1993.

__________; CORRÊA JUNIOR, Alceu. *Pena e Constituição: aspectos relevantes para sua aplicação e execução*. São Paulo: Editora Revista dos Tribunais, 1995.

SILVA SÁNCHEZ, Jesús-María. *Aproximación al derecho penal contemporâneo*. Barcelona: Jose Maria Bosch, 1992.

STOCO, Rui; FRANCO, Alberto Silva. *Código penal e sua interpretação: doutrina e jurisprudência*. 8. ed. rev., atual. e ampl. São Paulo: Editora Revista dos Tribunais, 2007.

SUZUKI, Claudio Mikio. A tutela penal do Estatuto de Defesa do Torcedor incluída pela Lei 12.299/2010. *Revista Brasileira de Direito Desportivo*, São Paulo, v. 18, p. 287, jul. 2010.

SZNICK, Valdir. *Direito penal ambiental*. São Paulo: Ícone, 2001.

_________. *Direito Penal na Nova Constituição: terrorismo, pena de morte, tortura-racismo, confisco-banimento*. São Paulo: Ícone, 1993.

__________. *Penas alternativas: perda de bens, prestação de serviços, fim de semana, interdição de direitos*. São Paulo: Universitária de Direito, 1999.

TOURINHO FILHO. *Comentários à Lei dos Juizados Especiais Criminais*. 4. ed. rev. e atual. São Paulo: Saraiva, 2007.

VASSALI, Giuliano. O Código Rocco. *Revista de Direito Penal*, Rio de Janeiro, n. *27*, p.54-63. 1979.

VIGGIANO, Fernando Braga. A efetividade da Lei 11.343/2006. *Boletim IBCCRIM,* São Paulo, ano 15, n. 182, p.7, fev. 2008.

VON LISZT, Franz. *Tratado de Derecho Penal*. t. 2. 4. ed. Madrid: Editorial Reus, 1999.

ZAFFARONI, Eugenio Raul. *Tratado de derecho penal – parte general.* Buenos Aires: Ediar Editora, 1995.

Impresso em janeiro de 2016

Referências

ALEXY, Robert. *Teoria dos direitos fundamentais*. Tradução: Virgílio Afonso da Silva. 2. ed. São Paulo: Malheiros, 2015.

ATALIBA, Geraldo. *República e Constituição*. São Paulo: Revista dos Tribunais, 1985.

________. *Hipótese de incidência tributária*, 6. ed. São Paulo: Malheiros, 2005.

AVI-YONAH, Reuven S.; XU, Haiyan. *Global Taxation After the Crisis: Why BEPS and MAATM are inadequate responses, and what can be done about it*, *in*: Public Law and Legal Theory Research Paper Series – PAPER n. 494 – January 2016, disponível em: <http://ssrn.com/abstract=2716124>, acesso em 17/12/2017.

ÁVILA, Humberto. *A distinção entre princípios e regras e a redefinição do dever de proporcionalidade*. Revista Diálogo Jurídico, v. 1, n. 4, Salvador: 2001.

________. *Teoria da igualdade tributária*, 3. ed. São Paulo: Malheiros, 2015.

________. *Teoria dos princípios: da definição à aplicação dos princípios jurídicos*, 17. ed. rev. e atual. São Paulo: Malheiros, 2016.

BANDEIRA DE MELLO, Celso Antônio. *O conteúdo jurídico do princípio da igualdade*, 3. ed. São Paulo: Malheiros, 1993.

BARRETO, Paulo Ayres. *Imposto sobre a renda e preços de transferência*. São Paulo: Dialética, 2001.

BECKER, Alfredo Augusto. *Teoria Geral do Direito Tributário*, 7. ed. São Paulo: Noeses, 2018.

BORGES, José Souto Maior. *O princípio da segurança jurídica na criação e aplicação do tributo*. Revista Diálogo Jurídico. Salvador: CAJ – Centro de Atualização Jurídica, n. 11, fevereiro, 2002. Disponível em: <http://www.direitopublico.com.br>. Acesso em: 08/05/2019.

CANAS, Vitalino José Ferreira Prova. *O princípio da proibição do excesso: em especial, na conformação e no controlo de atos legislativos*, 2016, 1.437 p. Tese (Doutorado em Direito) – Faculdade de Direito, Universidade de Lisboa, Lisboa, 2016.

CANOTILHO, J. J. Gomes. *Direito Constitucional e teoria da constituição*, 7. ed., 14. reimp. Coimbra: Almedina, 2003.

CARVALHO, Paulo de Barros. *Direito tributário, linguagem e método*, 3. ed. rev. e ampl. São Paulo: Noeses, 2009.

CARRAZZA, Elizabeth Nazar. *IPTU e Progressividade – Igualdade e Capacidade Contributiva*, 2. ed. São Paulo: Quartier Latin, 2015.

CARRAZZA, Roque Antonio. *Imposto sobre a Renda (perfil constitucional e temas específicos)*, 3. ed., rev., ampl. e atual. São Paulo: Malheiros, 2009.

________. *Curso de Direito Constitucional Tributário*, 32. ed. São Paulo: Malheiros, 2019.

COÊLHO, Sacha Calmon Navarro. *Comentários à Constituição de 1988: Sistema Tributário*, 10. ed. Rio de Janeiro: Forense, 2006.

COSTA, Alcides Jorge. *Capacidade Contributiva, in:* Revista de Direito Tributário n. 55, 1991.

COSTA, Regina Helena. *Princípio da capacidade contributiva*, 4. ed., atual., rev. e ampl. São Paulo: Malheiros, 2012.

________. *Imunidades Tributárias: teoria e análise da jurisprudência do STF*, 3. ed. São Paulo: Malheiros, 2015.

CRETELLA JÚNIOR, José. *Comentários à Constituição Brasileira de 1988, v. 1.* Rio de Janeiro: Forense Universitária, 1988.

DERZI, Misabel Abreu Machado. *Direito Tributário, Direito Penal e Tipo*, 3. ed. rev., ampl. e atual. Belo Horizonte: Fórum, 2018.

DWORKIN, Ronald. *Levando os direitos a sério*, tradução: Nelson Boeira, 3. ed. São Paulo: WMF Martins Fontes, 2010.

GARCÍA BELSUNCE, Horacio A. *El concepto de rédito en la doctrina y en el derecho tributario.* Buenos Aires: Depalma, 1967.

GREGORIO, Ricardo Marozzi. *Arm's length e Praticabilidade nos Preços de Transferência*, 2010, 360 p., Tese (Doutorado em Direito) – Faculdade de Direito, Universidade de São Paulo, São Paulo, 2010.

JESUS, Isabela Bonfá de; JESUS, Fernando Bonfá de; JESUS, Ricardo Bonfá de. *Manual de Direito e Processo Tributário*, 5. ed. rev. e atual. São Paulo: Thomson Reuters Brasil, 2019.

KELSEN, Hans. *O problema da justiça*, trad. João Baptista Machado, 4. ed. São Paulo: Martins Fontes, 2003.

KIRCHHOF, Paul. *Tributação no Estado Constitucional.* Tradução: Pedro Adamy. São Paulo: Quartier Latin, 2016.

MACHADO, Clarissa Gianete; CAMARGO, Luiz Felipe. *Conversão das regras de preços de transferência para o modelo OCDE – Impactos e plano de transição, in: Temas atuais em tributação internacional – Brasil 2020.* São Paulo: Trench, Rossi e Watanabe Advogados, 2020. PDF.

MACHADO, Hugo de Brito. *O conceito legalista de renda, in:* Revista CEJ, Brasília, Ano XIII, n. 47, outubro/dezembro 2009, disponível em: <http://www.jf.jus.br/ojs2/index.php/revcej/article/view/1306/1292>, acesso em: 10/07/2019.

MIRSHAWKA, Valéria Zimpeck. *Preços de transferência: diferentes visões*, 2012, 148 p. Dissertação (Mestrado em Direito) – Faculdade de Direito, Universidade de São Paulo, São Paulo, 2012.

MOSCHETTI, Francesco. *I principi di giustizia fiscale della Costituzione italiana, per "l'ordinamento giuridico in cammino" dell'Unione europea*, disponível em: <https://

www.studiomoschetti.com/new/wp-content/uploads/2015/07/4_I-principi-di-giustizia.pdf>, acesso em: 23/04/2019.

NEVES, Marcelo. *Entre Hidra e Hércules: princípios e regras constitucionais como diferença paradoxal do sistema jurídico.* São Paulo: Editora WMF Martins Fontes, 2013.

OCDE. *OECD Transfer Pricing Guidelines for Multinational Enterprises and Tax Administrations 2017.* Paris: OECD Publishing, 2017.

OCDE. *Explanatory Statement, OECD/G20 Base Erosion and Profit Shifting Project,* 2015, disponível em: <http://www.oecd.org/ctp/beps-explanatory-statement-2015.pdf>, acesso em: 17/12/2017.

OCDE. *Members of the OECD/G20 Inclusive Framework on BEPS,* October 2019, disponível em: <http://www.oecd.org/tax/beps/inclusive-framework-on-beps-composition.pdf>, acesso em: 19/11/2019.

OLIVEIRA, Ricardo Mariz de. *Fundamentos do Imposto de Renda,* v. 1. São Paulo: IBDT, 2020.

_________. *Fundamentos do Imposto de Renda,* v.2. São Paulo: IBDT, 2020.

ONU. *United Nations Practical Manual on Transfer Pricing for Developing Countries 2017.* Nova York: United Nations, 2017. Disponível em: <https://www.un.org/esa/ffd/wp-content/uploads/2017/04/Manual-TP-2017.pdf>, acesso em: 08/08/2019.

OWENS, Jeffrey P. *Should the Arm's Length Principle Retire?, in:* International Transfer Pricing Journal, vol. 12, n. 3. Amsterdam: IBFD, 2005.

PRINCÍPIO. Dicionário online Michaelis. Disponível em: <http://michaelis.uol.com.br/busca?r=0&f=0&t=0&palavra=princ% C3%ADpio>, acesso em: 27/05/2019.

REGRA. Dicionário online Michaelis. Disponível em: <http://michaelis.uol.com.br/busca?r=0&f=0&t=0&palavra=regra>, acesso em: 27/05/2019.

SCHOUERI, Luís Eduardo. *Preços de Transferência no Direito Tributário Brasileiro,* 3. ed. rev. e atual. São Paulo: Dialética, 2013.

_________. *Direito Tributário,* 6. ed. São Paulo: Saraiva, 2016.

_________. *O mito do lucro real na passagem da disponibilidade jurídica para a disponibilidade econômica. In:* MOSQUERA, Roberto Quiroga; LOPES, Alexsandro Broedel (coords.). Controvérsias jurídico-contábeis (aproximações e distanciamentos). São Paulo: Dialética, 2010.

TAKANO, Caio Augusto. *O conceito de planejamento tributário agressivo e os novos standards tributários internacionais do Projeto BEPS,* in: Revista Direito Tributário Internacional Atual n. 2, disponível em: <https://www.ibdt.org.br/RDTIA/wp-content/uploads/2017/12/Caio-Augusto-Takano.pdf>, acesso em: 17/12/2017.

TORRES, Ricardo Lobo. *O Princípio Arm's Length, os Preços de Transferência e a Teoria da Interpretação do Direito Tributário, in:* Revista Dialética de Direito Tributário n. 48. São Paulo: Dialética, 1999.

Sítios na internet

Exposição de motivos da Lei n. 9.430/1996, disponível em: <https://www.camara.leg.br/proposicoesWeb/prop_mostrarintegra?codteor=1132081&filename=Dossie+-PL+2448/1996>, acesso em: 25/06/2019.

Trabalhos da Comissão Especial do Código Tributário Nacional, disponível em <https://www2.senado.leg.br/bdsf/handle/id/511517>, acesso em: 03/07/2019.

Preços de Transferência no Brasil: Convergência para o Padrão OCDE, disponível em: <https://www.oecd.org/tax/transfer-pricing/precos-de-transferencia-no-brasil-convergencia-para-o-padrao-ocde-folheto.pdf>, acesso em 23/10/2020.

RE n. 117.887, Relator: Min. CARLOS VELLOSO, Tribunal Pleno, julgado em 11/02/1993, DJ 23/04/1993, pp. 6923, EMENT VOL-01700-05, pp. 786, RTJ VOL-00150-02, pp. 578 e seguintes, disponível em: <http://redir.stf.jus.br/paginadorpub/paginador.jsp?docTP=AC&docID=206951>, acesso em: 23/07/2019.

RE n. 201.465, Relator: Min. MARCO AURÉLIO, Relator(a) p/ Acórdão: Min. NELSON JOBIM, Tribunal Pleno, julgado em 02/05/2002, DJ 17-10-2003, pp. 15, EMENT VOL-02128-02, pp. 311 e seguintes, disponível em: <http://redir.stf.jus.br/paginadorpub/paginador.jsp?docTP=AC&docID=237835>, acesso em: 16/07/2019.

RE n. 208.526/RS, Relator: Min. MARCO AURÉLIO, Tribunal Pleno, julgado em 20/11/2013, DJe-213, publicado em 30/10/2014, EMENT VOL-02754-03, pp. 346 e seguintes, disponível em: <http://redir.stf.jus.br/paginadorpub/paginador.jsp?docTP=AC&docID=630110>, acesso em: 23/07/2019.

<https://www.oecd.org/tax/a-ocde-e-o-brasil-lancam-projeto-para- examinar-as-diferencas-nas-regras-fiscais-internacionais.htm>, acesso em: 18/07/2019.

<https://www.oecd.org/about/members-and-partners/>, acesso em: 30/10/2019.

<http://receita.economia.gov.br/noticias/ascom/2019/julho/ocde-e-brasil-compartilham-os-resultados-do-projeto-para-alinhar-as-regras-de-precos-de-transferencia-do-brasil-ao-padrao-da-oecd>, acesso em: 18/07/2019.

<http://www.stf.jus.br/portal/jurisprudencia/pesquisarJurisprudencia.asp>, acesso em: 05/09/2019.

<https://scon.stj.jus.br/SCON/>, acesso em: 05/09/2019.

<http://web.trf3.jus.br/base-textual>, acesso em: 05/092019.

Lei n. 9.430/1996, disponível em: <http://www.planalto.gov.br/ccivil_03/Leis/L9430.htm>, acesso em: 25/07/2019.